普通高等学校
应用型教材
市场营销

整合营销传播

品牌传播的策划、创意与管理（第3版）

程宇宁　著

中国人民大学出版社
· 北京 ·

前　言

FOREWORD

本书第 1 版于 2014 年 7 月出版，时隔几年，应出版社的要求我于 2018 年开始修订第 2 版。2021 年底，开始修订第 3 版。经过多年的沉淀和积累，感觉自己对整合营销传播理论的理解也在不断丰富和完善。随着时代的发展，整合营销传播理论与其他理论一样也要与时俱进，需要不断地根据市场需求的变化和传播工具的演变进行调整和修正。据此，我在本次修订过程中对部分章节的内容做了更新和调整，具体如下：

在第 2 篇整合营销传播的基础分析中对第 4 章进行了调整与完善，增加了品牌定位原理及决策和品牌定位评估与管理的内容。第 3 篇整合营销传播的实施工具中增加了互联网媒介与数字营销一章的内容，将原广告创意与诉求方法和媒介选择与组合策略两章的内容整合成广告创意与媒介传播策略一章，在整合视觉传播策略一章中增加了广告设计（视觉形象传播）的内容。另外，对书中的部分数据做了更新，部分案例做了更换，力求使用更新和更有影响力的案例，以便学生能够更好地通过案例的学习理解整合营销传播的相关理论。

整合营销传播理论已提出 30 多年，然而，我国广告学界仍然有专家和学者对整合营销传播在高校广告学、营销学等专业教学中作为一门课程的合理性持质疑的态度，甚至有学者公开否定整合营销传播作为理论的合理性。我认为，能够指导实践就可以称为理论。任何理论，尤其是社会科学理论，必须根据社会发展不断做出调整和修正，努力做到与时俱进，一成不变的理论只会成为无法指导实践的空谈。从学科建设的角度而言，只要本书能在整合营销传播理论的构建过程中发挥一点作用，我就感到十分欣慰了。

程宇宁

目　录

CONTENTS

02 第2篇 整合营销传播的基础分析

03 第3篇 整合营销传播的实施工具

第1篇

整合营销传播的基本架构

自20世纪90年代美国西北大学的唐·舒尔茨教授提出整合营销传播（IMC）的概念以来，在全球范围内，营销学界和广告学界围绕IMC展开了大量的讨论，发表了众多的学术论文。如果梳理一下这些学术研究的基本态势和走向，会发现这些讨论呈现以下规律：从最初的热闹到逐渐沉寂；从刚开始的盲目到之后的理性。确实，如果理性客观地对唐·舒尔茨提出的IMC的概念进行深入研究，会发现许多基本问题直到今天还没有解决。比如，到底什么是IMC？IMC有什么理论价值？IMC能否在实践中得到检验？这些是最基本的理论问题。如果连这些问题都不能回答，说明IMC还不能称为理论，至少不能称为一个成熟的理论。

本书认为，IMC是不是一个成熟的理论并不重要，重要的是我们应该如何正确理解IMC。第1篇的内容是本书作者基于众多IMC研究的成果和自己的品牌传播实践，对IMC的基本架构提出的个人见解，包括IMC的定义、对营销与传播理论进行的全面梳理以及对IMC的学科背景等进行的探讨。

第1章 整合营销传播理论的兴起及概念的界定

整合营销传播理论诞生于20世纪80年代中后期，流行于90年代，至今仍然具有相当大的影响力。30多年来，国内外的专家和学者从各自的学科背景和研究领域出发，对整合营销传播理论的兴起，尤其是整合营销传播的定义做了众多研究。本章基于国内外整合营销传播研究的成果，介绍整合营销传播理论的兴起和整合营销传播概念的界定。

第1节 整合营销传播理论的兴起

对于在新媒体环境下成长起来的消费群体，企业组织如果仍然依赖于广告这种单向式的传播手段来开展营销活动，显然已经不能满足他们的需求，传播环境的变化和发展必然会促使一些学者重新思考营销与传播之间的关系。整合营销传播理论在这样的背景下应运而生。

一、整合营销传播理论产生的背景

从根本上说，任何理论都来自对实践的总结和归纳，用哲学的语言来表达就是社会存在决定社会意识。因此，整合营销传播理论的产生绝非偶然，它同样也是时代环境变化导致的必然结果。

（一）经济全球化

冷战结束后，一个全面开放的全球市场逐渐形成。随着国家之间贸易壁垒的消除，商品的流通领域迅速扩大，企业的营销活动在经营管理中的地位日趋重要。一方面，在世界范围内，各国各地区的经济相互交织、相互影响，融合为一个难以分割的整体，逐渐实现了商品、服务、技术、信息、劳动力、资本、贸易和市场竞争的全球化；另一方面，世界贸易组织（WTO）在全球范围内建立了规范各成员经济行为的统一规则，为经济组织在全球化市场中开展公平有效的市场竞争奠定了基础。不过，在全球经济一体化的浪潮中，如何有效地开展国际贸易和全球传播成为各国各地区企业面临的一大难题。虽然“全球化战略，本土化执行”已经成为各国各地区企业开展国际市场营销活动的共识，但是在具体实施过程中，各国各地区企业还需要对各种信息资源加以整合以实现有效传播。

（二）文化多元化

更加开放的市场使得以往建立在二元对立基础上的文化意识形态由封闭走向开放，由相互排斥走向相互包容，这种多元文化共生共荣的局面也使文化本身从以往的宗教属性转向消费属性。也就是说，文化多元化使大众在不知不觉中改变了对文化的态度，变化的趋势是从信仰到消费。对文化进行消费的前提是人们的生活水平普遍提高，收入明显增加。大众在满足物质需求之后，必然要追求精神层面的需求。20世纪90年代后期发端于英国的文化创意产业及其相关理论很好地证明了文化消费时代的到来。此时，大众不仅需要借助广告了解商品本身的精神属性，而且需要借助更多的文化产品来满足自身的精神需求。因此，营销传播显然应该将重心放在商品品牌的文化个性塑造上，并通过对价值理念的诉求与目标消费者实现文化层面的沟通并获得消费者认同，从而形成良好的互动关系。

（三）媒介碎片化

20世纪80年代以来，由于电脑、数字技术和互联网的迅速发展及广泛运用，媒介形态发生了巨大变化，即由一体化走向碎片化。媒介碎片化要求传播主体针对特定分众开展相应的传播活动。因此，如何整合和协调不同的媒介形式并形成既有明显差异又能优势互补的经营格局，成为各大媒介集团在制定经营战略过程中不得不考虑的核心问题。对于广告主而言，在对自身品牌商品进行市场推广的过程中，如何根据不同媒介的特征和优势进行媒介选择和媒介组合是其制定传播战略要考虑的关键问题。在此背景下，整合营销传播理论的产生成为一种必然。

（四）企业集团化

20世纪80年代以来，欧美市场曾掀起一股企业兼并和收购的浪潮，许多跨国企业、跨行业的企业通过并购整合为一个联合集团。在广告界，不同类型的媒介公司与广告公司合并成超级联合集团的案例比比皆是。企业的这种集团化发展要求企业必须重新整合内部人力资源、财务资源和信息资源，并根据重新整合后的优势制定更有竞争力的经营战略，在联合集团实施市场营销战略过程中，无论是采取单一品牌战略、多品牌战略还是家族品牌战略，实行整合营销传播战略都是其必然选择。

（五）技术数字化

数字技术是以二进制数字“0”和“1”为编码符号的一种传播技术。数字技术的出现为计算机和网络的飞速发展奠定了基础。数字技术在信息容量、信息链接获取、信息复制、信息存储、信息传播速度、信息清晰度、信息丰富度和信息自由度等方面有明显优势。数字技术的出现推动当代政治、经济、社会和文化等各个领域发生了巨大的变化。对于企业来说，数字技术的运用极大地丰富了营销传播的形式，如网络营销、数据库营销、电子商务等。对于消费者来说，数字技术的出现使其由过去被动接触商品信息变为可以主动搜索商品信息，企业的广告传播方式也从过去的推动模式变为拉动模式。今天的企业在开展营销传播活动过程中已经难以完全控制整个传播过程，企业只有对消费者接触的品牌信息进行必要的整合，才有可能取得较为理想的传播效果。

（六）更加独立的消费者

营销传播活动的对象始终是消费者，因此，从本质上说，任何营销传播理论的实质都是研究人的理论。处于不同时代的消费者有着不同的生活方式和价值观念，这必然导致不同时代的消费者具有不同的消费行为。这一特征在总体上决定了营销传播理论必然是不断发展和完善的理论。况且，在经济全球化、文化多元化、媒介碎片化、企业集团化和技术数字化的生态环境中，消费者的价值观念和审美情趣更趋多元化，消费者对企业开展营销传播活动的态度更趋理性，对商品价值的判断也更独立，这就使得传统的营销传播方法必然要随着消费者的消费心理和消费行为的变化而变化。

整合营销传播理论正是在上述六大背景因素的作用下应运而生。

二、营销结果取决于传播

传统营销理论的缺陷在于没有对传播在营销活动中的作用和意义给予足够的重视，总是将研究的重心放在企业经营活动的目的——营销的结果，也就是企业的销售利润上。事实上，传播才是达到营销目的的手段和过程，忽略传播就无营销可言。因此，可以说没有传播就没有营销，营销结果的优劣取决于传播的成败。

（一）传播构建商品意义

关于商业传播的基本作用，大量的广告学专著和教材已经做了广泛的论述，在此无须赘述。这里所要讨论的是，商品的社会学意义是由广告传播所构建的，许多消费者选择、判断和购买某种商品的决策往往依据该商品所表征的社会学意义而非商品本身。比如，人们购买奔驰轿车，除了因为奔驰轿车本身质量好之外，还因为奔驰轿车所表征的社会学意义——财富、地位、成功等。因此，对于大多数商品而言，其核心价值并不在于物理属性，而在于人为赋予的具有社会象征意义的精神属性。商品的社会学意义只有通过广告传播才能被大众接受和认同，而只有被大众接受和认同的具有社会学意义的商品才能提升其品牌附加价值。因此，我们说传播可以使商品具有社会学意义。在当今社会，一个没有社会学意义的商品很难说有多少价值，更谈不上有多少市场竞争力了。

（二）传播创建品牌识别

随着竞争环境的改变，商品的同质化问题和商品营销的同质化问题日趋严重。当市场某个领域开发出快速增长的项目时，投资者便会蜂拥而至，在大多数情况下新开发出来的项目及其产品的技术含量并没有太大的差异，相伴而来的便是越来越多相似的营销。此时，企业只能通过营销传播努力创建自身的品牌识别。品牌识别包括品牌的文化、价值观念等核心要素，企业如果希望目标消费者能够认同本品牌的核心价值，就必须通过传播来实现。任何企业都希望在消费者心目中创建自己的品牌识别，并以此作为企业的营销目标，企业想要达到这个目标，有效而成功的传播就成为其先决条件。

（三）传播构建顾客关系

在传统营销理论的发展过程中，许多专家和学者提出了诸多概念，其中包括关系营销。关系营销指出了企业应该重视与利益相关者的关系，没有从实质上阐述企业究竟应该如何构建与利益相关者的关系。实际上，任何关系的建立都离不开传播，企业只有通过传播才能使目标消费者和利益相关者对企业的品牌产生认知。认知是企业与消费者及利益相关者构建关系的第一步。现在的消费者在选择商品时更加依靠对品牌的认知和感觉而不是理性判断。在这样的前提下，企业营销的路径指向发生了根本改变，即不再是以产品为核心的传统促销模式，而是基于消费者对品牌的认同开展促销活动。

根据消费者的需求进行产品设计、价格制定、渠道建设和促销策划都不难做到，但是如果缺乏与目标消费者及利益相关者的真正沟通，企业的营销目标仍然不可能实现。因此，本书认为：营销结果取决于传播，没有传播就没有营销。

第2节 整合营销传播概念的界定

整合营销传播（integrated marketing communication，IMC）是美国西北大学教授唐·舒尔茨于1991年在其《整合营销传播》一书中首次提出的，该理论引发了市场营销观念和广告传播观念的深刻变革。从此，在营销与传播理论的统合下，企业通过品牌与消费者构建关系的方法从过去的单一方法转为对更广阔领域的系统整合。

一、基本定义的演进

（一）舒尔茨的基本观点

整合营销传播理论虽然是由舒尔茨提出的，但他在《整合营销传播》一书中并没有对整合营销传播给出一个明确的定义。本书根据他在书中表述的意思总结出如下定义：

> 整合营销传播是一种适合所有企业开展信息传播及内部沟通的管理体制，这种传播与沟通就是尽可能地与潜在的客户及其他公共群体（如员工、媒介、立法者等）保持一种良好的、积极的关系。

舒尔茨强调整合营销传播是一种管理体制，该管理体制的主要内容是开展信息传播活动，以期通过传播活动与消费者及利益相关者形成并保持良好的关系。无论当时还是现在，这个定义都没有准确地反映整合营销传播的核心内容。实际上，这个定义中强调的管理体制与广告公司的运作管理体制并没有太大的差异。因此，业界和学界不断地对整合营销传播的定义进行修改和完善。

（二）美国广告代理商协会的定义

美国广告代理商协会认为整合营销传播是一个营销传播计划，它要求广告主充分认识制订综合计划时使用的能带来附加值的各种传播手段，如普通广告、直接反应广告、销售促进和公共关系，并将这些传播手段结合，以提供具有良好清晰度、连贯性的信息，使传播影响力最大化。

这个定义的关键之处是将整合营销传播理解为对各种传播手段的综合运用，努力形成“一个声音”并向目标消费者传播，试图使营销传播的影响力得到最大限度的扩展。在整合营销传播概念产生之前，曾经风靡一时的企业形象识别系统的理论核心是力图通过创建企业的“同一性”形成所谓的“识别性”，这与“一个声音”的传播理念相似。

（三）汤姆·邓肯博士的定义

美国科罗拉多大学的汤姆·邓肯博士为丰富和发展整合营销传播理论做出了杰出的贡献。他认为，随着企业与客户及利益相关者之间的关系在企业经营战略中占据越来越重要的地位，企业建立以消费者为中心的组织架构远比建立以企业自身为核心的组织架构重要得多，因此，整合营销传播必须以顾客关系管理、一对一营销、关系营销、品牌营销等相关营销传播内容为主。在此前提下，汤姆·邓肯围绕整合营销传播概念的核心内容提出了如下定义：

> 整合营销传播是一个提高品牌价值、管理客户关系的过程，具体而言，就是通过战略性地控制或影响相关团体所接收到的信息，鼓励数据发展导向，有目的地与它们进行对话，从而创造并培养与客户和其他利益相关者之间可获利关系的一个跨职能的过程。①

这一定义之所以被业界广泛认可，是因为该定义准确地把握了整合营销传播理论的核心——提高品牌价值并通过品牌价值管理企业与客户及利益相关者之间的关系，而建立和培养稳定的客户关系是整合营销传播的目标。

（四）本书的定义

综合上述整合营销传播的定义，本书提出如下定义：

> 整合营销传播是企业以市场需求为导向、以品牌为载体、以商品的精神属性或物质属性为诉求，通过运用数据库及整合各种营销和传播方法，努力与目标消费者和利益相关者建立由外而内的相互认同、相互信任的关系的管理过程。

关于这个定义，可以从以下几个方面理解：

第一，整合营销传播的本质是企业力图建立与目标消费者和利益相关者之间良好关系的管理过程。

在这一关系管理过程中，企业必须对目标消费者和利益相关者的需求（包括物质需求和精神需求）、愿望、价值取向、文化理念等进行深入的分析和研究，以便有针对性地对有形的产品和无形的信息分别予以加工（设计、定价、渠道）和编码（筛选、创意、表现），并有效地进行沟通。同时，企业还应根据与目标消费者沟通的结果及获得的反馈信息，及时调整产品设计和传播的内容与方法。

第二，整合营销传播的目的是建立与目标消费者或潜在消费者及利益相关者之间相互认同、相互信任的关系。

企业开展营销传播活动是希望进一步提高产品的销售业绩。从消费者行为的角度而言，传播与营销的内在逻辑关系是：传播决定认知，认知决定关系，关系决定态度，态度决定品牌的选择（见图1－1）。

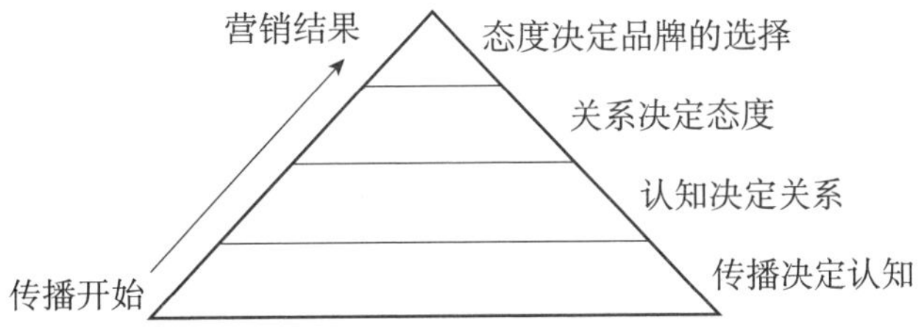

图1－1　传播与营销的内在逻辑关系模型

图1－1的模型非常清晰地表明了传播与营销之间的因果关系。在这一因果关系中，传播活动决定了目标消费者对商品品牌的认知，消费者对商品品牌的认知又决定了消费者是否愿意与商品品牌建立一种相互沟通的关系，消费者与商品品牌建立的关系（积极的或消极的）又决定了消费者对商品品牌的态度（肯定的或否定的），最终，消费者对

① 邓肯．整合营销传播：利用广告和促销建树品牌．周洁如，译．北京：中国财政经济出版社，2004：8.

商品品牌的态度决定了其购买行为。

传统营销理论从企业自身的角度出发特别注重营销结果，并试图通过大规模的广告和促销活动一步到位（从传播开始直接得到营销结果）。这种认识和简单的操作手法从根本上忽略了消费者的感受，容易引起消费者的反感，其开展的营销活动也难以产生理想的效果。在整合营销传播过程中，核心要素是建立和维护与目标消费者及利益相关者之间的关系。如果企业与目标消费者及利益相关者之间形成了相互认同和相互信任的关系，企业品牌价值的提升及营销业绩的提高是水到渠成的事。

第三，整合营销传播的管理过程必须以市场需求为导向。

以市场需求为导向是整合营销传播理论与传统营销理论的本质区别之一。虽然传统营销理论也强调管理要以目标消费者为中心，但由于其思考问题的出发点始终是企业，因此提出的相关理论只涉及由内而外的管理过程；整合营销传播理论的提出者唐·舒尔茨从一开始就反其道而行之，他所提出的4C理论涉及由外而内的管理过程（见表1-1）。正是这种由外而内的立场与思考角度，使得整合营销传播理论成为真正以市场需求也就是消费者需求为导向的理论。

表1-1 由内而外的4P理论到由外而内的4C理论

由内而外的4P理论	由外而内的4C理论
产品（product）	把产品搁到一边，研究消费者的需要和欲求（consumer wants and needs），不要再卖企业能生产的产品，要卖消费者想购买的产品
价格（price）	忘掉定价策略，了解消费者为满足需要愿意支付的成本（cost）
渠道（place）	忘掉渠道策略，思考如何使消费者在购买产品时感到方便（convenience）
促销（promotion）	忘掉促销，20世纪之后的时代应该是沟通（communication）的时代

第四，整合营销传播的载体是品牌，整合营销传播的内容则是商品的精神属性或物质属性。

整合营销传播的对象不是产品而是品牌。大多数企业的营销传播活动是以品牌的名义开展的，这样，品牌又成为传播活动的主体。其实，营销传播活动的主体只能是企业和目标消费者，品牌只不过是连接企业与目标消费者的载体。没有品牌，企业与目标消费者之间的沟通就无从谈起。

品牌之所以能够成为沟通的载体，是因为品牌不仅以其物质属性存在，更以其精神属性增值。企业通过品牌既可以与目标消费者针对产品的功能、品质和使用利益等内容进行讨论与沟通，又可以与目标消费者针对品牌的抽象理念、文化和精神等内容进行交流。在人与人的交往中，关系的确立与发展更依赖于双方共有的价值理念和文化认同，而不是在一些小问题上的看法一致。在整合营销传播活动中，与目标消费者沟通的内容应该以品牌的精神属性为主，只有进行这种精神与文化上的交流，才有可能真正与目标消费者形成相互认同和相互信任的关系。

第五，整合营销传播必须建立功能强大的数据资料库，有效地整合品牌信息、视听觉符号和各种传播媒介，以达到理想的传播效果。

建立数据完备的消费者资料库是开展整合营销传播活动的基础，企业只有掌握了消费者的各种资料（包括人口统计资料、心理统计资料和以往的购买记录等），才能针对现有的和潜在的消费者及利益相关者制定沟通策略。

整合营销传播除了强调对品牌视听觉符号信息的统一和有效整合，还必须加强对各种传播媒介和传播工具的整合，包括大众媒介、互动媒介、人员销售、广告、促销、公共关系、企业形象识别系统、展示设计、包装设计等，以使目标消费者和利益相关者在任何时间、任何地点都能接触到统一且明确的品牌信息，使企业的营销传播力达到最大。

二、正确理解整合营销传播

本书认为整合营销传播理论可以从以下几个层面来理解。

（一）立足于传播，服务于营销，明确整合目标

对整合营销传播理论的认识如果只停留在“对不同媒体发出同一种声音”的媒体整合上，就过于简单化了。同时，对整合营销传播的理解也不能无限扩大到企业管理、战略规划和生产等各个环节上，这种将整合营销传播理论盲目扩大化的做法会导致企业营销战略的导向性偏移，使企业的传播失去方向和核心。

（二）整合企业自身的传播历史，实现品牌可接受程度的最大化

国外整合营销传播的成功案例表明企业通过对自身的传播历史进行系统整合来获得正确的品牌定位，并通过一以贯之地执行品牌定位策略使品牌传播的理念更为清晰。当然，对于没有历史的新企业，或是完全没有知名度的新品牌，企业需要整合营销传播理论的指导。

（三）明确整合思路和整合方法

企业在实行整合时要有明确的思路，把握传播方向，而且整合的核心只能有一个，如果同时有多个，就不是真正意义上的整合营销传播。整合营销传播的成功还有赖于一整套规范与合理的整合方法，这些方法可以保证传播顺利实施，并保证传播不断向前推进。

（四）达成综合效果，建立永续关系

整合营销传播的重要目标是企业通过整合传播一致的信息，向消费者传达企业或品牌一致的形象，进而促使消费者产生消费行为，建立稳定和持续的关系。实现这一目标需要进行策略性整合：综合运用多种传播手段，让消费者与品牌建立持久关系。整合营销传播是企业应对传播逐步走向分散这一问题的有效方法，是一种适应市场竞争的传播理论。企业在实施整合营销传播过程中，需要在操作层面上进行规范化的操控与把握，没有规范化与制度化支持的整合营销传播不但不能给企业带来效益，反而会给企业和品牌带来负面影响。

三、关于整合营销传播理论的认识误区

在对整合营销传播理论进行研究的过程中，不同的专家和学者从各自的专业背景出发形成了对整合营销传播的不同理解。下面介绍整合营销传播理论常见的认识误区。

（一）传统大众传播工具将失去作用

有些专家和学者认为一旦确定了整合营销传播战略，就必须采用新媒体对品牌产品进行营销传播，而不能使用传统的大众传播工具。本书以为，这个观点显然是站不住脚的。对于一个企业而言，它在激烈的市场竞争中所采用的营销传播方式只不过是一种手

段，到底应该使用哪种营销传播工具，需要根据企业希望达到的营销目标来确定。新媒体和传统媒体并没有高低优劣之分，它们在一段时期内是互补关系而非替代关系。一个企业在开展整合营销传播活动的过程中到底应该以新媒体为主还是以传统媒体为主，要根据企业所提供的品牌产品的市场特征、消费者媒介接触习惯等而定。

（二）整合营销传播就是整合所有媒介开展传播活动

在理解整合营销传播概念时，有人习惯把整合营销传播理解为将所有媒介整合后，针对目标消费者开展立体式全方位的品牌信息传播活动的过程。然而，在实践中，没有几个企业有足够的资金能将所有的媒介整合使用。整合营销传播理论的核心要点并不是一定要通过整合利用所有媒介来开展传播活动，而是要通过对多种营销传媒手段的组合来分析不同组合给企业带来的战略价值。比如，利用传统媒介开展广告活动比较适合具有大众消费特征的快速消费品，人员直销方式更适合消费领域狭窄和技术含量较高的耐用品，销售促进手段则更适合在渠道上产生积压的商品。对于企业而言，一个最基本的理念就是在营销传播活动中努力做到在正确的时间、正确的地点利用正确的媒介向精准的目标受众传递正确的品牌信息。

（三）整合营销传播与传统营销传播并无本质区别

从表面上看，整合营销传播采用的工具与传统营销传播采用的工具并没有明显的差异。在产品信息的传播层面，整合营销传播追求的目标与传统营销传播追求的信息一致性、统一性等目标极为相似。由此，一些人认为整合营销传播与传统营销传播并不存在本质上的区别。不过，如果我们进行深入辨析的话，还是会发现两者本质上的差异性。

其一，传统营销传播以4P为核心理念，这就在本质上决定了其必然以产品作为营销传播的导向；整合营销传播则以4C为核心理念，这就在本质上决定了其必然以消费者作为营销传播的导向。在两种理念的引导下所开展的营销传播活动，即使采用的营销传播工具没有多大差异，在指导思想上也一定会呈现极大的异质性。

其二，与传统营销传播相比，整合营销传播更加重视对新技术的开发与利用，甚至可以说整合营销传播能够在传统营销理论的基础上形成全新的理论体系，最为关键的一点就是利用网络信息技术识别目标消费者，在具体的实践中就是高度重视建立消费者数据库。有了消费者数据库的支撑，整合营销传播才有可能使营销传播活动更精准、更有效率和更节省成本。

其三，与传统营销的大众传播相比，整合营销传播更加注重一对一的传播。在传统营销传播理论的指导下，企业开展的营销传播活动更倾向于借助大众传媒向广大受众传播品牌产品的相关信息，这种手段固然可以在短时间里扩大企业产品的知名度，但是由于花费的成本过高，许多企业难以践行。更为遗憾的是，这种方法不太可能根据不同消费者的不同需求、不同偏好和不同审美品位制定个性化的传播策略，自然也就不可能达到更理想的传播效果。整合营销传播则试图从传统营销的定位理论入手，通过数据库对消费者需求进行分析，运用多种传播手段来满足消费者的个性化需求。

整合营销传播理论介绍到我国已经有30多年，但许多企业对整合营销传播理论的理解仍然望文生义，认为整合营销传播就是通过整合各种媒介向目标受众传达“一种形象、一种声音”而已，这种浅层次的理解必将影响整合营销传播的效果。只有人们对整合营销传播理论有了更全面、更深入的理解，整合营销传播在企业的营销传播活动中才能显示出真正的魅力。

基本概念

整合营销传播　　　4P 理论　　　4C 理论

思考题

1. 整合营销传播理论产生的背景是什么?
2. 为什么说营销结果的优劣取决于传播的成败?
3. 4P 理论和 4C 理论的本质区别是什么?

课后实践

通过实地访问消费者和上网查阅相关资料，比较分析 Diesel 与安踏这两个品牌的差异，并分别对这两个品牌的价值做出判断。

第2章 整合营销传播理论的嬗变

整合营销传播理论的提出有强烈的时代背景因素，但是在学科理论上对整合营销传播理论给予有力支撑的仍然是营销理论和广告传播理论。本章在对营销理论和广告传播理论的发展演变做梳理的基础上，试图说明整合营销传播理论不可能凭空产生，必然要从营销理论和广告传播理论中吸取营养，经过整合之后的整合营销传播理论又必将超越传统的营销理论和广告传播理论。

第1节 营销观念的演变发展

整合营销传播理论是在营销理论与广告传播理论的基础上逐步演变发展而来的，因此，回顾和考察营销观念演变的过程对正确理解和把握整合营销传播理论无疑是必要的。简而言之，营销观念的演变过程实际上就是将营销的视角逐步从产品、企业转向顾客的过程。当然，这种视角转移最主要的驱动力还是市场经济的不断发展和完善。

一、市场营销的概念界定

关于市场营销的定义，不同的专家和学者有不尽相同的阐释，本书倾向于菲利普·科特勒的表述：

> 市场营销是个人或组织通过创造并同别人交换产品和价值以期获得自身所需之物的一种社会过程。①

这一定义包含的核心概念可以用图2－1来说明。

图2－1 市场营销的核心概念

（一）需要

消费者对商品的需要是市场营销理论的出发点。根据马斯洛的需要层次理论，人们

---

① 科特勒．营销管理：分析、计划和控制．梅汝和，等译．上海：上海人民出版社，1990：7.

的需要可以分为三个层次，即满足基本生存的物质性需要和满足社会地位需求的社会性需要以及满足个人价值实现的个人性需要（见图2-2）。对处于不同阶段的消费者而言，他们对商品的需要显然是不同的。人的需要是与生俱来的，并且不断地向更高的层级递进，企业可以通过营销活动影响和满足消费者对商品的需要。

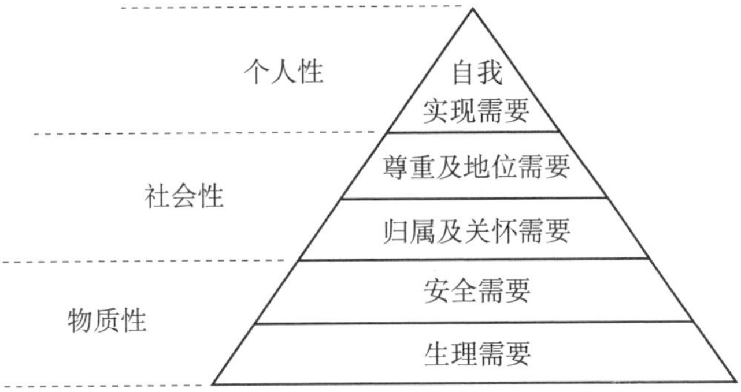

图2-2 马斯洛的需要层次理论

（二）产品

消费者通过对产品的消费来满足自己的各种需要，包括生理层面的需要和社会层面的需要。本书从广义的角度对产品做如下定义：任何旨在满足人们某种需要的东西都是产品。在这里，产品的概念既包括有形的产品也包括无形的服务，以及企业所倡导的经济、政治、宗教和社会等方面的各种各样的理念。事实上，无论是有形的产品还是无形的服务，在大多数情况下，消费者最关心的是产品能够给自己提供的利益。也就是说，消费者购买某种产品并不是为了占有或欣赏产品本身，而是为了满足自己某个方面的需要。因此，产品又可以理解为一种能够满足消费者需要的特殊媒介物。

（三）价值

由于内涵的丰富导致人们对价值有不同的理解：有的专家和学者从不同的哲学角度来理解价值，如马克思站在唯物主义的立场，认为商品的价值只取决于生产该商品时所投入的劳动量；有的专家站在唯心主义的立场，认为商品的价值取决于消费主体的主观判断。应该说，以上理解各有各的道理。实际上，商品的价值具有双重属性，它以商品生产需投入的成本和劳动量等客观性内容为基础，以顾客根据自身需要予以评估的主观性内容为主体。在制定商品的价格策略时，传统的营销理论更注重商品的客观属性，想方设法通过压低成本、扩大规模来降低商品的价格；整合营销传播理论则更注重商品的主观属性，力图通过对目标消费者的深入调研，了解其对商品需要的迫切程度，在做出相应的评估后制定价格。

（四）交易

只要个人或者企业有意愿针对有价值的产品与他人或者其他企业进行交易，营销活动就会发生。从本质上说，营销活动的实质就是交易。交易行为的产生必须同时满足以下四个先决条件：

其一，交易活动需要两个或两个以上的个人或企业参与，且各方都有未被满足的需要。

其二，交易各方必须完全出于自愿。

其三，交易各方都有有价物品可供交易，并且都认为可以通过交易使自己获益。

其四，交易各方可以通过任何形式或经由第三方进行沟通。

（五）市场

市场是由交易行为引申出来的概念，市场本身随着社会分工的发展而发展，市场的概念也在不断地丰富和发展。

人们最早对市场的认识是：市场是商品交易的场所。在人类社会的早期，交易行为的产生必须以约定的时间和固定的场所为前提。此种认识突出了市场作为交易场所的功能。

随着社会分工的发展、货币的出现，市场的范围不断扩大，商业从工业和农业活动中分离出来，人们的交易范围也相应扩大。此时，人们对市场的定义是：市场是商品交易和流通的领域。流通领域的概念比场所的概念更进了一步，它突出了市场的交易功能和交易过程。

从营销的角度看，市场是由对某种产品有需要和购买能力并愿意通过交易来满足需要的潜在消费者构成的。这一定义突出了市场构成的四个要素：潜在消费者、需要、购买能力和交易。

上述五点有助于深刻理解市场营销的概念，为进一步学习整合营销传播理论打下基础。

二、市场营销驱动重心的演变

市场营销理论不断发展，经历了从20世纪五六十年代盛行的生产商驱动模式到21世纪初的消费者驱动模式的转变。驱动重心的转变源于新技术（电脑、网络和传媒革新等）的出现和推动。

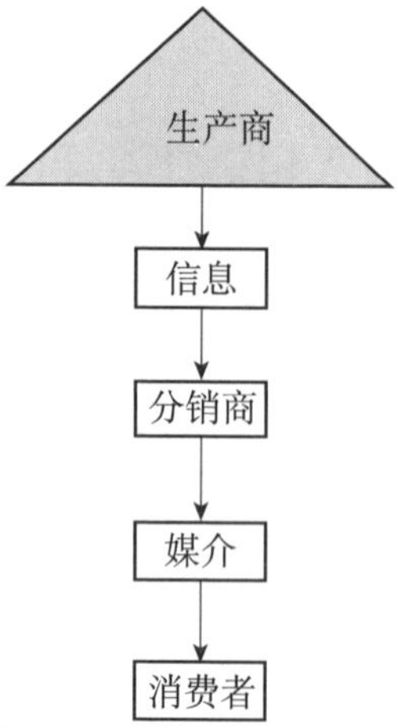

图2-3 以生产商为驱动重心的商品供应链

（一）以生产商为驱动重心

20世纪70年代之前，众多企业以生产商为驱动重心开展营销传播活动。市场营销理论最初关心和讨论的核心要素并不是顾客，而是如何使卖方的利益最大化。之所以如此，是因为20世纪50年代正值第二次世界大战结束不久，当时的市场需求大于市场供给，企业生产的产品很容易被市场消化。这样，自然形成以生产商为驱动重心，分销商和消费者处于被动接受的状态（见图2-3）。在这种模式中，随着媒介和城市化的迅速发展，生产商通过大规模生产、大规模传播和大规模分销，牢牢地把控市场的主导权和话语权，它们能够决定生产什么产品、使用什么分销体系、如何制定产品价格、如何确定品牌诉求信息的内容等。

以生产商为驱动重心对于生产商而言是有利的，但对于消费者和分销商来说则不然，他们在市场营销体系中可以做的选择非常有限，无论在经济领域还是其他领域，无法做选择的一方不得不向另一方出让自身的利益。

（二）以分销商为驱动重心

20世纪七八十年代，随着计算机技术在商业领域的广泛应用和大型连锁超市的出现，越来越多的分销商能够在很短的时间里掌握、存储、分析大量的市场数据。这些数据使分销商能够跟踪产品的流通信息，制定出有效的边际价格，了解客户所要购买的商品及购买时间。由于分销商对封闭市场的信息具有控制力，市场营销的驱动重心很快从生产商转移到分销商。

图 2－4 是以分销商为驱动重心的商品供应链。这个模式的底端是消费者（最终用户），他们要通过分销系统或分销渠道来获取他们想要的产品和服务的相关信息。这个模式的中部是分销商，也就是说，分销商在市场上是支配者。大部分的营销传播是由分销商控制的。向上的箭头表明，分销商与上游的生产商进行沟通并获取想要的产品，向下的箭头表明，分销商与下游的消费者进行交流，以促进消费者实施购买行为。虽然交互式的传播是存在的，但它基本上只存在于生产商和分销商之间，分销商向消费者输出信息，传播是单向的。

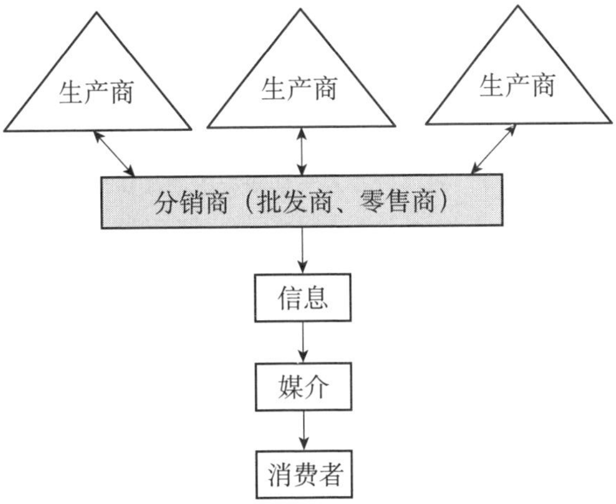

图 2－4　以分销商为驱动重心的商品供应链

（三）以消费者为驱动重心

此种模式产生于 20 世纪 90 年代初期，由于电脑的普及、互联网的出现和其他电子沟通及数据交换技术的广泛运用，市场控制权由分销商向消费者转移。越来越多的消费者通过新媒体（网络、电子邮件、传真、手机）获取大量商品信息，从而拥有更多的信息选择权和商品比较权，在市场中由处于被动地位转为占据主动地位。这种控制权的转变迫使生产商和分销商以消费者的需求为中心来开展营销传播活动。

控制权的转变直接导致营销传播理论上的一个突破：营销传播模式从以往单向的线性传播转为双向互动的沟通交流。同时，这种控制权的转变也使得生产商、分销商和消费者彼此间的关系及各自扮演的角色相应地发生了改变：生产商不再单纯地扮演商品生产者的角色，它还负有与消费者进行直接沟通的义务；分销商也不再简单地扮演上下游连接者的角色，它还应努力搜寻消费者的多种需求以及满足这些需求的方法与途径。无论是生产商还是分销商，它们都认为目标消费者的消费行为、消费习惯、消费心理等才是最重要和最有价值的信息（见图 2－5）。

通过对上述三种模式的梳理可以发现，由于驱动重心的不同，整合所扮演的角色和发挥的作用存在本质上的差异。在以生产商或分销商为驱动重心的模式中，营销与传播的整合非常简单，企业只需要将具体的营销活动与传播手段加以整合即可，不需要思考如何影响现有客户或潜在客户。在以消费者为驱动重心的模式中，整合具有强制性，也就是

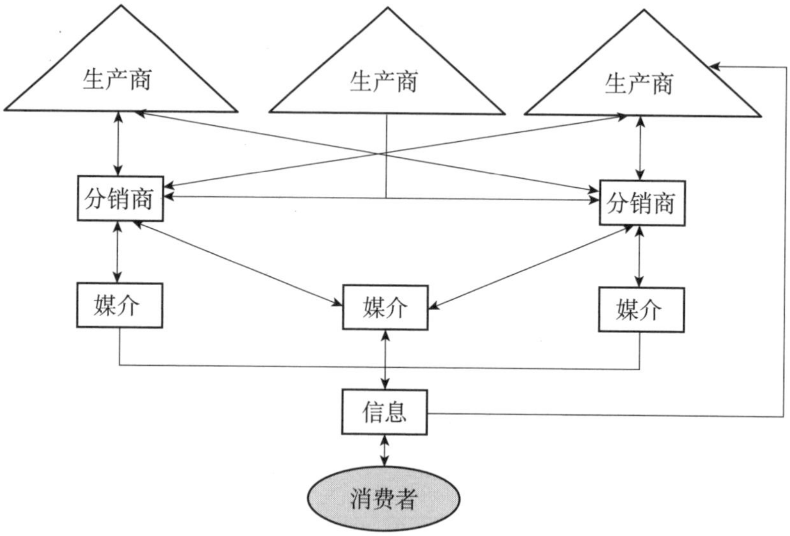

图2-5 以消费者为驱动重心的商品供应链

说，企业必须从消费者的需求入手来整合所有的营销传播活动。因此，整合营销传播的整合实际上就是将营销传播的起点（企业）与终点（消费者）合而为一。

三、传统营销理论的局限性

传统营销理论经过百年来众多专家、学者的不断探索和潜心研究，已经形成了相当完备的学科体系，为20世纪市场经济的发展做出了卓越的贡献。随着时代的进步、消费社会的成熟（消费者主体意识增强）、传播机构的多样化和传播媒介的个人化等诸多要素的变化，传统营销理论显现出自身难以克服的局限性。

（一）重企业，轻个人

传统营销理论的研究者始终将研究的重心放在企业上，受研究立场所限，研究者总是不自觉地将企业视为主体，将消费者视为客体（营销的对象）。因此，传统营销理论的核心是：一个好的产品只需要拥有适当的定价和相应的销售渠道，配以强势的促销，就可以达到营销目标。这就是著名的4P理论。虽然有学者不断拓展4P理论的内容，如菲利普·科特勒在4P的基础上增加了调查（probing）、分割（partitioning）、优先（prioritizing）、定位（positioning）、公关（public relations）、权力（political power）等内容，从而构成10P理论，但仍没有摆脱固有的思维定式，难以从根本上突破其固有的局限性。

（二）重营销，轻传播

传统营销理论的研究重点放在产品的营销结果上，忽视对获得营销结果所需的传播手段的研究。在传统营销理论中，与传播有关的要素只有促销，在追求营销效果这一目标的制约下，促销的本质与推销并无区别。这种由内而外的营销活动通过传统的广告方式开展，其基本出发点是产品和企业自身的利益，以及采取“推”的手法向消费者灌输信息。这种不以了解目标消费者的行为特征和切实需求为宗旨的营销模式，不可能与目标消费者进行互动式的沟通与交流，也就不可能与目标消费者建立长期稳定的相互认同、相互信任的关系，必将导致消费者流失而难以实现企业的营销目标。

第 2 节　广告传播理论的演变发展

随着现代市场营销活动的发展，广告传播学在大量的实践中逐步形成了自己的理论体系。在这个过程中，许多广告传播专家和学者根据自己多年的实践经验和体会，总结出诸多有益于后来者学习和借鉴的广告传播观念和理论。本节将对这些观念和理论进行归纳和分析。

一、早期的广告传播观念

早期的广告传播观念源自 20 世纪 20 年代在英美等国家市场上流行的市场营销产品观念。在产品观念的影响下，产生了以克劳德·霍普金斯为代表的硬性推销派和以西奥多·麦克马纳斯为代表的软性推销派。这两种流派的观点对后来的两种广告理论流派（科学派和艺术派）的形成产生了深刻的影响。

（一）硬性推销的广告传播观

在产品观念的影响下，美国著名的劳德 & 托马斯广告公司的三位代表人物约翰·肯尼迪、阿尔伯特·拉斯科尔和克劳德·霍普金斯一致主张“广告是印在纸上的推销术”，认为广告必须向消费者表明为什么他们要花钱购买广告所宣传的产品。这种在广告创作中强调销售理由和购买原因的传播观点被称为硬性推销的广告传播观。

在具体的广告创作方面，肯尼迪发明了一种叫作原因追究法的诉求模式，即把广告诉求的焦点放到能克服受众对广告的抵制情绪的销售理由及其创意方面。肯尼迪在 1903 年为某药品创作的广告中，充分显示了其努力克服消费者抵制情绪的传播理念。这条广告传播了一个十分简单的诉求信息：

> 试试我们的产品，你什么也不会损失。
> 我的书免费，
> 我的治疗也免费——如果无效的话，
> 要是它有效，要是它成功了，
> 要是你又恢复了健康，
> 请你付费 5.50 美元……
> 我下一步会寄给你附近的药品商的名字，它会让你去取六瓶我开具处方的药品，药使用一个月后，如果有效，你支付 5.50 美元，如果无效，药品商就把账算在我头上。①

霍普金斯全盘继承了肯尼迪的“广告推销术”观点并将之发扬光大。他认为，“广告的唯一目的是实现销售。广告是否盈利取决于广告所带动的实际销售情况”“广告是建立在固定原则的基础上根据基本规律运作的”。作为“广告推销术”的忠实实践者，他还首创了产品试销策略，并发展了赠送样品的促销方式。

---

① 西沃卡．肥皂剧、性和香烟：美国广告 200 年经典范例．周向民，田力男，译．北京：光明日报出版社，1999：51.

霍普金斯在他撰写的《我的广告生涯》一书中，除重点讲述了其津津乐道的直邮广告之外，还提出了许多沿用至今的广告创作原则，其中最有价值的是预先占有权理论。该理论认为，如果有谁提出某行业一个非常普遍的产品特征并声称首先拥有它，那么谁就占有了它。该理论在喜力（Heineken）啤酒的经典广告中得以充分体现：喜力啤酒的每一个瓶子都是经过蒸汽高温消毒的。当时，美国的啤酒市场竞争十分激烈，消费者关于了解啤酒的原料、工艺、品质等相关信息的诉求比比皆是，霍普金斯在参观喜力啤酒厂时，对该厂使用蒸汽高温消毒这一行业内的普遍做法深感兴趣。虽然喜力啤酒厂的老板对霍普金斯的兴趣不以为意，但霍普金斯坚持将“用蒸汽高温消毒”这一普遍做法预先占有并成功使消费者将清洁卫生与喜力啤酒产生一对一的关联联想，从而使喜力啤酒的销售取得了极大的成功。

（二）软性推销的广告传播观

软性推销派的广告传播诉求策略大多围绕消费者的心理暗示和联想展开，努力诱使消费者产生一种身临其境的美妙感觉，从而使消费者对广告产品产生正面的、积极的深刻印象。心理学家司各特在其《广告心理学》一书中论证了这种促使消费者产生虚幻印象的心理暗示的广告创作方法。司各特还对肯尼迪等人提倡的硬性推销法的广告创作提出了质疑：它描写的是产品本身，而不是赞美它将提供给消费者的那种喜悦。①

软性推销派的代表人物是麦克马纳斯，他在1915年为通用汽车公司V8型凯迪拉克轿车创作的广告《对领导者的惩罚》是广告史上的经典作品之一：

> 在人类努力的每个领域中，处于领先地位的人必定永远生活在公众瞩目的焦点处。不论是归属于某个人的领导权，还是某种商品的领先地位，模仿赶超和羡慕嫉妒总是在起作用……当某个人的工作成为全世界的标准时，他就会成为少数嫉贤妒能者的箭靶……值得留在人们回忆中的事物总会留存下来。

该广告以暗示和联想的创意方法间接向消费者诉说凯迪拉克轿车在汽车行业中的翘楚地位，凯迪拉克引来众多的羡慕、嫉妒和模仿。尽管如此，凯迪拉克以更优异的品质、更完美的形象回应了那些嫉贤妒能者的诋毁，并长存于人们的美好记忆之中。该广告只刊印了一次，就引起了强烈的反响，因为这种散文风格的具有批判性观点的广告在广大受众的心理上产生了强烈的共鸣。自那以后的许多年里，凯迪拉克和它的广告代理公司应消费者的要求多次在媒体上刊发这则广告。

软性推销派的另一位代表人物是雷蒙·罗必凯。他用暗示的广告创作手法，辅以华美的艺术设计，为斯坦威钢琴创作的广告《不朽的乐器》为他赢得了巨大的荣誉。1923年，他和挚友约翰·奥尔·扬合伙创办了扬·罗必凯广告公司。20世纪20年代末，美国出现了严重的经济危机，市场一片萧条，广告创作水平普遍下降，但扬·罗必凯坚持软性推销的创作理念，极力倡导高雅的诉求风格，用暗示和委婉的创意手法较好地发挥了广告传播的说服作用。

上述两大流派的广告传播理念和广告创作实践延续到20世纪30年代，随着霍普金斯的去世，肯尼迪、麦克马纳斯和罗必凯的隐退，以及拉斯科尔的从政，他们在广告业的影响力逐渐减弱。虽然硬性推销派和软性推销派在广告传播手段的运用上似乎水火不

① 西沃卡．肥皂剧、性和香烟：美国广告200年经典范例．周向民，田力男，译．北京：光明日报出版社，1999：158.

容，即硬性推销派将广告传播的诉求重点放在商品本身，软性推销派则将广告传播的诉求重点放到消费者的主观感受上，前者针对物，后者针对人，但这两种不同的创作模式都能够帮助企业扩大销售，从这一点来看，两者又是高度一致的。事实上，20 世纪早期的硬性推销理论和软性推销理论为后来的广告创意理论的研究和实践奠定了基础，形成了目前广告创意理论和实践的两种基本模式，即理性（科学）诉求和感性（艺术）诉求。理性诉求强调的是产品物理层面的属性，感性诉求强调的是消费者精神层面的属性。

二、转折期的广告传播理论

第二次世界大战结束后，全球经济迅速恢复和调整，尤其是西方资本主义国家经济的飞速增长使真正意义上的买方市场得以形成。供大于求的需求关系使产品的竞争日趋激烈，科技的发展又使产品的同质化现象日益严重。此时，许多企业仍然推行促销观念。该观念认为，消费者通常具有一种购买惰性或者抗拒心理，企业如果想让消费者购买自己的产品，就必须对消费者进行劝说，或者运用一系列促销手段诱使消费者购买。反映这一观念的广告传播理论分别是罗瑟·瑞夫斯的独特销售主张理论、大卫·奥格威的品牌形象理论、李奥·贝纳的“产品与生俱来的戏剧性”理论等。

（一）罗瑟·瑞夫斯的独特销售主张理论

独特销售主张（unique selling proposition，USP）理论是罗瑟·瑞夫斯在 20 世纪 50 年代提出的具有深远影响的广告传播理论，该理论至今仍然被许多广告公司奉为经典并用于广告实践中。

USP 理论的核心可以概括为：明确的概念、独特的主张和实效的销售。

（1）明确的概念。明确的概念是指在广告创意过程中，创意人员必须努力找出产品本身可以带给消费者的特定益处，并提炼出一个容易让消费者理解和记忆的概念。

瑞夫斯认为，广告的主要目的是取得大众的信任，而非仅限于取悦潜在的消费者，同时，不应过高地估计消费者的注意力和判断力。他只是重复一个简单的主题：“消费者只从一则广告中记取一件东西——一个强有力的许诺，或是一个强有力的概念。”[①] 这些概念必须是经科学证明的事实，并且使用清晰准确的语言予以表述。

（2）独特的主张。独特的主张是指该主张是竞争者不能或不会提出的一种全新的诉求。独特意味着与众不同，只有独特才有可能使受众产生印象。独特是指从产品的功能和内在品质出发，在产品同质化现象尚不突出的情况下寻求产品的差异性。

例如，高露洁最初的广告创意为“缎带式牙膏——它挤出来像条丝带，平躺在牙刷上”。虽然这种创意也算一种主张，但是它没有什么特点，难以激起消费者的购买欲望，市场销售乏力。之后，达彼思广告公司代理高露洁产品后，瑞夫斯立刻对其广告诉求进行了重新提炼：“高露洁清洁您的牙齿，也清新您的口气。”虽然许多牙膏都可以清洁牙齿并使口气清新，但从没有公司提出过这个概念（主张），高露洁最先提出，当然有其独特性。至于销售实效，高露洁现在仍在使用这个创意便足以说明一切。

（3）实效的销售。实效的销售是指广告诉求在短时间内所达成的产品销售业绩，这也是瑞夫斯判断一则广告创意是否成功的最重要的依据之一。“实效”不等于“有效”。

---

① 瑞夫斯．实效的广告——达彼思广告公司经营哲学：USP．张冰艳，译．呼和浩特：内蒙古人民出版社，1999：81.

只要广告信息被受众看到或听到并引起受众的注意，就可以判定广告“有效”，但是只有最终能吸引受众花钱购买所推荐的商品，广告才算有“实效”。因此，产生“实效”才是判断广告活动成功的依据。

USP理论在应用上并不复杂，它是在分析产品及其功能的基础上产生的。如高露洁的“没有蛀牙”、M&M's巧克力的“只溶在口，不溶在手”、海飞丝的“去头屑”等独特销售主张至今还在使用。

（二）大卫·奥格威的品牌形象理论

大卫·奥格威是美国20世纪中期著名的广告大师之一，他提出的品牌形象理论是对早期软性推销观念的发展。奥格威认为，随着产品竞争的加剧，仅仅从产品本身的物理层面去寻找独特因素已经难以为品牌建立独特的个性形象。广告创意最大的威胁是大量的同质化产品充斥市场，这导致广告产品很难从自身找到差异性，因此，必须建立品牌的个性形象。

下面从四个方面来阐述品牌形象理论的基本要点。

（1）品牌形象应具有个性。奥格威认为，品牌就像人一样也有自己的个性，比如严谨、开朗、高贵等。个性是品牌形象的核心，没有个性，鲜明的品牌形象就很难建立。不同品牌的个性不一样，同类品牌中有的能在市场上长盛不衰，有的则如过眼云烟，这并不完全是因为产品品质差别有多大，而是品牌个性的不同导致的。

品牌个性是由许多因素构成的，包括产品的名称、包装、价格和广告风格。每一次广告活动都应该认真考虑广告的诉求是否对维护品牌形象有利，也就是说，广告作品必须保持一以贯之的风格。

（2）广告活动是对品牌的长期投资。从长远来看，广告必须维护一个好的品牌形象，甚至应该牺牲短期利益来获取品牌的长远利益。

奥格威认为，努力塑造品牌形象是极其有效的方法，这种方法一旦采用，产品就相当于领到了一张通往高档品牌的通行证，尤其是那些感性色彩较浓的产品，如啤酒、饮料和服装等。如果广告看起来低俗，会大大影响产品的销售，因为没有消费者愿意使用格调低的产品。

（3）传播品牌形象重于宣传产品。随着同类产品差异性的减小，品牌之间的同质性越来越明显，消费者选择品牌时使用的理性判断因素越来越少，使用的感性判断因素却越来越多。因此，在广告活动中，塑造并传播品牌形象远比只是强调产品的具体功能重要。

（4）运用品牌形象来满足消费者的心理需求。根据马斯洛的需要层次理论，消费者的需求随着生活水平的提高而不断变化。这种变化趋势大致为：从以实质利益为主、心理利益为辅的需求向以心理利益为主、实质利益为辅的需求转化和递进。奥格威敏锐地发觉并把握了消费者需求上的变化，认为消费者购买产品追求的是“实质利益＋心理利益”。运用品牌形象来满足消费者的心理需求是成功的关键。

应该说，瑞夫斯和奥格威提出的广告传播理论代表了一种早期的营销传播思想，两者之间有较大的区别。前者着眼于产品的功能诉求和事实陈述，后者则着眼于品牌形象的塑造和情绪意向的渲染；前者致力于凸显独特的产品功能，后者则致力于凸显鲜明的品牌个性；前者重视消费者获得的实际利益，后者则重视消费者心理感受的满足。虽然两种理论有差异，但在本质上有许多共同之处，即都为产品寻找一种独特因素。只不过瑞夫斯认为这种独特因素是建立在产品的物理层面上，只要努力对产品自身的属性进行挖掘就可以找到，奥格威则将这种独特因素的外延扩大，认为这种独特因素可以通过创意附加在产品上，在某种意义上可以说这种独特因素是超越产品的具象，以抽象的方式存在的。从营销的角度而言，无论是瑞夫斯还是奥格威，他们的思考原点都是产品，但两者的传播手法完全不同。瑞夫斯将产品作为主要的诉求与表现对象，奥格威更注重将产品的使用对象（消费者）作为诉求与表现对象。前者的广告传播作用力在物（产品）上，后者的广告传播作用力则在人上，但两者的目标是一致的，即实现产品的销售。

（三）李奥·贝纳的“产品与生俱来的戏剧性”理论

李奥·贝纳是芝加哥广告学派的创始人及领袖，著有《写广告的艺术》一书。他代表的芝加哥广告学派在广告传播上强调“产品与生俱来的戏剧性”，即“商品能够使人们产生兴趣的魔力”，广告创作“最重要的任务是把它发掘出来并加以利用，而不是投机取巧，或依靠技巧及牵强的联想”，要突出商品的内在戏剧性并使它引人注目。李奥·贝纳说：“每件商品都有其内在的戏剧化的一面。我们的当务之急就是要发掘出商品的特征，然后令商品戏剧化地成为广告里的英雄。”①

真诚、自然、温情是李奥·贝纳挖掘“产品与生俱来的戏剧性”的主要表现手法，也是以他为代表的芝加哥广告学派的信条——我们力求更为坦诚而不武断；我们力求热情而不感情用事。

总体而言，李奥·贝纳的广告传播理论是对早期以西奥多·麦克马纳斯和雷蒙·罗必凯为代表的软性推销派的继承与发展，其关注的焦点仍然是产品，只不过是通过视觉符号的刺激、环境氛围的营造用产品的特征（“与生俱来的戏剧性”）影响消费者对产品的主观感受，从而达到促进销售的目的。

三、整合期的广告传播理论

从20世纪70年代开始，广告传播理论研究进入了一个新的历史阶段。这一时期的广告传播理论具有以下几个鲜明特征：从广告传播理论研究的视角来看，从以产品和生产者为中心的模式向以消费者为中心的模式转变；从着眼于产品功能、满足消费者的实际利益的传播模式向着眼于品牌形象、满足消费者的多层次需求转变；从以传播者为中心的单向传播模式向以受众为中心的双向传播与沟通模式转变；从偏重广告的推销功能向偏重广告营销与传播的整合功能转变。从具体的理论来看，广告传播理论由过去的以经验为主的单一性诉求理论逐渐向以学理为主的营销与传播的系统性和整合性理论发展。② 这一时期具有代表性的理论分别是：20世纪70年代的定位理论，20世纪80年代末的品牌形象理论，20世纪80年代的共鸣理论和CIS理论及20世纪90年代的整合营销传播理论。

（一）定位理论

定位理论是20世纪70年代继罗瑟·瑞夫斯提出的USP理论和大卫·奥格威提出的品牌形象理论之后，由阿尔·里斯和杰克·特劳特提出的具有划时代意义的营销传播理论。

---

① 狄龙．怎样创作广告．刘毅志，译．北京：中国友谊出版公司，1991：80.

② 张金海．20世纪广告传播理论研究．武汉：武汉大学出版社，2002：62.

定位理论的核心是主张在广告策略中运用一种新的沟通方法，从而创造更有效的传播效果。该理论的基本要点有以下三个方面：

（1）广告活动的目的是在目标受众的心目中占据一席之地。定位并不是去做某种新奇或与众不同的事情，而是去明晰那些已经存在于人们心中的关于某种品牌的对应关系。

定位虽然主要针对的是产品，但也可以针对某项服务、某家公司、某个组织甚至某个人。定位并不要求策划人员对产品本身做什么改变，而是强化或改善消费者对该品牌的看法。因此，定位的目的是让品牌在潜在消费者心目中占据一个有利的位置。

（2）通过广告创造出有关品牌的"第一说法、第一事件、第一位置"。广告传播要尽量表达"第一"的概念，因为人们大都只对"第一"的事物产生兴趣，这样的事物也容易记忆。对于广告的目标受众而言，"第一说法、第一事件、第一位置"不仅仅是一条普通的信息，更是一个概念、一种知识。受众在接收这些信息时，往往会不自觉地把它们当作概念、知识而镌刻在大脑里，从而产生较深刻的记忆。

（3）广告传播应重在表现品牌之间类别的区别。定位理论认为，对传播者而言，由于大机器及电子化生产，现代产品的同质化现象日益严重，这就使广告创作中仅挖掘产品功能上的差异变得极为困难；对传播对象而言，由于消费者每天都要接触大量的广告信息，尤其是同类产品的广告信息彼此干扰，广告效果会大打折扣。因此，广告传播策略必须另辟蹊径，避免在同类产品中创作信息内容重复的广告，努力在广告创意上表现出广告品牌与同类品牌类别上的差异。例如，七喜通过提出"非可乐"的概念一举切入市场，获得了极大的成功；大众甲壳虫汽车"想想小的好处"的概念则将之与同类的其他汽车品牌区分开来。

（二）品牌形象理论

20世纪80年代末，戴维·阿克在奥格威的品牌形象理论的基础上陆续出版了一系列品牌研究专著，推动品牌形象理论的发展。之后，又有专家和学者提出相关的研究成果，品牌形象理论更趋成熟。

（1）品牌个性理论。该理论的核心是品牌人格化，主张通过塑造品牌的独特个性来形成品牌的差异性。该理论是美国精信广告公司对品牌形象理论和品牌定位理论的继承与发展。

精信广告公司在深入分析上百对品牌的广告创意作品之后，发现几乎每一对品牌都有相同的定位，而且其中总有一个品牌相对成功，另一个品牌比较失败。经过进一步研究，精信广告公司还发现成功品牌的广告诉求与不成功品牌的广告诉求的最大差异是：成功品牌的广告诉求的内容不仅包括产品是什么，还包括产品是谁。也就是说，成功品牌的广告传播使产品有了生命，有了灵魂。精信广告公司据此提出品牌个性理论，并以独具一格、令人心动和恒久不衰作为衡量优秀广告创意的标准。该理论在具体操作上把品牌人格化，努力为品牌塑造独特的个性，这种个性与目标消费者的个性特征相符，并以此为基础与目标消费者进行情感上的沟通和交流，建立起目标受众与品牌之间的稳固持久的良好关系。

（2）品牌经营理论。品牌经营理论是美国著名的品牌专家戴维·阿克在丰富和发展品牌个性理论的基础上提出的系统全面的品牌理论。该理论通过他所著的《管理品牌资产》、《创建强势品牌》和《品牌领导》（"品牌三部曲"）进行深入细致的阐述。阿克还先后提出了品牌个性尺度理论、品牌个性要素理论、品牌关系理论、品牌价值理论、品牌认同理论和品牌领导理论。

（3）品牌价值理论。品牌价值理论的核心为：品牌是一项重要的资产，该资产对产品的成功起着至关重要的作用，必须引起高度重视并得到妥善管理。品牌价值包含正反两个方面，正面的价值是资产，负面的价值是负债。品牌价值的形成包括四个方面的内容：知名度、品质、忠诚度和关联性。

品牌价值理论是资本发展的产物，是受企业资本运作体系的启发而衍生出来的，它将品牌理论从以产品差异化为目的并在微观层面发挥作用向以创造综合的品牌资产为目的并在企业的宏观层面发挥作用转化和提升。品牌价值理论进一步说明了品牌竞争制胜的武器是建立强势的品牌价值，促使企业在市场竞争中将经营的重心放在无可取代的品牌价值上。

（4）品牌认同理论。该理论是戴维・阿克在 20 世纪 90 年代后期提出来的。如果说品牌价值理论是对品牌理论的内涵和外延的一种创新，那么品牌认同理论是在此基础上针对如何建立强势品牌以及建立强势品牌必须解决的问题提出的具体看法。

品牌认同理论要解决的是在竞争的环境里如何创建强势品牌的问题，其核心是以品牌的核心价值和意义建立品牌的永久生命力，其结构可分为基本认同和延伸认同两个部分。品牌的基本认同是指一个品牌的本质属性不会因时间的流逝而改变或消失；品牌的延伸认同是指为品牌带来更丰富的内涵以使品牌认同表达得更完整。

（三）共鸣理论

共鸣理论是 20 世纪 80 年代在美国广告界出现并被广泛运用的广告传播理论。共鸣理论主张在广告创作中极力渲染和表现目标对象难以忘怀的生活经历及人生中美好温馨的体验和感受，唤起并激发目标对象内心深处的情感共鸣，以此赋予品牌特定的内涵和象征意义，建立起目标对象的移情联想，从而产生与目标对象互动沟通的品牌传播效果。

（1）经典的怀旧。怀旧是人们的情感体验方式，也是引发人们共鸣的工具和过程，怀旧还可以作为一种沟通和促销的手段。对于一个品牌而言，隽永说明品牌经过时间的沉淀得到了认可，经典则说明品牌具有深厚的底蕴。经典品牌不仅可以使顾客免遭尝试新产品失败的风险，更可以勾起顾客的回忆。总之，经典的怀旧容易使顾客在情感上产生共鸣，达到良好沟通的目的。

（2）温馨的情感。共鸣理论认为，一种积极的、温和的、短暂的感情（包括生理上的反应）可以使人们产生与爱、家庭、友情有关的情愫，在情感上产生共鸣。

基于共鸣理论的优秀广告作品并不鲜见，获得 1998 年戛纳国际广告节银奖的新西兰电信的广告和奥利奥的影视广告就是经典案例。哈根达斯和百年润发的平面广告作品也是基于此种理论创作的，深得消费者的喜爱。

总之，共鸣理论认为，除了传递信息之外，广告创作还可以引起温馨、快乐等情感方面的共鸣，这种情感共鸣如果处理得当，可以和广告所宣传的品牌发生联系。共鸣理论从实质上说是对早期软性推销派的继承和发展，它认为广告创作“怎么说”远比“说什么”更加重要。

（四）CIS 理论

CIS 理论于 20 世纪 50 年代提出、80 年代逐渐发展完善，之后又在品牌形象理论和定位理论的基础上，糅合艺术设计的相关理论和方法，通过对企业从内到外的所有要素进行全面系统的规范，力图使企业树立起高度统一、极富个性的企业形象。

CIS（corporate identity system）即企业形象识别系统，它由企业理念识别系统（mind identity，MI）、企业行为识别系统（behavior identity，BI）和企业视觉识别系统（visual identity，VI）三部分构成。该理论强调从企业的经营理念到企业文化、从企业员工的个体行为到企业组织的对外传播活动、从企业传播的视觉识别的基本要素到对所有应用要素予以整合和规划，构建具有高度统一性、独特性和可识别性的企业形象识别系统，以树立企业完整统一且极富个性的企业形象，并通过对企业内部和外部的一致传播，促使企业员工和消费者认同企业的经营理念，进而达到提升企业市场地位、提高企业经营绩效的目的。

概括地说，CIS 理论是一种关于企业形象的系统战略理论和具体运作方法，它强调企业形象的个性、差异性和可识别性。如果企业运用 CIS 理论，其营销传播就应从产品、品牌战略延伸至企业战略，从产品、品牌形象延伸至企业形象，从品牌定位延伸至企业形象定位。

综上所述，广告传播理论的演进以约翰·肯尼迪、克劳德·霍普金斯为代表的硬性推销派和以西奥多·麦克马纳斯、雷蒙·罗必凯为代表的软性推销派开始，它们分别代表了两种不同的广告传播理念，前者注重促销，后者注重传播；前者被称为广告传播的科学派，后者被称为广告传播的艺术派。其后，这两种学派分别发展为由罗瑟·瑞夫斯、大卫·奥格威、李奥·贝纳等人提出的相关理论及共鸣理论、CIS 理论、定位理论，同归于品牌理论并最终奠定了整合营销传播理论的基石（见图2-6）。

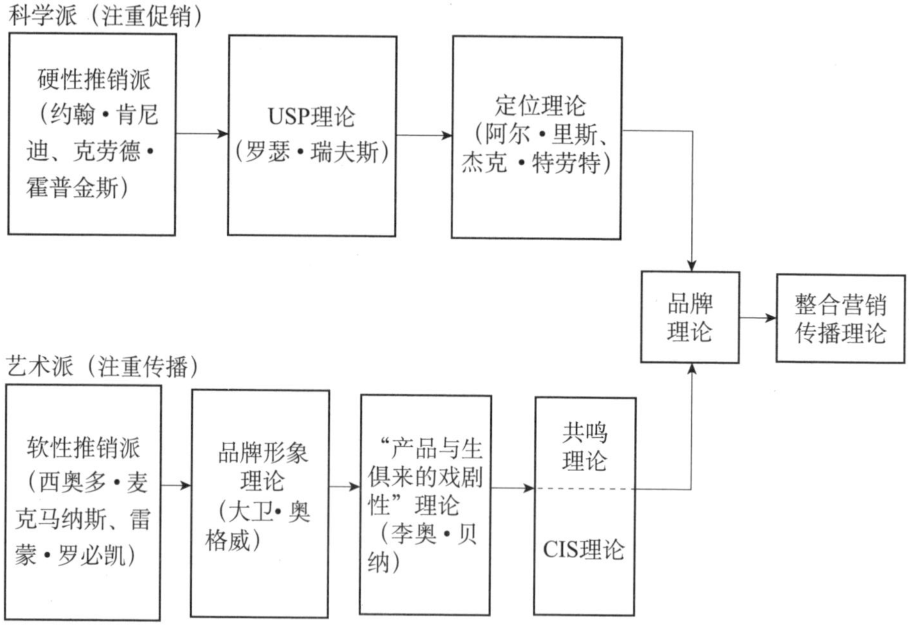

图2-6　广告传播理论的演进模式

基本概念

市场营销	市场	独特销售主张理论	品牌形象理论
定位理论	品牌个性理论	共鸣理论	CIS 理论

思考题

1. 市场营销驱动重心的演变经历了哪几个阶段？
2. 传统营销理论有哪些局限性？
3. 硬性推销派与软性推销派有哪些异同？
4. 奥格威提出的品牌形象理论的基本要点是什么？

课后实践

收集、下载一些品牌的广告创意系列作品，并对最感兴趣的品牌广告创意的表现策略进行分析和评价。

第3章 整合营销传播理论的学科背景

任何一个理论都不可能凭空而来，必然要从其他相关学科中借鉴有用的理论和观点，整合营销传播理论也不例外。因此，研究整合营销传播理论就必须从相关学科入手，正是众多相关学科的研究成果孕育了整合营销传播理论。这些相关学科包括市场营销学、传播学、广告学、公共关系学、消费者行为学、品牌学和视觉传播学等。

第1节 市场营销理论的研究成果

市场营销学虽然早在20世纪初便被众多的专家和学者研究，但是有关理论直到50年代才逐渐走向成熟，发展成为一个完整独立的学科体系。

一、以产品为导向的营销理论

以产品为导向的营销理论是传统市场营销理论的研究重心，在这一思想体系的指导下，产生了市场营销组合理论和市场细分理论。

（一）市场营销组合理论

美国营销学家麦卡锡在其《基础市场营销学》一书中描述了研究市场营销的三种方法：商品研究法、机构研究法和职能研究法。此外，他还对1960年美国市场营销协会给市场营销下的定义进行了修正，并提出了自己的定义：市场营销是指将商品和服务从生产者转移到消费者或用户的企业活动，它可以满足顾客的需要和实现企业的各种目标。麦卡锡强调，市场营销（而不是生产）决定了应该生产什么产品、制定什么价格、在什么地方以及如何出售产品或做广告。麦卡锡把消费者看作一个特定的群体，称之为目标市场，然后提出了经典的4P理论。他认为，一方面，企业应考虑各种外部环境；另一方面，在实施市场营销组合策略时，企业要主动适应环境的变化，满足目标市场的需要，从而实现企业的目标。麦卡锡的市场营销组合理论模型如图3－1所示。

（二）市场细分理论

市场细分的概念是美国市场营销学家温德尔·史密斯于1956年提出的，第二次世界大战结束后，美国众多产品市场由卖方市场转为买方市场。市场细分理论是这一新的市场形势下企业营销思想和营销战略的新发展，更是企业贯彻以消费者为中心的现代市场

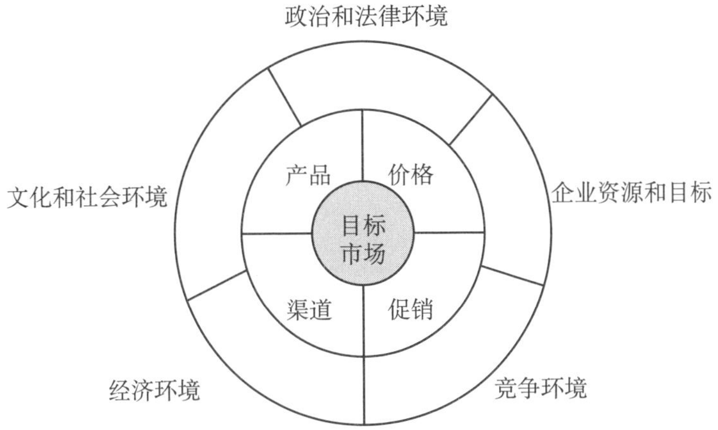

图 3－1　麦卡锡的市场营销组合理论模型

营销理念的必然产物。

市场细分是企业根据消费者的不同需求把整个市场划分成不同的消费者群体，其客观基础是消费者需求的异质性。市场细分的主要依据是异质市场中有需求一致的顾客群，实际上就是在异质市场中寻找同质需求。市场细分的目标是聚合，即在需求不同的市场中把需求相同的消费者聚合到一起。这一概念的提出对企业制定营销战略具有重要的促进作用。

二、基于消费感受的营销思考

这种营销理论的研究视角试图从企业转向消费者，思考消费者的消费行为与消费感受对企业营销行为的影响。不过，这种思考只是一种全新的研究思路，并没有提出较为全面的具有建设性的理论。

（一）营销近视症批判

1960 年，美国哈佛大学管理学院教授西奥多·莱维特发表了《营销近视症批判》一文，批评了大量的同一化和忽视消费者需求的产业营销。莱维特提出的营销近视症是指生产企业将主要精力放在产品研发和技术改造层面而不是市场需求层面，其结果必然是企业的产品因不能满足消费者的需求而失去市场竞争力。莱维特断言，市场饱和并不会导致企业生产萎缩，企业生产萎缩的真正原因是企业管理者目光短浅，不能根据消费者的需求变化适时地改变营销策略。

（二）买方行为理论

1967 年，约翰·霍华德与杰迪什·谢斯共同提出了买方行为理论，并在 1969 年出版的专著中对该理论做了全面深入的阐述，这也是市场营销专家首次运用行为学理论研究消费者购买行为。该理论试图解释消费者如何做出购买决策，并根据消费者的心理需求解释其购买行为。此后，需求理论与购买行为作为市场营销理论研究的一个方向，成为市场营销学的基本内容。

三、基于非盈利目的的营销理论

该理论的研究出发点是更加注重环境保护，从生态环境和企业长远发展的角度来看，这种理论无疑更具有社会道德意识。

（一）社会营销理论

20世纪70年代之后，发达国家企业尤其是美国企业的生产能力大大增强，许多企业为满足消费者的需求生产了大量一次性方便商品，比如易拉罐、塑料包装袋等，这在客观上造成了环境污染和能源浪费。为此，一些市场营销学者呼吁企业销售安全的、能够节约能源的、能为社会利益做出贡献的商品。1971年，拉尔德·查特曼和菲利普·科特勒提出了社会营销理论。该理论认为，人们应关注营销学在传播社会目标方面的意义，企业应该自觉承担社会责任并追求社会效果。社会营销理论作为新的营销思想很快进入营销学理论的研究和实践范畴，并为营销效果和营销目标的研究提供了不可或缺的研究方向。

（二）服务营销理论

1977年，林恩·肖斯塔克在发表于《营销杂志》的一篇论文中首次提出了服务营销的概念。他根据产品包含的有形商品和无形服务的不同比重，提出了“从可感知到不可感知的连续谱系理论”，并将服务业与制造业划归为一个产业大类来加以管理。他认为服务业与普通行业并没有本质的不同，区别仅仅在于服务业为消费者提供的商品（服务）是无形的，或者虽然有形但与他人共有。因此，任何一个以盈利为目的的企业都可以归属于服务业，任何产品（不论是有形的还是无形的）都可以看作是企业向消费者提供服务的特殊媒介。服务营销理论经过许多专家和学者的研究，不断地丰富和完善。目前，人们对服务营销的定义是：服务营销是企业在充分认识消费者需求的前提下，为充分满足消费者需求而在营销过程中开展的一系列活动。

四、基于顾客服务的营销理论

（一）内部营销理论

1981年，瑞典经济学家克里斯丁·格罗路斯在其发表的一篇论文中首次提出并全面阐述了内部营销理论。他认为企业在培养经理和员工接受以消费者为导向的经营理念时，亟待解决的问题是必须使企业员工真正认识到，企业各个部门都必须以消费者为导向并在此基础上形成自己的营销体系。

内部营销理论基于两个假设：第一，组织中的每个人都有一个顾客；第二，员工在有效地为顾客服务之前，必须像对待外部顾客一样服务内部顾客并以此为乐，即“只有拥有满意的员工，才能拥有满意的顾客”。内部营销“将员工当作顾客，将工作当作产品，在满足内部顾客需要的同时实现组织目标”，“通过创造满足员工需要的工作来吸引、发展、激励和留住高质量的员工，这是将员工当作顾客的哲学，也是一种使工作符合员工需要的战略”。

（二）直接营销理论

直接营销是一种不通过营销中间人，直接向消费者送达和交付商品与服务的行为。直接营销早在20世纪30年代便在西欧国家得到运用，但直到80年代才在美国引起广泛关注，原因是当时的商品流通费用和大众传媒费用不断攀升，许多企业不得不放弃传统的流通渠道和大众传媒，转而让销售人员通过电话、电子邮件推销商品或直接到客户家中推销商品。直接营销理论的不断丰富和完善为企业开展营销传播活动提供了更多的选择。

（三）关系营销理论

关系营销理论把营销活动看作是企业与消费者、供应商、分销商、竞争者、政府机构及其他公众互动的过程，其核心是建立和发展与公众的良好关系。1983 年，得克萨斯州 A&M 大学的伦纳德·贝瑞教授在美国市场营销协会的一份报告中给出了关系营销的定义："关系营销是指吸引、维持和增强客户关系。"1985 年，芭芭拉·本德·杰克逊对关系营销的概念进行了深入分析。他认为关系营销理论的核心较之于交易营销更好地抓住了营销的本质，企业开展市场营销活动的终极目的是增加销量，这就依赖于企业与社会各界建立良好的关系，如与消费者的关系、与销售渠道成员的关系、与大众传媒的关系、与原材料供应商的关系、与银行的关系以及与政府的关系等。如果企业不能与上述各方保持良好的关系，企业的市场营销工作就会难以开展，更不可能取得成功。

五、基于顾客满意的营销理论

从 20 世纪 90 年代开始，以顾客服务为导向的营销理论逐渐被更主动、更积极的以顾客满意为导向的营销理论取代。基于顾客满意的营销理论认为，企业在开展营销传播活动时务必抛弃以往只站在自身利益角度自说自话的做法，应该尽量与顾客对话和交流，以获得顾客对商品积极正面的反应。在该理论的影响下，陆续出现新的营销理论，其中比较有影响的是体验营销理论、绿色营销理论和网络营销理论。

（一）体验营销理论

体验营销是指企业让目标顾客通过观摩、聆听、尝试、试用等方式亲身体验企业提供的产品或服务，实际感知产品或服务的品质或性能，从而对产品产生认知、偏好并进行购买的一种营销方式。

体验营销以拉近企业和消费者之间的距离为重要手段，已成为企业获得竞争优势的新武器。体验营销并不适合所有行业和所有产品，只有那些具备不可察知性、必须通过使用才能断定品质优劣的产品才适合这种方式。

体验营销理论是从消费者的感官、情感、思考、行动和联想五个角度对市场营销元素进行重新定义、设计的一种思考方式和营销方法。体验营销理论突破了传统的理性消费者假设，认为消费者在消费时是理性与感性兼具的，他们在消费前、消费中和消费后的体验才是促成购买行为与决定品牌经营效果的关键。比如，当咖啡被当成货物贩卖时，一磅可以卖 300 元；当咖啡被包装成商品时，一杯可以卖 25 元；当加入服务在咖啡店贩卖时，一杯可以卖 35 ~ 100 元；如能让顾客体验咖啡的香醇与相关的生活方式，一杯可以卖到 150 元甚至更高。

（二）绿色营销理论

绿色营销是指社会和企业在充分意识到消费者日益提高的环保意识和由此产生的对清洁型无公害产品的需要的基础上，发现、创造并选择市场机会，通过一系列理性化的营销手段满足消费者的需要，从而实现社会生态环境和企业的可持续发展。绿色营销的核心是按照环保与生态原则来选择和确定营销组合策略，绿色营销是建立在绿色技术、绿色市场和绿色经济基础上的对人类的生态关注给予回应的一种营销方式。绿色营销不是一种诱导顾客消费的手段，也不是企业塑造公众形象的"美容法"，它注重持续发展、永续经营，最终目的是在化解环境危机的过程中获得商业机会，在实现企业利润和消费者满意的同时达成人与自然的和谐相处、共存共荣。

绿色营销是为适应21世纪的消费需求而产生的一种新型营销理论，绿色营销不可能脱离原有的营销理论基础，绿色营销模式和方案及相关资源的整合无法也不能脱离原有的营销理论基础。可以说，绿色营销是在人们追求健康、安全、环保的意识形态下发展起来的新的营销方式和方法。

（三）网络营销理论

网络营销是以互联网为基础，利用数字化信息和网络媒体来辅助实现营销目标的一种新型市场营销方式。简单来说，网络营销就是为达到一定的营销目的，以互联网为主要手段开展的营销活动。

网络营销亦称线上营销或电子营销。它建立在互联网的基础上，以营销为导向、以网络为工具，由营销人员利用专业的网络营销工具面向广大网民开展一系列的营销活动，其主要特点是成本低、效率高、传播广、效果好。

纵观营销理论从20世纪50年代到90年代的发展历程，可以清晰地发现营销理论的研究重心逐渐由产品向消费者转移。从营销理论发展的走向来看，整合营销传播理论在20世纪90年代出现是一种历史的必然。

六、基于差异化的营销理论

差异化营销也称为多样化营销，是一种为了满足细分市场需求而开创的营销管理模式。技术的发展、行业的垂直分工以及信息的公开性和及时性导致越来越多的产品出现同质化。针对这种情况，许多企业尤其是中小企业越来越重视通过寻求差异化的营销策略来开展本品牌商品的市场推广活动。

（一）市场差异化营销理论

市场差异化营销理论是指面对已经细分的市场，企业选择两个或者两个以上的子市场作为目标市场，分别对每个子市场提供具有针对性的产品和服务以及相应的销售措施。企业根据子市场的特点，分别制定并实施产品策略、价格策略、渠道策略以及促销策略。企业采用差异性营销策略显然比采用无差异性营销策略更能促进销售。

首先，差异化营销的核心思想是“细分市场，针对目标消费群进行定位，导入品牌，树立形象”。其次，在市场细分的基础上，针对目标市场的个性化需求，通过品牌定位与传播，赋予品牌独特的价值，树立鲜明的形象，建立品牌的差异化和个性化核心竞争优势。再次，差异化营销的关键是积极寻找市场空白点，选择目标市场，挖掘消费者尚未被满足的个性化需求，开发产品的新功能，赋予品牌新的价值。差异化营销的依据是市场消费需求的多样化。最后，不同的消费者具有不同的喜好、不同的个性、不同的价值取向、不同的收入水平和不同的消费理念，这些决定了他们对产品品牌有不同的需求侧重，这也是需要进行差异化营销的原因。

当然，企业在实施市场差异化营销策略时，还可以根据市场竞争的格局运用产品差异化、服务差异化和形象差异化等营销策略开展营销传播活动。

（二）4V营销理论

4V营销理论是指同时运用差异化（variation）、功能化（versatility）、附加价值（value）、共鸣（vibration）的营销理论。首先，4V营销理论强调企业要实施差异化营销，一方面使本品牌商品与竞争品牌商品区别开来，树立本品牌商品独特的个性形象；另一方面也使消费者相互区别，满足消费者个性化的需求。其次，4V营销理论要求产品或服务有更大的柔性，能够针对消费者的具体需求进行组合。最后，4V营销理论更加重视产品或服务中无形的精神要素，通过品牌、文化等意识形态领域的价值观或美学概念来满足消费者的情感需求。

1. 顾客差异

顾客是千差万别的，在个性化时代，这种差异更加显著。管理大师彼得·德鲁克在描述企业的定义时曾这样说，企业的宗旨只有一个，这就是创造顾客。从表面上看，企业向不同的顾客提供的是同一种商品，但实际上，顾客所买的可能是不同的东西。同样是买汽车，有的顾客购买的是纯粹的交通工具，有的顾客则在汽车之外附加了地位、声望这些车外之物；同样是买服装，中老年人更多注重的是服装的基本物质属性，而年轻人则可能把服装的款式和是否流行作为首选内容。而对生产者来讲，产品是否受顾客欢迎，最主要的是能否把自己的产品与竞争对手的产品区别开来，让消费者“一见钟情”。所以，从某种意义上说，创造顾客就是创造差异。有差异才能有市场，才能在强手如林的同行业竞争中立于不败之地。差异化营销正是迎合了这种需要。所谓差异化营销就是企业凭借自身的技术优势和管理优势，生产出在性能、质量上优于市场上现有水平的同类产品，或是在销售方面，通过有特色的传播活动、灵活的推销手段、周到的售后服务，在消费者心目中树立起与众不同的品牌形象。

2. 弹性化

一个企业的产品在顾客中的定位有三个层次：一是核心功能，它是产品之所以存在的理由，主要由产品的基本功能构成。如手表是用来计时的，手机是用来移动通话的。二是延伸功能，即功能朝纵深方向发展，如手机的贮存功能、与电脑联通上网功能、移动股市行情反映功能，甚至于启动家庭智能电器等功能。它按单功能—多功能—全功能的方向发展。三是附加功能，如美学功能等。总之，产品的功能越多其价格也越高（根据功价比原理），反之亦然。

功能弹性化是指根据消费者消费要求的不同，提供不同功能的系列化产品，增加一些功能就变成高档消费品，减掉一些功能就变成中低档消费品。消费者根据自己的习惯与承受能力选择具有相应功能的产品。20世纪八九十年代，日本许多企业盲目追求多功能或全功能，造成的功能虚靡使功能缺乏弹性，从而导致营销失败。

3. 价值化

从价值构成来分析，产品的价值包括基本价值与附加价值两个组成部分，前者是由生产和销售某产品所付出的物化劳动和主体人劳动决定的；后者则由技术附加、营销或服务附加、企业文化与品牌附加三部分构成。从当代发展趋势来分析，围绕产品物耗和社会必要劳动时间的主体人劳动消耗在价值构成中的比重逐步下降；而高技术附加价值、品牌（含“名品”“名人”“名企”）或企业文化附加价值、营销附加价值在价值构成中的比重却显著上升而且将进一步上升。21世纪，世界顶尖企业之间的产品竞争已不再局限于核心产品与形式产品，竞争优势已明显地体现在产品的第三个层次——附加产品上，即更强调产品的高附加价值。因而，当代营销新理念的重心是“附加价值化”。

4. 共鸣

共鸣是使企业持续占领市场并保持竞争力的价值创新给消费者或顾客带来的价值最

大化，以及由此带来的企业利润最大化。共鸣强调的是将企业的创新能力与消费者所珍视的价值联系起来，通过为消费者提供价值创新使其获得最大程度的满足。消费者追求效用最大化，效用最大化要求企业必须从价值层次的角度为顾客提供具有最大价值创新的产品和服务，使顾客能够更多地体验到产品和服务的实际价值效用。这里强调的价值效用实质上就是消费者追求的一种期望价值和满意程度，是企业对消费者基于价值层面上的一种“价值提供”，这种“价值提供”构成了价值创新的核心内容。因此，只有实现企业经营活动中各个构成要素的价值创新，才能最终实现消费者的效用最大化，而当消费者稳定地得到这种效用最大化的满足之后，企业与消费者之间产生了共鸣，消费者必然会成为该企业的终身顾客。

第2节　传播学理论的研究成果

虽然人类的传播活动与人类的历史一样古老且二者相生相伴，但是人类对传播活动本质规律的认识直到20世纪四五十年代才逐步深入。不过，传播学研究取得了长足的进步，研究成果层出不穷，学科体系也不断壮大。随着当代社会及经济形态中信息资源重要性的日益突出，信息的价值越来越大，传播活动对人们生活方式的影响逐渐深入，传播学的基本理论已经成为当代人必须掌握的基本常识。

一、传播过程的经典模式

过程是指行为的发生与发展。从哲学的角度而言，任何过程归根结底都必然源于时间并受制于时间，也就是说，过程的本质就是时间。与人类的其他行为一样，传播也具有明显的过程性，每一个传播活动都不可避免地在过程中实现，当然也在时间中得到体现。

传播必须有反馈才有意义，本书对传播的定义如下：传播就是主客体双方各自对信息进行编码和译码及双向沟通的过程，包括人类传播和大众传播两种类型。传播过程的构成要素包括信源（传播主体）、信宿（传播对象）、信息、渠道（媒介）和反馈。从这五个要素的相互关系中可以发现传播过程大体具有三个特征：动态性、序列性和结构性。

传播学的许多重要理论成果都是通过模式来阐释的，甚至可以说，衡量一位传播学者在理论上是否有创见的一个简单标准就是看他能否提出具有独到见解的传播模式。对于传播过程的研究，许多专家和学者从不同的角度提出了众多的经典模式，这些模式大致可以分为三类：直线模式、循环模式和系统模式。

（一）直线模式

直线模式是指传播过程的思考原点立足于传播者的一种传播模式。虽然这种模式在今天看来存在许多不足和有待完善之处，但该模式为传播学理论的创立打下了坚实的基础。

（1）拉斯韦尔的5W模式。1948年，芝加哥大学教授哈罗德·拉斯韦尔发表了题为《社会传播的结构与功能》的著名论文，首次提出了传播过程必须包含五大要素：谁（who）、说什么（say what）、通过什么渠道说（in which channel）、对谁说（to whom）和产生什么效果（with what effect）。其模式如图3-2所示。

图3-2　拉斯韦尔的5W模式

这一模式简单直白，把传播活动的五个构成要素阐释得清清楚楚，即传播主体、传播内容、传播渠道、传播对象和传播效果。不过，拉斯韦尔立足于传播主体研究传播活动，对传播对象的反馈显然重视不够，因此，该模式没有揭示出人类社会传播的双向性和互动性特点。

（2）拉扎斯菲尔德的两级传播模式。美国哥伦比亚大学教授拉扎斯菲尔德等于20世纪40年代出版了专著《人民的选择》，书中首次提出了经过大量数据证实的观点：大众传媒对选民的影响非常有限。这一研究结果否定了人们对媒介万能的假设。该研究还披露了一个出人意料的重大发现，即大众传播过程中存在两级传播现象。

两级传播是指在某些领域有一定研究的受众（舆论领袖）将其从大众媒介接收的信息通过人际传播的方式再次向周围的人进行传播的过程。这个过程分为前后相连的两个阶段：第一个阶段或者说第一级传播是从大众传媒到舆论领袖，第二个阶段或者说第二级传播是从舆论领袖到社会大众，因此称为两级传播。其模式如图3-3所示。

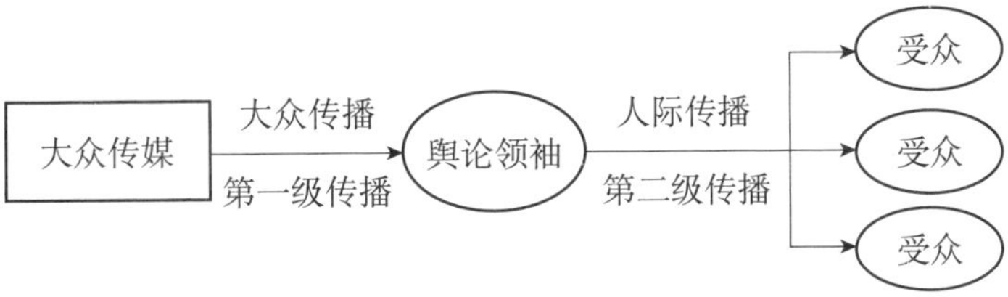

图3-3　拉扎斯菲尔德的两级传播模式

两级传播理论是对以往传播理论的一大贡献，对整合营销传播而言，该理论尤其具有启发意义。过去，许多人认为整合营销传播就是要对大众传播媒介予以整合，实际上，不只是对大众传播媒介的整合，还应包括对不同传播方式的整合。

（二）循环模式

1954年，美国艾奥瓦大学教授、传播学之父施拉姆在其发表的论文《大众传播的过程与效果》中首次提出了著名的人际传播模式。这个模式非常形象地揭示了人际传播的本质特征。从传播学的角度来看，人际传播的过程就是信息循环往复流动的过程，参与对话的双方同时具有发出信息和接收信息的功能（编码、译码和释码），传播的双方不存在谁是主体、谁是客体的问题。这个模式的重要意义在于突出了信息反馈和传播双方互动的人际交流特征，揭示了信息的双向流通及人们共享信息的内在关系。其模式如图3-4所示。

（三）系统模式

系统模式把微观的传播过程置于宏观的社会系统中进行综合考察，着眼点不再局限于传播过程的内部环节，而是聚焦于传播过程与外部环境之间的联系和相互影响。[1]

---

① 李彬．大众传播学．北京：中央广播电视大学出版社，2000：96.

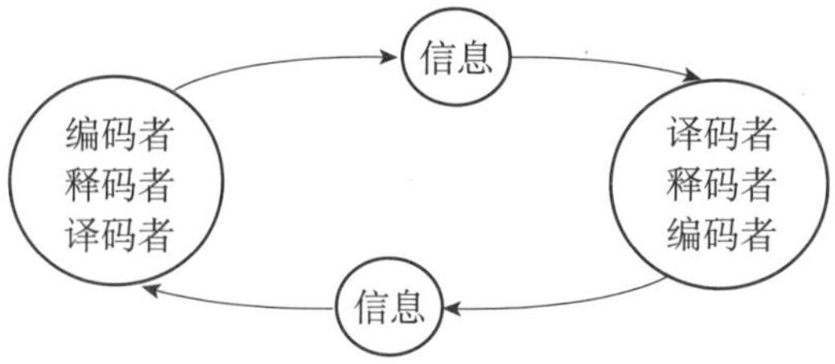

图3-4 施拉姆的人际传播模式

美国社会学者约翰·赖利与蒂尔达·怀特·赖利夫妇于1959年发表了论文《大众传播与社会系统》，认为以往针对传播过程的研究模式没有引入社会学的观点。为此，他们提出了将传播过程置于整个社会系统中的观点。后来，英国传播学家，荷兰阿姆斯特丹大学传播学终身教授麦奎尔等在《大众传播模式论》一书中根据赖利夫妇的观点绘制了一个模式，该模式如图3-5所示。①

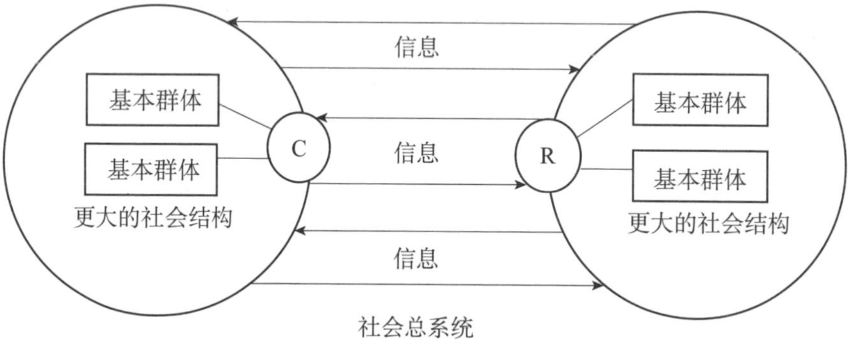

C——传播者 R——接收者

图3-5 赖利夫妇的系统模式

在这个模式里，无论是传播者还是接收者，均在各自所处的社会环境之中。这里的社会环境包括基本群体、更大的社会结构和社会总系统三个层次。比如，某位在校大学生的基本群体应该是其家人、大学和高中的同学以及班主任等老师，其传播活动会在无形之中受到这些群体的影响和制约。该大学生及其所处的基本群体也会受到更大的社会结构（如政治团体、传统文化、宗教信仰、价值观念）的影响和制约。最后，身处上述两个层次的传播者和接收者还会受到无所不包的社会总系统的影响。因此，如果传播双方身处完全不同的两个社会环境将不太可能就抽象的涉及价值判断的议题达成共识。

二、大众传播的劝服理论

劝服是大众传播的一种形式，也是很多人十分感兴趣的一种形式。如何利用劝服达到营销传播的目的是所有营销人员必须研究和思考的基本问题。

（一）以传播信源为研究对象的劝服理论

在传播环境中，受众对传播信源的认知由三个变量构成，即传播信源的可信度、知

① 麦奎尔，温德尔．大众传播模式论．祝建华，武伟，译．上海：上海译文出版社，1987：49.

名度和动机。这三个变量都能够对信息传播的劝服效果起到制约作用。传播者如果能够正确把握这三个变量，就有可能使受众的态度朝传播者所期望的方向发展。

（1）传播信源的可信度。美国著名的传播学先驱、耶鲁大学教授霍夫兰通过实证研究为传播学理论贡献了诸多研究成果。在传播信源的可信度方面，霍夫兰的研究结论是：可信度高的传播信源更有可能使受众改变态度，从而达到较好的劝服效果；相反，可信度低的传播信源难以使受众改变态度。由于大多数受众在接收信息一段时间之后会不可避免地产生睡眠者效应（随着时间的流逝，实验对象对传播信源的印象渐渐变淡，最后只对信息内容本身留有残存记忆），因此，企业在开展营销传播活动时，至少有两点需要加以重视：

一是为了提高传播的劝服效果，必须尽可能借助可信度高的传播媒介，选择可信度高的传播者或品牌代言人。

二是在传播过程中，不可完全依赖可信度高的传播信源。可信度高的传播信源虽然可以在短时间内影响甚至改变目标受众的态度，但是传播活动一旦停止，受众的态度就会由于睡眠者效应而恢复原先的态度，除非企业能够长时间不间断地开展大规模的传播活动，但在实际操作中，这对于大多数企业来说显然是不现实的。

（2）传播信源的知名度。对于营销传播活动而言，传播信源的可信度与知名度是完全不同的概念。可信度是目标受众对信源（传播机构）的信赖或者对品牌代言人的专业身份与其代言的商品之间存在的关联性的信赖。知名度则更偏向于与商品没有直接关联的非专业性。如果说可信度高的传播信源在短时间内可以改变受众的态度（主要是对品牌的认知），那么知名度高的传播信源只能影响受众的态度而难以改变受众的态度，因为受众是由于喜欢知名度高的传播信源，如代言品牌的体育明星等才喜欢这些明星所代言的商品。这种喜欢是感性的，是建立在对商品缺乏认知的基础上的，自然难以持久。对于具有一定技术含量的商品而言，完全依赖明星代言以期影响目标消费者的态度是难以达到劝服效果的。

（3）传播信源的动机。对于企业营销传播活动而言，其动机是谋求企业自身的利益。正是这种动机使企业的传播劝服效果往往难以尽如人意。因此，企业在开展营销传播活动时必须努力使目标受众感到企业是在为他们谋取最大的利益，要弱化企业自身的利益。也就是说，企业的信息传播如果尽可能多地使用带有公益色彩的传播内容，那么对受众的劝服效果就会提高。

（二）以传播方式为研究对象的劝服理论

以霍夫兰为代表的耶鲁学派对传播方式进行了长时间的深入研究，提出了有关四种传播方式的研究成果。这些研究实际上都围绕一个主题，即传播者采用何种方式传递信息会更有劝服效果。霍夫兰的研究成果为具体的传播活动尤其是营销传播活动提供了极具参考价值的理论依据。

（1）一面之词与两面之词。霍夫兰所领导的研究团队经过充分深入的实证分析，提供了四种不同的情况。

第一，如果受众一开始就倾向于反对传播者的观点，那么把正反两方面的意见（两面之词）都提出来比提出一面之词（正面意见）更有效，因为这样做会让受众认为传播者是站在比较客观公正的立场上看问题，会对传播者的意见比较重视。

第二，如果受众原来就倾向于接受传播者的观点，那么只讲一面之词（正面意见）

比讲两面之词效果好，因为对于受众而言，一面之词（正面意见）就等于投其所好，进一步巩固了受众的认知。

第三，对于受教育程度较高的受众，更适合传播两面之词。如果只对他们传播一面之词，他们就会认为传播者轻视他们的理解力与辨别力，还会认为传播者怀有偏见、内心阴暗，害怕或无力面对反面意见。当然，传播两面之词并不意味着传播者对正反两方面的意见没有明确的态度，而是说传播者应该列出两种不同意见的主要观点，并进行分析和总结。

第四，对于受教育程度比较低的受众，传播者传播信息时最好采用一面之词。传播者将两种不同的意见都传播会使受众困惑和无所适从，受众会认为正面意见很好，反面意见也很有道理。对于这部分受众来说，最稳妥的方法还是采取一面之词的传播策略。①

总之，传播者采用一面之词还是两面之词的传播方式取决于关于受众的两个变量：一是受众固有的立场（赞同/反对）；二是受众的受教育程度（高/低）。如果主要受众对传播者所传播的观点持反对态度，或者主要受众的文化程度普遍较高，此时传播者采用两面之词的传播策略就可能取得较好的效果；如果主要受众对传播者所传播的观点持赞同态度，或者主要受众的文化程度普遍较低，采用一面之词的传播策略可能取得较好的效果。

（2）先说更有利还是后说更有利。从心理学的角度而言，人们在认知一则信息时往往对信息的开始部分和结尾部分的印象较深，对支撑信息观点的数据、事实以及论证过程的印象较浅，心理学家把这种现象称为首因效应与近因效应。首因效应是指人们对所接收信息的开始部分认知较深，近因效应是指人们对所接收信息的结尾部分记忆较牢。

是采取先说的传播策略还是采取后说的传播策略，应该根据传播者希望信息传播达到何种效果来确定。比如，如果传播者希望目标受众注意自己传播的信息，传播者一般应采取先说的传播策略。根据学习理论，受众在接收一则内容比较新的信息时，新鲜感的驱动会使其对信息的开始部分保持一定时间的强烈注意，但是随着时间的推移，受众的新鲜感会迅速递减，对信息的注意力也会下降，因此，首因效应更有利于受众对信息内容的注意。如果传播者更希望目标受众对自己传播的信息产生记忆，那么传播者最好采取后说的策略。根据学习理论，受众对刚刚阅读过的信息的记忆效果显然比对阅读了较长时间的信息的记忆效果要好得多。

在营销传播活动中，先说还是后说对广告在影视媒体上的投放具有重要的指导意义。在影视媒体的广告时段中，如果媒体打算在某一时段播放10条广告，那么第1条和第10条广告显然占据有利的位置。由于先说的信息容易引起受众的注意，后说的信息可能促使受众产生记忆，因此第1条和第10条广告的时段会被许多广告主争夺。对于企业而言，如果营销传播的产品属于快速消费品，受众对广告信息内容的记忆就显然比对广告信息内容的注意重要得多；如果营销传播的产品属于耐用品，受众对广告信息内容的注意就比对广告信息内容的记忆重要。

（3）结论由传播者给出还是由接收者自己得出。在向目标受众传递信息并希望他们改变原有态度时，传播者应该将自己的观点或结论直截了当地灌输给目标受众，以便受众全盘接受，还是间接含蓄地暗示，使受众根据客观事实自己得出结论？这两种方法哪一种更有效？耶鲁学派研究的结论是：直截了当优于含蓄暗示。

① 李彬．传播学引论．北京：新华出版社，1993：197.

大体上说，对于文化程度较高且习惯于独立思考的受众而言，采用含蓄暗示的传播方式的效果可能会更好；对于文化程度较低且习惯于听信盲从的受众而言，直截了当地告知结论的效果会更好。

就营销传播来说，目前国内大多数企业仍习惯于将自己的观点强加给目标受众，这种做法对习惯于听信盲从的目标受众而言当然是一种行之有效的方法，但是对习惯于独立思考的目标受众而言，这种灌输式的沟通只能达到“沟”而不能达到“通”的目的，目标受众甚至会感到厌烦，产生抵触心理。近年来，欧美国家的广告创意作品大都采用含蓄暗示的方式让目标受众自己根据事实得出有利于品牌的结论。就这种由受众自己得出结论的传播（创意）方法而言，由于受众在接收品牌信息时需要经过自己的思考，因此受众对采用这种方式传播的品牌的印象会更深刻。

（4）理智型劝服还是情感型劝服。在传播活动中，传播主体的任何一方都希望自己的观点能够影响甚至劝服对方，那么使用何种方式才能达到更好的效果？这就涉及有关传播方式研究的最后一组要素：是理智型劝服更有效，还是情感型劝服更有效。

理智型劝服是指传播者运用充分的事实根据、周密的逻辑推理、冷静的思考分析为特点的诉求方式，试图使受众相信进而接受传播者的观点。情感型劝服则是指传播者运用以绘声绘色的语言、充满想象的憧憬、感人肺腑的故事为特点的诉求方式，试图使受众喜欢进而接受传播者的观点。需要注意的是，理智型劝服可能达到的传播效果是受众对传播者的观点产生信任，情感型劝服可能达到的传播效果是受众对传播者的观点产生积极的态度（喜欢）。

一般而言，情感型劝服的效果比理智型劝服的效果更加明显，因为人们态度形成与改变的过程中最关键的因素是情感而不是认知和行为。在大多数情况下，左右人们态度的关键因素是情感。情感型劝服作用于受众的情感部分，理智型劝服作用于受众的认知部分，人们认知的变化不一定导致态度的变化，而情感的变化则必然引起态度的变化。

在营销传播活动中，关于采用理智型劝服方式还是情感型劝服方式，还要根据目标受众的消费行为方式以及商品的基本属性灵活决定，不可一概而论。

三、大众传播的效果理论

大众传播理论研究的核心是传播的效果，毕竟任何传播活动的起点和终点都是传播的效果。虽然大众传播的效果理论与整合营销传播的效果分析有某种程度的差异，但是它们对从事营销传播活动的专业人士都有极其重要的借鉴意义。对于大众传播的效果分析，众多学者从不同的角度、不同的层次发表了众多研究成果。本书将这些理论划分为微观效果理论和宏观效果理论。

（一）大众传播的微观效果理论

早期的大众传播效果研究更多的是将分析的重点放在如何利用社会心理学等相关理论影响受众并逐渐改变他们固有的态度上。

今天来看，大众传播的微观效果理论似乎有些过时，不过，从营销传播的角度而言，微观效果理论似乎更有借鉴意义。毕竟，绝大多数企业营销人员更关心如何影响甚至改变受众的态度。

（1）学习论与一致论。早期的大众传播理论研究思路受社会心理学的影响非常大，这种影响主要来自社会心理学的学习论和一致论。这两种略有不同的研究思路的指向性是一致的，即受众态度的形成及其改变。

学习论的研究以耶鲁学派为代表。在耶鲁学派的研究中，绝大多数受众通过不断学习（了解与认知）逐渐形成对某一事物（对象）的特定态度。比如，某人从小就不断地听其他人说德国的机电产品制作精良、品质优异，久而久之就会形成对德国机电产品的肯定态度。因此，传播者如果希望受众形成或改变某种态度，只要向目标受众不间断地提供相关的信息即可，也就是说，受众态度的形成与改变过程实际上是学习的过程。

一致论是指人们在语言和行为上力求和谐统一，言行的不一致会导致人们的紧张心理或不舒服的感觉。当欲望难以实现时，人们便会对导致自己产生欲望的事物进行攻击以恢复内心的平衡。由此看来，受众态度的变化取决于受众整体性的认知结构，一致论所关心和研究的正是如何使受众的认知达到整体一致。

就传播者与接收者而言，学习论更关注传播者一方，认为传播者只要向受众提供相应的学习资料，受众的态度就会自然而然地发生变化。一致论则更看重接收者一方，认为受众态度的变化并不取决于受众所接触的信息，而是取决于这些信息是否与受众的认知保持一致。

（2）认知不协调论。认知不协调论是美国著名社会心理学家费斯廷格于1957年提出的以受众的态度及转变为研究内容的传播效果理论。认知不协调是指一个人同时持有两种不一致、不协调、互相矛盾的观点。

费斯廷格认为，如果某人存在认知不协调，其心理上就会有紧张、焦虑、不舒服的感觉，这种感觉会促使他设法消除或减轻自己认知上的不协调，并努力恢复或重建自己认知上的协调一致。重建认知的过程实际上就是人们在认知与行为中择其一而加以改变（态度）的过程，这也是费斯廷格认知不协调理论的核心所在，即将态度改变同人们的认知是否协调联系在一起，这一理论为传播效果的研究提供了新的视角。

（3）群体压力与从众现象。个体在群体的压力下不得不服从多数人的意见就是从众现象。从众现象是社会心理学的重要研究内容，和人们认知与行为的一致性密切相关。

在现实生活中，从众是一种非常普遍的现象，追赶时尚与潮流就是典型的从众现象。从理论上讲，从众是人的一种天性，也是一种社会属性，这种属性对企业的营销传播活动无疑是十分有利的。与从众相对的是标新立异的独立性，具有这种属性的消费者越多，就越不利于企业开展营销传播活动。相对而言，在一个更倾向于集体价值而忽略个人价值的社会中，从众现象更为普遍；反之，在一个更倾向于个人价值的社会中，从众现象会大大减少。

从众的本质是个体对群体压力的遵从甚至是屈从，这种遵从的背后有两个原因：一是个体担心如果不遵从可能会遭到来自群体的惩罚；二是多数人的意见更倾向于正确。由于群体压力对个体态度的形成与转变具有如此大的影响，从事营销传播的专业人员会不自觉地利用人们的从众心理，通过置个体于群体压力场的方法来促使受众改变固有的态度。

以上介绍的理论和模式都是从传播个体的角度出发研究传播者应如何通过改变受众的态度来提高大众传播的效果。这些理论提供的仅仅是大众传播的一般性原则，而不是有关具体实践的教条。营销人员应该根据具体情况灵活运用，以使传播效果最大化。

（二）大众传播的宏观效果理论

20世纪70年代以后，越来越多的研究者开始从宏观的角度研究大众传媒对受众长期的和潜在的影响，以及这些影响在改变受众固有态度的过程中所起的作用。以下就是其中最具代表性的理论。

（1）议程设置理论。议程设置理论由美国得克萨斯大学教授麦库姆斯与肖在1972年发表于《舆论季刊》上的一篇文章中首次提出。该理论的基本观点是：大众传媒报道什么，受众便注意什么；大众传媒越重视某个议题，受众就越关注这个议题。

1973年，芬克豪斯发表了一项研究成果，这项研究成果以美国三大传媒机构（《时代周刊》《新闻周刊》《美国新闻和世界报道》）经常报道的事件为研究样本，得出了大众传媒的报道频率与公众对事件的关注度呈正相关关系的结论（见表3-1）。

表3-1　20世纪60年代美国大众传媒对各类议题的报道数量以及这些议题作为这一时期"美国面临的最重大问题"的排序

议题	文章数目	排序	重要性排序
越战	861	1	1
种族关系和城市暴乱	687	2	2
校园骚乱	267	3	4
通货膨胀	234	4	5
电视和大众传媒	218	5	12*
犯罪	203	6	3
毒品	173	7	9
环境和污染	109	8	6
吸烟	99	9	12*
贫穷	74	10	7
性（道德滑坡）	62	11	8
妇女权利	47	12	12*
科学和社会	37	13	12*
人口	36	14	12*

*这些议题在盖洛普调查中从来没有被当作"最重大问题"提出过，因此它们的排序相同，并列在已有排序的议题之后。

资料来源：赛佛林，坦卡德．传播理论：起源、方法与应用：第5版．郭镇之，孟颖，赵丽芳，等译．北京：华夏出版社，2000：250.

议程设置理论的核心思想是大众传媒不能决定公众怎样思考，但是可以决定公众思考什么。大众传媒可以通过集中且大量的信息传播来制造某一时间段内社会的中心议题并左右社会舆论。对此，我们必须认识到大众传媒有一个重要功能：可以对公众所关注的社会热点议题进行有效的控制与转移。

议程设置理论之所以引起人们的广泛重视，是因为该理论对大众传媒有一个比较客观的评价。该理论既不认为大众传媒对受众有无坚不摧的影响力，也不认为大众传媒对受众只有微不足道的影响力，而是从宏观的角度提出大众传媒对受众的影响是通过议程设置来实施的。

对于从事营销传播的人而言，议程设置理论带来的启发是：为了引起目标受众的注意，策划一起能够在一个特定时间段内成为目标受众广泛议论的事件（议题）十分重要。企业越来越重视的事件营销的理论支撑就源自议程设置理论。

（2）“沉默的螺旋”理论。德国社会学家伊丽莎白·内尔·纽曼于1974年在《传播杂志》上发表的论文中首次提出了“沉默的螺旋”理论。该理论认为，大众传媒在影响公众舆论方面所起的作用因以往研究的局限性被低估了。事实上，由于从众心理的存在，作为公众一员的个体总是害怕处于孤立状态。因此，在涉及公众的具有争议的议题上，当个体的意见与大多数人的意见不同时，这些少数人往往不会轻易表达自己的观点而是选择沉默。这些少数人越保持沉默，其他多数人就越觉得少数人的意见不具代表性。“因此，占支配地位或日益得到支持的意见就会更加得势，看到这种趋势并相应地改变自己观点的人也越来越多。于是，一派意见就显得更占优势，另一派意见则每况愈下。这样，一方表达而另一方沉默的倾向便开始了一个螺旋过程，这个过程不断地把一种意见演绎为主流意见。”① 其模式如图3－6所示。

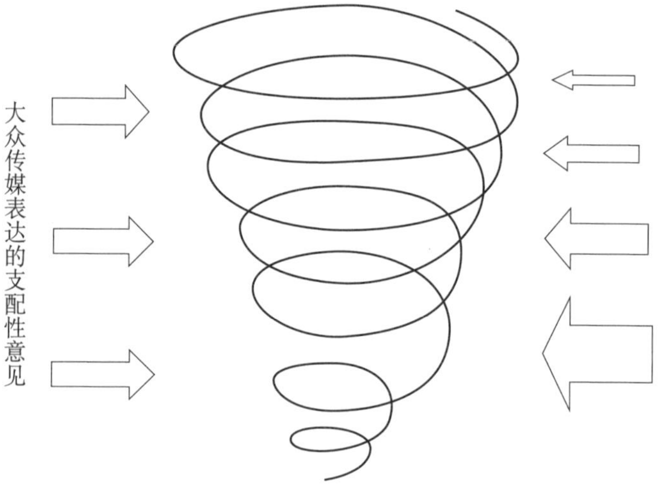

图3－6 “沉默的螺旋”模式

资料来源：赛佛林，坦卡德．传播理论：起源、方法与应用：第5版．郭镇之，孟颖，赵丽芳，等译．北京：华夏出版社，2000：298.

大众传媒是公众主动寻找并获得信息的主要来源，它以三种方式影响“沉默的螺旋”：一是使公众对何种意见是主导意见形成印象；二是使公众对何种意见正在增强形成印象；三是使公众对何种意见可以公开表达而不会遭遇孤立形成印象。在“沉默的螺旋”模式中，大众传媒扮演着非常重要的角色。

“沉默的螺旋”理论将普遍的心理规律运用到大众传播的效果分析当中，为传播的效果研究提供了一个新的思路，该理论揭示的现象在以集体主义为核心价值观的社会里尤其突出。在现实生活中，具有从众心理的公众大都习惯于根据强势的或主流传媒的观点来不断调整自己的见解，主流传媒的观点也必然会作为社会强势的和正统的意见出现。

① 麦奎尔，温德尔．大众传播模式论．祝建华，武伟，译．上海：上海译文出版社，1987：93.

因此，大众传媒往往会成为社会舆论的引导者和主导者。

（3）“知识沟假说”理论。在任何时代，信息对于某些拥有者来说都是一种资源，在信息不公开的社会里尤其如此。随着大众传媒的迅猛发展，公众获取信息的渠道和机会也大大增加。从理论上说，信息的大量增加对于每一个人来说都是有益的。但是，总体信息量的增加对于公众来说并不是均衡的，也就是说，有些人有机会拥有和掌握更多的信息，有些人只拥有较少的机会得到不多的信息。这种情况类似于人们的贫富差距。比如，某举措从总体上来说使所有人都得到了利益，但是有些人显然得到了更多的利益，有些人只得到了极少的利益。1970 年，美国传播学者卡茨曼、蒂奇纳等在其发表的一篇论文中提出了著名的“知识沟假说”理论。

随着大众传媒向社会传播的信息日益增多，社会经济状况较好的人将比社会经济状况较差的人以更快的速度获取有价值的信息。因此，这两类人之间的知识沟将呈扩大而非缩小之势。[①]

卡茨曼、蒂奇纳等人认为，现代人知识的多少与其拥有的信息量成正比。现代社会信息量的增长所产生的负面效果是：某些群体知识的增长远远超过其他群体，这两个群体之间便形成一种知识鸿沟，即知识沟，知识沟的出现将在无形之中扩大一个社会群体与另一个社会群体在某个特定问题上的知识距离。[②]

图 3 -7 大致表示了“知识沟假说”理论的基本要点。“知识沟假说”理论预计，由于信息的不断增加，所有公众均能增长自己的知识，但是部分社会经济状况更好的群体将获得更多的知识，这就意味着富人与穷人之间的相对知识沟将扩大而不是缩小。蒂奇纳、多诺霍和奥利恩认为，在人人都感兴趣的公共领域，如国际事务、民族纠纷、民主自由、文学艺术等领域，贫富群体之间的知识沟特别容易出现；在与某种个人兴趣有关的特定领域，如体育、大众娱乐、时尚流行等领域，贫富群体之间的知识沟出现的可能性则较小。

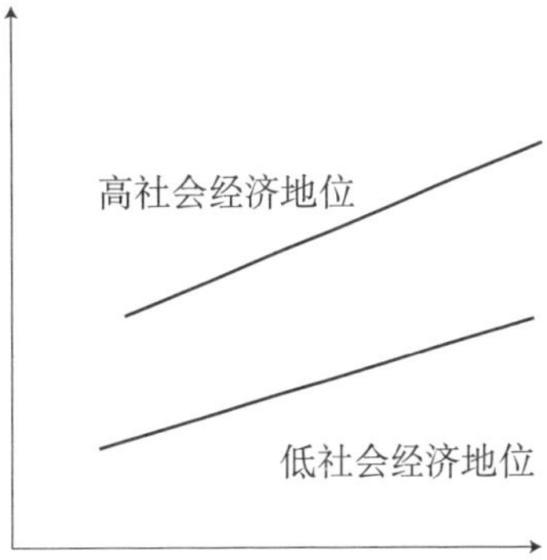

图 3 -7 “知识沟假说”理论

如果知识沟现象确实存在，那么导致知识沟形成的因素有哪些？蒂奇纳、多诺霍和奥利恩提出了以下五个因素。

第一，社会经济状况较好的群体与社会经济状况较差的群体在传播技能上是有区别的。两者的文化程度存在一定差异，这种差异直接导致两者在注意、判断、理解、记忆等环节上处理信息的方式完全不同。

第二，上述两个群体在信息量或背景知识方面也存在较大差异。社会经济状况较好的群体因受到的教育可能对某领域（如历史、文化、宗教等方面）的背景知识早有了解，或者因以往接触过某类信息而胸有成竹。

第三，社会经济状况较好的群体可能有更多的社会交往，这种同一阶层内部的交往可能会使他们围绕一些公共话题展开讨论，从而使他们对某领域的知识有更多的了解。

第四，选择性定律可能对社会经济状况较差的群体产生作用。社会经济状况较差的

① 赛佛林，坦卡德．传播理论：起源、方法与应用：第 5 版．郭镇之，孟颖，赵丽芳，等译．北京：华夏出版社，2000：274.

② 麦奎尔，温德尔．大众传播模式论．祝建华，武伟，译．上海：上海译文出版社，1987：95.

群体可能难以找到与他们的价值观和偏好相一致的涉及公共事务或科技领域的信息，因此该群体可能会对此类信息了解较少。

第五，传统的印刷媒介在本质上是为具有较高社会地位的群体提供信息服务的，这就使得这类媒体经过编码传播的信息必然是以满足目标读者群的兴趣和品位为前提的。

不过，“知识沟假说”理论在发展过程中也做了适当的改进。比如，信息流速的加快通常会扩大群体之间的知识沟，但有时也会缩小群体之间的知识沟。多项研究证明，在这一过程中，决定不同群体之间知识沟扩大还是缩小的关键因素是受众的兴趣和动机。假如受众有足够的兴趣，并且信息的流动能够在群体内均衡分布，就有助于缩小群体之间的知识沟。

（4）意义构成理论与培养理论。1922年，美国新闻评论家和作家沃尔特·李普曼在其《舆论学》一书中，针对大众传媒对现代社会的影响提出了一个发人深省的问题：人们身边的现实世界与其头脑中的世界存在巨大的差异。

人们不是根据真实发生的情况采取行动，而是根据由大众传媒提供的经过编码的叙述性信息采取行动，大众传媒叙述的意义和解释与真实情况往往有较大的距离，这也往往导致受众采取与外部世界真正事实不太相干的不适当的行动。

李普曼关注大众传媒在意义构成与现实建构方面对受众产生的作用，核心问题是人们对现实世界的了解实际上与真实世界越来越远，因为人们已经不太可能亲自去了解现实世界中发生的一切，越来越依赖于大众传媒对发生在现实社会中的所有事情的叙述。虽然大众传媒尽可能地避免自身的主观性对受众的影响，但是只要信息经过传媒机构众多人员的传递，信息就必然会打上传递者的主观烙印。从这个角度说，受众通过大众传媒了解的所谓真实的世界实际上早已被大众传媒根据自己的意愿重新建构。

与意义构成理论相近的另一个理论是培养理论。该理论的一个基本前提是公众对大众传媒的依赖性日益增强，导致经过大众传媒构建的信息不知不觉地影响或改变受众的观点。

培养理论为开展关于大众传媒对现实建构的研究提供了一个新的途径。阿多尼和梅尼1984年针对现实建构过程提出了三个要素，即客观真实（由事实组成的存在于个人之外并被体验为客观世界的真实）、符号真实（对客观外界任何形式的符号表达，包括艺术、文学及媒介内容）和主观真实（个人在客观真实和符号真实的基础上建构的真实）。

埃利奥特、凯利和拜德根据上述三个要素对奥利弗·斯通导演的著名影片《刺杀肯尼迪》进行了深入的分析，并将影片的视觉符号解构为三个组成部分：未认可的符号真实（由阴谋等观点组成）、认可的符号真实（由正式的政府报告组成）和综合体验源（电影《刺杀肯尼迪》）（见图3-8）。

这项研究表明，大众传媒的意义构成与培养效果对受众所产生的作用日趋显著，甚至在某些情况下，大众传媒完全代替了受众思考。大众传媒的意义构成并不总是直接鲜明地予以表现，而是通过日积月累地将自己的观点隐藏在所传播的信息当中来对受众产生潜移默化的影响。于是，媒介的意义得以构成，传媒的培养效果也在不经意间达到最理想的状态。

相对于其他学科的理论研究，传播学理论研究的成果无疑更为丰富和更有应用价值，对整合营销传播理论影响深远。

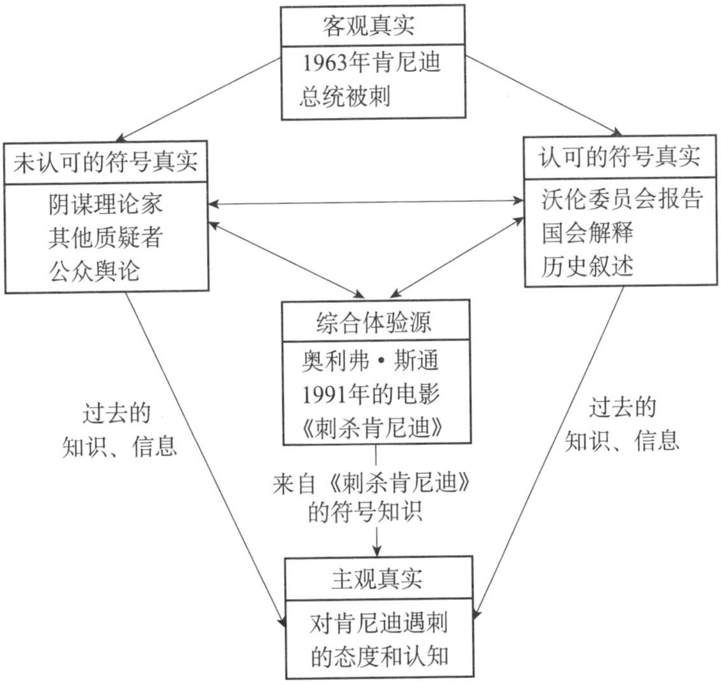

图 3－8　根据影片《刺杀肯尼迪》建构的主观真实

资料来源：赛佛林，坦卡德．传播理论：起源、方法与应用：第 5 版．郭镇之，孟颖，赵丽芳，等译．北京：华夏出版社，2000：311.

第 3 节　品牌理论的研究成果

早在 20 世纪 60 年代初，美国知名的广告大师大卫·奥格威就提出了品牌概念并将其运用在广告创作活动中，但直到 80 年代戴维·阿克的“品牌三部曲”即《管理品牌资产》《创建强势品牌》《品牌领导》问世，关于品牌的理论研究与具体实践才在理论界和实业界中受到高度重视并逐渐成为营销传播学科的显学。

一、　基于顾客价值创造的品牌创建理论

该理论由美国达特茅斯大学塔克商学院营销学教授凯文·莱恩·凯勒（Kevin Lane Keller，1993）提出。凯勒认为，品牌的价值是基于顾客的认知以及由认知产生的针对企业品牌营销所做出的相对于无品牌产品的差异性反应。如果这个差异性反应是正面的和积极的，这个品牌就有正面的价值；反之，如果消费者做出的是消极的反应，这个品牌就有负面的价值。

（一）品牌创建就是要创建基于顾客的品牌的正面价值

凯勒指出，该理论涉及的顾客不仅包括个人消费者，而且包括机构购买者。因此，这个概念不仅适用于最终消费品的品牌创建，而且适用于工业品的品牌创建。在这个基础上，凯勒提出了一个品牌创建理论模型。

这个模型的前提是：企业创建品牌是通过一系列创建工具实现的。凯勒把这些工具分为三组，它们分别涉及品牌构成要素、配套的营销组合策略以及影响顾客对品牌（产品）的联想的各种辅助性工具。第一组工具是选择品牌要素，包括品牌名称、标志、象征符号、包装、口号和特征等。通过有意识的选择来达到以下目的：富有意义、易于记忆、可延伸、有适应性和可保护性。第二组工具是营销组合策略的开发，凯勒采取了传统的4P方式，认为产品策略体现了产品的功能性和象征性利益，价格策略是产品价值的体现，渠道策略是对“推”式和“拉”式策略的整合应用，应通过整合传播策略创建品牌价值。第三组工具涉及一些相对次要的品牌创建变量，包括品牌产品的原产国、公司、分销渠道、赞助品牌等，目的是建立顾客关于品牌的更丰富的联想，帮助品牌提升知名度、美誉度，使品牌更有意义。

通过应用上述三组工具和建立品牌意义、品牌联想，可实现两大直接目的：在顾客心目中建立起品牌知名度和品牌联想。凯勒把品牌知名度分为品牌认知的深度和宽度两个维度。品牌认知的深度是指品牌的识别性（有提示情况下的辨认速度和正确度）和记忆性（无提示情况下能够回忆和表达的程度）。品牌认知的宽度是指顾客实际购买和消费的情况，包括经常购买、偶尔购买等。在凯勒的理论中，品牌联想可以分为三个方面：一是品牌联想的强度（相关性和内在一致性）；二是喜欢程度（满意和兑现承诺的情况）；三是独特性（其实就是定位，包括是否有竞争力、是否有独特性）。

（二）评价品牌创建成功与否的八个要素

凯勒强调，无论是品牌知名度还是品牌联想的建立，都是三组品牌创建工具共同作用的结果。从这个角度讲，凯勒的理论是一个“品牌设计＋营销整合”的品牌创建理论，其内容更加全面，思考的出发点和目的是实现顾客价值感知。

凯勒认为，品牌创建过程实际上就是整合利用三组工具（投入），影响消费者的品牌认知和品牌联想（转换过程），最终创造出品牌的价值（产出）。一个强势或著名的品牌其实就是一个品牌价值很高的品牌，凯勒认为应从以下八个方面评价品牌创建的最终成效：品牌的忠诚度、不易受到竞争性营销行为的伤害、更高的边际利润、对降价富有弹性、顾客对涨价不敏感、提高营销沟通的效果和效率、可能的许可收益、对品牌延伸更加积极的反应。

目前，这个理论对品牌创建的实践工作和理论研究具有明显的指导意义，它可以指导人们分析和研究一个品牌创建变量的变化是否对品牌建设起到积极的作用。可以将这个模型理解为一个“试错法”模型，人们可通过改变某个品牌创建变量来检验其是否有效。

然而，问题仍然存在。人们从何处着手来寻找这个变量？这个理论并没有给出整体性和方向性的指导，而且有可能存在短期有效而长期破坏品牌创建成效的情况。从定位的角度看，这个理论也没有回答建立一个怎样的品牌的问题，即人们无从知道这个品牌的核心和定位是什么。

二、基于品牌识别的品牌创建理论

戴维·阿克的品牌识别理论是对凯勒的品牌创建理论的极大补充。戴维·阿克的品牌识别理论最早在《创建强势品牌》（1995）一书中提出，1998年他在《品牌领导》一书中对这个理论做了改进，但没有实质性的变化，基本思想和之前完全一致。

（一）品牌识别系统的建设

品牌识别理论认为，品牌识别系统的建设分为三个步骤。

第一步是进行品牌战略分析，包括：（1）顾客分析，即具体分析市场趋势、动机、未满足的需要和市场细分；（2）竞争者分析，包括分析品牌形象、品牌识别、实力和战略、弱点等；（3）自我分析，包括分析品牌现在的形象、品牌历史、实力和能力、组织价值等。

第二步是在内外部环境分析的基础上设计品牌识别系统。品牌识别由品牌精髓、品牌核心和延伸识别三个部分组成。具体体现在四个方面：（1）品牌产品，包括品牌涵盖的产品范围、产品的特性、质量/价格、使用体验、使用者和原产国，这些因素直接影响顾客的感受，或者使顾客产生一些好或不好的联想等；（2）品牌组织背景，包括组织特性（如组织的创新性、质量要求、对环境的友好性等）和组织的全球性或地区性，这些方面会影响顾客对品牌的好感等；（3）品牌的人格，包括品牌人格化的个性形象以及品牌与消费者的关系；（4）品牌的符号和意义，包括品牌的视觉标识、名称、隐喻式图案、品牌传统。

通过对品牌识别的界定，可确定品牌为顾客创造的价值目标导向——功能性利益、情感性利益或自我表达性利益，并明确本品牌是否可以为其他品牌提供支持。设计品牌识别系统应在确定品牌识别、品牌的顾客价值以及品牌与其他品牌关系的基础上，明确品牌-顾客关系。如此，一个完整的品牌识别系统的设计工作才算完成。

在戴维·阿克看来，品牌识别本质上不应该改变，特别是品牌精髓和品牌核心更不应该改变，品牌识别的核心部分通常会体现在品牌的定位和广告传播过程中。这实际上要求定位不变、广告的风格和传播内容基本不变，这一点与USP理论和定位理论是比较一致的。不过，在戴维·阿克的理论中，品牌定位只是品牌识别的手段之一。

第三步是实施品牌识别系统。首先是更形象化地诠释品牌识别，然后进行品牌定位，积极向目标受众传播品牌识别及其价值取向，接着是开展品牌创建的一系列具体活动，最后是效果追踪和评价。

（二）品牌识别理论的贡献

戴维·阿克的品牌识别理论比较全面地吸收了广告品牌创建理论的核心观点，并充分吸取了定位理论的思想。品牌识别理论认为需要深入理解消费者，同时指出需要把品牌与产品的功能性利益联系起来，而不仅仅是建立虚无的品牌个性形象，这一点继承了USP理论的思想。戴维·阿克认为在品牌创建过程中需要思考两个问题：一是这个品牌是什么，这通常涉及功能性利益；二是这个品牌意味着什么，这通常涉及情感性利益和自我表达性利益。可以说，戴维·阿克的品牌识别理论比较系统地整合了USP理论、品牌形象理论和定位理论的思想内核，形成了更加完整的品牌创建理论，与凯勒的基于顾客价值创造的品牌创建理论相比，它指明了品牌创建的改进方向——围绕品牌识别开展品牌创建工作。

三、基于品牌价值的品牌资产理论

基于品牌价值的品牌资产理论主要包括品牌权益（资产、价值）理论、品牌权益管理运作模型。

（一）品牌权益（资产、价值）理论

20世纪80年代末90年代初，品牌权益（资产、价值）理论成为学术研究热点。目前，在文献中有品牌资产（brand asset）、品牌权益（brand equity）和品牌价值（brand value）等几个与品牌资产有关的概念。总体来说，它们之间的关系为：品牌资产是从资产分类的财务会计角度对品牌的静态描述，属于结果性概念；品牌权益描述的是品牌资产形成的动态过程以及各个影响因素之间的相互作用，属于过程性和关系性概念；品牌价值从经济学本源上描述品牌资产存在的根本原因，为品牌资产和品牌权益的研究奠定了理论基础，属于原因性概念。

品牌资产研究主要集中在品牌资产财务价值评估也就是品牌资产的价格评估上，它仿照企业其他无形资产评估的方法对品牌资产的价格进行估算。公司并购、品牌使用许可与特许、合资谈判、侵权诉讼索赔等产权交易活动都涉及或要求对品牌进行价值评估。出于这种需要，资产评估公司纷纷涉足品牌资产评估并发展出许多评估方法，主要有成本法、市场法和收益法等。

品牌权益是品牌领域使用最广泛和歧义最多的概念。品牌权益研究主要集中在品牌权益的形成机理及其测评上，即以探究品牌权益的构成要素及相互关系为出发点，寻找隐藏在品牌资产经济价值背后的本质驱动因素。这类研究主要关注品牌权益的形成原因和过程，偏重对品牌与顾客的相互影响的定性研究。

品牌价值研究主要集中在从经济学本源上描述品牌资产的使用价值和价值，其中，使用价值表现为品牌具有识别功能、竞争功能和增值功能，价值包括成本价值和增值价值。品牌价值研究未能从价值哲学的高度出发，所探讨的品牌价值的本质、评价、分类、选择、取向、创造、演进及管理等一系列问题也有待解决。

（二）品牌权益管理运作模型

在品牌权益理论研究的基础上，业界特别是咨询界围绕如何进行品牌权益管理提出了诸多模型，例如，奥美的品牌管家（Brand Stewardship，见图3－9）、盛世的全球品牌策略、电通的品牌传播、达彼思的品牌轮（Brand Wheel，见图3－10）、智威汤逊的整体品牌建设（Total Branding）等。总体来说，品牌开始上升为公司战略和管理中的重大新兴领域。

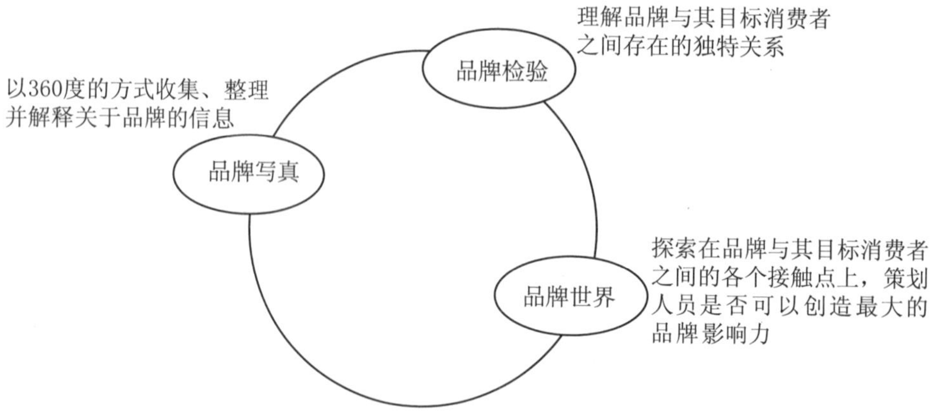

图3－9　奥美的品牌管家模型

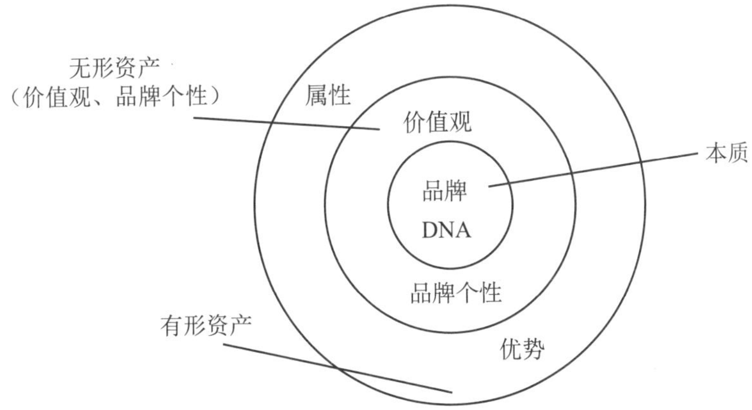

图3－10　达彼思的品牌轮模型

品牌理论研究是一个涉及范围非常广泛（包括营销学、传播学、美学、设计艺术、包装艺术、心理学、消费者行为学、社会学、广告学、数学、统计学、管理学等）的新兴边缘学科。近年来，在国内外众多专家和学者的努力下，许多颇有价值的研究成果受到了学界和业界的高度关注。

第4节　公共关系理论的研究成果①

有关现代公共关系的实践活动起源于19世纪中叶在美国风行一时的报刊宣传代理活动。不过，直到被后人称为“现代公共关系之父”的艾维·李于1903年开办历史上第一家公共关系事务所并成为第一个职业公共关系人员时，现代公共关系事业才开始进入规范有序和健康发展的时期。之后，许多学者开始对公共关系理论进行研究并提出一些有关构建公共关系理论体系的研究成果，这些成果主要包括纽约大学教授爱德华·伯内斯于1923年提出的“投公众所好”理论、美国学者卡特利普和森特于1952年提出的双向对称理论，以及马里兰大学教授詹姆斯·格鲁尼格带领的研究团队在1992年、1995年和2002年出版的三本专著中提出的卓越公关理论。

一、“投公众所好”理论

1913年，爱德华·伯内斯被聘为美国福特汽车公司的公共关系部经理，他为公司策划并实施了一系列旨在发展公众福利及社会服务的计划，这大大提高了福特公司在社会上的影响力和美誉度，为促进公司发展做出了重大贡献。第一次世界大战期间，伯内斯曾在威尔逊总统成立的公共关系官方机构克里尔委员会担任委员。战争结束后，他与夫人在纽约开办了一家公共关系公司，致力于公共关系活动的实务操作和理论研究。

1923年，伯内斯出版了第一部公共关系理论研究专著《舆论之凝结》（又译为《舆论明鉴》），首次提出了“公共关系咨询”概念，认为公共关系咨询主要有两个作用：一是向工商业组织推荐它们应该采纳的政策，政策的实施必须符合公众的利益；二是将工

① 此节部分内容参见黄懿慧，吕琛．卓越公共关系理论研究三十年回顾与展望．国际新闻界，2017（5）．

商业组织执行的合理政策、采取的有益于社会公众的行为向社会广泛宣传，以帮助这些企业获得社会公众的好感、信任和支持。1923 年，他在纽约大学首次开设并主讲公共关系课程。1925 年，他撰写的教材《公共关系学》出版。1928 年，伯内斯的公共关系理论研究新著《舆论》出版。这样，经过不断研究和长期实践，伯内斯构建了公共关系的基本理论、原则和方法并初步形成了一个较为完整的理论体系。

伯内斯的公共关系理论的核心思想是其反复提倡的“投公众所好”。他认为企业不仅要被社会及公众了解，而且必须获得公众的理解与合作，只有这样才能获得稳定和持续的发展。为此，企业或组织必须首先了解和确定公众的价值观和态度，在此基础上进行有针对性的宣传，以投公众所好，进而做好公共关系工作。实际上，伯内斯的公共关系理论的重点之一就是非常鲜明地指出调查研究是开展公共关系工作的起点。

伯内斯为现代公共关系的发展做出了一系列重要贡献，这些贡献包括六个方面：一是使公共关系职业化；二是使公共关系工作摆脱了对新闻业的依赖和从属地位，开始独立自主地发展壮大；三是归纳出公共关系的运作程序、方法、技巧，并提出了整个运作过程的八个基本程序；四是初步建立了现代公共关系理论体系；五是强调通过投公众所好的公共宣传来引导公众舆论的重要作用；六是主张获得公众的理解与合作应当成为公共关系理论与实务的基本信条。正是由于伯内斯孜孜不倦的努力，公共关系理论的基本框架才得以建立，公共关系也才能成为一门独立的学科。

二、双向对称理论

第二次世界大战之后，公共关系实践和理论的发展进入了一个全新的阶段，此时涌现出了以卡特利普、森特和杰夫金斯为代表的一大批公共关系专家和学者，他们陆续发表的一系列具有重要意义的研究成果形成了完整的公共关系学科思想，标志着公共关系理论的成熟与完善。

这一时期诸多公共关系理论的研究视域与传统的公共关系理论有明显的区别。传统的公共关系理论认为，在公共关系实践中，公共关系是一项具体的工作，这类工作只注重将有关企业或组织的信息扩散到社会公众之中，完全忽略了将社会公众的相关信息传递给企业或组织，这就在实质上把公共关系看作一个封闭系统。这种一厢情愿的信息单向传递模式可能会在特定的历史条件下收到一定的成效，但是没有公众参与这一弊端必然会随着时代和社会的发展日益凸显。

1952 年，美国学者卡特利普和森特在合著的《有效公共关系》一书中首次提出双向对称理论。该理论的核心思想是：公共关系的最终目的是在企业或组织和社会公众之间形成一种和谐的关系。公共关系一方面需要把企业或组织的想法与相关资讯传递给社会公众；另一方面需要把社会公众的想法与相关资讯反馈给企业或组织。唯有如此，才能够在企业或组织和社会公众之间实现双向的信息沟通与交流，从而营造出二者对称平衡的良好环境。在这种开放系统思维驱动下所构建的模式中，公共关系可以在企业的经营活动中起到参谋或顾问的作用，并对企业的经营决策产生影响。

根据该理论模式，企业必须通过科学的调查研究来确定哪些社会公众有可能对本企业产生更大的影响力，以便面向这部分公众开展有针对性的公共关系活动并与之建立和谐的关系。

双向对称理论超越了传统的单向沟通模式，科学地界定了公共关系在传播沟通过程中所呈现的双向互动特征，从而将公共关系传播与宣传和广告传播严格地区分开来（宣传和广告在不同程度上属于单向传播）。双向对称理论迄今为止仍然是现代公共关系活动所依据的基本理论，卡特利普和森特的《有效公共关系》一书被誉为“现代公共关系思想的基础”。

之后，一些专家和学者针对如何实施公共关系活动提出了若干观点和理论。英国著名公共关系学专家杰夫金斯提出了“公共关系工作六部曲”，即评估形势—确定目标—确认公众—选择传播媒介与技巧—编制预算—评价结果。该工作模式对公共关系管理与工作流程做出了科学的规定，是公共关系实务操作的模式。

美国著名公共关系专家马斯顿把公共关系活动的过程概括为 RACE 模式，这一模式清晰地体现了公共关系活动四个主要的工作环节：R（research）——调研，A（action）——行动，C（communication）——传播，E（evaluation）——评估。该模式清楚地阐明了公共关系活动的起点是调研，只有在详细周密的调研的基础上，企业才有可能制定出符合实际的公共关系活动策略。“公共关系工作六部曲”与 RACE 模式有许多相似之处，两者从不同的角度对公共关系活动的过程进行了剖析，共同构建了公共关系活动过程的模式。

这一时期其他具有一定影响力的公共关系理论有公共关系智能模式、公众分类理论以及公共关系角色理论等，它们从不同的角度提出了有关公共关系的新的观点和理论。20 世纪 70 年代以后，公共关系理论研究进入创新发展的时期，许多学者将研究视域集中在公共关系管理方面并发表了众多的研究成果，逐渐形成了公共关系管理理论，这些理论着重于对公共关系管理过程中各个具体阶段和要素的分析。许多学者还针对公共关系管理过程提出了不同的模式，使公共关系理论进入更加完善和健全的阶段。

三、卓越（对等沟通）公关理论

20 世纪 70 年代中期，在美国，公共关系无论在实践层面还是在理论层面都得到了长足的发展，但学界缺乏建立于科学研究和扎实理论基础上的发现与见解。1985 年，国际商业传播者协会资助了詹姆斯·格鲁尼格所带领的研究团队的一项研究，该研究被命名为“公共关系与沟通管理的卓越研究”，简称卓越公关研究。卓越公关研究试图回答一个根本性问题：公共关系怎样、为什么以及在何种程度上影响组织目标的达成？该研究历时 15 年，研究样本包括来自加拿大、英国以及美国的 327 个组织，研究采用问卷调查和深入访谈的方式，问卷和访谈涉及 1 700 个问题和 25 个个案，共访问了 3 400 个组织中的员工、CEO 和传播部门的负责人员。通过对调查活动中收集的大量信息的分析和研究，研究团队逐渐形成自己的理论，其研究成果主要体现在三本书中：1992 年出版的《卓越公共关系与传播管理》、1995 年出版的《卓越公共关系与传播管理经理指南》以及 2002 年出版的《卓越公共关系与有效的组织：三个国家的传播管理研究》。这三本书都对公共关系对于组织的价值做出了解释，即公共关系应该能够帮助组织有效达成设定的沟通目标，并提出了一系列理论原则；同时，全面阐述了能够对组织效益做出贡献的公共关系部门或传播沟通部门应该具有的特质，即公共关系活动必须能够帮助组织与社会公众之间建立长期且良好的关系。简而言之，卓越公关理论是一整套理论的统称，包含一系列理论。卓越公关理论特别强调对等沟通（symmetrical communication），认为公共关系只有具备对等特质才有可能是最有价值的。

卓越公关理论强调互惠规则，认为组织必须充分认识到只有先满足公众的需求，才有可能获益更多。卓越公关理论还提出组织必须兼顾其他利益相关者的利益，这是更务实的观点，即认为公共关系是一种彼此协商和妥协的过程，而不是一场为权力展开的斗争。从长远来看，对等的原则更符合组织的利益：当组织为了公众利益放弃自身部分利益时，组织反而能够获得更多的利益。

此外，格鲁尼格认为对等沟通是唯一具有全球普适性的最佳模式。多位学者针对卓越公关理论在不同国家、不同类型组织中的应用进行研究。西拉梅沙（Sriramesh，1992）对印度南部的研究、利拉（Lyra，1991）在希腊的量化研究和黄（Huang，1990）对中国某企业集团公共关系部门的研究均发现，从长远来看，对等沟通模式可能是最有效的公共关系模式，并且在各种文化中皆是如此。

四、多元理论对卓越公关理论的继承与挑战

卓越公关理论开创了公共关系作为一个研究领域的理论化进程，之后，一系列公共关系理论陆续出现，如利益相关者理论、关系管理理论等。在危机沟通与管理领域中，随机应变理论、混沌理论、繁复理论和情境危机沟通理论等为很多学者所运用。

与卓越公关理论密切相关的还有关系管理理论。关系管理领域中，一个核心的概念是信任，信任度高，关系就密切；信任度低，关系就松散。因此，很多关系管理理论研究者不约而同地把研究重点放在如何界定、区分影响信任的因素上。当然，也有学者另辟蹊径，去关注那些造成不信任的因素。与其说关系管理理论是一个完全独立的理论，不如说它是卓越公关理论中关系管理的一个延伸。

近年来，随机应变理论受到了更多的关注。随机应变理论的研究者认为组织采用什么样的公关与沟通策略是由多种因素决定的。每个组织的内在要素与外在环境都不相同，组织需要在管理实践中根据所处的环境和内部条件做出决策。

近些年在危机沟通领域得到较大发展的情景危机沟通理论强调危机沟通策略的效果会因一些前置变量而不同，这些前置变量包括：企业的危机历史、与利益相关者的过往关系、危机严重程度等。

作为公共关系的重要理论，卓越公关理论主导公共关系研究近三十年。随着学科的发展，有越来越多的理论引入公共关系研究，公共关系理论越来越丰富与多元化。这些理论的内容可能与卓越公关理论相似，也可能与卓越公关理论存在较大差异，为公共关系研究提供了多样的视角和研究框架，并在一定程度上改变了卓越公关理论在公共关系学界近乎一统江山的局面，理论的多元化也标志着公共关系作为一个学科日趋成熟。

五、互联网环境下卓越公关理论面临的机遇

互联网的应用与发展在相当大的程度上改变了公共关系所面临的信息环境，进而改变了公共关系的实践与研究场域，使一些学者不得不将卓越公关理论置于新的研究场域。在互联网时代，随着近年来新媒体互动平台的发展，企业与公众进行双向交流的可能性和效率大幅度提高。互联网的去中心化、互动性、对话和赋权改变了公众过去与组织沟通时所处的劣势与被动地位，组织与公众间的权力关系出现微妙的转变。这些客观环境的变化与卓越公关理论倡导的对等沟通的理念不谋而合。

随着公共关系学科的发展，出现了越来越多的新理论，也有一些理论是从其他学科引入公共关系研究的。这些理论未必都可以称为卓越公关理论的竞争性理论，如关系管

理理论更像是卓越公关理论某些观点的延伸，但多元化理论在公共关系研究中的应用打破了公共关系学界近乎被卓越公关理论统治的局面，改变了公共关系学科的理论格局。

近些年，公众与组织之间的权力关系也发生了变化，这不禁使人开始思考：互联网是否正在营造真正适合对等沟通的环境。互联网时代的新信息环境与公共关系实践无疑为卓越公关理论提供了进行新一轮检验与讨论的场域。

第 5 节　消费者行为理论的研究成果

消费者行为学借鉴经济学、个性心理学、社会学、文化人类学等学科理论，应用阐释主义研究方法论，重点关注消费者的需要、动机、生活形态、自我信条、象征主义等消费者个性心理与消费购买行为之间的关系，在消费决策理论、消费动机与消费模式以及跨文化消费行为研究方面取得了新进展，并形成了完整的理论体系。消费者行为学作为一门独立的学科逐步走向成熟。

一、消费决策理论研究新成果

（一）概述

20 世纪 70 年代，巴塞托（Bassetal，1961）和莫里森（Morrison，1970）等将数学领域的过程研究和随机过程（stochastic process）、线性方程和最优化理论等方法引入消费者行为研究，形成了消费者行为综合理论。该理论认为，消费者行为非常复杂并不断变化，很难用二维和截面模型加以描述，应该建立随时间推移不断学习的过程理论。消费者行为综合理论在应用经济学领域特别是营销学领域得到了广泛的认同。这一时期的消费者行为研究并没有从理论上揭示人的消费本性以及影响消费者决策的核心要素。

随着后工业社会的发展和消费者主权的确立，一些学者开始关注选择过程与选择行为，尤其是人的本性与消费者选择的关系对市场结构的影响，逐渐形成了消费者行为理论研究的全新视域。研究内容包括：

1. 选择过程与选择行为的影响因素

一些学者深入探讨消费者选择理论，对涉及选择的信息过程理论和多重态度模型进行研究，包括研究仪式化和象征意义（Rook and Levy，1983）、经验和新奇行为（Holbrook and Hirschman，1982）以及宗教对消费者决策行为的影响（Hirschman，1983）等。此外，消费者行为的跨文化研究（Mccracken，1986）也悄然兴起。

2. 消费者行为理论结构和概念的拓展

布洛克、谢里尔和里奇韦（Bloch，Sherrell and Ridgway，1986）扩展了消费者行为理论框架；佩塞梅尔和汉德尔斯曼（Pessemier and Handelsman，1984）对消费者行为中的短期变量进行了实证研究；劳伦特和卡普弗尔（Laurent and Kapferer，1985）扩展了消费者介入思想；豪泽（Hauser，1986）研究了选择和创造替代选择的问题；韦斯布鲁克（Westbrook，1987）探讨了以产品或消费为基础的情感反应。

总之，20 世纪 80 年代消费者行为研究所提出的观点和结论仍然没有摆脱理性决策研究范式和实证主义研究方法。在关注消费者的决策过程与影响因素方面，尽管出现了认知心理学派，也提出了与经济学假设不同的“认知人”概念，并对消费者的感知和知觉、学习和记忆、信念和态度等认知心理过程与消费者决策行为之间的关系进行了一些研究，但消费者行为研究学派对消费者个性心理的研究仍缺乏系统性。

（二）无决策消费行为论

奥尔沙维斯基和格兰博伊斯（Olshavsky and Granbois，1979）通过实证分析否定了消费过程中存在信息收集、评估备选方案等消费决策。在随后的研究中，他们进一步证实了消费者行为无意识的、习惯性的、受规则引导的心理特质。消费者决策研究中开始盛行行为主义，即把消费者看作按照特定行为模式对环境刺激做出反应的人。消费行为是一个受环境因素影响的条件反射行为，它不一定经过理性决策过程，也不一定依赖于已经培养起来的某些情感。尽管消费者的决策过程是非理性的，一些学者还是试图去发现这个过程中可能对消费行为产生影响的因素（如情境、个人的变化）以及无决策购买行为过程中的某些规律（如信息搜寻、对待风险的态度）。

（三）消费体验论

美国经济学家霍尔布鲁克和赫希曼（Holbrook and Hirschman，1983）是消费体验论研究的先驱。该理论将消费者的幻想、情感和兴趣方面的行为称为个人体验，认为消费行为是消费者受内在动机驱动而寻求个人体验的过程。霍尔布鲁克和赫希曼通过对信息过程理论与消费者行为的个人体验进行比较得出结论：如果利用常规的信息过程理论，大多数消费者行为都能够得到有效的解释，但传统的消费者行为研究忽视了个人体验这一重要环节。因此，对于涉及休闲活动消费、消费者对多样性的追求、对享乐消费的反应、产生心理情绪的原因、对艺术的渴望、创造行为、娱乐等行为，只能用消费体验论加以解释。法拉特和文卡塔什（Firat and Venkatesh，1995）对消费者的享乐、幻想以及创造性等情感体验进行了实证研究。沃什和费伯（Vohs and Faber，2007）的研究证明了在冲动型购买决策中，消费者花费的金钱数额、购买产品的价格、购买欲望等既受情感和认知的影响，又受消费者自我调节力的影响。

（四）介入消费论

介入这一概念于1965年由克鲁格曼（H. Krugman，1965）提出，但直到20世纪80年代初，这一概念才对消费者行为研究产生巨大影响。西方消费者对介入的研究多集中在理论要义概念的界定（主要包括介入及相关概念、介入类型、介入性质、介入级别或强度等）、理论模型和度量模型构建、实证研究等方面，介入模型研究则建立在对相关产品或服务、兴趣、特定活动的一般性介入问题的层级式概念化基础上（Day et al.，1995）。

蔡奇科夫斯基（Zaichkowsky，1985）认为，介入有三个基本的衡量因素：一是与消费者体验的兴趣强度相关的介入强度，它反映消费者介入的程度；二是介入方向，它反映产品本身、广告、购买和购买决策或者它们的任意组合；三是介入的持续性，它用于区分持久介入和情态介入。如此看来，介入与消费者的价值观和自我概念有关。介入本身包含不同的特性，作为决策模型的决定因素，它与熟悉程度或者问题解决方法中的预先知识相比是一个更加复杂的概念。

个人体验、介入、消费者知识、情绪、情境等概念的引入使消费者行为研究更富有变化。对消费者行为的研究超越了以往仅仅关注购买过程的范围，这在应用经济学领域是一个明显的进步。

二、消费动机与消费模式研究新成果

20世纪90年代以来，出现了新的影响消费者行为以及购买决策的因素，这极大地丰富了宏观经济学的微观基础，消费决策理论得到了长足的发展。影响消费决策最为显著的因素莫过于物质和技术环境（如网络的发展）、道德规范（如生态和环境保护意识的增强）、文化价值观、强烈的金钱刺激以及企业的营销活动等。对文化、价值、语言、符号学等领域的重新认识成为研究的主要内容。消费者行为模式的影响因子研究、文化和亚文化对消费者的影响研究以及相关消费群体和主导意识的影响研究等都取得了新的研究成果。

（一）符号消费理论

符号消费理论认为，消费不是单纯的满足需要，消费的前提是商品必须成为符号。消费是一个系统，维护着符号和组织的完整，因此，它既是一种道德，又是一种沟通体系和一种交换结构。符号学为研究和分析特殊环境下某种现象产生的机制提供了架构（Zakia and Nadin，1987）。米克（Mick，1986）研究消费者在市场中如何理解象征意义。埃利奥特（Elliot，1998）认为，符号的文化意义往往表现在品牌上，因此品牌经常被看作是创造和维护认同感等象征意义的主要手段。埃斯卡拉斯和贝特曼（Escalas and Bettman，2005）认为，消费者在选择品牌时一定程度上是在构建他们的自我概念并产生自我品牌联系。相关群体是消费者形成品牌意义的来源之一，对消费者来说，他们对品牌形象的认知和他们与特定相关群体的密切程度相关。符号消费理论的相关研究表明，消费者在做购买决策时，不仅注重产品效用，还注重产品的符号价值。产品满足消费者的物质需要只是表象，消费者更看重产品的符号价值。消费者的消费过程能产生两方面的符号价值：提高消费者自我认同感的自我符号价值和提高社会认同感的社会符号价值。因此，消费者是创造和维持个人和社会价值的重要角色。

（二）后现代主义消费理论

在消费者行为模式中，价值体系比单纯的价值观更能说明消费者特定的信念、态度和行为产生的真正原因，因此，对新的价值体系的研究更能反映消费模式的变迁。后现代主义消费理论是以消费者为中心的多样化文化价值体系的一部分。这种消费理论认为，没有既定的和固定的本质性因素来驱动消费者的行为（Brown，1995）。消费者的自我识别与主观感受依赖于特定的情境，如语境、氛围等，这些情境因素受消费者与社会的相互影响。消费者的感知呈现非连续性的、经常性的、不完整的变化，变化的方向和程度受相关群体、消费环境、消费动机等变量的影响（Lau-Gesk，2005）。

法特（Firat，1995）认为，消费者的自我概念、价值观等具有多维变化性，消费者通常意识不到不断变化、自相矛盾的价值观与生活方式之间的不协调性。后现代主义消费理论重点研究消费者通过追求不同的消费和生活方式来改变自己的生活环境时所体现出来的创造力（Brown，1995）。泰安、比尔登和亨特（Tian，Bearden and Hunter，2001）的研究表明，消费者在营销刺激下倾向于认为自己是独一无二的。这种自我感觉能够影响消费者的反应，并通过认同感、利用价值以及追求体现个人身份和社会地位的消费得以实现。

三、跨文化消费行为研究新成果

随着世界经济和政治格局的变化及新兴市场的出现，各国各地区之间的商业和文化融合越来越深，西方学术界日益关注跨文化消费行为。20世纪80年代在西方兴起的跨文化消费行为研究大多是对欧美诸国的实证研究。90年代以来，跨文化消费行为研究开始转向对东亚和南亚的国家如中国、日本、韩国、印度的消费者行为模式的研究。

（一）理论模型及量表的跨文化检验

跨文化研究的一个重要方面是构建更具实用性、通用性和灵活性的模型及量表。利桑斯基等（Lysonski et al.，1996）对美国、新西兰、希腊和印度四个国家的消费者决策模式进行了实证研究，检验了消费者购物风格量表（consumer style inventory，CSI）的应用价值。研究结果表明，CSI的40个项目在四个国家的信度和效度有所不同，由于经济、文化、社会及个人因素的差异，消费者决策模型及量表设计应在项目（如"过度追求尽善尽美""品牌感知""时尚新奇感""享乐主义购买体验""价格感知""冲动性"等）上有所调整。里奇斯和道森（Richins and Dawson，1992）构建了基于不同文化语境的物质价值量表（material values scale，MVS）。王和伯勒斯（Wong and Burroughs，2003）通过对美国、日本、韩国、新加坡、泰国的800名消费者进行的初步研究发现，MVS不适合采用李克特量表模式；通过对美国和东亚国家的400名消费者的进一步研究发现，跨文化语境的变迁导致量表设计的信度和效度需要提高。跨文化研究另一个比较集中的领域是对消费者决策模型的检验。珍妮（L. H. Jeanne，1992）对美国和韩国的年轻消费者进行了消费者决策模式实证研究。基于消费者风格特征（consumer style characteristics，CSC）八因素模型的研究表明，韩国年轻人更注重品牌的感知价值，他们追求尽善尽美和购买过程中体现的享乐主义；美国年轻人则更看重尽善尽美、价值感知以及品牌感知。这一研究结果与斯普罗尔斯（Sproles，1986）的研究结论基本一致。

（二）消费者民族中心主义

民族中心主义是社会学、人类学和社会心理学的概念，消费者行为研究中的民族中心主义指消费者潜意识中存在的偏爱本民族产品而抗拒国外产品的心理倾向。希姆和沙曼（Shimp and Sharma，1987）最早提出这一概念并通过实证研究证实了美国消费者存在民族性倾向，当本国产品本质上接近国外产品时，这种潜意识较易被激活和有效利用。消费者民族中心主义与消费者对国外产品的态度、信念、购买意向及产品占有呈负相关关系，与消费者对本国产品的态度、信念、购买意向和产品占有呈正相关关系。一些学者分别对德国、法国、日本、韩国及东欧市场进行了实证研究，结果发现这一结论也是成立的。

第6节　视觉传播理论的研究成果

相对于其他相关学科，视觉传播理论的研究成果没有那么丰富。但是这些研究成果是整合营销传播理论研究者和实际操作者不可忽视的重要内容。

一、视觉传播中的感觉理论

（一）格式塔理论

"格式塔"这个词来自德语，意思是形式或形状，即具有不同部分分离特性的有机整体。将这种整体特性运用到心理学研究中就产生了格式塔心理学（又称完形心理学），其创始人是心理学家马克斯·韦特海默、库尔特·考夫卡和沃尔夫冈·柯勒。该理论认为，人的眼睛收集所有的视觉刺激，大脑则负责把感觉信息整理成连续的图像。没有大脑把个别的感觉元素连接在一起，运动现象就不会被感知。该理论衍生出了一个著名的论断：整体不等于部分之和。也就是说，知觉是各种感觉综合运用的结果而不是个别感觉元素的简单相加。

格式塔心理学派的继承者进一步发展了该理论，提出了一个新的观点：人们在感知事物时总是受到结构因素的支配。结构因素是指一种本能的心理反应和一种先验的感知框架，它先天性地存在于人的意识领域，不会因种族、民族、性别、年龄及政治信仰、价值观不同而受到影响。结构因素对观者感知活动的影响体现在以下三个方面。

1. 类似与相近

这是指人们在感知（观看）事物时趋向于把相似的东西（符号）视为一类并将之归并在一起。比如，图 3－11 中间的符号到底是 13，还是字母 B？观者由于受到类似与相近的心理趋势的影响，横着看感觉是 13，竖着看便感觉是字母 B。

2. 完形趋向

这是指人们对事物的感知总是趋于整齐、规范、统一和完好，避免残缺、混杂、凌乱和破损。比如图 3－12 中 12 个小圆圈组成一个整齐完好的正方形，靠近正方形处有一个大一点的圆圈，人们在观看这个图形时会不自觉地把排列成形的 12 个小圆圈当成一个整体，下意识地排斥那个大圆圈，原因是 12 个小圆圈构成了一个完好的图形，如果加入那个大圆圈就会破坏正方形的完好性。

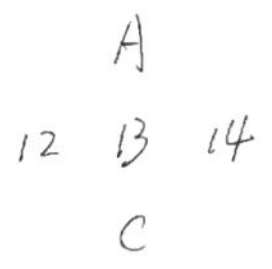

图 3－11　类似与相近

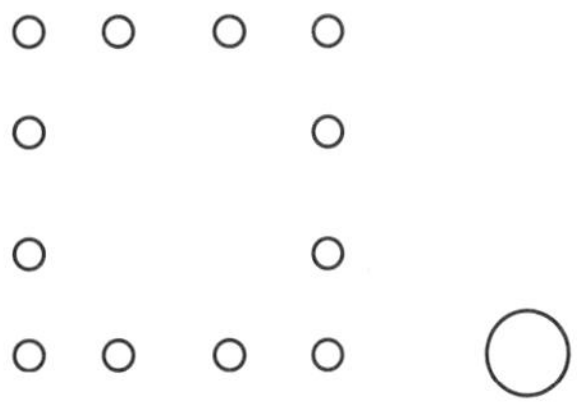

图 3－12　完形趋向

3. 残缺闭合

残缺闭合与完形趋向有共同之处，即两者的实质都是力求完好，但完形趋向是在已经完好的图形中排斥不完好的成分，残缺闭合是下意识地把接近完好的图形完善起来，将其中的残缺部分修补闭合。比如，图 3－13 中的圆形、三角形和正方形都有小缺口，如果将这三个图形在观察者观察之后再让其把三个图形画出来，绝大多数观察者会画出缺口闭合的圆形、三角形和正方形。

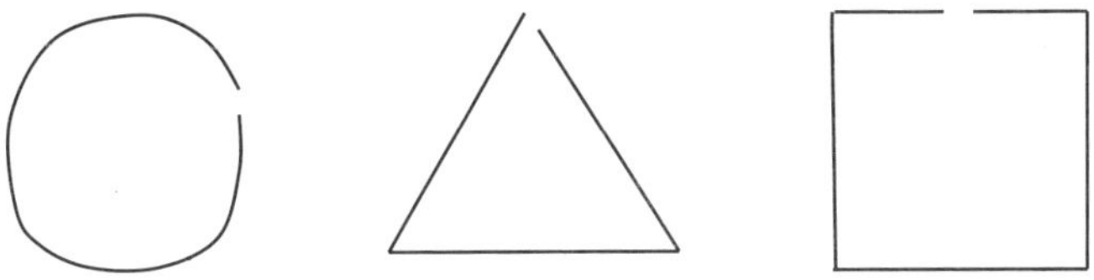

图 3－13　残缺闭合

格式塔理论的特点在于它关注构成图形的诸多个别形式，并指导视觉传播者将基本元素综合成一个意义整体，它可以启发设计人员反其道而行之，将受众的注意力集中在某些特定的表现元素上。格式塔理论还表明，人的大脑功能强大，它能把视觉信息划分为不同的组别。人们观看一个图形时能看到什么实际上取决于两个因素：一是人们过去看到过什么；二是人们希望看到什么。

（二）生态学理论

生态学理论是由康奈尔大学心理学教授吉姆斯·吉布森建立的，该理论主要包括以下三个方面。

第一，视觉研究不应该仅限于实验室，应该在日常的生活环境中、在自然状态下研究真正的视觉功能，而且最好由运动着的观察者在自然环境中进行。

第二，视觉是由光线对视野中物体表面的影响方式决定的，光线会随着观察者在景象中的运动而发生变化。其中，针对光线对物体表面的影响方式，吉布森提出了环境视觉阵列概念，环境视觉阵列即人们眼前被光源照亮物体的可见的表面结构。

第三，随着环境视觉阵列的细微变化，人的大脑能够自动校验物体的大小和纵深，不需要有意识的计算过程。

吉布森的理论可能对解释动物观察事物的方式有一定作用，但是该理论似乎不能解释人类产生视觉的整个过程。毕竟，人类观察事物时会产生意义联想而不只是纯粹地、抽象地观看。人类观察事物的过程与行为主体的认知经验、文化因素和语言能力都有非常重要的关系。

二、视觉传播中的知觉理论

（一）符号学理论

符号学是关于符号的研究科学。在营销传播过程中，企业通过品牌与目标消费者进行沟通的载体实际上就是符号。如果一个广告作品的视觉符号能够被更多的受众理解，该广告诉求的信息自然更容易被受众记住。

尽管符号学是一门新兴的学科，但符号实际上是一个非常古老的概念。公元前 397 年，古希腊哲学家奥古斯丁就提出应该研究符号对人类社会传播的意义。他认为能够被更多人理解的符号可以促进非语言形式的传播，符号是自然与文化之间的桥梁。

当代符号学兴起于第一次世界大战前夕两位语言学家的研究。瑞士语言学家费尔迪南·德·索绪尔以其大量的研究成果建立了关于符号的一般理论。与此同时，美国哲学家查尔斯·桑德斯·皮尔斯发表了关于符号的社会效果的研究论文。这两位专家的研究成果为当代符号学理论的建立奠定了基础。

目前，符号学理论已经发展成为一种具有抽象意义的视觉形象的知觉理论。除了与美术设计的视觉符号明显相关的研究课题之外，符号学理论还延伸出了戏剧符号学、广告符号学、影视符号学、建筑符号学等。

从视觉传播的角度看，一个广告创意作品实际上是一幅图像，是众多视觉符号的集合。既然是集合，就必然有一种规范，就像语言符号是由众多单词构成的且必须按照语法规则进行组合才有意义一样，视觉符号的集合也有自身特殊的集合规则。法国文学理论家、符号学大师罗兰·巴特将这个集合过程称为编码。每一个社会在其文化发展进程中都会形成自己独有的编码系统，个别且单一的符号按照这种编码系统集成图像以传播较为复杂的意义。

（二）符号价值理论

符号价值这一概念是法国著名思想家让·鲍德里亚最先提出来的，他从符号学的角度对商品的价值进行重新思考。他认为马克思关于商品价值的理论已经不能充分解释第二次世界大战以来商品地位发生的变化，也不能充分解释以商品的符号价值消费为主要特征的现代消费社会的发展。鲍德里亚指出，现代社会的消费品除了具有使用价值和交换价值以外，还具有通过广告、包装等营销传播工具塑造出来的符号价值。

鲍德里亚认为自己提出的符号价值概念是对马克思主义商品价值学说的补充和发展。他认为马克思关于商品和商品崇拜的分析与资本主义早期发展阶段有关，消费不应该被看作和使用价值有关的物质用途，应被看作意义，主要和符号价值相关。

从鲍德里亚关于符号价值的阐述可知，他是将符号价值作为不同于商品的使用价值和交换价值的独立概念提出来的，既没有把符号价值归入使用价值的范畴，也没有把符号价值归入交换价值的范畴。虽然他没有明确提出符号价值就是商品的第三种属性，但已经在逻辑上涉及这种观念。受鲍德里亚思想的影响，国内一些学者把商品的符号价值称为“第三种价值”。

根据鲍德里亚对符号价值的分析及其主要观点，我们可以为符号价值做一个大致的界定：企业生产的同类别商品在使用功能和制造成本上难以形成差异，但不同的企业可以通过各自提炼、塑造和表征的符号意义，使得商品与商品之间有了价值高低的差异，这种有差异的价值就是符号价值。正是这种符号上的差异性构成了某种商品的独特性，使同类商品之间能够区分开来。

从价值的一般概念来说，价值是指客体的属性和功能与主体需要之间的某种关系，是满足和被满足的关系，即事物（物质的和精神的）相对于人的需要的某种有用性。如果一种事物或现象由于具有一定的属性或性能，能够满足主体的某种需要（物质需要和精神需要），并对主体具有积极的肯定意义，它就会被主体认为是有价值的。价值作为现实的人与满足其某种需要的客体的属性之间的一种关系，是在实践的基础上形成和发展的，它既具有客观性，又具有主体性。价值的客观性是指价值虽然离不开人，但它是人的客观需要与客体的属性之间发生的一种客观现实关系。价值的主体性则表明在价值主客体之间的特定关系中，人是主客体关系的中心，没有主体的创造性活动和主观认识，物就不会实现对人的价值。价值的这种本质特点表明，价值的性质主要取决于价值关系主体的情况而不是客体的情况。因此，在理解价值时，既不能把价值看成纯主观的东西，也不能把价值看作对象本身。谈及某一对象具有价值时，这一对象已不再是对象本身，而是包容和体现了作为主体的人的需要。同样，价值也不是主体的某种主观臆想，而是已经把主体的需要物化为对象的某些属性。

联系上述价值的一般概念，可以从两个角度界定商品的符号价值：一个是站在消费者的立场看待符号化的商品给消费者带来的使用价值；另一个是从生产者的角度看问题，强调商品符号给厂商带来的品牌资产或超额利润，即在交换价值或价值层面上解释符号价值的含义。因此，符号价值既是一种特殊的使用价值，又是一种特殊的交换价值（价值）。

符号价值理论特别是鲍德里亚早期的符号价值理论对当代资本主义社会的分析是深刻和具有启发意义的，有许多值得借鉴的地方。其一，鲍德里亚通过符号价值分析揭示了当代资本主义符号价值控制的新特点，开创了马克思政治经济学批判理论的新空间。在对 20 世纪下半叶以来西方资本主义发展状况的研究中，鲍德里亚指出当代资本主义社会已由马克思所关注的生产主导性社会转变为消费主导性社会，这一社会的重要特征之一是将经济交换价值转换为建立于符号垄断基础上的符号价值。既然“消费社会就是处在异化符号的统治之下的社会”，就有必要把符号学方法同政治经济学结合起来对消费社会展开研究。由此，鲍德里亚揭示出符号价值消费是晚期资本主义控制社会的主要方式。

其二，符号价值为考察和衡量现代商品价值提供了新的视角和新的维度。在当今社会经济文化一体化发展的趋势下，应看到商品生产不是纯技术性、纯物质性或功能性的，而是一个经济与文化符号相结合的生态性整体。社会和企业应重视符号价值，提高商品的文化含金量，并满足人们正当合理的符号价值需求。总之，现代市场经济的发展使符号价值的重要性日益凸显，符号价值更加值得人们关注和研究，鲍德里亚为人们理解围绕商品的消费、陈列和战后社会日常生活提供了新的视角。在这个意义上说，符号价值理论也是对马克思商品价值论的丰富和发展。

（三）认知理论

认知理论认为，视觉过程并不像生态学研究者所认为的只是观察者简单地目睹由光线决定的物体，而是观察者积极通过大脑活动来达成一种知觉结论。[①] 如果说生态学者是从客体的角度来研究视觉理论，那么认知理论就是从主体的角度来研究视觉理论。面对同一个视觉作品，不同的观察者会有不同的理解，因此，认知理论研究的对象实际上就是观察者对视觉物体的理解过程。

理解是一个十分复杂的过程，也是一种积极的创造性的认知活动，任何理解过程都不可避免地带有观者的主观感情色彩。理解活动会受到许多因素的制约，其中主要有心理预设、文化背景、动机、情绪和态度等。

1. 心理预设

人们都有某种根据自身生活经验形成的心理期待，会不知不觉地预先设定好视觉物体应有的样貌或形状。由于心理预设的干扰，人们对客观现实的认知常常难以实事求是，或者说，人们看到的往往是他们想看到的。

关于心理预设，美国学者艾姆斯的一项研究提供了很有说服力的证据。为检验人们的心理预设，艾姆斯设计了一个独特的房间，这个房间的后墙是不规则的，左边比右边高且更靠后，前墙上开有一个小洞，透过这个小洞可以看到房间里的情况。研究者请两位身高相同的人分别站在后墙的左右两边，再请观察者透过前墙的小洞观看房间，结果所有的观察者都认为站在后墙的两个人高矮不同，左边的人矮小而右边的人高大。

这种错觉是怎样产生的？从视觉上看，由于后墙的左边比右边高，所以站在左边的人与天花板的距离比站在右边的人更大，使左边的人显得比右边的人矮一些；另外，由于左边的墙比右边的墙更靠后，左边墙的纵深就比右边墙的纵深更大一些，根据近大远小、近高远低的透视原理，左边的人就比右边的人显得更矮一些。如果观察者事先知道这个房间的不规则情况，并且知道两个人其实一样高，观察者就可以通过调整反差来消除错觉。问题是观察者事先对这些情况一无所知，这样，观察者透过小洞观看时，实际上已在自己心中假定这个房间与其他房间一样，即前后墙平行，后墙的左右高度相等，这一心理预设正是人们根据长期的生活经验形成的，于是，观察者看到的就是一高一矮

---

① 莱斯特．视觉传播：形象载动信息．霍文利，史雪云，王海茹，译．北京：中国传媒大学出版社，2003：70.

的两个人。[①]

由此看来，眼见未必为实，因为人的眼睛并不是机械的相机，人们在观看客观事物时总会带有主观色彩。人们看到的只是自己希望看到的。

2. 文化背景

每个人都生活在特定的文化背景之中，其行为、观念、习惯、性情不可避免地受到某种文化的影响和熏陶，人们对事物的理解受到自身文化背景的影响而带有鲜明独特的文化烙印。比如，对于同一个广告作品，西方受众与中国受众的理解会有所不同。文化背景的不同往往会导致不同的行为主体对同一视觉物体产生不同的认知。

3. 动机

研究表明，动机与理解具有密切的关系（尽管有时人们的动机隐藏得很深，甚至连本人都未曾察觉）。美国社会心理学家麦克莱兰和阿特金森所做的实验对此进行了很有说服力的证明。

该实验将实验对象分成三组，规定第一组、第二组、第三组的实验对象分别在实验开始前16个小时、4个小时和1个小时之内不吃任何东西。实验分两步进行：第一步是保证实验对象在光线充足的房间里清楚地看到一张汽车图片；第二步是逐渐使房内的光线变暗，直到房间里的东西影影绰绰、似有若无，然后更换图片并请实验对象辨认图片上的物品。其实，图片上什么东西都没有。

实验的结果是：实验对象看到食品的次数同他们停食的时间成正比，即空腹时间越长的实验对象看到所谓食品的次数越多。出现这种差别的一大原因是不同的实验对象在观看过程中带有不同程度的减轻饥饿感的动机，饿得越厉害，他们的这种动机就越强烈，他们也就越希望看到食品。动机与理解的关系由此可见一斑。

4. 情绪

人们时刻处于一种特定的情绪状态，或舒畅，或悲伤，或兴奋，或郁闷，或心烦意乱，或心平气和，等等。处于不同情绪状态的人对同一事物会产生不同的理解。

在情绪与理解关系的研究中，勒巴与卢卡斯的一项实验最能说明问题。他们通过催眠术使一位实验对象依次处于快乐、苛刻和焦虑的情绪状态，然后让他观看同一张照片并对照片的内容进行描述。照片上有四位年轻人坐在草坪上，有的在读书，有的在听收音机。实验结果显示，实验对象对这一照片内容的描述会随着其情绪的变化而变化。处于快乐情绪状态时对照片的描述是：人们完全放松，没有什么伤脑筋的事情，只是坐着听收音机和休息；处于苛刻情绪状态时对照片的描述是：有个人斜躺着，把熨得好好的一条裤子弄皱了，他们想读书，但读不进去；处于焦虑情绪状态时对照片的描述是：他们在听一场足球赛实况转播，那大概是一场很激烈的比赛，瞧那家伙的样子，看来他喜欢的球队赢不了。在这项实验中，同一个人居然会对同一画面产生差异如此之大的看法，可见情绪对人们的理解的制约作用有多大。[②]

5. 态度

尽管影响人们理解的因素有很多，但起决定作用的是人们的态度，即人生观和价值观。社会心理学家奥尔波特在其《偏见的本质》一书里有一段对话，这段对话提供了一个很典型的例证。

---

① 李彬. 传播学引论. 北京：新华出版社，1993：83.

② 李彬. 传播学引论. 北京：新华出版社，1993：87.

X先生：犹太人的毛病就是他们只顾及自己的团体。

Y先生：但根据福利基金会的记录，从捐款人数与捐款数量来看，他们比非犹太人更慷慨。

X先生：那正表明他们总是力图用钱赢得别人的好感，用钱跻身教会事业，除了钱他们什么也不想，怪不得犹太银行家这么多。

Y先生：但新近的研究表明银行界犹太人所占比例是微不足道的，这一比例比非犹太人所占的比例小多了。

X先生：正是这样，他们不从事令人敬佩的行业，只从事电影业或开夜总会。

这段对话清楚地表明，由于X先生已经对犹太人形成否定的态度，因此他对所有犹太人信息的理解几乎都是负面的，而且总是从自己的偏见角度去理解同其观点相矛盾的信息，结果就是把反驳自己观点的论据都变成支持其观点的论据。可见，一个人的态度对理解的作用有多大。

基本概念

市场细分	服务营销	体验营销	绿色营销
网络营销	两级传播	学习论	一致论
认知不协调论	从众现象	议程设置理论	“沉默的螺旋”理论
“知识沟假说”理论	“投公众所好”理论	双向对称理论	卓越公关理论
消费体验论	介入消费论	符号消费理论	格式塔理论
符号价值理论	心理预设		

思考题

1. 以产品为导向的营销理论的核心内容主要有哪些？
2. 基于非盈利目的的营销理论有哪些主要观点？这些观点能否在发展中国家被企业广泛接受？为什么？
3. 传播过程的经典模式主要有哪些？这些模式对整合营销传播的具体运用有哪些帮助？
4. 大众传播的劝服理论在整合营销传播实践中应该如何运用？
5. 公共关系理论的研究成果对整合营销传播理论的贡献主要有哪些？
6. 消费者行为理论的研究成果对整合营销传播理论有哪些促进作用？

课后实践

请同学们自由组合，成立品牌整合营销传播策划小组，然后根据本小组多数同学的意愿选择诸多品牌（如加多宝、光明牛奶、雪花啤酒、李宁、红牛、统一、格力、海尔、小米、华为等）中的一个进行营销调研，并提交调研报告。

第2篇

整合营销传播的基础分析

这一部分共五章，其中第4章介绍了品牌的本质及其定位决策与评估管理等基本内容，目的是使学习者能够了解整合营销传播的核心是围绕品牌开展相应的营销传播活动。第5~8章主要介绍整合营销传播的基础分析内容，其中包括整合营销传播的分析步骤和流程。舒尔茨在其《整合营销传播：创造企业价值的五大关键步骤》一书中最早提出了整合营销传播战略，具体内容是：第一，识别目标消费者与潜在消费者；第二，评估目标消费者与潜在消费者的价值；第三，创建并传递品牌信息；第四，评估企业投资回报率；第五，预算分配与效果评估。本书对舒尔茨和汤姆·邓肯的理论做了一些调整。本篇的内容是整合营销传播的核心内容。

第4章 品牌的本质及其定位决策与评估管理

整合营销传播的最终目的是为了塑造和传播品牌形象，并通过品牌形象这一特殊的沟通载体与目标消费者或潜在消费者构建相互认可的良好关系。本章重点介绍品牌的基本概念和品牌定位决策及其评估管理。

第1节 品牌的本质与构成

今天，已经有越来越多的企业开始认识到最有价值的资产并不是企业的有形资产，而是企业依托于品牌所建立的无形资产。在信息传媒业飞速发展的21世纪，消费者在面对铺天盖地的广告信息时常常显得无所适从，品牌尤其是强势品牌往往成为消费者判断选择商品的重要依据。因此，如何在充满竞争的市场中努力创建更具个性且受到消费者喜爱的品牌形象，是企业形成核心竞争力并保持可持续发展的关键所在。

一、品牌概念的界定

对于什么是品牌，或者如何从理论上对品牌的内涵和外延予以规范的界定，仍然没有统一的认识。本部分给出本书对品牌的定义。

（一）品牌概念的形成

1. 品牌专家对品牌形成原因的探讨

20世纪80年代末大卫·艾克推出《品牌价值管理》一书后，品牌价值说便迅速成为企业界、广告界、传媒界的热门话题。人们逐渐发现品牌概念、品牌认知、品牌个性、品牌文化、品牌精神等均是吸引并维持消费者，进而在市场竞争中获胜必不可少的利器。这推动着业界对品牌进行深入的研究，逐渐形成关于品牌价值的系统理论。

然而，无论是品牌专家大卫·艾克，还是其他品牌研究的资深人士，在讨论使品牌内涵由产品视觉识别符号向品牌理念、文化、精神等抽象意义延伸和递进的外在因素时，均没有涉及问题的本质。大卫·艾克在其三部品牌专著中没有重点讨论这个问题，只是在《品牌领导》的前言中写过这么一段话：品牌构建工作对大多数管理者来说迫在眉睫，生产力过剩、残酷的价格竞争、激增的同质化产品和精明的零售商只是其中的部分原因。①

① 大卫·艾克. 品牌领导. 北京：新华出版社，2001.

对于促使品牌内涵延伸和递进的其他原因，大卫·艾克并没有明确地论述。

杰斯帕·昆德在论述品牌精神的形成原因时认为：消费者并非机器人，他们不只是简单地购买产品，也是在选择一种观念和态度。当面对不断增加和日益多样化的选择时，消费者的购买倾向更加受制于其信仰。此时的购买动机产生于对品牌的卓越性的信仰和本能，消费者绝不会在稀薄的空气中寻找这种信仰。① 这种从消费者的角度分析品牌精神的形成原因的做法在众多的品牌研究著述中虽不多见，却是一种非常正确的思路，只是杰斯帕·昆德（至少在他的《公司精神》这部专著中）并没有对这一问题做全面深入的诠释。

2. 品牌概念形成的社会背景

唯物主义认为，社会存在决定社会意识。因此，有什么样的社会存在，就必然会产生什么样的社会意识与之相适应。同样，有什么样的市场需求，必然会产生相应的市场理论。

20世纪70年代以前，资本主义国家的经济仍然处于战后恢复时期，社会物质产品相对匮乏，人均收入相对较低。那时，消费者对产品的需求自然是以量的满足（生理满足）为前提，即十分注重产品的物质性，也就是产品的质量、价格是绝大多数消费者决定购买产品的最主要因素。70年代中后期以来，资本主义国家进入经济高速发展时期，社会物质产品极大丰富，人均收入大幅提高。此时，消费者对产品的需求开始由物质性向社会性转变，即越来越重视产品的精神性（身份地位、审美品位、价值观念、精神信仰等），产品本身的物质属性逐渐变得不那么重要。针对目标消费群体，经过精心加工提炼且附加在产品上的价值观念、审美品位、文化修养等精神属性逐渐成为消费者购买产品的决定性因素。也就是说，随着经济的发展，物质产品的丰富，收入的增加，生活水平的提高，消费者对产品的需求必将从原始的物质消费向后工业时代的精神消费过渡和转化。实际上，美国著名社会心理学家马斯洛早已从宏观的角度对人类的需求层次及其发展变化的趋势做了精辟的分析。

因此，品牌概念的内涵由最初单纯的视觉识别符号演变为集识别功能、信息浓缩功能、安全功能、价值功能于一体，并形成全新的品牌理论的根本原因，还是在于市场需求（消费者对于产品的需求）从物质消费转变为精神消费。

（二）品牌的定义

1. 品牌专家对品牌的定义

品牌的内涵在不断地发展和演变，因此，对品牌所做的定义也在不断地发展和变化。直到今天，营销界和广告界仍然没有一个统一的、大家公认的品牌定义。

虽然宝洁公司在1931年便确立了品牌经理制度，并在世界各地销售近300个不同品牌的商品，但是对于品牌的定义，宝洁公司似乎没有做出具体的表述。

1955年，奥美广告公司的创始人、著名的广告大师大卫·奥格威从广告传播的角度首次提出了品牌形象理论，并对品牌的概念进行了界定：

> 品牌是一种错综复杂的象征，它是品牌的属性、名称、包装、价格、历史、声誉、广告风格的组合。品牌同时也因消费者对其使用的印象及自身的经验而有所界定。

---

① 杰斯帕·昆德. 公司精神. 昆明：云南大学出版社，2002.

奥格威认为，品牌不仅仅是商品的名称和标志，还是一个商品所体现出来的综合形象以及它在消费者心目中的印象和所具有的社会属性的象征意义。

1960 年，美国市场营销协会（AMA）在《营销术语词典》中对品牌的概念进行了界定：

> 品牌是用以识别一个或一群产品或服务的名称、术语、象征、记号或设计及其组合，以和其他竞争者的产品或服务相区别。

显然，美国市场营销协会对品牌的这一定义只是强调了品牌的识别功能，认为品牌仅仅是一种与其他竞争商品相区别的识别符号，没有触及品牌的本质和内涵。

1994 年，著名营销学家菲利普·科特勒对品牌的概念进行了如下界定：

> 品牌包含多方面的内容，至少有以下六个方面：属性、利益、价值、文化、个性以及用户。

应该说，菲利普·科特勒对品牌概念的界定是最全面、最完整的，但他的界定仅仅指出品牌由哪些内容构成，对这些构成要素之间的相互关系却没有提及，这就使他的品牌定义显得过于笼统和抽象。

1998 年，著名品牌学家大卫·艾克对品牌提出了自己的定义：

> 品牌就是产品、符号、人、企业与消费者之间的联结和沟通。也就是说，品牌是一个全方位的架构，涉及消费者与品牌沟通的方方面面，并且品牌是一种“体验”，一种消费者能亲身参与的更深层次的关系，一种与消费者进行理性和感性互动的总和，若不能与消费者结成亲密关系，产品就从根本上丧失了被称为品牌的资格。

大卫·艾克对品牌概念的表述涉及品牌的本质，即品牌与消费者的沟通功能。这种界定强调了品牌最终能够被市场认同与其和消费者建立的情感关系和互信关系是分不开的，只是其表述过于零乱而显得缺乏层次感。

2. 本书对品牌的定义

通过上述对品牌若干不同定义的分析，结合多年来参与营销与传播活动的实践经验和体会，本书作者于 2005 年提出关于品牌的定义。①

> 品牌是企业组织以其具有优异品质的商品或服务为载体，以商品的功能属性或精神属性为诉求内容，通过各种营销和传播活动与目标消费者建立彼此认同，并为双方带来利益的关系总和。

对这个定义，可从以下几个方面加以理解。

第一，品牌是一种关系，这种关系必须以消费者为中心。品牌的存在与发展只能以消费者的认可为前提，没有消费者的认可，品牌就没有价值可言。因此，品牌的价值就体现在品牌与消费者的关系之中，这种关系绝不只是单方获益的关系，必须是能够给双方创造价值、带来利益的共生双赢的关系。

第二，品牌具有三重基本属性，即品牌的内在属性、品牌的精神属性以及品牌的外在属性。品牌的内在属性是品牌载体的基础，它必须以优良的品质为前提，并且能够满

---

① 程宇宁．从形而下的识别符号到形而上的品牌精神：也论品牌价值内涵的演变及其形成．现代广告，2005（10）：75－76.

足消费者的物质需求。品牌的精神属性则是品牌载体的核心，它必须以独特的文化和价值观念为诉求内容来满足消费者的精神需求。品牌的外在属性（识别系统）则有助于加强消费者对品牌形象与品牌个性的认知和理解。

第三，品牌的价值在于传播。这里的传播包括所有与消费者沟通的环节，如产品设计、包装设计、定价策略、销售推广、广告创意、公共关系、新闻报道、人员推销、展会营销等。一方面这些传播活动可以加强目标消费者对品牌的全面认知；另一方面这些传播活动有助于品牌形象的塑造，而良好的品牌形象是品牌资产的一部分（见图4－1）。

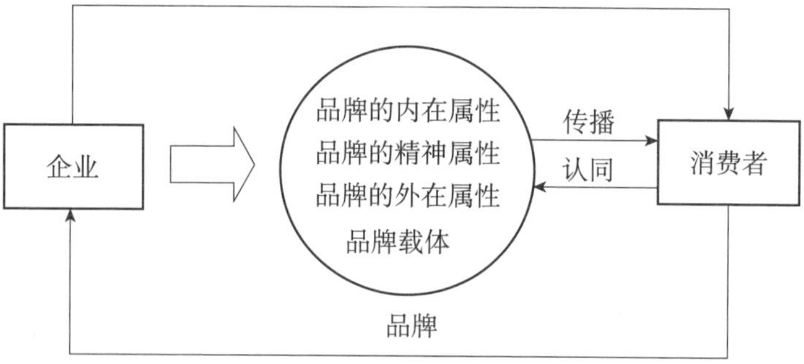

图4－1　品牌定义的模型

二、品牌的构成

根据本书对品牌的定义，我们可以认为品牌主要由企业、消费者以及产品这三大要素以及三者相互之间的关系所构成。这种认识主要是从宏观角度来界定品牌的本质。从微观角度来看，品牌是由内在属性、精神属性和外在属性这三大要素构成的。

（一）品牌的内在属性

品牌的内在属性是品牌构成的基础，其内容主要包括产品的原料、质量、性能、用途、技术、工艺、专利、价格、分销、配送等。品牌的内在属性还可以进一步细分为功能属性、结构属性和审美属性（见图4－2）。

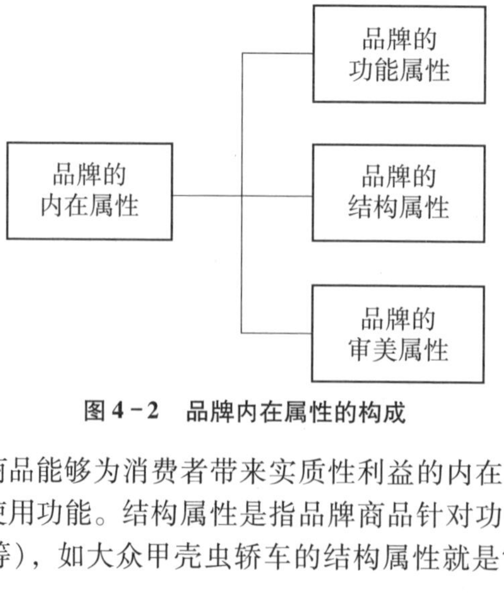

图4－2　品牌内在属性的构成

功能属性是指品牌商品能够为消费者带来实质性利益的内在属性，如瑞士军刀的功能属性就是具备众多的使用功能。结构属性是指品牌商品针对功能属性所体现出来的外在形式（如形状、直径等），如大众甲壳虫轿车的结构属性就是它有别于其他轿车的独特造型。审美属性指的是品牌商品在视觉上使消费者产生的审美感受（如设计和色调），如百事可乐的商品特征之一就是其具有突出的视觉上的审美属性。

品牌的内在属性可以通过三种方式对消费者的判断产生影响：直接、间接以及通过与外在属性的相互作用。品牌的内在属性对消费者的判断所产生的直接影响的大小与品牌的内在属性是否容易被感知有着密切的关系。也就是说，如果商品本身的功能属性能够被消费者认知和理解，那么消费者就可以通过商品的内在属性来评价和判断搜索型商品（指技术含量较高的商品，如汽车、手提电脑、家电产品等），因此，这种内在属性会对消费者的购买决策产生直接的影响。

然而，对于经验型商品（技术含量较低的商品，如啤酒、咖啡、可乐、饮料等）而言，内在属性对于消费者所产生的作用就没有那么直接了。事实上，消费者在购买经验型商品之前往往是通过商品的外在属性做出判断的。虽然内在属性对消费者判断经验型商品的影响力有限，但我们不能简单地得出商品的内在属性不重要的结论。对于一个企业而言，如果希望打造一个有影响力的品牌形象，就必须使自身商品的内在属性具有相当强的市场竞争力，否则，建立品牌形象便无从谈起。

因此，确保品牌战略成功的前提就是企业必须努力提升或完善品牌的内在属性，使消费者对商品的品质产生信任感，这就需要真正做到商品的品质始终如一，经得起时间的考验。如果企业过于重视眼前利益而忽视长远利益，就难以保证商品的品质，甚至可能导致品牌形象毁于一旦。

（二）品牌的精神属性

品牌的精神属性是品牌构成的核心要素，包括消费者通过品牌传播的各种形式所感受到的情感归属、审美愉悦、价值认同等精神层面抽象的及具有象征意义的内容。品牌的精神属性一方面源自商品在生产、交换和使用过程中所表现出来的象征性；另一方面源自广告的强化作用。

1. 商品的双重属性

大多数商品具有双重属性，也就是物质性和精神性。众所周知，企业生产商品的目的是希望通过商品来交换消费者手中的货币，以赚取生产与销售之间的利差。消费者愿意用自己的货币交换商品是因为商品可以满足人们的某种需要，即交换的前提是商品必须具有使用价值。另外，商品在生产过程中必然凝聚了生产者的劳动外化，这也就是所谓的“客体化”过程，此过程的外在表现形式即价值。

商品具有使用价值和价值双重属性。使用价值体现人与自然的关系，这一关系在品牌结构中体现为品牌的内在属性；价值则体现人与人的关系，这一关系即构成品牌的精神属性的主体内容。商品既是物质的、客观的，也是精神的、主观的。商品既有实用性与功能性，又具有符号性与象征性，商品就是这两种属性的统一体。商品的双重属性（物质性与精神性）之间的关系是以物质性和功能性（使用价值）为基础的。比如，汽车被消费者购买的理由首先必须是它是能够代步的交通工具。但是，商品的价值更多的并不是体现在物质性和功能性上，而是体现在商品的社会性和象征性上。同样是汽车，消费者在选择购买前，除了需要了解某品牌汽车的诸多功能之外，还需要了解该品牌汽车的生产厂家，以及该品牌汽车在社会关系中的地位等生产关系方面的信息。在多数情况下，通过广告强调并传播的象征社会地位、身份和符号意义的品牌的精神属性更加重要，也是影响消费者决策的更为重要的因素。选择购买 Jeep 而不是其他品牌汽车的消费者，其决策依据更多的还是来自 Jeep 汽车品牌所包含的精神属性。

2. 广告强化品牌精神

品牌的精神属性必须依赖营销与传播人员将能够反映品牌个性、文化理念及其价值观念等精神层面的内容赋予商品并广为传播，使品牌的社会意义和象征属性进一步彰显。

在任何一个社会里，人们都会通过对品牌的消费来彰显自身的社会意义和个人意义，只不过在商品社会中，这种对品牌意义的获取进一步被放大。品牌对人们之所以重要，并不仅仅是因为品牌的内在属性，更是因为品牌的精神属性在社会关系里所体现的符号意义。凡是受众所见到或认识的每一样东西，受众都有权要求其具备符号意义上的解释。如果没有得到解释，受众就会判断这个东西毫无益处，至少与自己不相干。在所有的文化形态里，在任何时候，正是这种消费与符号意义的相互交织，为人与物普遍关系的形成提供了具体的背景条件。

我们不应该把消费行为仅仅局限在消费者对商品的物质性（功能性）需求的经济层面，应该把人的消费行为看成某种文化模式的物化形式。人们之所以需要品牌，其实就是因为品牌可以显现某些文化成分，并让文化得以继承和延续。从文化学的角度看，品牌在使用过程中实际上不知不觉地承担了传播者的角色。因此，在大多数情况下，消费者对品牌的选择就不仅仅是个人的私事，还是一种展示自我并与他人形成对照的社会活动。不过，品牌的符号意义大都是由广告所赋予或强化的，刚出厂的产品显然没有能力传达它的意义，是广告使产品具备了这样的能力。广告不仅仅是传播品牌内在属性的一种手段，更是赋予品牌某些丰富意义的符号制造者。也正是广告，让品牌成为有意义的传播者。

品牌的内在属性只是构成了品牌的基础，仅具备内在属性的商品还只能称为商品而不能称为品牌。只有在商品内在属性的基础上彰显和渲染商品的精神属性，才能称为品牌。这就好比一个具有人的躯体却没有人的思想的狼孩，只能称作一个自然人，绝对不能称为社会人。人的自然属性是人之所以为人的基础，人与动物的区别或者人与人之间的区别的决定性要素在于思想、价值观等精神属性上的差异。

从消费者的角度而言，消费者对品牌商品的需求也有一个发展变化的过程。这一过程从早期的重内在属性轻精神属性向当代的重精神属性轻内在属性转化。这种转变的原因一方面是随着人们生活水平的提高，消费者对商品的需求必然从商品的物质属性向商品的精神属性转化，更加看重品牌所表现出来的社会象征意义；另一方面是随着现代科技的普及、生产规模的扩大，商品之间的同质化日趋严重，这就使得同类别商品的内在属性大同小异、难有差别，此时，品牌的文化理念、价值观念等精神属性的诉求往往成为品牌与品牌之间形成差异的核心内容，在精神层面（如文化、价值观、审美等）有着不同需求的消费者就可以通过品牌的精神属性来判断和选择自己所喜爱的品牌。因此，我们说品牌的精神属性才是品牌的核心，品牌的精神属性为品牌赋予了灵魂，品牌的精神属性创造并提升了品牌价值。

（三）品牌的外在属性

品牌的外在属性是由企业赋予商品的外在的、有别于其他同类品牌的识别性符号构成，包括品牌名称、包装以及商品价格等。

1. 品牌名称

品牌名称对于消费者所产生的影响和作用主要涉及四个因素：品牌商品在出售之前

其内在属性被消费者感知的程度；品牌精神属性的社会形象与象征意义；品牌的广告规模与投放量；与品牌相关的其他信息。

首先，品牌的外在属性对消费者的影响大小与消费者在购买商品之前能否感知品牌的内在属性密切相关。如果消费者在购买商品之前无法感知品牌的内在属性，那么消费者就必须根据品牌的外在属性做出决定。比如，消费者在购买封装食品时，由于无法感知品牌的内在属性，就只能依赖品牌的外在属性做出购买决定。相对而言，消费者在购买经验型商品时比购买搜索型商品更注重品牌的外在属性（见图 4－3）。

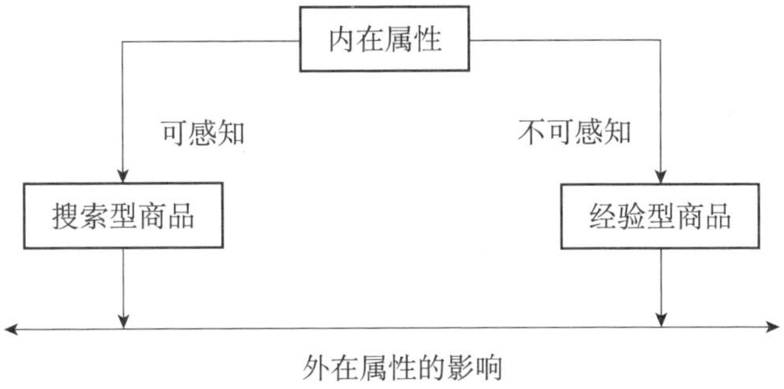

图 4－3　品牌外在属性对消费者评价过程的影响

具体到品牌的名称来说，良好的名称既可以直接传达品牌的功能属性，如美加净牙膏、飘柔洗发水、奔驰汽车、五粮液等，又可以引发消费者的心理联想，如雪碧的品牌名称就可以使消费者产生清凉解渴的心理联想，宝马汽车的品牌名称则可以使消费者产生绝代良驹纵横驰骋、绝尘而去的心理联想。因此，如果消费者在购买商品前不能对该商品的内在属性做出适当评价，那么品牌名称作为外在属性对消费者的影响就会相当大。

其次，品牌名称对消费者的影响体现为品牌精神属性所彰显的社会形象与象征意义。消费者的价值观不同，对品牌商品的不同属性往往有着不同的需求。相对而言，那些已经满足了基本生理需求的消费者更看重品牌的精神属性而不是品牌的内在属性，因为消费者通过占有或使用某个品牌可以向他人展示自己所属或希望所属的社会群体。许多高档的品牌商品可以显示拥有者的身份与地位，像保时捷汽车、范思哲服装、香奈儿化妆品等。因此，一般而言，品牌名称在消费者评价和判断精神属性更为明显的商品时所产生的作用，要远远大于在消费者评价和判断内在属性更为明显的商品时所起的作用。

再次，品牌名称对消费者所产生的影响与品牌商品的广告规模密切相关。企业通过较大规模的广告传播向消费者或潜在消费者传递品牌商品的相关信息，究其目的，一方面是希望消费者或潜在消费者对品牌商品的内在属性和精神属性有更多的认知；另一方面是希望通过持续的大规模的广告，提高品牌的知名度并提升品牌形象，使受众对品牌名称产生较为深刻的印象，进而使目标消费者在评价品牌商品时能够借助耳熟能详的品牌名称做出有利于品牌的判断。当消费者在若干同类别品牌之间进行判断选择时，往往更倾向于那些投放了更多广告且知名度更高的品牌。因此，广告投放的规模在很大程度上可以影响消费者对品牌商品的判断。

最后，与品牌相关的其他信息也会在不同程度上影响消费者对于品牌名称所产生的判断。这些其他信息包括商品种类的名称、商品质量的认证、原产国/地等。以商品种类的名称为例，假设消费者对商品种类的名称十分熟悉，那么品牌名称就很难替代种类名称在消费者心目中的影响力。比如，许多消费者已经习惯了“碧螺春”这一茶叶的种类名称，如果有企业试图给这一人人熟知的种类名称再加上一个品牌名称，很难被消费者接受。正因如此，直到现在，我国茶叶市场上还很少有真正意义上的茶叶品牌。

表4－1总结了在消费者对品牌进行评价的过程中，影响品牌名称所起作用的四个影响因素。从总体上来说，企业要想使品牌名称在消费者的评价过程中起到更大的作用，就必须满足几个基本条件：品牌商品的内在属性在消费者购买前难以感知和体验，对有些消费者而言他们更注重品牌商品的精神属性的社会象征意义，品牌商品具有较大规模的广告投放，以及其他对于消费者而言具有意义的名称对习惯性名称构不成威胁。

表4－1　影响品牌名称在消费者评价过程中的相对作用的四个因素

品牌名称的作用小	品牌名称的作用大
内在属性易被感知	内在属性不易被感知
商品更具有功能性特征	商品更具有象征意义
广告投放量小	广告投放量大
受传统名称的干扰大	受传统名称的干扰小

2. 包装

包装在品牌的外在属性中占有相当重要的地位。任何一个品牌商品的包装都在两个层面上发挥作用：其一是可以对商品进行物理性保护，以使商品在运输过程中尽可能地减少损耗；其二是可以在很大程度上影响消费者对品牌商品形象的判断。

包装对品牌形象的影响可以从两个方面体现，即包装的设计和材料的质感，它们将向消费者暗示品牌商品的品质。同时，包装也可以使消费者产生与品牌的内在属性并无直接关联的心理联想。有研究显示，两种完全相同的商品分别采用两种不同的包装材料和包装设计之后，被测试的消费者几乎一致认为看起来更高级、更精致的包装袋中的食品要比更简陋、更普通的包装袋中的食品更可口、更美味。这一实验结果实际上证明了包装对品牌商品的作用逐渐从最初的物理层面向现在的心理层面过渡。因此，从某种角度而言，包装实际上是一种无声的但同样能对消费者展示品牌诉求的特殊媒介。这也是许多企业对商品的包装特别重视并愿意投入更多资金进行设计和制作的原因。有时，这也会导致过度包装现象的出现。

3. 商品价格

许多关于商品价格对消费者影响的研究结果表明，价格在消费者眼里可以反映品牌商品的质量。但是，价格对于不同的消费者而言其影响指数是有区别的。对品牌商品的内在属性所知甚少的消费者对于品牌商品的判断常常以价格的高低为标准，也就是价格高的商品就认为具有高品质，价格低的商品就认为品质较低。对于品牌商品的内在属性有一定认知的消费者则对商品的价格与商品的品质的相关性有自己的判断标准。即如果商品的价格低于其心目中的底线，消费者就会认为该品牌商品的品质令人怀疑；如果商品的价格高于其心目中的上限，消费者会认为该品牌商品物非所值。也就是说，这部分消费者对商品的价格与商品的品质之间的关联度设有一个区间值，超过或低于这一区间值，品牌商品的价格变化并不能改变他们对品牌商品品质的看法；在区间值范围内，品牌商品的价格上升将有助于这部分消费者对商品品质产生正相关的认知。

第 2 节　品牌定位原理及决策

品牌定位策划是品牌营销与传播的前提，是企业制定市场发展战略最为关键的内容。成功的品牌定位，能够在消费者心目中树立鲜明的、独特的品牌个性形象，为建立品牌在市场上的竞争优势打下坚实的基础。

一、品牌定位原理

定位的概念始于 20 世纪 60 年代末，进入 80 年代之后，越来越多的市场营销学者开始对定位的概念与品牌形象的概念不做清晰的区分。其实，定位与品牌形象在内涵上有着明显的区别：定位是基于鲜明的市场竞争导向的，品牌形象则包含着对品牌定位的策略选择。因此，这两者的关系应该是：品牌定位是建立（或重新塑造）一个与目标市场有关的品牌形象的过程和结果。

（一）定位理论的由来与发展

定位（positioning）这个概念最初是由艾尔·里斯和杰克·特劳特于 1969 年在美国《产业营销》杂志上发表的《定位是人们在今日模仿主义市场所玩的竞赛》的论文中首次提出的。1972 年，他们在美国《广告时代》杂志上发表《定位时代》系列文章，引起了轰动。菲利普·科特勒在总结当代营销基本理论的发展时，将定位理论列为 20 世纪 70 年代最为重要的营销概念。

1. 定位理论的基本内涵

定位理论的核心就是主张在广告策略中运用一种新的沟通方法，从而创造更有效的传播效果。其基本要点有以下三点。

其一，广告传播的目的是使品牌在目标受众的心目中占据一席之地。定位并不是要去创造某种新奇或与众不同的事物，而是去明晰那些已经存在于人们心目中的与某种品牌早已有的对应关系。

定位既可以针对产品，也可以针对某项服务、某家公司、某个组织甚至某个人，但定位并不是要求对产品本身做什么改变。实际上，定位是对某个品牌的消费者或潜在消费者对该品牌的看法予以改变或强化。因此，定位的目的是在目标消费者和潜在消费者心目中为品牌确立一个有利的位置。

艾尔·里斯和杰克·特劳特认为，在当今资讯日益膨胀的社会，仅仅凭借广告的冲击力就想达成传播效果，是很难的事情。广告是经过日积月累，潜移默化地影响潜在消费者的。

事实上，面对日益过剩的传播资讯，人们只能从中选择接受与其知识、经验、兴趣、爱好等相吻合的资讯，过滤、排斥大部分与其知识、经验、兴趣、爱好不相吻合的资讯。在传播资讯过度的社会里唯一能够取得效果的方法，就是集中火力对准目标市场，也就是定位。唯有如此，才能使品牌广告的有关资讯占据潜在消费者大脑中的一个位置，从而达到理想的传播目标。

其二，通过广告创造出有关品牌资讯的“第一事件、第一说法、第一位置”。品牌传播要尽量表达“第一”的概念，因为人们大都只对“第一”的事物有兴趣，容易形成记忆。

比如，全球第一高峰是喜马拉雅山的珠穆朗玛峰，第一位在月球漫步的地球人是阿姆斯特朗，这些事实相信绝大多数人都能够记忆深刻且脱口而出。全球第二高峰叫什么名字？第二位在月球漫步的是谁？恐怕就没有多少人能够记得清楚了。之所以会出现这样大的记忆差距，是因为“第一事件、第一说法、第一位置”已不只是一条普通的资讯，更是一个概念、一条知识，人们在接受这些资讯时往往不自觉地把它们当作知识、概念而深深地印在大脑里，从而产生较深的记忆效果。

在品牌传播的规划过程中，如果能够为产品建立“第一”的位置，无疑具有巨大的市场优势。比如说起白酒，人们马上就会想到茅台；说起烤鸭，人们立刻就会想到北京烤鸭；说到啤酒，人们则会想到青岛啤酒。如果我们想使某一产品能够以“第一位置”的印象进入消费者的大脑，消费者往往会将该产品等同于第一品牌。比如说起电脑，人们就会想起IBM；说到相机，人们就会想到尼康。促成广告产品在潜在消费者心目中占据第一的位置，是广告创意最为理想的传播目标。

其三，品牌传播的关键是要表现出品牌之间的类的区别。定位理论认为，对传播者而言，大机器生产及电子化生产导致现代产品同质化日益严重，这就使广告在创作思路上仅仅挖掘、分析产品与产品之间在功能上的差异变得极为困难；对被传播者而言，消费者每天都要接触大量的广告资讯，尤其是同类产品的广告资讯彼此干扰，广告效果大打折扣。因此，广告传播策略必须另辟蹊径，避免在同类产品中做资讯内容重复的广告，而是在广告创意中表现出广告品牌与同类品牌在类别上的差别。例如，SMART汽车提出“打开你的心智”就是在类别上与同类汽车品牌区别开来，从而一举成名。

2. 品牌定位的基本概念

艾尔·里斯和杰克·特劳特曾在广告公司工作，广告公司在代理某品牌的商品时，这个商品已经是定型的商品，包括外形、包装、价格、名称等一般都不会有太大的变动，广告公司的工作就是想方设法让市场上更多的消费者尽早认知、接受其所代理的品牌商品进而产生购买行为。因此，对于广告人而言，定位就是策划人员在某品牌的商品或服务已经给定的条件下，努力研究消费者的心智模式，通过创造有利于品牌商品的相关联想，在目标消费者心目中打上美好的烙印并占据有利的位置，促成目标消费者产生购买品牌商品的消费行为。

然而，品牌商品从经营者的角度而言则是非给定的，可以根据市场状况加以更改。品牌商品的营销经历了如图4-4所示的品牌（商品）营销循环模式。根据这个循环模式我们可以发现，品牌商品对于企业而言不是给定的，而是在一个又一个循环过程中不断改进、完善的。因此，品牌定位就应该从更宏观的角度加以理解，也就是说，在为品牌进行定位的过程中，品牌策划人员不应仅仅将策划的对象局限于消费者，而是应该将策划的视角扩大至品牌和商品。

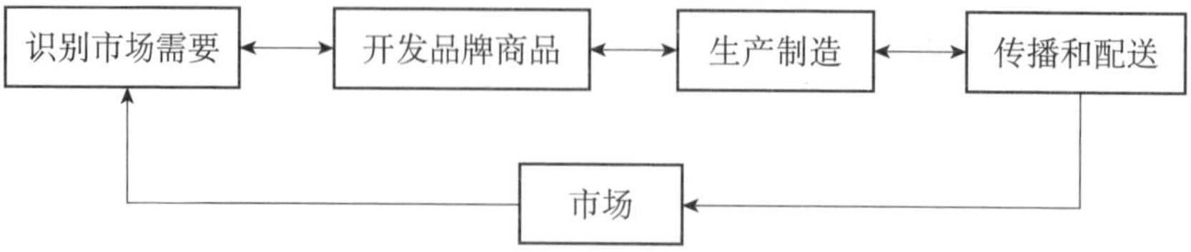

图4-4 品牌（商品）营销循环模式

从品牌运作的角度而言，品牌的内涵在不断发展的过程中也有改变的可能，而且这种改变非常必要。比如，实施品牌延伸战略之后，就有可能迫使企业对品牌内涵进行一些调整或改变；再如，如果品牌在传播过程中其形象在目标受众的眼里变得逐渐过时、老化，企业也需要对品牌进行重新定位，以便目标消费者重新建立起良好的品牌联想。

基于上述分析，本书认为，品牌定位是指企业在市场调研和市场细分的基础上，努力寻找和发现自身品牌的独特个性（优势），将此优势与目标消费者心目中的空白点相对应，从而确定品牌商品在目标消费者心目中的独特位置，并借助整合营销传播手段，在目标消费者心目中建立起强有力的品牌联想和品牌独特印象的策略性行为。总之，品牌定位就是企业向目标消费者展示品牌商品的独特个性（优势）的过程。品牌定位要求品牌商品能够满足目标消费群体的需求，能够向目标消费群体提供他们购买商品的理由，而能够支撑这些理由的诉求内涵则来自品牌的独特个性。

3. 品牌定位的意义

在市场竞争日益加剧的今天，品牌定位之所以越来越被许多企业重视，是因为品牌定位在企业的营销与传播战略中具有重要意义。

（1）品牌定位有助于目标受众识记品牌所传达的信息。现代社会已经进入信息化时代。新兴的、具有潜力的信息媒体以惊人的速度进入千家万户，且媒体形态多种多样。随着信息高速公路的建设和全球信息化的到来，互联网正在快速改变人们的日常生活和思维方式。现在，人们每天都要面对来自传统媒体与新媒体的大量的新闻和广告信息，在这种开放而多元的媒介环境下，消费者面对各种信息尤其是广告信息时常常无所适从，当他们面对毫无个性的品牌广告信息时就只能选择充耳不闻、视而不见，这必然导致企业传播费用的浪费。其实，从传播的科学理论来说，一个消费者每天（次）只可能接受有限的信息量。因此，企业只能尽量压缩信息，实施正确的品牌定位战略，努力为品牌塑造出极具个性、令人过目不忘的品牌形象，以使目标消费者能够识记本品牌的差异化信息，使品牌在激烈的市场竞争中占据有利的位置。

（2）品牌定位是品牌整合营销传播的基础。品牌定位是企业实施整合营销传播战略的基础要素之一，或者说，实施品牌定位策略为整合营销传播的下一个步骤——品牌传播打下了良好的基础。品牌传播是指企业通过广告、新闻等传播工具将事先经过品牌定位策略所规范并设计好的品牌形象传递给目标受众，以期获得他们的认同或喜爱的过程。

品牌定位与品牌传播在企业营销传播战略的实施中有着时间上的接续关系。这种时间上的先后次序决定了两者之间存在相互依赖、相互制约的特殊关系。品牌定位是品牌整合营销传播的基础，任何旨在扩大品牌知名度的传播活动都必须在品牌定位策略的规范下开展。品牌定位的相关信息是通过营销战略组合传递给目标消费者的，营销战略组合只有以品牌定位为核心，才能在目标消费者的心目中留下整体的、一致的、独特的品牌印象。

总之，品牌定位是整合营销传播战略体系中最为基础的一个环节，也是决定企业开展营销传播战略的关键。经过品牌定位所规范和设计的品牌形象将有助于品牌在目标受众的心目中保持深刻的印象；如果没有实施正确的品牌定位策略，则无论企业所生产的产品品质如何优异，也无论企业采取何种促销手段，都不可能在市场营销活动中获得真正的成功。

（二）品牌定位的基本原则

企业在策划品牌定位之前，必须对品牌定位的原则有一个统一的认识。就品牌定位而言，由于品牌本身包含了产品，但品牌又不仅仅是产品，品牌在产品的物质属性之上还附加了许多意识层面的精神属性，因此，相对于产品定位来说，品牌定位应该更多地从传播的层面和视角加以策划与确定。

一般而言，品牌定位应该遵循以下六大基本原则：尽可能突出产品特征；有效整合利用现有资源条件；努力切中目标市场；形成竞争差异；追求经济效益最大化；简明扼要，抓住关键（见图4-5）。

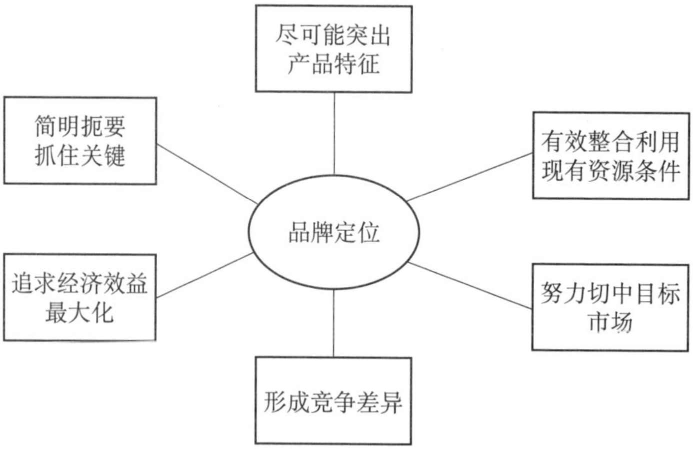

图4-5　品牌定位六大基本原则

1. 尽可能突出产品特征

品牌是产品的形象化身，产品是品牌的物质载体。两者相互依存的紧密关系决定了在进行品牌定位时必须考虑产品的质量、结构、性能、款式、用途等相关因素。品牌定位应根据产品使用价值的不同而有所区别。当产品使用范围较宽时，可以扩大定位外延，以较为宽泛的定位来满足不同消费者的不同需求，像食品、饮料等大都属于这一类；当产品使用范围较窄时，定位的外延就不可太宽泛，要针对特定的目标消费群体，许多专业用品即属此类。因此，企业在进行品牌定位时，应该考虑并尽可能突出产品本身的特征。

2. 有效整合利用现有资源条件

品牌定位的最终目的是努力使本产品在市场上占据有利的竞争位置，为企业带来最佳的经济效益。因此，品牌定位要充分考虑企业的资源条件，以优化配置、合理利用各种资源为宜，既不要造成资源闲置浪费，也不要超越现有资源条件，追求过高的定位，导致陷入心有余而力不足的被动境地。将品牌定位于尖端产品，就要有尖端技术；定位于高档产品，就要有确保产品品质的能力；定位于全球性品牌，就要有全球化的运作能力和管理水平。如百威定位于高档啤酒，成为“啤酒之王”，靠的是其卓越的产品质量。百威啤酒采用先进的德国啤酒酿造技术，口味醇厚，口感爽滑，深受人们的喜爱。传统的酿造工艺、先进的技术水平和严格的质量保证体系，保证了百威啤酒的高品质，无论是在旧金山，还是在北京，百威啤酒的口感都是一样的清新、独特。如果没有全球化的经营管理水平，想做到这一点是不可想象的。因此，品牌定位要与企业的资源能力相匹配，既不能好高骛远，盲目拔高自己，也不能妄自菲薄，造成资源浪费。

3. 努力切中目标市场

只有品牌定位针对目标市场，目标市场才能成为特定的传播对象，这些特定对象可能只是该品牌所有传播对象中的一部分。品牌定位须站在满足消费者需求的立场上，借助各种传播手段，让品牌在消费者心目中占据一个有利的位置。

4. 形成竞争差异

竞争者是影响品牌定位的重要因素。考虑竞争者，就是为品牌定位找到一个参照系。在市场竞争十分激烈的情况下，几乎任何一个细分市场都存在一个或多个竞争者，某一商品可以垄断的细分市场越来越少，未被开发的处女地几乎没有。在这种情况下，企业在进行品牌定位时更应考虑竞争者，通过和竞争者相区别，制造差异，凸显竞争优势，以己之长攻彼之短，否则，盲目跟进和模仿只会失去个性，失去消费者的信任。

5. 追求经济效益最大化

追求经济效益最大化是企业发展的最高目标，任何工作都要服从这一目标，品牌定位也不例外。品牌定位因企业不同、产品不同、目标不同而各有差异。从整体上讲，要控制成本，追求低成本，遵循收益大于成本这一原则。收不抵支的品牌定位只能使品牌定位失败。将洗碗布定位于高端豪华产品就不合适，因为那样只会增加产品成本，降低经济效益，并且没有多少人愿意出高价钱去购买最普通的家庭日常用品。假如一家小型企业为了向客户提供个性化服务，建立庞大的备件和管理体系、呼叫中心、服务工程师队伍、调度中心、服务质量管理和监督体系、全国范围的维修站等，结果只能使经营费用大幅提高，不仅不能为企业带来利润，反而会使企业背上沉重的包袱。

6. 简明扼要，抓住关键

简明扼要就是消费者一看即知，不需要费心费力就能领会品牌定位，因为消费者不喜欢复杂，没有兴趣去记太多有关品牌的信息。面面俱到，过多地罗列品牌特点，是注定要失败的。抓住关键，以简洁明了的方式表达出来，让消费者充分感知和产生共鸣，这也是品牌定位的一条重要原则。“沃尔沃——安全”“Jeep——征服”“劳斯莱斯——高贵”都是典型的例子。

二、品牌定位决策

对品牌经营者而言，进行品牌定位的目的是建立企业所期盼的、对本细分市场内大量消费者有吸引力的竞争优势。因此，品牌定位决策就应该以竞争为导向进行品牌定位研究，制定品牌定位策略。

（一）品牌定位研究

品牌定位研究是品牌定位决策程序的第一个环节，研究的具体内容构成了品牌定位决策的基础，甚至可以说在很大程度上决定品牌决策的成败。品牌定位研究的主要内容由三个部分组成：选择目标市场、识别竞争特性、辨析品牌的异同点。

1. 选择目标市场

在进行品牌定位决策之前，一个显而易见的亟待解决的问题是哪些人群是本品牌的主要消费者。这是一个非常重要的问题，因为不同的消费者肯定会有不同的价值判断，不同的消费者对同一个品牌会产生不同的品牌联想和品牌偏好。如果不理解这一点，就很难制定出受消费者欢迎的品牌定位策略。

市场细分是指企业将市场按照消费者的相似程度划分为若干个不同的购买群体，使得每一个购买群体具有相似的需求和消费行为，从而便于企业制定相应的营销传播策略。在市场细分的过程中，企业需要在营销成本与收益之间进行权衡。从理论上说，市场越细分，企业就越有可能完成营销计划，更有可能满足这一细分市场的消费者的需求。虽然市场细分有可能促使部分特定的消费者产生更为积极的反应，但这一优势也有可能因为市场总量过于狭小而使营销成本增加，难以实现企业所希望的收益。

在对市场进行细分时，应该事先确定市场细分的基本指数。从总体上说，市场细分的基本指数可以划分为描述性的或以消费者为导向的细分变量，以及消费者行为性的或以产品为导向的细分变量。消费品市场细分指数见表4-2，工业品市场细分指数见表4-3。

表4-2　消费品市场细分指数

行为变量	人口统计变量
使用者情况	收入
使用频率	年龄
使用情境	性别
品牌忠诚度	种族
寻求的利益	家庭
心理变量	地理变量
价值观、意见和态度	国籍
行为和生活方式	地区

表4-3　工业品市场细分指数

产品性质	购买条件	地理因素
种类	购买地点	SIC代码
使用地点	购买者	雇员数量
购买类型	购买类型	生产工人数量
		年销售额
		机构数目

消费者行为性的细分变量在理解品牌化问题上更有价值，因为它具有更清楚的战略性暗示。比如，以牙膏市场为例，整个牙膏市场存在四个主要的细分市场。

A. 感觉型细分市场：消费者追求牙膏的香型和产品的外观。

B. 交际型细分市场：消费者追求牙齿的洁白。

C. 忧虑型细分市场：消费者希望预防蛀牙。

D. 独立型细分市场：消费者更看重产品的低价格。

根据消费者的行为变量来划分不同的市场，有助于品牌管理人员有针对性地为某个细分市场制定和实施营销传播战略。因此，品牌管理人员常常根据消费者的消费行为来对市场进行细分。比如，品牌管理人员可以先根据消费者的年龄对市场进行细分，然后再选某个特定年龄组的消费者作为本品牌商品的目标市场。至于为什么这一特定年龄组会是一个具有吸引力的细分市场，则可能是因为这类消费者使用产品的次数特别多，对品牌特别忠诚，或者是因为本品牌商品的最大优势很可能就是他们所追求的利益等。在有些情况下，范围较宽的人群描述也有可能掩盖消费者之间一些重要的潜在差异。一个笼统的“23～55岁女士”的目标市场，显然就涵盖了好几个有着明显不同需求的细分市场，针对这些完全不同的细分市场，必须制订出完全不同的市场营销传播组合方案。

2. 识别竞争特性

当品牌管理人员基本确定哪些消费者作为自身品牌的目标市场之时，通常也就决定了本品牌与其他品牌的竞争关系。原因很简单，就是其他生产同类商品的企业在之前或之后也有可能将这类消费者作为自己的目标市场，或者反过来说，这类消费者也有可能在购买本品牌商品之前会注意甚至比较其他同类商品，这就必然在本品牌商品与其他品牌商品之间形成竞争关系。当然，这种竞争关系还体现在其他方面，如分销渠道等。在进行竞争分析的过程中，品牌管理人员需要考虑许多因素，包括企业可以使用的各项资源、企业的经营能力、竞争对手或潜在竞争对手的经营动向等，以便确定为哪一个细分市场的消费者提供服务能够得到最理想的收益。

品牌管理人员在为本企业品牌定义竞争层次和竞争范围时不应过于狭隘。一般而言，品牌与品牌之间的竞争未必总是体现在属性层面上，更多地体现在利益层面上。因此，那些关系到消费者身份、地位的奢侈品（如奔驰、宝马之类的轿车），其竞争的对象就不仅是同类商品（如沃尔沃、保时捷之类的轿车），也有可能会与其他耐用商品形成竞争关系（如别墅等），还有可能与休闲度假活动形成竞争关系。因此，识别本品牌与其他品牌的竞争关系和竞争特性，是品牌定位研究的一个重要环节。

3. 辨析品牌的异同点

在品牌定位研究的过程中，品牌管理人员一旦确定目标市场和品牌的竞争特性（明确了合适的竞争参照系），就有了品牌定位的基础。下一步就是要确立适当的本品牌与竞争品牌之间的异同点以及与之相匹配的品牌联想。

其一，品牌差异点联想。差异点（points of difference，POD）是消费者对与本品牌相关联的属性和利益具有积极正面的评价，并且相信竞争品牌无法达到相同的程度。如沃尔沃轿车的差异点就是安全。

品牌差异点的概念与其他一些常见的营销传播概念有很多共同之处。比如，它与罗瑟·瑞夫斯在 20 世纪 50 年代提出的独特销售主张这一概念就很近似。独特销售主张的本义是指广告诉求应该向目标消费者提出一个有说服力的、竞争者无法与之竞争的产品购买理由。因此，广告传播的重点应放在诉求产品与竞争产品相比较之后得出的独特优势上，不是仅仅强调广告的创意。或者说，独特销售主张强调的是广告传播应该说什么而不是应该怎么说。

另一个相关概念是持续竞争优势（sustainable competitive advantage，SCA）。在一定程度上，持续竞争优势与企业在较长时间内向市场传达品牌价值方面占据优势的能力有关。虽然持续竞争优势概念所涵盖的内容较广，但它更强调产品在某些方面独树一帜的重要性。品牌差异点的概念与独特销售主张和持续竞争优势的概念确有相同之处。不过，相对而言，品牌差异点更注重企业通过有效传播，使目标消费者对品牌形成强有力的、有独特偏好的品牌联想，使其与竞争品牌有所区别。

在现实生活中，消费者对企业通过广告所宣传的品牌进行选择判断，常常取决于其感知到的品牌联想的独特性。比如，瑞典家居商品零售商宜家，将家居装饰品和家具转变成一种面向大众市场的价格较低的商品。宜家通过让消费者自助运送、组装商品等来降低商品价格。此外，宜家还通过其产品组合来建立起品牌差异点。许多消费者正是通过这些不同的品牌差异点形成对宜家十分有利的品牌联想。

品牌差异点的建立既可以强调商品的性能属性（如韩国现代汽车在其所有型号汽车的前后座上均提供 6 个安全气囊作为基本配置，以提高产品的安全性能）或性能利益

（如海飞丝强调为消费者提供的去头屑利益），又可以强调商品的精神属性（如法国的路易威登强调的奢侈和地位），以使消费者形成深刻的品牌联想。当然，也有一些企业通过强调自己为“低成本供应商”（如好又多超市所强调的“就是便宜”）来形成品牌差异点。

其二，品牌共同点。在大多数情况下，许多企业的商品难以发掘出自身品牌的差异点，相反，它们与其他同类商品有更多的共同点。品牌的共同点（points of parity，POP）是指那些不一定为品牌所独有，实际上可能与其他商品所共享的品牌联想。这种类型的品牌联想有两种基本形式：品类共同点联想和竞争性共同点联想。

（1）品类共同点（category points of parity）联想。即指那些在某一特定产品大类中，消费者认为任何一个合理的、可信任的品牌都必须具有的品牌联想，这些联想实际上构成了消费者对这类产品的基本联想，而且这些联想的指向大都为品牌商品的物质属性。当一个企业使用品牌延伸战略时，品类共同点就显得更为重要。品牌延伸的产品大类越广，就越要努力保持品牌的品类共同点。如妮维雅品牌通过差异点联想（温和、保护性、呵护备至等）在护肤品类别的市场中成为领导者。之后，妮维雅将其品牌进一步延伸至体味清新剂、洗发液、化妆品等产品大类时，它发现在建立延伸品牌产品的品牌差异点之前，有必要先行建立其品类共同点联想，因为当消费者并不认同妮维雅的延伸产品体味清新剂非常有效，也不认为其洗发液能使头发更加柔顺，更不认为其化妆品具有使消费者光彩亮丽的作用时，那么妮维雅品牌原先所具有的“温和、保护性、呵护备至”等品牌差异点就会荡然无存。因此，一个企业只有先在其延伸产品的大类中建立起品类共同点联想之后，才有可能逐步引入并构建起品牌差异点联想，建立起品牌在市场中的竞争优势。

（2）竞争性共同点（competitive points of parity）联想。即指企业通过有针对性的传播淡化或抵消目标消费者对竞争对手差异点所产生的联想。或者说，如果某一品牌能在其竞争对手建立优势的方面与之不相上下，同时又能够在其他方面取得某些竞争优势，那么该品牌就有可能处于一个较为有利的市场竞争地位。

（二）品牌定位策略

品牌定位策略是进行品牌定位点开发的策略。品牌定位点开发是从企业经营者的角度出发来挖掘品牌商品差异点的工作。必须强调的是，品牌定位点不是产品定位点，品牌定位点可以高于产品定位点，也可以与产品定位点保持一致。品牌定位点开发的着眼点并不局限于产品本身，还可以从品牌的目标消费者、品牌竞争者、品牌识别等全方位的角度去寻找和开发品牌的定位点。

1. 产品定位策略

产品定位策略的基本思路仍然是以品牌商品的物质属性为思考原点，其着眼点还是围绕品牌商品的功能属性、外观属性和价格属性等来选择与确定其品牌定位。

（1）以品牌商品的功能属性为基点的定位。一些品牌商品之所以能够被消费者接受，最主要的原因是这些品牌商品具有功能属性，可以满足消费者在生理层面的基本需求。如果某一品牌商品具有独特的使用功能，能够给消费者带来特殊的利益，满足其特别的需求，则该品牌商品就具有了与竞争品牌较为明显的差异点和竞争优势。如高露洁的“没有蛀牙”、佳洁士的“坚固牙齿”等都是以品牌商品的功能属性为基点的成功的品牌定位案例。

（2）以品牌商品的外观属性为基点的定位。商品的外观是消费者最容易识别的部分，也是消费者是否认可、接受某品牌商品的重要依据。因此，品牌管理人员如果以商品的外观这个消费者最容易识别的产品特征作为品牌定位的基点，同样也可以达到较为理想的营销与传播效果。如“白加黑”感冒药的品牌定位就是典型的以品牌商品的外观作为定位基点的成功案例。

（3）以品牌商品的价格属性为基点的定位。任何品牌商品的价格都是企业与消费者之间分割利益最直接、最显见的指标，也是竞争对手在市场竞争中经常采用的竞争手段。价格策略是一把双刃剑，但是在不伤及自身的前提下，一些企业还是乐于采用以价格为基点进行品牌定位的策略。此种定位策略可以非常明确地向目标消费者传递出品牌商品属于高端还是低端品牌形象的信息。一般而言，定位于高端的品牌商品可以向目标消费者显示其产品的高品质，以及暗示拥有该品牌商品的消费者具有较高的社会地位与较强的经济实力；定位于低端的品牌商品则可以向目标消费者显示其大众亲民、物美价廉的品牌形象。

2. 目标市场定位策略

目标市场定位策略是指企业以消费者的需求为思考基点进行品牌定位，其思考的内容包括商品的使用场合与使用时间、消费者的购买目的和消费者的生活方式等。

（1）以商品的使用场合与使用时间定位。红牛饮料是使用此种定位方法的典型例子，该品牌的定位显然是强调商品的使用场合或使用时间：困了累了喝红牛。另外，如青酒（喝杯青酒，交个朋友）、“八点以后”巧克力薄荷饼（适合八点以后吃的甜点）等也都是采用此种方式进行品牌定位的。

（2）以消费者的购买目的定位。消费者购买商品的目的因人而异，但总的来说有两种情况：一是自用；二是送礼。一些企业在深入研究了市场需求及消费者购买目的之后，围绕消费者购买目的进行品牌定位，大获成功。

（3）以消费者的生活方式定位。上述各种定位方法都是以商品的物质属性为基点进行的定位。现代消费者的消费心理与以往相比有了很大的变化，其中最大的变化就是从理性消费向感性消费转变。由于目前消费者的生活方式、生活态度、心理特征和价值观念对其消费行为的影响越来越大，并已经成为市场细分的重要变量，因此，从生活方式的角度寻找品牌定位的基点被许多企业广泛采用。针对年轻一代的消费者追求个性、展现自我的需要，品牌定位完全可以从价值观着手赋予品牌相应的意义。如贝克（喝贝克，听自己的）、耐克（想做就做）、阿迪达斯（没有不可能）等均使用这种方法进行定位。

3. 竞争导向定位策略

竞争导向定位策略是指企业以竞争对手的营销传播策略为参照物，有针对性地提出本品牌定位的方法，其目的是使本品牌在市场竞争中占据有利的地位。

（1）首次或第一定位。首次或第一定位就是企业要寻找没有竞争者的市场空隙，并迅速占领这个空隙，成为该市场领域的品牌领导者。定位理论的提出者艾尔·里斯和杰克·特劳特特别看重“第一”的概念，将此方法列为定位方法之首。如当年的七喜第一个提出“非可乐”的概念，获得了巨大的成功。

（2）关联或比附定位。即企业努力使本品牌商品与在市场上有相当影响力的竞争品牌商品形成一种关系，借助竞争品牌的市场影响力使本品牌商品获得市场认可。尤其是当企业在市场上处于弱势地位而竞争对手又是市场领导者时，此种定位策略更为有效。20 世纪 60 年代美国广告大师伯恩巴克所代理的艾维斯租车公司广告，首次运用关联或比附定位策略，提出“我们是老二，但是我们更努力”的品牌定位，获得了极大的成功。

（3）进攻或防御定位。关联或比附定位策略的实施原则往往并不是去主动进攻或排挤竞争对手的市场地位，而是遵守现有的市场秩序和消费者的认知模式，在现有的市场结构中选择一个与竞争品牌不存在竞争关系的位置。进攻或防御定位策略则是为了抢占其他品牌的市场份额或防止其他品牌的进攻而采取的定位方法。

4. 品牌识别定位策略

品牌识别是比品牌定位更本质、更内在的东西。品牌定位只是品牌内涵及其潜在价值的一部分，品牌识别则是内容与形式、风格与文字、图像与音乐的完整统一体。品牌定位在一定条件下可以调整和再定位，品牌识别则恒久不变。因此，从某种程度上说，品牌定位只是品牌识别的一个方面，或者说，在品牌定位的过程中，可以从品牌识别的多个角度选择定位点。

（1）从品牌识别的个性角度定位。如果企业在品牌定位之前就已经确立了品牌个性，品牌管理人员也可以把品牌的个性特征作为品牌的定位点。如万宝路的品牌个性是“勇敢、冒险、自由”等，其品牌定位正是基于此确立的。

（2）从品牌识别的文化特征角度定位。品牌的文化内涵既包括品牌自身特有的历史文化，又包括品牌诞生地的地缘文化。某些品牌商品经过长期的营销与传播，已经形成自身特有的品牌文化，在市场上已经被消费者认为是某个品类的代表。此时，跟进企业在进行品牌定位时就可以使用文化特征定位策略。如生产香水的企业只要将自己的品牌定位于法国文化特征，并反复强调本品牌来自法国，往往就会受到消费者的认可。

（3）从品牌与消费者的关系角度定位。品牌与消费者的结合点是寻找品牌定位点的又一途径。品牌与消费者之间的关系反映了品牌对待消费者的态度：是友好、乐于助人，还是关心爱护、体贴入微？抑或冷若冰霜、拒人于千里之外？海尔品牌的定位策略就是从品牌与消费者之间的关系出发，将品牌定位为“真诚、友好、关心”，其品牌的广告语（“真诚到永远”）则根据定位生动地描述了品牌的经营理念和对待消费者的基本态度。

案例4-1

“八点以后”做什么？

——场合定位赢得欧洲市场

一种全新的巧克力薄荷饼竟然凭借其富有魅力的“八点以后”品牌名称及独特的消费场合（时间）定位和有效的整合营销传播策略，改变了人们固有的生活习惯，人们全盘接受了这种极具英国特色的产品。

该品牌的两位创立者是亨利·罗特里女士和约翰·麦肯托什女士。前者拥有一家经营巧克力产品的公司，后者拥有一家主要生产麦肯托什乳脂糖的公司。1969年，两家公司合并成罗特里·麦肯托什公司，主要经营糖果生意。“八点以后”是该公司的一个重要品牌，该品牌曾经在1987年创造过0.6亿法郎的销售业绩。1988年，罗特里·麦肯托什公司与雀巢公司合并，但罗特里·麦肯托什公司的市场运作仍然具有很大的独立性。“八点以后”这种适合晚餐后食用的巧克力薄荷饼并没有因为产权的变化而影响消费者对该品牌的认同。

在糖果发源地英国，巧克力和糖果的市场销量是全世界最高的。早在20世纪60年代初，罗特里就认准了这一市场，并生产和销售了比较昂贵和高级的巧克力，只是当时该产品还不是公司的主力产品。不久，公司研发了一种巧克力薄荷饼来填补市场空白，并将其作为公司的主力产品进行市场推广。那时，智威汤逊成为该公司的广告代理商，负责巧克力薄荷饼的营销传播策划，策划工作的第一步是确定品牌名称及包装设计。智威汤逊给出的品牌名称建议是“八点以后”，关于取名过程，罗特里·麦肯托什公司的一位前辈是这么描述的：

> 杰里米告诉我该名称的灵感来自纽约杂志上的广告……他提到广告中有一种时髦衬衫的名称似乎是“六点以后”，如果“六点以后”可以表达一种思想并为许多消费者所认同，为什么不可以将品牌命名为“八点以后”？

一个看似不着边际的灵感却实实在在地反映了品牌定位的思路。就这样，“八点以后”以一种典型的场合品牌定位决定了巧克力薄荷饼的基本战略方向，也决定了该产品的市场命运。该品牌定位的成功在于发现了消费者心智中的空白——八点以后做什么，“八点以后”品牌名称恰恰填补了消费者这一时间段内的空白：八点以后如果有高品质的巧克力薄荷饼，人们就可以在晚餐之后享用，巧克力薄荷饼把优雅、有教养和好客的主妇及其尊贵的客人联系起来。

“八点以后”定位的成功还在于品牌名称直接传达了产品的定位，品牌名称本身所产生的影响力也可以直接促使消费者产生消费行为。当然，定位策略不是有了一个好名称就万事大吉了，它还需要通过各种营销传播工具的整合使用与运作，使消费者对定位有一个清晰、完整的认知并在特定的时刻对品牌产生即时体验与消费需求。

资料来源：何佳讯．广告案例教程．上海：复旦大学出版社，2002.

第 3 节　品牌定位评估与管理

品牌营销传播策划的专业人员在对某企业的特定品牌进行定位之后，并非就万事大吉，还要对品牌定位进行评估，以便确定品牌定位是否有不妥之处，并根据定位评估的结果采取相应的措施，确保品牌定位策略的正确性和可持续性。

一、品牌定位分析工具

品牌定位分析工具是选择品牌定位点、评价品牌定位是否达到目标的重要方法，也是修正品牌传播策略的基础。品牌定位分析工具主要有：ZMET 技术、品牌定位知觉图、品牌定位排比图等。

（一）ZMET 技术

ZMET 技术是查特曼隐喻解释技术（Zaltman Metaphor Elicitation Technique）的简称。该技术的理论依据是人类在彼此的沟通交流过程中，大约有 80% 以上的信息凭借非语言符号传递，因而传统的问卷调查、小组调查、个人访谈等都难以获知人们内心深处的真实想法。开展消费者调查就应该使用非语言的方式来了解消费者的思想、观点和情感，只有如此，才能真正了解消费者对品牌的真实评价与感受。

ZMET 技术虽然 1995 年才提出，但使用该技术进行品牌调研和规划的企业让人印象深刻，包括美国电话电报、可口可乐、杜邦、柯达、通用汽车、宝丽来、锐步国际、太平洋煤气电力等公司。

该技术的应用程序大致如下：

第一，首先拍摄几张图片，然后运用电脑动画和后期制作技术对图片进行加工，使图片更能表现品牌商品的可能象征意义。

第二，选择目标消费者对上述图片进行测试，即哪一幅图片更能恰当地表现品牌商品的特征，或者更能够与品牌商品形成一对一的联想关系。受邀请的目标消费者的人数最好控制在20人左右。

第三，根据测试分析结果，可以画出一幅心智思考图。图4－6是对美国消费者就汰渍洗衣粉进行测试之后所获得的心智思考图。利用这个心智思考图，企业在进行品牌定位时就可以在多种策略中进行比较与选择，如洗后感觉、自我形象、品牌可靠性等。

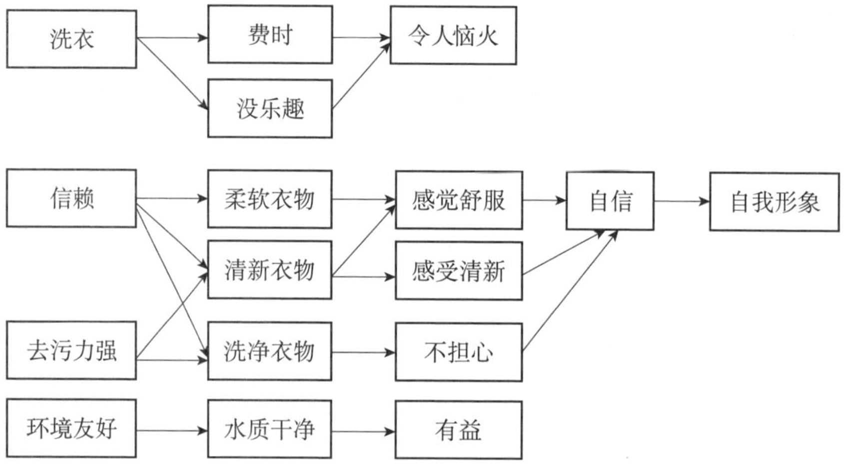

图4－6　汰渍品牌心智思考图

资料来源：Gwendolyn，Catchings-Castello. The ZMET Alternative. Marketing Research，2000，12（2）：11.

ZMET技术虽不完美，但它至少把品牌商品和相应的活动感受都描述出来了，只要对竞争品牌也做一个相同的分析，即可了解不同品牌的差异点，从而为本品牌找到合适的定位点。

（二）品牌定位知觉图

品牌定位知觉图是一种直观简洁的分析工具，它可以用1～3个变量来描述每一个品牌的市场定位，从而直观地识别出目前市场上的空白点，有助于企业选择适当的品牌定位点或再定位点。同时，该知觉图还有助于企业判断品牌营销运作计划是否正确以及企业所期望的定位点与目标消费者的实际感知是否一致，以检验本品牌定位策略运作的实际成效。

品牌定位知觉图最常用的是二维知觉图。其运用原理大致如下：

第一步，选择品牌定位的基准变量。正确地选择基准变量是品牌定位知觉图成功的基础，一旦选错基准变量，之后的工作将毫无意义。在选择基准变量时，应将目标消费群体所关心和重视的内容作为定位的基准。

第二步，调查数据资料。如果品牌定位知觉图的坐标变量已经确定，接下来就是进行实地调查工作，以获取全面准确的数据资料。

上述两步工作完成之后，即可着手绘制品牌定位知觉图。下面以美国芝加哥地区啤酒市场为例，介绍品牌定位知觉图的制作过程。首先确定两个最重要的影响啤酒品质的变量：啤酒的口味（浓与淡）和口感（苦味与适中），然后根据这两个变量制作品牌定位知觉图（见图 4－7）。

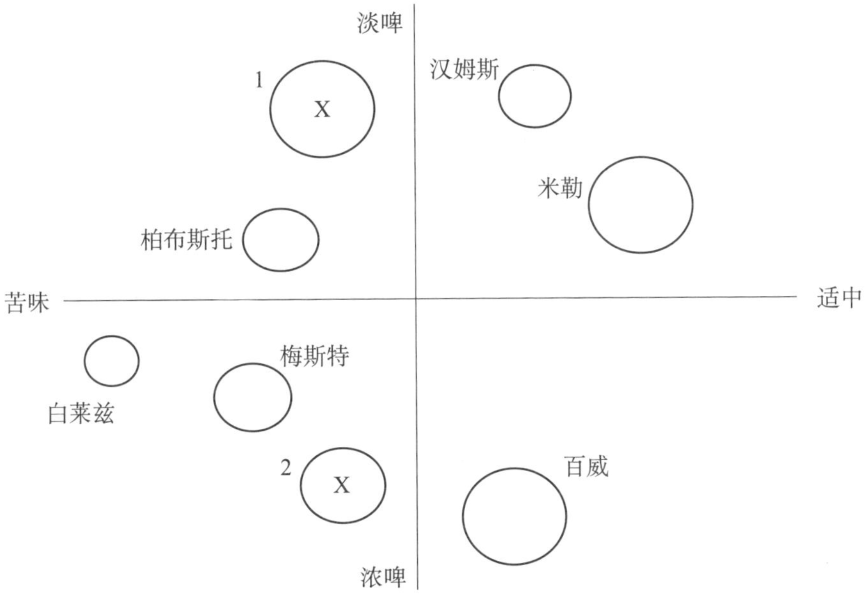

图 4－7　啤酒市场品牌定位知觉图

资料来源：仁科贞文．广告心理．北京：中国友谊出版公司，1991.

从图 4－8 中可以看出，1 号和 2 号是市场的空白点，其他品牌可以考虑进入该区域。在决定进入之前，还必须对这两个市场区域进行研究，以确定这些区域的市场有多大的规模。如果这两个区域的市场太小，那么企业就不应该进入这些区域。

（三）品牌定位排比图

品牌定位排比图是先将各种关键因子按其重要性加以排列，对每一关键因子的重要性予以量化，然后在每一关键因子上分别比较各种品牌的优势与劣势，最后在此基础上确定品牌定位。

此方法相对于品牌定位知觉图而言具有更多的选择性和比较性。毕竟，品牌定位知觉图适合只使用两个评价因子的市场定位。在实际的市场营销过程中，影响消费者购买决策的因素往往不止两个而是更多，这时，品牌定位知觉图就不再合适，品牌定位排比图正好能够解决这一问题。

图 4－8 是一个方便面市场的品牌定位排比图。从图中可以看出，影响方便面品牌评价的因子按其重要性的高低排列分别是口味、花色、价格、质量、包装、广告、营养、历史、服务。图中还列举了五个竞争品牌，分别以 A、B、C、D、E 表示。此图中的五个竞争品牌在九个关键因子的比较中，各自的特征一目了然。

二、品牌再定位

再定位的概念是艾尔·里斯和杰克·特劳特于 1972 年发表在《广告时代》杂志上的文章中提出的。再定位就是重新定位，也就是打破品牌商品在消费者心目中原有的位置

重要性（高 8 → 低 0）；横轴：竞争品牌表现（弱 → 强）

		E	D	C	A			B		口味
			E	D	C		B		A	花色
		C	E	B	D	A				价格
				C	A	B	D	E		质量
	D	A	C	E			B			包装
		E	A	D	B	C				广告
	C	E	A	B	D					营养
				A	C	B	D	E		历史
		A		B	D	C		E		服务

图4-8　某方便面市场品牌定位排比图

与结构，使品牌商品按照新的传播理念在消费者心目中重新排序，以期构建一个对企业更加有利的品牌结构（阶梯）。

（一）品牌再定位的必要性

企业在市场营销过程中，其核心的竞争在于品牌的竞争，品牌的竞争起点又在于品牌的定位决策。因此，针对不断变化的市场需求，及时对品牌进行再定位就显得非常必要。具体而言，品牌再定位的必要性主要表现在以下几个方面。

1. 市场竞争格局的变化使再定位成为必须

对于企业来说，市场竞争环境每天都在发生变化，其激烈程度表现在以下两点：竞争对手的品牌采取跟进或模仿策略，使过去市场竞争格局的品牌差异化迅速变成同质化；竞争对手往往采取不正当的竞争或倾销行为，对本品牌的品牌定位优势造成较大损害。在这种情况下，企业为保持自身品牌在市场竞争中的主动性和优势地位，不得不重新对品牌实施再定位策略。

2. 消费者对品牌利益点的兴趣变化使再定位成为必须

由于消费环境的变化，目标消费者对品牌利益点的兴趣发生变化，这就使得企业有必要根据目标消费者变化了的利益点为品牌进行再定位。因为消费者对原品牌的利益点会随着时尚流行元素的更新、消费习惯的改变、产品新功能的开发、科学技术的不断进步等而发生改变或转移，所以企业在实施品牌战略的过程中，必须及时把握消费者的心理需求变化，以便能够及时对品牌进行再定位。

3. 市场相关法规和政策的变化使再定位成为必须

许多国家或地区都会根据市场发展的需要制定有利于市场发展的相关法规和政策，这些法规和政策既可能使一些企业的品牌处于有利的市场地位，又会使另一些企业的品牌处于不利的市场地位。企业要想使自身的品牌避开或化解这些不利的影响，就有必要对品牌进行再定位。

（二）品牌再定位的时机

市场每天都在发展和变化，企业是否需要经常进行品牌再定位？回答显然是否定的。这里就有一个企业为品牌进行再定位的时机把握问题。也就是说，品牌再定位不能盲目进行，在时机的选择上，既不能滞后，也不能超前。企业应充分了解市场的变化，应市场需求、消费者需要适时地导入品牌再定位策略。具体而言，企业应该在以下几种情况下对品牌实施再定位策略。

1. 品牌形象老化

品牌形象老化，即品牌形象的价值取向、广告的诉求点已经不能引起目标消费者的认同与兴趣。此时，如果企业不对品牌实施再定位，则品牌在市场上的生命力将逐渐减弱，甚至有可能被市场淘汰。如麦当劳于 2003 年 9 月在中国全面更新其品牌形象，其广告口号、品牌个性、员工制服、广告风格及主题歌曲等全面更新为“I'm lovin'it”（我就喜欢），以时尚、现代的价值观来重新诠释麦当劳的品牌理念。此案例说明，如果某品牌的形象已经老化，那么企业对其品牌进行再定位就是使其品牌形象重新获得生命力的有效手段。

2. 市场环境变化

经济环境的突变、市场政策的变化以及品牌产品自身潜在的不利因素，都有可能在不同程度上对品牌的原定位形成干扰，甚至造成不可预测的损害。在这种情况下，企业如果不及时对其品牌进行再定位，该品牌就很有可能成为市场环境变化的牺牲品。因此，企业的品牌管理人员在这种由于环境的变化所导致的对品牌形象极为不利的局面下，一方面应该努力通过开展公关活动来尽可能消除或减轻社会各界对本品牌产品的疑虑和误会；另一方面可以考虑通过品牌再定位，使消费者重新对品牌形象予以认知。如 2000 年 11 月，国家药品监督管理局出台新的政策规定，暂停含有 PPA 的非处方药品在市场上销售。当时，一直占据感冒药非处方药市场主导地位的康泰克因其药品中含有 PPA 而成为 PPA 的代名词，直接导致该品牌损失近 7 亿元。在遭受如此大的冲击的情况下，中美史克公司为保存企业主导品牌，对其开发的新产品实施了再定位策略，于 2001 年 9 月适时推出“不含 PPA 的速效感冒药”新康泰克，并开展有效的公关活动，使其品牌又逐渐获得了消费者的信任。

3. 原品牌定位有误

许多产品在上市之初（两年之内）往往不能达到预期的市场营销目标。一些企业在分析营销业绩不尽如人意的原因时，往往将目光集中在产品策略、价格策略、渠道策略和促销策略上。其实，真正的原因很可能就是品牌定位有误。此时，为品牌进行再定位，极有可能使品牌的市场业绩大为改观。如江中健胃消食片的产品定位“中药保护”，没有切合目标消费者的真正需求，导致该药品销售不畅。2003 年，江中制药对江中健胃消食片进行再定位，根据目标消费者的实际需求将其再定位为“日常助消化用药”，从而成功占据了日常消化不良非处方药市场领头羊的位置。

4. 消费者的产品需求观念发生改变

消费者的产品需求观念是随着社会经济的发展和市场环境的变化而变化的。如果消费者对产品需求的兴趣点发生转移，原品牌定位的利益点将很有可能不能满足消费者的兴趣欲望。此时，企业就需要对品牌的诉求利益进行重新定位。

5. 企业的发展战略调整

企业在制定市场发展战略时，主要应思考两个要素，即企业的内部资源和外部环境。

这两个要素都是典型的动态变量，企业的市场发展战略也要根据这两个变量做出调整，企业的发展战略的调整又必然涉及品牌定位的调整。因此，当企业制定出全新的发展战略时，就必须考虑对品牌实施再定位的策略。

案例4-2

品牌重新定位成功案例

随着市场和消费者的变化，重新定位成为企业关注的问题。

品牌定位是为某个特定品牌确定一个适当的市场位置，以吸引目标顾客。市场不是静止的，品牌的定位也不能一劳永逸。正如菲利普·科特勒在《营销管理》中所认为的那样：也许一种品牌在市场上最初的定位是合适的，但当消费者爱好偏移或竞争品牌逼近时，它可能不得不面对重新定位的问题。

品牌定位与竞争者、消费者以及品牌自身这三个因素相关，而再定位则是为了解决对这三个因素认识不清而引发的问题。

一、区别竞争对手

很多品牌长着相似的面孔，它们以相近的价格向同类顾客出售相似的产品。这或许是由于部分企业患上了竞争近视症——不是想办法超越对手，而是通过模仿竞争对手来给自己的品牌定位。

这个时候，企业可以通过品牌再定位来塑造一张与众不同的面孔，与竞争品牌形成区隔，以摆脱同质化竞争。

首先要做的是对竞争品牌的定位进行深入分析，找出其空档。这个空档可以是被竞争品牌忽略的消费人群，如麦当劳退出竞争激烈的家庭市场，转向针对尚未被竞争对手占领的年轻人市场来对品牌进行重新定位；也可以是与竞争品牌不同的核心价值诉求，如旺旺果冻在初入市场时，曾比照喜之郎等知名果冻品牌给自己定位，结果没有成功，后来经过对果冻市场的仔细研究，发现果冻品牌大多诉求“温馨、亲情”“健康、营养”，于是旺旺果冻提出与众不同的“快乐”主张，将自己定位为“快乐的果冻”。

而王老吉将再定位的目光投向了行业之外。王老吉原来的定位是“中药凉茶”，而消费者普遍认为“药”无须也不能经常服用。为此，王老吉跳出药茶行业，赋予自己一张饮料的面孔——预防上火的饮料。王老吉成功的再定位为它带来巨大的收益。

由于品牌太多，消费者已经目不暇接。所以，在给自己的品牌重新定位的时候，通过对竞争品牌进行“负面定位”，可以更好地彰显本企业与竞争对手的区别。即企业的品牌重新定位不仅要能反映本品牌的优势，还要能反映竞争品牌的劣势。

进行“负面定位”的关键在于瞄准竞争对手的弱点。汉堡王初入市场时，曾试图抄袭麦当劳的优势，没有成功。后来它发现麦当劳是“儿童拖着父母去的地方”，而有些孩子不愿被视为儿童。于是汉堡王将目标客户重新定位为年龄稍大的消费人群，“长大了去尝汉堡王用火烘烤的口味”，这样的定位把麦当劳定义为“小孩子去的地方”，从而吸引了那些不想被视为儿童的孩子。

二、重新定义目标顾客

品牌的价值来自目标顾客对品牌忠诚的基础上产生的购买行为。只有获得了目标顾客的认同，品牌才具有区别和保护商品的作用。

如果一个品牌不被目标顾客认同，这个品牌便患上了目标偏移症。病因主要有两个：

一是进入新市场时照搬品牌在原有市场的定位；二是当目标顾客变化时仍固守原有的品牌定位。

在中国市场上，宝马目标顾客的偏移最引人注目。作为运动和操控性能突出的轿车品牌，宝马的目标顾客是喜欢享受驾驶乐趣的专业人士。而在中国，宝马却被认为是炫耀身份的道具。在销量下滑的同时，宝马终于意识到对于中国喜欢享受驾驶乐趣的专业人士来说，宝马的高价位是一道屏障。在这种情况下，如果背离市场需求照搬其在欧洲的定位，会造成更多目标顾客的流失。为此，宝马在 2005 年进行了最高 10 万元的价格下调，以求摆脱炫耀性奢侈品的定位，将它的目标顾客重新定义为有知识有品位的成功人士。

宜家的情况又有些不同。宜家最初以高档、时尚的形象进入中国市场，然而随着中国家居市场的逐渐开放和发展，消费者渐渐地发生了变化，那些初入职场的年轻人也经常光顾宜家。这时，宜家没有坚持原有的高端定位，而是锁定普通的工薪阶层，重新定位自己的目标顾客，并对多种商品降价销售，最大降幅达 65%。宜家希望借此扭转其在中国市场销售量逐年递减的趋势。

只有来自内心的力量才能持久，重新定位后的品牌要获得消费者的认可，就必须从内心打动目标顾客，引起目标顾客的共鸣。这就需要企业针对目标顾客的心理特征、性格爱好，以其容易接受的方式与他们进行互动。

宝马在中国市场的目标顾客是部分中等收入群体，他们无论是对家庭，还是对社会，都有较强的责任心。为此，宝马开展了一系列公益性的赞助活动，还引进一批文化和艺术交流项目，并积极开展中德之间人才和技术的交流。

实现有效价值传递的重要一步，就是直接针对目标顾客进行传播，激发他们的购买欲望，进而促使其将购买欲望转化为实际的购买行动。

宜家的员工会到顾客家中拜访，了解普通家庭的现实状况。北京宜家还专门开通了宜家粉丝博客，增加与顾客交流的机会。宝马在重新定位之后，对一些特别锁定的目标顾客开展了特别项目：每月定期和某些主要的新闻记者聚会；和一些媒介代表探讨汽车的功能；让特别目标顾客试驾七系列的宝马；对已经购车的车主开展培训活动，提醒他们遵守交通安全法规，并开展儿童安全教育方面的工作，等等。这些特别项目为宝马创造了与顾客直接接触的机会，传达了许多信息。

三、重塑品牌个性

广告大师奥格威认为：“最终决定品牌市场地位的是品牌本身的性格，而不是产品间微不足道的差异。”这个性格便是品牌的个性。由于消费者购买具有非专家购买的特点，购买过程中存在信息不对称的问题，他们决定买或不买某一产品很大程度上取决于该品牌是否具有鲜明的个性。

李宁品牌在消费者心中有着各种个性，比如运动的、荣誉的、亲和的、民族的等等。飞利浦呢？消费者似乎总也弄不清这个欧洲电子业巨头到底是卖剃须刀的公司还是制造 CT 机的大佬。

当消费者对品牌的印象不一致或模糊时，这个品牌便患上了个性分裂症。因为个性分裂症，品牌价值会消解。1997—2001 年，李宁的销售量一直停滞不前；2000 年左右，飞利浦的销量已连续 7 个季度下滑。

引发个性分裂症的原因之一在于品牌本身定位不明确。如飞利浦，其产品从小家电、照明、消费电子、半导体到医疗系统全线铺开，没有人会否认它的知名度，但很少有人能概括出它的特性。直到飞利浦将其麾下的五大业务部门重新整合为“医疗保健、时尚生活和核心技术”，并在2004年启用“sense and simplicity”（精于心、简于形）的品牌主张，飞利浦的个性才逐渐清晰起来。

品牌传播过程中的不统一现象也会引发个性分裂症。如李宁公司在产品设计、赞助活动、产品广告、开店风格，乃至形象代言人的选择上都存在不统一、不连续的问题。在确立了“激发潜能，超越自我”的品牌新个性后，李宁公司统一了对外口径，除了确定“因为专业，一切皆有可能”为统一的广告语，还通过专卖店、公关活动，甚至包装袋各种途径诠释“可能”的概念，强化品牌个性。

品牌个性再鲜明，也只是消费者头脑中的一个概念，只有和符合个性的产品相结合，品牌才能抓牢消费者的心。

李宁针对与其品牌个性相符合的篮球、足球等体育项目不断推出新产品。2003年，李宁公司与李铁签约，共同致力于专业足球产品的开发；2004年，李宁推出专业篮球鞋Free Jumper系列，成为国内第一个进军专业篮球市场的品牌。2006年北京国际马拉松赛上，李宁的专业跑鞋广受赞誉。

而飞利浦则致力于与品牌个性相一致的简单实用的产品的开发，并将产品的操作界面简单化，把复杂技术隐藏起来。飞利浦专门组建了由服装设计师、IT架构师、建筑设计师、放射专家和汽车设计师组成的“简化顾问组”，负责对产品的外观和操作界面设计提供方案。

值得注意的是，品牌重新定位不是灵丹妙药，而且成本高昂。企业必须考虑自身的承受能力，并在内部达成共识后，再去讨论重新定位问题。

资料来源：www. docin. com/p-1404357494. html.

基本概念

品牌　　品牌的精神属性　　品牌形象　　定位
品牌定位　　品牌再定位

思考题

1. 如何正确认识品牌的概念？
2. 品牌定位的意义是什么？
3. 品牌定位有哪些基本原则？
4. 品牌定位与选择目标市场是什么关系？
5. 品牌定位策略包括哪些内容？

课后实践

请根据本章的内容选择某一个品牌进行定位分析与品牌定位，并进行品牌定位评估。

第5章 识别和评估目标消费者与潜在消费者

开展任何一项传播活动之前，企业必须首先明确一个基本问题，那就是传播对象是谁？因此，在启动整合营销传播活动的过程中，企业必须首先界定目标消费者与潜在消费者，只有将这个问题研究清楚后，企业提出的相关策略才能做到有的放矢。

第1节 识别目标消费者与潜在消费者的分析方法

运用数据库界定并识别目标消费者和潜在消费者，是营销传播的起点，也是营销传播策略制定的基础。

一、传统的分析方法

在整合营销传播理论诞生之前，划分目标消费者和潜在消费者的方法主要是市场细分法和消费者态度研究法。

（一）市场细分法

市场细分这一概念产生于20世纪50年代中期，它是传统的营销传播流程中以SWOT分析为出发点的一个重要环节，在营销传播的实际运用中发挥过重要作用。

1. 市场细分概念的产生

20世纪50年代中期，美国宝洁公司最先将市场细分的概念运用到市场营销传播活动中。当时，宝洁公司发现许多消费者因服装面料和质地不同对洗衣皂的去污力有不同的需求。据此，宝洁公司改变了以往只生产单一洗衣皂的做法，向市场推出去污力不同的三种洗衣皂：一种是去污力特别强的强碱性洗衣皂；一种是弱碱性洗衣皂；一种是中性的多功能洗衣皂。之后，美国著名的营销学者温德尔·史密斯在对宝洁公司的这种营销传播策略进行总结的基础上，提出了市场细分这个全新的概念。

2. 市场细分概念的界定

相对于其他营销传播概念而言，市场细分是一个比较清楚且容易达成共识的概念。本书对市场细分的定义是：市场细分是企业的决策层根据消费者的欲望、需求、购买习惯和消费行为等因素，将整个市场划分为若干具有不同消费特征的亚市场，并选择其中一个或若干个亚市场作为本企业开展市场营销传播活动的目标市场的过程。

企业在对市场进行细分的过程中，往往组合运用相关变量而不是采用某个单一变量。导致消费者需求差异的相关变量大体上可以分为四大类，即地理变量、人口变量、心理变量和行为变量。以这些变量为依据进行市场细分就产生了地理细分、人口细分、心理细分和行为细分四种基本形式。

市场细分理论的提出基于一个最为普遍的观点，即所有消费者的需求都是有差异的，也就是通常所说的多元异质性，它在一定程度上显示了对消费者需求差异化的尊重和承认。虽然整合营销传播理论并不认为市场细分法无懈可击，但是目前国内外许多企业都在营销传播实践中广泛运用这种方法（见图5-1）。

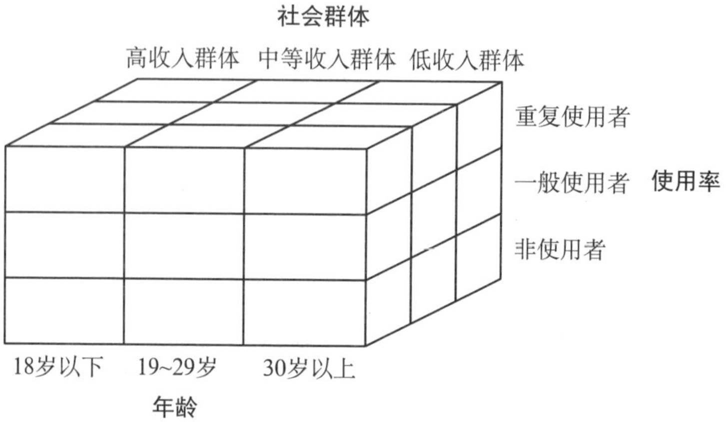

图5-1　根据社会群体、年龄和使用率三个变量对市场进行的细分

3. 市场细分法的缺陷

整合营销传播理论认为市场细分法有很大的缺陷，主要表现在两方面：第一，市场细分法从本质上说是对消费群体的划分而不是对消费个体的划分，这就使得市场细分法不可能对目标消费者或者潜在消费者进行具体的分析和个性化的探讨；第二，市场细分法对消费者的关注只停留在表面，难以对消费者的行为特征进行深入研究。

（二）消费者态度研究法

1. 消费者态度研究法的基本逻辑

消费者态度研究法始于20世纪40年代，当时被许多欧美国家的广告公司用来对消费者进行分析。这种方法基于一个假定判断，即消费者的态度可以影响消费者的行为。其基本逻辑是传播活动会使消费者对某品牌产品产生认知，进而产生喜好，最后产生购买行为，即传播效果等级模型（见图5-2）。

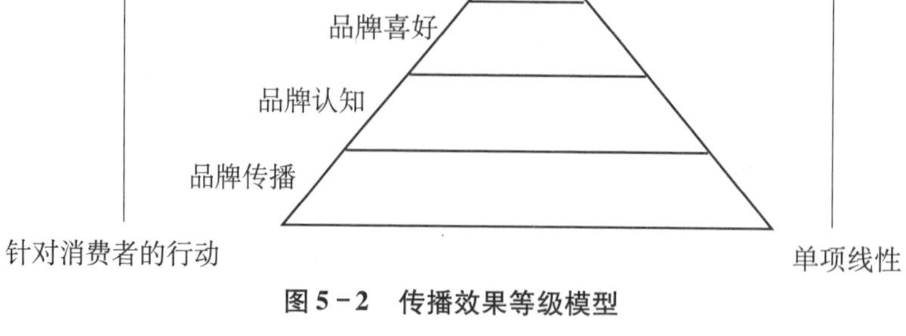

图5-2　传播效果等级模型

消费者态度研究法假设营销传播是促使消费者产生购买行为的有力工具，因此，消费者接触某品牌产品的信息越多，其购买该品牌产品的概率就越大。这一观点为一些企业采用大规模的广告投放策略提供了理论上的支持。

2. 消费者态度研究法的缺陷

根据消费者态度研究法衍生出来的传播效果等级模型从逻辑上看似乎有一定的合理性，但是一些专家和学者经过大量的实证研究后发现，该研究法存在一些缺陷。第一，消费者态度研究法简单地将传播活动放在一个真空状态中，完全没有考虑在实际竞争环境中目标受众（消费者）可能会受到诸多因素的干扰。事实上，在接触广告之后，任何一位消费者对该广告产品的态度都会发生变化，并会受到诸多因素的影响。第二，消费者态度研究法建立在条件假定的前提下，假定毕竟只是假定，到目前为止还没有任何实证研究数据能证明传播效果等级模型在实践中是可行的。

行为研究者认为，态度改变未必会引起行为上的改变，因此，某消费者对某品牌产品的广告信息产生认同也未必会购买该品牌产品。一些实证研究的结果显示，对于企业而言，最有价值的信息是消费者在过去一段时间里在什么地方、在什么时间购买过哪些品牌产品。人们的行为往往是习惯性的产物，如果某消费者在过去有某种购买行为，那么他在将来很可能有相似的购买行为。从这个层面上讲，注重消费者行为研究对企业有更大的价值。据此，在对消费者进行分析和研究时，与其根据态度的改变来预测消费者将来的购买行为，不如根据消费者过去的购买行为来分析和预测其将来的购买行为。

二、整合营销传播理论的分析方法

整合营销传播理论在对目标消费者和潜在消费者进行识别的过程中，主要采用集中法和消费者行为研究法。

（一）集中法

1. 集中法的提出

针对市场细分法的缺陷，整合营销传播理论认为对消费者的划分不能仅仅从消费者所处的地理环境或者其他变量入手，应该重视从消费者行为入手。在这个思路的引导下出现了集中法，其核心内容是根据消费者的消费行为将消费者划分为不同的类型。集中法认为，消费者的分类应该以消费者行为作为标准，不应以市场形成的消费群体作为标准。例如，一些消费者总是习惯购买同一类别的品牌产品，他们使用该类品牌产品的方式极为相似，或者以相当接近的方式处理和看待有关该类品牌产品的商业信息或促销活动等，这种消费者可以归为一种类型。这种以消费者行为为分类标准的方法舍弃了消费者的年龄、收入和地理因素等变量，将划分标准锁定在消费者行为上，即只要消费者行为接近，无论消费者在其他方面有多大的差异，完全可以将这些消费者划为同一类型。该理论的核心观点就是消费者以往购买方式、购买习惯的相关资料远比他们的年龄、性别或居住信息更有价值。

2. 集中法的具体运用

在具体运用集中法的过程中，由于划分标准是消费者的消费行为，因此可以根据消费者与品牌产品的关系将消费者归为三个大的类别：现有消费者、竞争消费者和新消费者（见图 5 - 3）。

现有消费者指的是经常购买本企业的产品并为企业带来利润的消费者，他们可以被

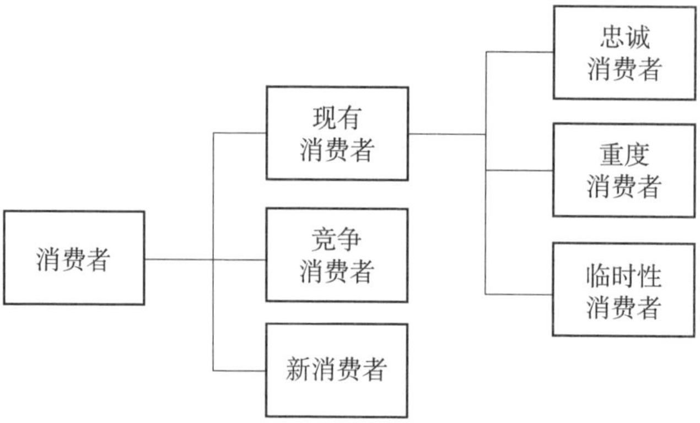

图5-3 集中法对消费者的分类

企业当作单一的目标群体，也可以进一步细分为品牌产品的忠诚消费者、重度消费者、临时性消费者等。竞争消费者指的是在本品牌产品和其他品牌产品之间游移不定的消费者。新消费者指的是现在不使用但将来有可能使用本品牌产品的消费者。

使用集中法对市场进行分类从理论上说比市场细分法更有价值，但是从操作层面上来说有一定的难度，因为集中法的理论依据是消费者行为，要全面深入地掌握消费者行为就必须获得这方面的相关数据，这对企业或专业的数据库提出了较高的要求。相对而言，各大商业网站采用集中法对消费者进行分类比较容易。比如，亚马逊根据会员的个人资料及其所购买图书的类别和品位对会员进行分类，及时向不同类别的会员发送他们可能感兴趣的图书资讯，以增加图书的销售量。

需要注意的是，集中法虽然有更为明显的优势，但是在具体运用时应该与市场细分法相结合，不能将它们对立起来，要知道仅仅依据消费者一两次的购买行为预测消费者的长期购买意向是不可靠的。事实上，影响消费者购买行为的因素有很多，企业在具体实践中必须结合多种影响因素对消费者行为加以界定和判断。

（二）消费者行为研究法

消费者行为研究法是测量消费者购买行为的一种方法，即根据财务上的利润回报来测量营销传播的效果。根据消费者购买行为在财务上的不同利润回报，可以计算出短期消费者投资回报率和长期消费者投资回报率。研究消费者的购买行为不仅可以揭示企业以往的营销传播活动所获得的投资回报，还可以进一步预测和推断企业今后的营销传播活动可能产生的实际效果。

通过计算消费者的实际购买行为给企业带来的投资回报，可以分析消费者的消费行为倾向，这对企业制定营销传播战略无疑具有十分重要的价值。行为研究法能够透视目标消费者的口袋里现在有多少钱和将来有多少钱，据此判断消费者的购买行为会给企业带来多少利润。使用这种方法计算消费者可以给企业带来的利润既科学又可靠，还可以大大降低企业划分目标消费者时主观判断上的不确定性。

第2节 建立消费者数据库

数据库的建立与使用之所以在整合营销传播理论与实践中具有举足轻重的地位，是因为企业在实施整合营销传播策略的过程中可以通过数据库发掘潜在消费者、培养现有消费者和维护忠诚消费者，从而针对不同阶段的消费者制定更有针对性的营销传播策略。

一、数据库概述

数据库的建立是影响企业开展整合营销传播活动的关键要素，也是整合营销传播活动与传统营销传播活动的本质区别，更是企业识别目标消费者最有力的分析工具。

（一）数据库的概念

企业通过计算机将某商品实际消费者的个人信息和消费过程中留下的消费信息（购买商品的品牌、数量、时间）存储起来，以便利用这些信息对目标客户的购买行为和生活形态进行研究和分析，数据库的建立为企业制定营销传播策略提供了数据支撑。

企业建立和使用数据库的首要目的是确认自己商品的实际消费者或潜在消费者，这也是企业开展营销传播活动的基本前提。如果一个企业对自己实际消费者的状况一无所知，它就不太可能与消费者开展有意义的沟通与对话，也就很难满足消费者的需求。

（二）数据库的运用

建立数据库自然要广泛收集消费者的相关资料和信息。从理论上说，数据库所收集的信息当然是越多越好。在具体实践中，企业在运用和管理数据库时常常会出现这样或那样的失误。比如，有的企业偏重于数据的收集而忽视数据的分析；有的企业过分重视分析和研究数据，对如何制定相应的营销传播策略不甚了解。这些问题实际上涉及如何对数据库进行有效的管理以使数据库在企业营销传播活动中扮演更重要的角色。

数据库主要有两种运用程序，即操作型数据库程序和分析型数据库程序。操作型数据库程序是指数据库的建立与使用主要是为了帮助企业增进与目标消费者的互动。比如，在企业与消费者接触的每一个点上，该程序都能帮助企业迅速高效地采集信息和反馈信息，帮助消费者消除对商品的疑虑或增强对商品的信心，通过优质的服务提升品牌的附加价值。

分析型数据库程序是指数据库的建立与使用主要是为了帮助企业及时检索与消费者之间的交易和互动活动的变化，根据各种数据的变化分析同一类别商品的销售趋势、消费者购买商品时所呈现出来的决策共性以及商品在哪类消费者那里能够获得更多的销售利润等。比如，英国航空公司通过分析型数据库程序准确地识别出哪些乘客有可能成为高价值乘客，并采取相应的传播策略，努力使这部分乘客成为本公司的忠诚消费者。

（三）数据库与客户关系管理

整合营销传播的实质是努力构建品牌与目标客户之间相互信任的关系的过程。企业在具体实施客户关系管理时必须首先构建能够容纳全部资讯的数据库，客户关系管理以数据库的建立为前提条件。

1. 客户关系管理的界定

从狭义的角度来讲，客户关系管理（customer relationship management，CRM）是一种不断追踪消费者各类数据的应用软件。从广义的角度来讲，客户关系管理是借助数据库及相关应用软件与客户保持沟通，及时发现他们的需求，并据此对商品或服务予以改进以满足客户需求的管理过程。其内涵是企业利用信息技术和互联网技术实现面向消费者的传播，是以消费者为核心的整合营销传播的技术实现和管理实现。客户关系管理注重的是与消费者一对一的沟通与交流。显然，要想做到这一点，必须依靠消费者数据库的建立与使用。客户关系管理的示意图如图5－4所示。

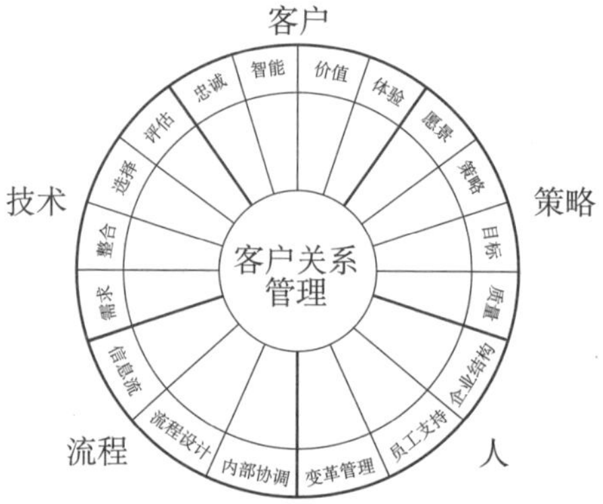

图5－4　客户关系管理示意图

以往，企业在客户关系管理过程中因为缺乏数据库的支撑常常难以与消费者有效沟通。这一方面是由于企业对消费者的相关资料掌握得不够多，无法做到有针对性的管理；另一方面是由于消费者数量庞大，仅仅依靠人力根本不可能对消费者数据进行归类、计算和分析。数据库管理可以运用计算机和网络资源十分便捷地存储大量的消费者数据，营销传播人员完全可以根据不同的消费者条件，迅速找到相应的目标消费者，并根据消费者的消费特征采取有针对性的传播策略来与之进行沟通。

2. 客户关系管理的发展

随着4G移动网络的实际运用，CRM进入了移动时代。移动CRM系统就是一个集4G移动技术、智能移动终端、虚拟专用网络（VPN）、身份认证、地理信息系统（GIS）、Web Service、商业智能等技术于一体的移动客户关系管理产品。移动CRM将原有CRM系统中的客户资源管理、销售管理、客户服务管理、日常事务管理等功能迁移到手机上，这使得移动CRM既可以像一般的CRM产品一样在公司的局域网里进行操作，也可以在员工外出时通过手机进行操作。移动CRM可以让经常出差在外且希望随时随地掌握公司内部信息的企业负责人利用手机开展客户关系管理相关工作。

目前，云计算的全球化使得传统CRM软件逐渐被Web CRM（又称在线CRM、托管型CRM和按需CRM）超越。美国知名在线CRM厂商Salesforce和我国云计算的倡导者CloudCC CRM、用友、金蝶都是该领域的杰出代表。现在，越来越多的客户倾向于采用Web来管理CRM等业务应用程序。作为解决方案的客户关系管理集合了当今最新的信息技术，包括互联网和电子商务、多媒体技术、数据仓库和数据挖掘、专家系统和人工智能、呼叫中心等。

二、建立数据库的方法

（一）数据库的分类

数据库的主要功能是收集和存储信息。企业希望数据库收集或存储的信息量越大，数据库建设和日常维护的成本就越高。数据库的结构越复杂，使用难度就越大。因此，在建立数据库时企业应该考虑如何降低访问者的操作难度，以便相关人员能够便捷地运用数据库获得信息。数据库有许多种，其建构方法也在不断发展。常见的数据库主要有三种类型：分层数据库、网络数据库和关系数据库。

1. 分层数据库

这种数据库是从较原始的手工填写系统演化而来的，当然，这种数据库在存储信息和分析数据方面比手工填写系统要快得多，所记录的信息也更为复杂和庞大。在分层数据库中，所收集的数据都以单一的标准进行存储，这就好比手工的记账方式，以这种存储方式建构的数据库在记录、分析消费者的交易行为方面可以做到游刃有余，并且操作十分便捷，但是对某一类消费群体做进一步区分的效果却难以尽如人意。因此，分层数据库在整合营销传播活动中还需要进一步提升和完善。

2. 网络数据库

网络数据库和分层数据库相似，包含从一个记录到另一个记录的前进路径。网络数据库具有比分层数据库更欠严格的结构，即任何一个记录都可指向多个记录，多个记录也可指向一个记录。实际上，网络数据库允许两个节点间存在多个路径，分层数据库只允许存在一个从父记录（高级记录）到子记录（低级记录）的路径。

网络数据库是在分层数据库的基础上发展而来的，其建立的成本更高且更难维护和操作，使用者必须理解数据的结构才能有效地使用数据库。网络数据库通常用标签来识别需要分析的信息记录。比如，消费者的信息记录可能包含一个邮政编码的标签，数据库可以根据地域对消费者的消费信息（记录）进行分类；再如，消费者最近一次消费的时间也可作为一个标签，数据库可以根据消费时间的远近对消费者信息（记录）进行分类。至于其他人口统计学变量的标签，网络数据库都可以据此进行有效的分层记录。

3. 关系数据库

关系数据库是一个被组织成一组拥有正式描述的表格的数据项集合，这些表格中的数据能以不同的方式存取而不需要重新组织数据库表格。关系数据库是 1970 年由 IBM 的科德（E. F. Codd）发明的。相对于上述两个数据库，关系数据库是处于主流地位的数据库形式，更多的企业正在建立和使用这种数据库。

关系数据库主要根据两个维度对信息进行收集和存储，其中一个维度是给定消费者的数据，另一个维度是所有消费者在某一给定特性方面的数据。比如，贷款用户的记录和银行的贷款记录就是两个维度（其中包括贷款用户所有的资金拖欠或超支记录）。在关系数据库中，信息可以一次性地添加到两种记录中，也可以根据某一维度进行存取。此外，使用者还可以在不同的表格之间建立多种形式的链接：一对一链接是将一条记录同其他表格中的某一条记录进行链接；一对多链接是将一条记录同其他表格中的多条记录进行链接；多对多链接是在不同表格之间对多条记录进行复杂的交叉链接。

（二）收集消费者资料

对于企业而言，收集消费者相关资料的难度不能一概而论。一般来说，制造商获取消费者的个人信息和消费信息的难度显然比服务商大，因为服务商为消费者提供服务时可以记录其有价值的信息，制造商往往不直接面对消费者，很难直接从消费者那里获取有价值的信息。

1. 扫描数据

商场的计算机在对消费者的信用卡或会员卡进行数据扫描时，可以自动将消费者的相关信息予以存储。这种方法在大多数情况下只局限于零售商。当然，制造商也可以委托批发商或零售商通过扫描数据的方式获取消费者的相关信息。

2. 从营销传播活动中获取数据

如果说扫描数据的方法更适合服务商，那么从营销传播活动中获取消费者的消费数据更适合制造商。制造商常常根据市场竞争状况或消费者需求的变化有针对性地开展旨在扩大市场份额或提高销售业绩的营销传播活动，可以利用与消费者面对面的促销活动（如赠券、抽奖、保证卡、会员俱乐部、目录、免费电话、电子邮件和网站、调查等）顺便收集消费者的相关信息，以充实客户数据库。

（三）数据维护

数据维护是指数据库管理人员在日常工作中及时将有价值的信息进行整理、合并、整合，并对没有价值的信息进行清除的管理过程。消费者在不同的商场或促销活动中会填写消费者信息，数据库管理人员应该仔细甄别消费者是不是同一个人。若经确认是同一个人，数据库管理人员就应该将该消费者的信息予以合并，防止企业在今后的营销传播活动中向同一个消费者发送多条相同的商品资讯。这既可以避免重复发送广告信息使消费者产生企业管理混乱的负面印象，又可以节省企业有限的广告费用。

企业在管理数据库过程中，必须始终将消费者信息当成有生命的不断变化的信息，绝不能将其看作一组僵化的没有意义的数字。数据库管理人员必须对消费者的消费行为信息精心记录、维护和不断更新，以便各项数据能够真实准确地反映消费者行为，为企业制订营销传播方案提供有价值的数据。

三、管理消费者数据库的步骤

消费者数据库的管理与使用在企业的整合营销传播中占据核心地位，并在分析、计划、接触、反馈、监测和控制等各个环节中发挥重要的作用（见图5-5）。拥有消费者数据库并不代表能够有效利用该数据库。一些企业的数据库在建立之初没有根据营销的需要来设计相关应用程序，营销人员也没有花时间来学习如何使用消费者数据库，导致消费者数据库在企业的营销传播活动中难以发挥应有的作用。

企业对消费者数据库进行有效管理的过程大致可分为以下几个步骤：甄别潜在消费者、保存消费者交流信息、促进消费者消费增长和培养忠诚消费者。

（一）甄别潜在消费者

企业在建立数据库并记录首批消费者的消费行为数据之后，首先要做的数据管理分析工作就是在首批消费者中甄别出最能为本企业带来商业利润的消费者，并找出这部分消费者在人口统计变量和生活方式变量上的共同点。其次，根据这些共同点寻找目前没有购买但将来很可能购买本企业商品的潜在消费者。这种运用数据库识别潜在消费者的管理方法称为搜寻方法。

（二）保存消费者交流信息

企业在对数据库记录的大量信息进行管理时，应该及时将消费者与营销人员沟通和交流过程中的信息进行存储。消费者愿意花时间与营销人员沟通，主要有两种情形：一是对所购商品非常满意，愿意把自己的感受与营销人员分享，甚至会主动提出改进商品的意见；二是因质量问题对所购商品非常不满意而要求退货、退款等。对于前者，企业可以将这些积极的、正面的、有利于品牌传播的信息加工，使之成为广告创作或人际传

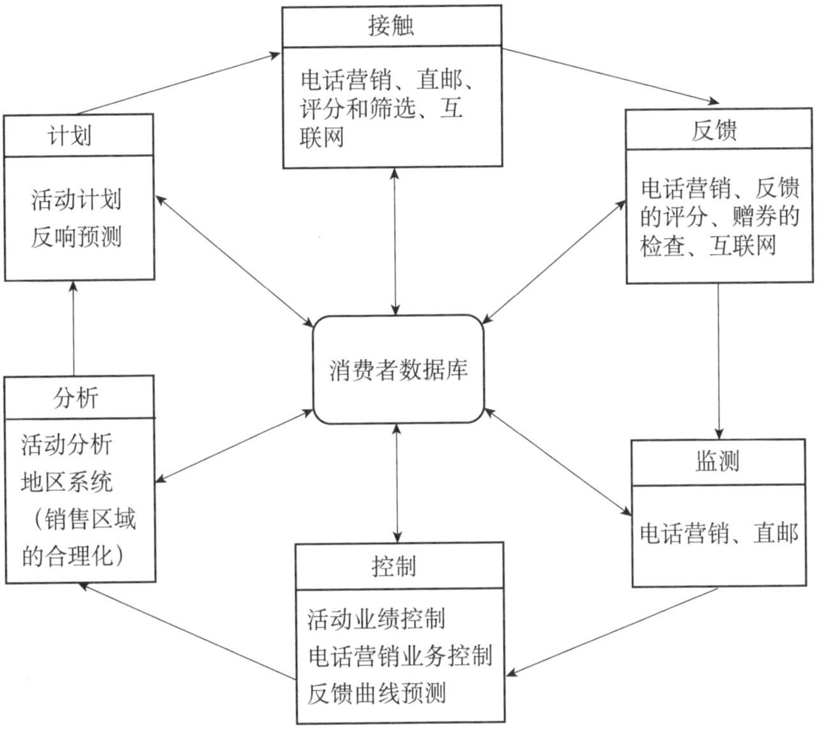

图 5－5　消费者数据库在整合营销传播中的核心地位示意图

播的重要素材。对于后者，企业可以将这些消极的、负面的信息作为反面教材，激励员工不断提升商品质量和服务水平。

（三）促进消费者消费增长

企业开展各种形式的营销传播活动的目的之一是增加消费者对本企业商品的使用量，从而使企业占有更大的市场份额。企业如何找到一直在使用本企业商品的忠诚消费者？数据库的建立、有效管理与使用就可以解决这个问题。企业可以通过分析消费者数据库中现有消费者的消费记录准确锁定现有消费者，然后针对这部分消费者制订优惠的激励方案，进一步强化企业与这部分消费者的关系，这将有助于本企业商品销售量的增加。比如，格力空调就曾利用企业的现有消费者数据库，每年定期为现有消费者提供免费的空调维护保养服务。这一活动方案如果实施得当，不仅可以增进格力空调与现有消费者之间的感情，使现有消费者向亲友进行口碑传播和推荐，而且可以大大增加现有消费者一旦产生购买空调的需求便再次选择格力品牌的可能性。

（四）培养忠诚消费者

在大多数情况下，消费者会在使用某个品牌商品之后由于种种原因转而尝试其他品牌的商品，这种喜新厌旧的消费行为反映的是一种较为普遍的消费心理。这种现象往往导致大多数消费者与某品牌商品形成游移不定、若即若离的关系，真正能够为某品牌商品带来利润的是一小部分忠诚消费者。因此，对于企业而言，最重要的课题之一就是研究如何维护和稳定已经使用本品牌商品的忠诚消费者，同时最大限度地减少现有消费者的流失。借助消费者数据库的各种数据，企业可以清楚地掌握忠诚消费者的相关资料，并制定相应的营销传播策略，努力维护和稳定这一最有价值的消费群体。企业还可以通过数据库的信息分析，及时了解哪些客户在本品牌商品与竞争品牌商品之间转换及转换的原因，并针对这部分消费者开展相应的营销传播活动，加强企业与他们之间的沟通和交流，争取这部分消费者重新成为本企业商品的购买者和使用者。

案例5-1

花旗银行的智能 CRM 系统

花旗银行的智能 CRM 系统是目前世界上较先进的数据库系统，其最大的优势是不仅能够识别客户的具体资料，而且可以根据客户以往的购买行为数据推断客户未来的购买行为，这便于企业分析今后的整合营销传播活动中客户带来的利润。

花旗银行获得成功的主要原因是该银行所建立的数据库系统有十分出众的数据采集和分析功能，对银行制定相应的营销传播策略起到了十分关键的作用。该数据库借助智能的 CRM 系统，使银行与客户的关系更加顺畅和密切。CRM 系统是一个资讯内容十分庞大的信息库，主要包括客户的基本信息，如姓名、性别、职业、职位、偏好、交易行为、购买花旗银行的金融服务产品的具体时间、交易时间等；统计分析资料，如客户对银行的态度和评价、信用情况、潜在需求特征等；银行投入记录，如银行与客户联系的方式、地点、时间及客户使用产品的情况等。数据库的基本资料可以人工输入，还可以在客户使用银行产品的过程中由数据库自动记录下来，这样可以减少信息收集的人力成本。CRM 系统还具有智能挖掘功能，这也是它最重要的功能，它可以根据所存储的客户信息对客户的行为进行综合分析，从而发现目标客户并与其进行良好的沟通。

这个 CRM 系统给企业带来明显的优势。第一，它可以随时随地跟踪客户信息，速度和准确性较以往有很大的提高。客户在花旗银行存入第一笔钱之后就被纳入 CRM 系统。客户什么时候刷卡、刷了多少次、取了多少钱、贷了多少款、贷款用于什么目的等都难逃该系统“犀利的眼睛”。第二，CRM 系统可以根据现有客户的消费习惯分析和预测客户未来的消费倾向，银行据此开展相应的营销传播活动。

为了使客户服务达到最佳水平，花旗银行认真研究了客户的消费行为和消费心理。客户活动周期模式涵盖了客户购买前、中、后所进行的全部活动。研究客户活动周期的过程是：描绘出客户追求他们想要的结果所经历的几个关键增值阶段，然后对每个关键阶段的增值机会进行评估。银行可以根据这些内容判断和取舍目标客户，并由此区分其庞大的客户群。

花旗银行利用数据库识别目标客户也经历了由市场细分到集中的过程。它首先按照市场细分法以人口统计变量为划分标准，按客户的性别、职业、偏好等基本信息对客户进行分类。对客户的最终分类还是采用集中法，即将客户的消费行为作为分类标准。根据 CRM 系统识别客户能否带来利润，将客户分为不同的群体，对待忠诚客户与潜在客户有不同的方式和手段。

资料来源：黄鹂，何西军．整合营销传播：原理与实务．上海：复旦大学出版社，2012：79.

第3节　评估目标消费者与潜在消费者的价值

本章第1节专门讨论了识别目标消费者和潜在消费者的分析方法。对于开展整合营销传播活动的企业而言，仅仅对目标消费者进行识别和分类并不能保证企业所开展的整合营销传播活动一定成功。选择和确定目标消费者并非只需考虑消费者的购买行为这一个要素，还应根据消费者能带给企业多少利润对消费者进行评估，只有这样才能做出正确的选择和判断。

一、判断目标消费者与潜在消费者的财务价值

在对目标消费者和潜在消费者进行识别的过程中，企业的营销人员划分出现有消费者、竞争消费者和新消费者之后，需要计算和辨析他们能给企业带来的财务价值，并据此针对不同的消费者群体制定适当的营销传播策略。如对于现有消费者，企业只要维持目前的市场投入水平即可继续获取较理想的财务回报；对于竞争消费者，企业可能需要增加市场投入才有可能吸引更多的消费者购买；对于新消费者，企业开展营销传播活动的目的就是鼓励他们尝试购买，使其在将来成为较稳定的消费者。

（一）传统的估价财务法

传统的估价财务法是对消费者以往的消费数据做出推断，也就是说，企业先计算出消费者过去的消费行为给企业带来的财务价值，然后用过去的财务价值来推断和预测消费者将来可能给企业带来的财务价值。这种计算方法在实践中有一定的效果，但是存在明显的缺陷。

第一，该计算方法没有将消费者的留住率和成长率的限制因素考虑进去。该方法假定消费者是一个恒量，忽视了消费者在实际生活中受到各种营销传播活动或者人际口碑的影响而不断变化，使用该方法计算的数据往往与实际情况有较大的偏差。

第二，该计算方法假定同一类别的消费者具有完全相同的消费行为或消费习惯，实际上，即便是同一类别的消费者，其消费欲望、消费心理和消费行为也存在巨大的差异。意大利经济学家帕累托提出的 80/20 法则就足以证明消费个体之间在消费行为上存在巨大的差异。80/20 法则说明，对于每一个企业，都可能会有一小群消费者为企业带来至关重要的财务回报。美国的一项市场调查显示，在酸奶酪产品中，美国 16% 的家庭的酸奶酪购买量占全部酸奶酪销售量的 83%；一项针对 Folger 品牌咖啡的市场调研报告显示，15% 的家庭的品牌咖啡购买量占全部 Folger 品牌咖啡销售量的 70%；一家信用卡营销机构在分析信用卡客户群所带来的利润后，发现 12. 8% 的活跃持卡人带来了 90% 的利润。

（二）创新估价法

创新估价法是美国 Targetbase 公司在传统的估价财务法的基础上提出的一种计算客户品牌价值（customer brand value，CBV）的方法，这是到目前为止较为可行的计算消费者为企业贡献的价值的方法。消费者因受品牌形象的吸引而产生购买行为，给企业带来价值，该方法包括四个要素，分别为渗透率、类别购买率、购买占有率和边际贡献率，在此基础上估算客户品牌价值。

渗透率（penetration，P）指的是所有消费者中某类产品消费者所占的百分比，或者某一类别消费者总数中本企业产品消费者所占的百分比。比如，在所有牛奶产品的消费者中本企业牛奶产品的消费者所占的百分比就是本企业产品的渗透率。渗透率高说明本企业产品的市场占有率高，反之，说明本企业产品的市场占有率低。

类别购买率（category buying rate，CBR）指的是每位消费者对产品、服务或品牌的平均年度（或季度、月度等）需求状况。比如，一位消费者在一年之内购买了 80 瓶啤酒，该消费者对啤酒的年度需求量就是 80 瓶。

购买占有率（share of purchases，SOP）指的是某类产品的消费总额中消费者花费在本企业产品上的金额。比如，消费者每年要花800元购买洗发水，这800元中用于购买潘婷洗发水的占比即为潘婷的购买占有率。购买占有率与类别购买率往往具有正相关性。某消费者如果对牛仔裤的平均年度需求为1条，且该消费者只购买了一条李维斯牛仔裤，则李维斯牛仔裤的购买占有率就是100%。

边际贡献率（contribution to margin，CM）指的是消费者购买某企业产品的总额中可以归入该企业边际贡献栏中的金额。这是一个非常重要的评估要素，因为该数据可以直接反映企业的实际财务回报，不只是反映产品在市场零售方面的销售金额。由于企业需要在营销传播活动中投入资金，因此企业必须知晓在扣除所有成本之后究竟可以得到多少纯收入。

利用计算公式将上述四个要素相乘即可得出CBV：

$$CBV = P \times CBR \times SOP \times CM$$

（三）举例计算客户品牌价值

下面以某凉茶公司在某市场上拥有的消费者数量以及销售情况为例来计算客户品牌价值。

据调查，某市1 000多万人口中有500多万人至少购买过一次凉茶，凉茶在该市场的渗透率就是50%。如果这500多万消费者每人对凉茶的年消费量平均为5箱（每箱12瓶），则每位消费者对凉茶的年度需求量是60瓶。

根据该公司的估计，该公司产品的购买占有率为80%。也就是说，过去的一年里500多万消费者所购买的所有凉茶饮料中有80%是该公司的产品。因此，对于该市市民而言，该凉茶公司的市场份额就是50%×80%=40%。

如果每瓶凉茶的毛利是1.5元，那么一年当中每位消费者为凉茶创造的利润就是60×1.5=90元。不过，这90元并不是完全贡献给该公司的，因为该公司在该市凉茶市场的市场份额是40%，所以每位消费者对该公司贡献的毛利是：60×1.5×40%=36元。

把上述数据整理如下：

渗透率（*P*）

该市的人口总数为1 000多万人

该市凉茶市场的消费者总数为500多万人

该市凉茶的市场渗透率为50%

类别购买率（*CBR*）

该市每位消费者的年度凉茶平均需求量为60瓶

购买占有率（*SOP*）

该公司产品的购买占有率是80%

该公司产品的市场占有率=50%×80%=40%

边际贡献率（*CM*）

该公司每瓶凉茶的销售毛利=1.5元

客户品牌价值$=P \times CBR \times SOP \times CM = 50\% \times 60 \times 80\% \times 1.5 = 36$（元）

通过计算可以发现，该公司在该市有两个可以拓展的空间：一是可以考虑吸引另外约50%的该市市民，使他们由目前的潜在消费者转变为现实消费者；二是可以进一步拓展剩余20%的购买占有率，即通过有针对性的营销传播活动鼓励该市消费者购买更多该公司的凉茶，使之成为忠诚客户，这样就可能使该公司产品的购买占有率至少在理论上进一步提高。

通过这个案例还可以发现，消费者通常可以分为忠诚消费者、重度消费者和轻度消费者。忠诚消费者是指无论在什么情况下都会坚持购买一个品牌的产品，从来不会购买其他品牌产品的消费者；重度消费者是指那些经常在两三个品牌之间轮换购买，但仍会花费相当一部分资金购买其中一个品牌产品的消费者；轻度消费者是指那些通常购买其他品牌的产品，只在本品牌开展促销活动（如价格打折）时才购买本品牌产品的消费者。

在大多数情况下，忠诚消费者对于任何企业而言无疑都是最重要的消费群体，他们可以为企业带来稳定的收入流，但是忠诚消费者在所有消费者中占少数，因此，忠诚消费者并不能为企业带来更大的机会。轻度消费者经常在几个品牌之间轮换购买，而且总是在产品打折时才产生购买行为，因此也不可能为企业带来稳定的收入流。对于轻度消费者，企业采取的营销传播策略一般是不轻易放弃这个市场，以最低投入来留住这一消费群体。对于企业来说，最有价值的是重度消费者，因为重度消费者在所有消费者中占比最高，企业在开展营销传播活动时应该针对这一消费群体制定更有效的策略来扩大本企业产品的市场占有率和竞争优势。

二、评估和构建对等互惠的互动关系

以上我们从营销传播主体的角度对目标消费者与潜在消费者的价值做了分析并介绍了两种计算方法。企业要想制订行之有效的营销传播计划，就必须深入了解消费者对品牌形象、产品品质、企业声誉等的综合评价和基本态度，企业在不了解这些基本情况的前提下制订的营销传播计划很难产生理想的效果。

（一）营造消费主体的感觉公平

整合营销传播的最终目的是企业通过品牌与消费者建立彼此认同的互利关系。在这种关系中，消费者希望能够从购买、占有和使用品牌产品的过程中得到相应的价值，包括产品的使用价值和品牌的无形价值，企业希望通过提供品牌产品能够从消费者那里得到长期的利润回报。当买卖双方都认为彼此的付出和收获能够达到价值交换公平时，双方的关系才能够长久。不过，这种价值交换的公平性并不完全是指财务上的投入与产出的公平，更主要的是指消费主体的感觉公平。美国心理学家亚当斯于 1967 年提出关系的投入与产出理论。根据这一理论，消费主体与购买的产品之间是否存在“感觉上的公平关系”取决于消费主体对品牌产品的主观认知和感受的好坏。比如，一位消费者十分喜欢加拿大 Lululemon（露露乐蒙）品牌的服装，尽管服装价格比较昂贵，但该消费者穿上露露乐蒙品牌的服装能够获得一种精神上的满足感，那么该消费者与露露乐蒙品牌服装之间就形成了一种“感觉上的公平关系”，且该消费者与露露乐蒙品牌之间还可能形成一种彼此认同的长久互惠关系。

在实际生活中，有一些消费者能够与所购买的品牌产品之间形成“感觉上的公平关系”，必然会有另一些消费者与所购买的品牌产品之间形成“感觉上的不公平关系”。感觉不公平会导致品牌与消费者之间关系紧张甚至对立。从消费主体的角度来看，当某消费者与所购买的品牌产品之间形成了“感觉上的不公平关系”，即某消费者认为自己所花的钱远远多于穿上露露乐蒙品牌服装带来的回报时，企业可采取的化解途径有以下三种。

一是减少投入。消费者很有可能在今后较长的一段时间里只会在露露乐蒙品牌服装降价的情况下才考虑购买，或者考虑购买与露露乐蒙品牌有竞争关系的始祖鸟品牌的服装。从企业营销人员的角度来看，只能努力减少该消费者的投入与产出的不公平感。具体策略是稍微降低产品的质量，或开发一种相对低端的价格便宜的服装，或者维持原先产品的品质但降低售价，同时对过去提供的免费服务项目实行收费策略。

二是增加产出。消费者可能试图与品牌产品零售商就该产品的价格讨价还价，或者在还价不成的情况下要求品牌产品供应商提供额外的免费服务。此时，企业的营销人员面临艰难的选择：如果满足消费者还价的要求，则会损害企业利益；如果不满足消费者还价的要求，则会眼睁睁地看着该消费者购买竞争品牌产品。从企业的长远利益出发，本书倾向于采用放弃与顾客还价而维护长期顾客利益的做法。

三是断绝关系。消费者可能再也不会购买露露乐蒙品牌的服装而会购买其他品牌的服装。站在企业的立场而言，如果消费者提出的要求让企业无法获得最起码的利润，企业也可以考虑放弃这样的消费者。

（二）评估品牌对于消费者的价值

企业在维护品牌产品与消费者之间的互惠平等关系的过程中，需要重点分析和研究两个因素：一是消费者对于品牌的价值；二是品牌对于消费者的价值。这两种价值只要大体相当，便可以使消费者产生“感觉上的公平关系”。关于顾客品牌价值，前面已经做过介绍，该价值主要通过渗透率、类别购买率、购买占有率和边际贡献率相乘得出。关于品牌对于消费者的价值该如何评估和计算，相关学术文献很少，有观点认为品牌顾客价值由三个关键因素决定：消费者的需求、消费者对待品牌的态度和环境。[①] 该观点认为，当消费者对于品牌的价值和品牌对于消费者的价值都很高时，消费主体与企业（品牌）之间的关系最为稳固和持久，当上述两个价值中的一个高于另一个时，消费主体与企业之间的关系就会失去平衡，两者之间的关系也难以为继。

三、整合营销传播的5R理论

舒尔茨认为，整合营销传播理论与传统的4P营销理论的本质区别是，前者将过去由以企业为中心的观念转变为以消费者为中心，并努力与消费者建立一种彼此认同的互惠关系，通过对这种互惠关系的稳定程度进行评估来判断消费者对于品牌的价值。在这一观点的指导下，舒尔茨提出了5R理论。

（一）相关性

相关性（relevance）指的是企业生产的产品或提供的服务与企业确定的目标消费者之间必须具有某种程度的关联性，具体而言就是该产品或服务必须能够满足目标消费者生理或心理上的需要。比如，某旅游地产项目开发商提供的楼盘必须能够满足目标消费者旅游、避暑或避寒的需求；某汽车公司研发的SUV车型必须能够满足部分消费者对汽车兼具舒适和旅游功能的需求。除了通过产品的物质属性提供使用功能之外，企业还必须向目标消费者提供能够满足他们心理需求的品牌形象，以及具有竞争力的定价策略和分销系统，以便在此基础上构建与消费者之间的良好关系。

---

① 唐·舒尔茨，海蒂·舒尔茨．整合营销传播：创造企业价值的五大关键步骤．何西军，黄鹏，朱彩虹，等译．北京：中国财政经济出版社，2005：102.

（二）接受度

接受度（receptivity）是指目标消费者或潜在消费者在最需要购买产品或服务时，企业能够在最准确的地点和最短的时间内将产品信息传递给消费者，提高消费者对产品的接受度，消费者随后产生购买行为便是顺理成章的事，在此基础上消费者与企业之间形成良好的关系也就水到渠成。

消费者对品牌产品的接受过程类似于人与人之间建立关系的过程。雪中送炭之所以能够使接受者对送炭者产生极为深刻的印象，乃至两个人在今后建立起一种良好的关系，是因为接受者对木炭有强烈的需求，对他人所送的木炭自然具有很高的接受度。如果企业的产品是空调，那么在夏日高温持续的南方，消费者对该类商品的接受度就会较高，此时针对空调产品开展营销传播活动自然会产生比较理想的营销效果。

（三）响应力

可以从两个角度理解响应力（response）。第一，响应力是指目标消费者或潜在消费者对企业开展的营销传播活动的反应。比如，宝洁公司推出新一代飘柔洗发水，有多少消费者在获知该产品的广告信息后会产生实际的购买行为？第二，响应力还可以指企业觉察、适应每天发生变化的消费市场以及迎合目标消费者或潜在消费者新的需求和愿望的能力。比如，宝洁公司在营销调研过程中发现许多女性消费者非常希望有一种乳液能够使她们的头发更加柔顺。针对这种未被满足的需求，宝洁公司很快研制并推出了潘婷免洗润发乳，该产品受到了长发女性消费者的青睐。在以构建品牌与消费者之间彼此信任、互惠互利的良好关系为核心的整合营销传播活动中，营销的关键技能不再是制订与执行营销传播计划的能力，而是及时发现和满足消费者尚未被满足的需求的能力。

（四）识别度

识别度（recognition）可以从两个角度加以理解。第一，从企业的角度而言，识别度涉及企业能否在品牌产品与消费者的重要接触点上迅速辨认出客户，并通过企业的数据库迅速找到该客户的相关资料以便与之进行更有效的沟通。比如，当某品牌产品的消费者主动通过免费电话或电子邮件与企业沟通时，企业的相关服务人员应该在最短的时间里识别出该消费者为本品牌产品的老客户，并立刻将该消费者以往购买本品牌产品的时间、地点、数量及其与本企业客服人员沟通的资料调出来，这将十分有利于客服人员与该消费者进行有效的沟通，并与之建立良好的关系。第二，从消费者的角度讲，识别度是指消费者在同一类别的众多产品中辨认出某一品牌产品的概率。品牌产品的识别度越高，消费者购买和使用该品牌产品就会越频繁。企业可以通过广告、产品包装、品牌名称、产品特征等方面提高产品的识别度。有一点可以确定，即某品牌产品的识别度高，消费者对该品牌产品与其竞争品牌产品之间的差异性能够更清晰地辨识。

（五）关系

关系（relationship）是指事物之间相互作用、相互影响的状态。在关系的构建过程中，有一个谁起主导作用、谁影响谁的问题。在企业与消费者的关系中，传统市场营销理论认为企业或者企业客服人员往往起主导作用，整合营销传播理论则认为关系的主导者是消费者。事实上，现在更多的是消费者自己上网选择需要的产品，并决定与哪个企业进行交易，在交易发生后，消费者如果对所购产品或服务不满意，还可以选择投诉或采用其他方式来维护自己的权益。因此，对于企业与消费者之间关系的构建，营销人员必须认识到主动权并不在自己手上，而是在消费者手上。在构建与消费者的关系的过程中，企业必须站在消费者的角度思考问题，及时响应、倾听和解决消费者针对产品或服务提出的问题和建议，以使双方的关系得以长久维系。

下面以豆瓣网为例来说明5R理论的具体运用。豆瓣网是以技术和产品为核心，以生活和文化为内容的创新网站。该网站致力于帮助都市人群发现生活中有用的事物，这些事物涉及都市日常生活的各个方面。其用户规模逐年稳步增长。

豆瓣网的核心用户群是具有良好教育背景的都市青年，包括白领及大学生。他们热爱生活，除了阅读、看电影、听音乐，他们也对吃、穿、住、用、行等展开热烈讨论。他们热衷于参与各种有趣的线上线下活动，拥有各种新颖的创意构想，是互联网上流行风尚的发起者和推动者。由于豆瓣网的内容与目标用户有很强的相关性，目标用户自然对该网站有较高的接受度。该网站设计的讨论话题主要是目标用户感兴趣的内容，这扩大了豆瓣网的响应力。在识别度方面，豆瓣网采用实名制注册管理办法，将每一位用户的资料输入数据库，以便对每一位用户进行识别并对用户的需求做出及时反应。在维护与用户的关系方面，豆瓣网推出了豆瓣阅读、豆瓣电影、豆瓣同城、豆瓣音乐和豆瓣小组等服务软件来满足用户的需求，并与用户建立了良好的互惠关系。豆瓣网的成功与其正确地运用整合营销传播的5R理论有极其密切的关系。

基本概念

市场细分	集中法	消费者态度研究法	消费者行为研究法
数据库	分层数据库	网络数据库	关系数据库
创新估价法	渗透率	类别购买率	购买占有率
边际贡献率	5R理论		

思考题

1. 请举例说明市场细分法的优势与劣势。
2. 企业使用集中法的前提条件是什么？具体运用过程中需注意什么？
3. 消费者态度研究法与消费者行为研究法各自的优势有哪些？你认为哪种方法更适合中国企业？
4. 当消费者产生“感觉上的不公平关系”时，企业可采取的化解途经有哪些？

课后实践

请各小组同学在第4章课后实践（即对选定的品牌进行定位分析与评估）的基础上对所选品牌的目标消费者进行识别、分析和判断，指出哪些是现有消费者，哪些是竞争消费者，哪些是新消费者，针对上述三类消费者的消费行为撰写分析报告。

第6章 规划品牌信息传播渠道与信息传播内容

如果说整合营销传播的要素分别是对谁传播、传播内容、传播渠道以及传播效果，那么本章讨论的就是如何规划传播内容和传播渠道。在传统营销传播操作模式中，由于企业采用的传播渠道相对单一（主要是通过广告传播），企业在品牌信息传播渠道上没有更多的选择，这在很大程度上导致企业更加重视信息内容的策划与创意，忽略了信息传播渠道的重要性。

在整合营销传播理论和实践中，由于信息传播的渠道大大增加，消费者每时每刻都可以通过线上或线下的各种媒介接触品牌信息，这使得企业品牌信息传播渠道的重要性远大于传播内容的重要性。也就是说，对于消费者而言，企业在营销传播活动中说了什么不如怎么说或在哪里说重要；对于企业而言，选择什么样的渠道来传播品牌信息比品牌信息本身更加重要。

第1节　规划品牌信息传播渠道

由于整合营销传播活动倚重的是对多种信息渠道的整合运用，因此企业在开展整合营销传播活动时，首先应该规划品牌信息传播渠道。其具体操作主要有三个步骤：分析消费者的品牌接触点、选择品牌接触渠道和构建品牌联想网络。

一、分析消费者的品牌接触点

（一）品牌接触点的基本概念

品牌接触点是指消费者对品牌产品或服务进行认知、体验的过程中所有能对消费者产生影响的接触要素。消费者在过去购买或使用过某品牌的产品、消费者在商场和超市或专卖店与该品牌的销售人员有过接触、消费者在广告中或超市货架上看到过该品牌产品并产生深刻印象、消费者参加过该品牌的各种形式的营销推广活动等，这些均可以称为品牌接触点。对于企业而言，品牌接触点可以进一步细分为售前体验接触点、售中体验接触点、售后体验接触点和有影响力的接触点（见图6-1）。

1. 售前体验接触点

该接触点是指消费者对某品牌产品产生实际的购买行为之前与该品牌产品所传播

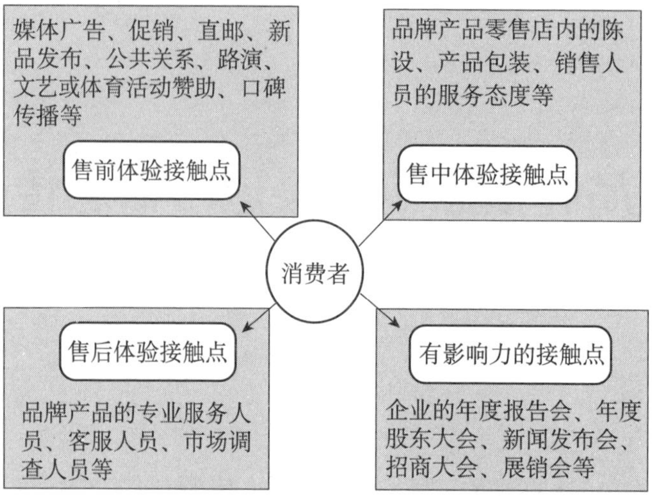

图6－1　消费者的品牌接触点

信息的接触，包括该品牌产品的各种媒体广告、促销活动期间派发的优惠券和特别折扣券、直邮、新品发布、公共关系、路演、文艺或体育活动赞助和老顾客对该品牌产品的口碑传播等。消费者在此接触点与品牌产品或服务接触的特征是，目标消费者大都通过媒介传播、活动赞助、口碑传播等方式，了解、认知品牌产品或服务的相关信息。

2. 售中体验接触点

该接触点是指消费者在实际选择和购买某品牌产品或服务的过程中与品牌产品或服务人员的实际体验性接触，包括该品牌产品零售店内的陈设、产品包装、销售人员的服务态度和对产品相关知识的介绍等。消费者在此接触点与品牌产品或服务人员接触的特征是，消费者对品牌产品或服务的品质、包装、价格等亲身体验后大都会做出购买决策。

3. 售后体验接触点

该接触点是指消费者在实际安装、使用和维护某品牌产品或服务的过程中与品牌产品或服务人员的接触，包括某品牌产品的专业服务人员、客服人员、市场调查人员等。消费者在此接触点与品牌产品或服务接触的特征是，消费者通过对品牌产品或服务的实际接触，了解企业的文化内涵和管理水平，这在很大程度上直接影响消费者今后是否继续购买该品牌的产品或服务。

4. 有影响力的接触点

该接触点是指消费者在一些比较重要的场合（如企业的年度报告会、年度股东大会、新闻发布会、招商大会、展销会、毕业生招聘会等）与品牌产品或服务的接触。消费者在此接触点与品牌产品或服务接触的特征是，由于这些活动的重要性和专业性，消费者对其所传递信息的接受度往往很高。

这些品牌接触点基本上涵盖了一个品牌产品的信息传播的所有渠道，每一个品牌接触点都有可能对消费者的购买决策产生重要影响。因此，企业应根据不同品牌接触点的特征，规划相应的品牌信息传播渠道，做好品牌接触点的信息管理工作，努力达到提高品牌传播效果且降低品牌传播成本的目的。

（二）品牌接触点的测量方法

企业对品牌接触点进行分析的目的是尽可能提高品牌传播的效率。如果要对品牌接触点进行分析，最起码要弄清楚一个消费者平均每天接触多少个品牌接触点以及哪些品牌接触点对消费者的影响更大。这需要企业对各个品牌接触点进行实际的测量，并将这些品牌接触点对消费者的影响效果予以量化。目前，下面介绍美国西北大学凯洛格商学院的丽莎·弗蒂妮·坎贝尔教授提出的品牌接触点量化分析方法。该测量方法分为三个步骤。

1. 列出全部接触点

企业从消费者的角度出发，寻找、发现并列出所有的品牌接触点。在这一过程中，调研人员不必考虑企业能否控制这些品牌接触点，重要的是尽可能将所有可能与消费者发生品牌接触的点全部找出来。

2. 对接触点排序

企业将收集到的品牌接触点按照对目标消费者的影响程度大小进行排序。坎贝尔教授认为，在所有品牌接触点中总有一个关键点，该品牌接触点在消费者对品牌产品的认知判断中起决定性作用，或者说该品牌接触点可以使消费者做出接受或拒绝该品牌产品的决定。比如，某位消费者如果被 Diesel 服装品牌的电视广告打动，产生了强烈的购买欲望，那么该电视广告就成为消费者与 Diesel 品牌之间的关键接触点；如果某位消费者在向香奈儿品牌的销售人员咨询化妆品的过程中被其专业且良好的服务态度打动，从而决定购买香奈儿产品，该销售人员就成为消费者与产品之间的关键接触点。

在表6-1中，企业的营销人员应该在左边第一栏“品牌接触点”中列出所收集到的消费者与品牌的所有接触点。第二栏“重要性评估”指的是企业营销人员对第一栏所列出的每一个接触点的重要性逐一进行评估，评估的结论分为重要和次重要，这样可以对每一个品牌接触点的重要性予以区别。第三栏“印象评估”指的是消费者在不同品牌接触点上产生的印象，其评估结论有两个，即肯定的或否定的，具体的结论主要依赖于企业对消费者的调研结果。

表6-1 品牌接触点评估表

品牌接触点	重要性评估	印象评估	客户期望	客户体验	信息	当前资源分配

坎贝尔教授之后又提出一个完整品牌接触顺位图（见图6-2）。该图将品牌接触点对消费者的重要性（重要或次重要）和消费者对品牌产品形成的印象（肯定的或否定的）这两个维度分别作为纵轴和横轴，构成四个象限。在这四个象限中，位于A象限和B象限的品牌接触点显然是企业应该重视的区域，C象限和D象限对企业的重要性相对较低。

为了维持品牌传播的长期有效性，企业必须对消费者在各个品牌接触点接触的信息加以充分的协调与整合。也就是说，如果企业想改善位于图中B象限和C象限的品牌接触点，较为简便的方法是把它们与位于图中A象限和D象限的品牌接触点加以调和，尽可能淡化消费者对品牌产品的负面印象。

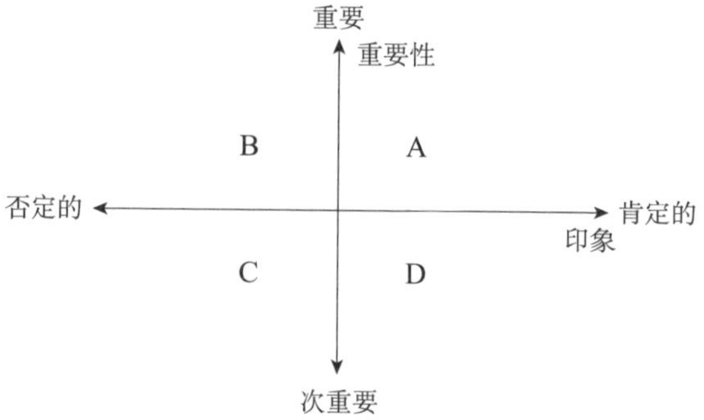

图6－2 完整品牌接触顺位图

3. 努力与消费者沟通

最后，获知消费者对品牌产品或服务的基本评价之后，企业应努力在各个品牌接触点上为消费者带来更好的体验，进一步加强消费者对品牌形成的正面印象，甚至直接促使消费者采取购买行为。要做到这一点必须对消费者进行深入的调查研究，弄清以下几个问题：消费者在每个已知的品牌接触点上的期望是什么？消费者期望得到什么品质的产品或服务？消费者期望获得什么层次的产品知识与专业技能？消费者对品牌形象和企业形象有什么初步印象？每个品牌接触点所发出的信息能否引起消费者的注意或兴趣？对于每个品牌接触点企业是如何分配预算的？企业在各个品牌接触点分配的预算是否与该接触点对消费者的重要性相匹配？

按照坎贝尔教授的想法，企业如果能够在消费者调研过程中将上述问题辨析清楚，各个品牌接触点的测量工作将会顺利完成。

二、选择品牌接触渠道

企业对消费者的品牌接触点进行分析和测量之后，下一步工作就是了解消费者希望通过何种方式接受品牌产品或服务的信息。整合营销传播的优势之一是在选取销售渠道时可以充分考虑各种营销和传播方式的利与弊，并将其中更能被消费者接受的几种营销与传播方式加以整合，从而为品牌产品或服务创造最理想的传播效果。

（一）分析消费者与品牌的接触关系

第5章介绍了整合营销传播的5R理论，即消费者与品牌之间的关系有5个R。对于消费者而言，品牌接触点必须同时具备相关性和接受度。

品牌接触点必须具备相关性是指品牌产品本身或有关品牌产品的信息必须在消费者对该类产品产生需要的时间或地点出现，而不是在品牌产品的营销人员需要时出现。比如，企业必须在消费者产生购房需求时将有关房地产楼盘的信息推荐给消费者，这样有关信息才有可能被消费者接受，否则，就会引起消费者的反感。

品牌接触点必须具备接受度是指消费者对某类产品或服务有当前需求或潜在需求时，该消费者对该类产品或服务的相关信息具有非常高的接受度。相关性与接受度之间具有密不可分的因果关系，也就是说，消费者认为某类产品或服务与其需求之间具有相关性，自然会对该类产品或服务的信息产生较高的接受度。比如，任何一位孕妇都会特别关注婴儿用品，因为婴儿用品与孕妇之间有很高的相关性，婴儿用品的生产企业有针对性地向孕妇推荐婴儿用品，孕妇自然会有较高的接受度。

（二）选择和确定品牌信息的传播渠道

企业对消费者与品牌产品的接触关系进行分析评估之后，需要选择和确定消费者最有可能接受的信息传播渠道。企业在开展营销传播活动的过程中，可选择的信息传播渠道很多，包括线上广告、线下广告、公共关系、人员促销、事件营销、直销、展会和活动赞助等。相对而言，如果企业的产品属于大众类快速消费品，那么使用广告传播渠道可能更加合适；如果企业的产品属于技术含量较高且含有个性化服务的消费品，则使用人员促销的方式往往能够获得事半功倍的效果；如果企业的产品刚刚投放市场，那么采用直销的方式可能会帮助企业迅速提升品牌知名度；如果企业只是希望增强消费者对品牌的信心，则可以考虑使用公共关系提升品牌美誉度。总之，企业一定要根据自身品牌产品或服务的特点有针对性地选择和确定信息传播渠道。

企业还必须选择和确定信息传播媒介。根据消费者接触媒介的习惯和特点，大致来说，报纸更适合年龄在40岁以上并有一定文化的消费者；专业性期刊更适合25～40岁拥有某一领域专业知识的白领阶层；电视更适合已经退休的老年人；广播显然更适合有车一族；网络和手机则更适合年轻人。总之，企业应根据所确定的目标消费者接触媒介的习惯选择和确定媒介。

三、构建品牌联想网络

当企业将品牌信息传播给消费者，并且使消费者对品牌信息有全面深入的认知后，消费者对品牌的这种认知就成为品牌联想。

（一）品牌联想与品牌网络

品牌联想指的是某消费主体通过媒介接触某一特定品牌时，由该特定品牌所引导的与该特定品牌具有直接或间接关系的信息、概念和想法，包括该消费主体以往在接触、使用或消费过程中对该品牌形成的感觉、经验、评价等。

据美国的一些品牌专家统计，世界著名品牌通常能够引起消费主体20个主要的联想和30个次要的联想。比如，一提到麦当劳，消费者大都会在脑海里产生“M”金色拱门、炸薯条、麦香鸡、麦当劳玩具、麦当劳服务生、麦当劳小顾客的生日聚会等联想。[①]消费者对某一特定品牌产生的联想越丰富，与该特定品牌之间的关系就越牢固。

在品牌联想的基础上，一些学者提出了品牌网络的概念。品牌网络是指消费者接触或感受某一特定品牌商品的信息或商品本身之后，将该特定商品的外在属性、内在品质、他人评价、自我消费体验等相关信息在大脑里汇集，在此基础上形成对该品牌商品的整体判断。图6－3是茅台酒在消费者心目中的品牌联想网络示意图。

（二）品牌联想网络的构建与实施

一个消费者如果能够在大脑中形成某一特定品牌的联想网络，说明该品牌在消费者心目中占据了十分重要的地位，或者说该品牌的传播策略非常成功。不过，任何一个消费者想要对某一特定品牌形成较为全面详尽的联想网络都不是一朝一夕就能做到的，他必须在一段较长的时间内与某一特定品牌进行多次接触和体验。企业在构建和实施品牌联想网络的过程中，必须把握以下两点。

---

① 黄鹏，何西军．整合营销传播：原理与实务．上海：复旦大学出版社，2012：100.

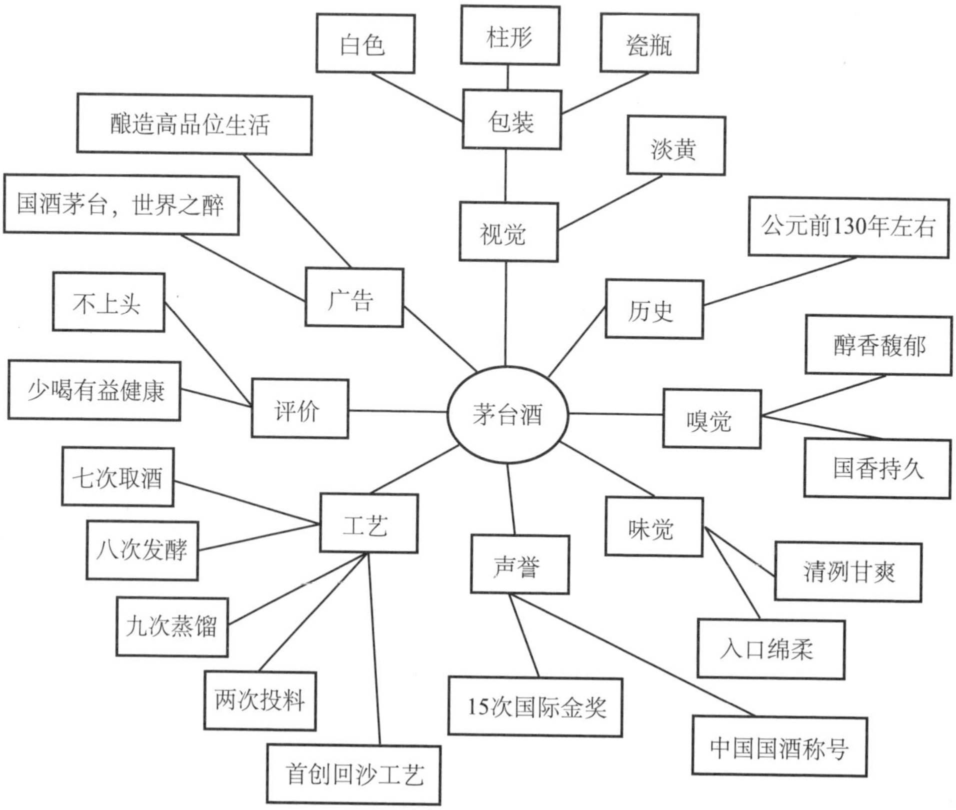

图6-3 茅台酒在消费者心目中的品牌联想网络示意图

第一，消费者的体验是形成品牌联想网络的关键因素。品牌联想网络实际上是消费者与某一特定品牌进行多次接触和体验之后对该品牌的相关信息形成的认知判断。这种认知判断虽然来自企业有目的的整合营销传播，但起关键作用的还是消费者通过对该品牌商品的体验所得出的主观判断。因此，企业在制定整合营销传播策略时要注意加大体验营销的力度，努力使消费者通过对品牌商品的体验而加快形成品牌联想网络。

第二，传播与消费者品牌联想网络相一致的信息。企业在开展营销传播活动后，应该及时检测消费者是否已经建立了品牌联想网络，以及该网络涉及的基本信息和概念，并注意在新一轮营销传播活动中努力传播与消费者心目中品牌联想网络相一致的信息，避免彼此冲突、可能动摇消费者认知的内容，以进一步巩固和加强消费者已经形成的品牌联想网络。

第2节 规划品牌信息传播内容

第1节讨论的是品牌信息传播渠道的规划和选择，本节将主要分析企业到底应该传播什么内容的信息。在传统的营销传播中，规划营销传播内容不仅在重要性方面优于选择营销传播渠道，而且在先后顺序上也先于选择营销传播渠道，这样就形成了从内容到形式的过程。整合营销传播活动则正好相反，它实际上是从形式到内容的过程。

一、传播策略发展规划

传播策略发展规划是舒尔茨在其《整合营销传播：创造企业价值的五大关键步骤》一书中就如何确定传播的具体内容而提出的具体操作方法。该方法严格遵循整合营销传播以消费者为中心的核心思想，将具体操作流程分为七个步骤。

（一）分析和研究消费者的行为特征

从理论上说，消费者会有不同的行为特征。企业开展营销传播活动，要尽可能地将本企业消费者的消费行为归类，从中发现本企业产品的目标消费者有哪些独特的行为特征。

消费者行为特征的分析内容主要包括：消费者曾经购买过什么产品或服务，他们一次购买多少，他们购买的场所或时间是否有内在的规律性，他们对同类产品或服务有哪些未被满足的需求，他们对同类产品或服务的态度或评价是什么。整合营销传播的核心思想是努力在品牌与消费者之间构建互惠互利的关系，这又有赖于企业对消费者行为特征的深刻洞悉，这也是企业在整合营销传播活动中确定传播内容最重要的依据。

在美国牛仔服装市场上，第一大品牌是以男性为目标消费者的 Lee，该品牌问世以来，成功地将牛仔服装打造为男人的服装，但是无意间却忽视了女性对牛仔服装的需求。Lee 敏锐地抓住这一契机，关注长期被忽略的女性市场。Lee 经过对女性消费者行为及心理需求的深入调查和研究，得出了以下结论。

其一，Lee 的目标消费者为 25 ~ 44 岁的女性消费者。

其二，该目标消费者对牛仔服装有一种心理层面的需求，即她们对牛仔服装充满眷恋，牛仔服装与她们一起度过了欢乐的青春年华，牛仔服装是她们青春成长的见证。

其三，该目标消费者对牛仔服装最关切的品质需求或者说她们希望牛仔服装能提供的最重要的利益点是“贴身”。大多数女性消费者希望穿在身上的牛仔裤能让她们活动自如，但是市场上能够满足这种需求的牛仔服装很少。调研数据表明，女性消费者平均试穿 16 条牛仔裤，才有可能挑选出一条称心如意的牛仔裤。

根据营销调研结果，Lee 的营销传播活动紧紧围绕“贴身”这一主题开展，其广告语“最贴身的牛仔服”极大地满足了女性消费者的需求，Lee 在短时间里一跃成为牛仔服装的第一大品牌。

此案例清楚地说明企业在规划传播信息的过程中，一定要在深入分析和研究消费者的真实需求的基础上提炼诉求信息，否则，再棒的广告创意也不会打动消费者，更不可能为企业带来理想的销售业绩。

（二）分析和研究产品或服务能否满足消费者的需求

企业的营销人员在对消费者的消费行为进行深入分析和归纳之后，第二步是针对自身产品或服务能否满足消费者的需求进行分析和研究，主要内容包括：消费者对本品牌产品或服务的品质有什么看法，他们是否认为购买本品牌产品或服务物有所值，本品牌的形象和声誉是否给他们以足够的信心，消费者对本产品或服务的竞争品牌有什么看法，媒体的新闻报道、零售商的销售业绩以及产品的价格对消费者有什么影响，本品牌形象能否满足消费者的精神需求，本品牌产品是否明显地模仿了其他品牌产品的设计工艺或制造技术等。企业如果在调研过程中发现本品牌产品或服务不能给消费者以足够的信心，就应该根据上述分析得出的基本结论制定品牌传播策略。

20世纪90年代，新的替代品的出现对纸盒包装业构成了巨大的挑战，使得当时占据纸业市场领导地位的美国国际纸业公司在牛奶包装市场的占有率迅速下降。为改变不利的局面，国际纸业公司针对消费者的需求做了大量细致的调研工作，发现并确认了消费者购买牛奶方面的需求及其对牛奶包装最关心的利益点。

研究结果显示，鲜奶的核心消费者主要是24～44岁的母亲，她们的孩子大都在4～18岁。这部分女性消费者一次性购买鲜奶的数量较大，且都倾向于购买1加仑大容量的包装。她们鼓励孩子多喝鲜奶，因为她们深信牛奶对孩子的生长发育、骨骼强壮和健康成长十分有益，其中一些女性消费者担心牛奶中脂肪含量过高，更倾向于购买低脂或脱脂牛奶。

在对消费者进行调查时，国际纸业公司还发现了消费者对鲜奶使用纸盒包装最关切的两点：一是大容量的包装；二是不能影响食品的营养价值。据此，国际纸业公司特别研发了一种全新的包装，即用一个纸质把手将两个半加仑的纸盒紧密牢固地结合在一起，这样一来既大大增加了消费者购买和使用过程中的便利性，又有效地解决了原先一加仑纸盒强度不够容易膨起的问题，还可以将两个半加仑当作一个销售单位来定价和销售。新包装为消费者提供的利益是：消费者打开一包半加仑鲜奶饮用丝毫不会影响另一包鲜奶的新鲜度，饮用完的鲜奶的纸盒包装可直接丢弃，节省了冰箱的空间，这恰恰是其他包装替代品无法做到的。新包装的鲜奶被正式命名为“一加仑双包装”鲜奶。

在鲜奶保存方面国际纸业公司也有了新的发现，即牛奶暴露在日光下会破坏维生素成分及味道，这对于为健康而购买低脂牛奶的消费者是一个严重的问题。用不透明的纸盒包装正好可以有效地阻挡94%的有害光线，这自然成为国际纸业公司劝服消费者购买盒装牛奶的足以令人信服的理由。

在随后开展的营销传播活动中，大量的数据表明，消费者在不同地方支持使用塑料瓶作为牛奶包装物的比例从59%～61%下降至35%～43%，支持使用纸盒作为牛奶包装物的比例由39%～41%上升为57%～65%，而且整个牛奶市场的销量平均上升了10%。

（三）分析和研究竞争对手是否对本产品构成威胁

知己知彼，百战不殆。开展整合营销传播活动同样需要知己知彼，这里的“彼”指的是与本企业产品构成竞争关系的同类别品牌产品，“知”指的是对竞争对手的产品进行全面深入的分析和研究。具体的研究内容包括：竞争产品目前提供给消费者的利益是什么，竞争产品或服务自身是否存在弱点，竞争产品采用的传播策略是什么（包括传播主题/信息内容、传播媒介选择等），竞争产品采用的渠道策略是什么，竞争产品采用的定价策略是什么。

对竞争对手的研究具有多重意义。第一，企业必须知道自己到底在与谁竞争以及消费者心目中有哪些同类别的品牌产品可以选择，只有明确了这些基本问题，企业才有可能为自身的品牌产品确定一个清晰的市场定位，并据此制定出切实有效的营销传播战略。第二，企业一定要发现自身品牌产品与竞争品牌产品在消费者心目中的差异点。比如，同样是化妆品，玉兰油保湿霜和大宝润肤霜可能在原料的选配和生产的工艺流程上没有本质的不同，但是这两个品牌在消费者心目中的地位和形象有较大的差异。消费者普遍认为玉兰油属于中档化妆品品牌，大宝是工薪阶层使用的品牌。这种认识上的差异性很好地证明了定位理论的核心内容，即关于产品的定位并不在于产品之间的差异性，而在于消费者心目中品牌之间的差异性。基于这样一种认识，企业应该明白品牌形成竞争优势不能只靠产品的质量和性能，更为重要的是规划品牌的传播策略，通过有效的传播使该品牌在消费者心目中形成有别于竞争对手的差异化和个性化特征。

百事可乐长期实施的营销传播战略的着眼点是将可口可乐作为自己的竞争对手，并由此实施了一系列营销传播策略。其中最为有效的策略是明确和坚持自己的定位优势，将目标消费者牢牢锁定为青年时尚男女，其别出心裁的标识设计、包装设计、传播主题、促销活动无不紧紧围绕着目标消费者的价值取向、心理需求进行，使得百事可乐在激烈的市场竞争中占据半壁江山。

（四）提炼能够提供给消费者的利益关键点

在对消费者和竞争者进行比较分析和研究之后，企业可以判断在同类产品激烈竞争的市场中哪个品牌更受消费者欢迎，企业自身的品牌最有可能挤占哪个竞争品牌的市场份额，以及哪些消费者是本品牌产品最有可能争取到的新客户等。要想达到以上市场竞争目标，企业需要提炼出一个最有劝服力的诉求点，也就是与竞争品牌相比本品牌能带给消费者的利益关键点。比如，玉兰油多效呵护霜提炼出的利益关键点就是“能一次对付七种岁月痕迹”，这一具有独特竞争优势的利益诉求对消费者产生了极大的诱惑力。消费者想要得到的其实就是品牌产品或服务能够向消费者提供的利益诉求或承诺。利益诉求必须具有明确的方向性和概念性，绝不能只是产品优异、物美价廉之类空洞的溢美之词。特别强调一点，企业所提炼的利益关键点不能只从企业自身的角度考虑，还必须根据消费者的心理需求予以策划和设计。

（五）分析和研究消费者的品牌接触点

企业应深入分析消费者与品牌产品的接触点，以便在最合适的场合和最合适的时间将品牌产品的信息传播给消费者。消费者与品牌产品之间有诸多接触点，但是企业并不清楚哪一个接触点对消费者产生的影响力最大，以及众多影响消费者购买行为的因素中哪些因素将产生更关键的作用。企业必须在许许多多的品牌接触点中找出最有可能对消费者产生影响的品牌接触点以及相关因素，并将这些分析和研究的结论纳入传播规划，为企业制定长远的营销传播战略奠定坚实的基础。

（六）分析品牌产品在营销传播方面的有利之处

企业在这一步需要分析和研究以下几方面内容：消费者通过什么渠道购买本品牌产品或服务，他们对销售渠道所提供的服务有哪些要求，他们大都通过什么媒介接触产品信息，他们为什么信任产品的诉求信息。比如，当宝洁公司宣称玉兰油护肤品可以让使用者的肌肤“像剥了壳的鸡蛋一样光滑”时，显然，仅仅依靠大众传播是不可能使消费者对这一诉求产生信任的。既然如此，企业必须考虑将劝服性传播有机地融入营销活动中，通过消费者实际使用获得的良好效果形成更具说服力和影响力的人际传播口碑效应。

（七）展望市场的发展趋势和竞争状况

传播策略发展规划的最后一个步骤是对市场的发展趋势和竞争状况进行展望，企业需要进行的预测分析包括：在本品牌产品加入市场竞争的未来几年内，市场的竞争结构将会发生哪些变化；在此次研究成果的基础上，企业应该继续开展哪些项目研究才能在今后的市场竞争中制定完美的营销传播战略；企业是否需要用一年的时间来研究消费者对本营销传播战略的反应；他们是否信任本品牌产品的诉求或承诺。针对这些问题的研究和思考所形成的结论有利于营销传播战略的修订和完善。整合营销传播战略不是一成不变的，因为市场格局在变，消费者的生活方式在变，竞争对手的竞争策略也在变，整合营销传播战略在具体实施过程中必须根据变化的市场、消费者和竞争对手及时进行调整、修订和完善。

最后要强调的是，整合营销传播理论的核心是企业努力通过品牌与消费者建立起彼此认同且互惠互利的稳定长久的良好关系。企业的营销人员绝不能奢望靠一两次较为成功的营销传播活动就一劳永逸，也不能因为消费者对本品牌产品或服务的品质感到满意而不再努力，应该不断地开展各种传播活动，努力维护和保持与消费者之间的关系，只有这样才能使整合营销传播战略发挥应有的作用。

完成上述七个步骤的分析和研究后，传播策略发展规划也就基本告一段落了。与传统的SWOT分析工具和其他战略战术分析方法相比，传播策略发展规划实际上是战略战术的融合，它不仅对产品的优势、劣势、机会和威胁进行系统的分析，而且力求对消费者的消费行为、消费心理和能够影响消费者的品牌接触点以及营销传播渠道进行深入的分析。企业在制定整合营销传播战略时应该充分利用这一工具，只有这样才有可能形成更有针对性、更有竞争性和更有营销传播效果的整合营销传播战略。

二、提炼品牌传播的核心信息

传播策略发展规划是宏观层面的操作，下面介绍微观层面上对品牌产品核心信息的提炼方法。

（一）核心信息的作用

如果说传播策略发展规划为企业的营销传播战略实施规定了方向，那么企业针对消费者所提炼的品牌产品的核心信息可以使传播活动更具具象性和感染力，也可以为传播活动的下一个环节“广告创意”奠定基础。核心信息实际上就是企业通过营销传播活动将品牌信息传播给消费者的最核心利益（物质的或精神的）诉求点。

比如，大众Polo的核心信息为“结实”，这是企业向消费者提供的最有价值的利益关键点，同时也是该品牌在广告传播活动中通过创意表现的核心要素。

企业对核心信息的提炼实际上就是解决“说什么”的问题。在营销传播活动中，企业借助媒介或其他传播方式向消费者传递的应是最能引起消费者兴趣的关键信息。在充斥着大量信息的今天，消费者只能记住一则广告中最核心的信息。因此，能否提炼出准确且有竞争力的核心信息就成为营销传播活动能否取得成功的关键。

（二）核心信息的提炼

1. 分析品牌产品的核心信息

企业在提炼品牌产品核心信息之前，营销传播实践的基础不同导致营销人员提炼核心信息使用的方法不尽相同。大体而言，企业营销传播实践的基础有两种：一是企业过去没有做过营销传播活动，自然需要提炼一个全新的核心信息；二是企业过去做过较大规模的营销传播活动，已经将核心信息传播了一段时间。

如果是第一种情况，营销人员对核心信息的提炼就相对简单。营销人员在掌握大量消费者及竞争对手信息的基础上，对产品的物质属性（品质、价格、包装、服务维修、功能等）或精神属性（品牌理念、价值观念、社会地位象征、时尚流行、精神归属）的优势或特征逐一进行分析，最终提炼出本品牌产品的核心信息，也就是广告业内人士通常所说的诉求点。

如果是第二种情况，营销人员对核心信息的提炼就相对复杂。营销人员首先要对企业以往的营销传播活动尤其是原核心信息的传播效果做全面客观的判断。结论可能有两种：一是原营销传播活动比较成功，其核心信息也比较准确；二是原营销传播活动没有什么成效，原核心信息也明显不正确。

如果营销人员的判断属于结论一，则应坚持使用原核心信息，只需考虑如何使创意表现形式更能引起消费者的注意和兴趣。比如，Lee 牌牛仔服装的创意概念是“贴身”，由于种种原因，Lee 更换了自己的广告代理公司，新接手的广告公司经过全面深入的分析，认为“贴身”最能表现 Lee 的个性，是消费者最认可的创意概念。新广告代理公司从营销传播的效果出发继续使用“贴身”这个核心信息。

如果营销人员的判断属于结论二，则必须重新提炼核心信息。比如，威廉·伯恩巴克接手艾维斯公司的广告业务之后，全面否定了艾维斯公司之前的核心信息，并根据当时的市场情况，主动将艾维斯公司置于市场挑战者的地位，重新提炼核心信息，取得了良好的传播效果。

2. 核心信息的具体提炼方法

核心信息主要有两种提炼方法。一种是由表及里、去粗取精，即先寻找或确定诉求主题，再将诉求主题的内容予以提炼或简化。另一种则是直接抓住要害、一步到位。

核心信息可以是物质层面的内容，如海飞丝的“去头屑”，也可以是精神层面的内容，如飘柔的“自信”。对具体的品牌而言，核心信息是物质层面的还是精神层面的并不重要，重要的是要第一个“说”，而且能长期使用、一以贯之。

企业往往非常重视产品的技术改造和工艺革新，但新的技术和工艺很快便会被竞争对手模仿或照搬，这使得企业的竞争优势难以维持很长时间。如果企业在核心信息的提炼上占得先机，则其他企业就不可能模仿或照搬同样的诉求概念，因为模仿或照搬只会使消费者加深对原品牌的印象，也就是说，跟进的品牌所做的广告是在免费宣传原品牌。许多品牌的核心信息一旦确立并长期使用，便会使消费者记忆深刻。如瑞典的沃尔沃轿车长期使用的核心信息（诉求概念）是“安全”，久而久之，沃尔沃在消费者心目中就成了“安全”的代名词，其他品牌的轿车则不可能再使用“安全”作为自己的核心信息。

核心信息的提炼从不同的角度出发，其使用时间的长短也会有所不同。总体而言，从品牌战略和品牌形象的宏观角度提炼的核心信息，使用的时间可能长一些，如可口可乐的核心信息“快乐”自推出直到现在仍在使用。从产品销售的角度提炼的核心信息，使用的时间要短一些，如 Polo 轿车的核心信息“便宜”并不是其最终的核心信息，是为了在短时间内扩大市场销售而提出的，因此使用时间有限。

基本概念

品牌接触点　　品牌联想　　品牌网络　　核心信息

思考题

1. 在整合营销传播理论与实践中，为什么选择传播渠道比传播信息本身更重要？

2. 企业应该如何确定传播信息的具体内容？
3. 企业提炼品牌传播核心信息的具体方法是什么？

课后实践

请各小组同学在第5章课后实践（即对所选品牌的目标消费者进行识别、分析和判断）的基础上，根据消费者的生活形态或消费行为特征确定品牌信息传播渠道，并在对竞争品牌进行深入分析的前提下提炼本品牌传播的核心信息。

第7章 评估企业投资回报率

本章讨论的是整合营销传播（IMC）理论中最为关键也是与传统营销传播理论具有本质差别的内容。传统营销传播理论的问题是难以对营销传播的投资回报进行量化测算，这在很大程度上影响了企业对营销传播活动究竟应该投入多少才能获得较为理想的产出效果做出理性的判断，整合营销传播理论提出了一整套评估企业投资回报率的方法，为企业开展营销传播活动提供了决策依据。

第1节　传统营销传播效果评估方法与IMC的效果评估原理

本节主要介绍传统营销传播效果评估方法及其相关理论，对其不足之处进行剖析，并在此基础上对整合营销传播的效果评估原理进行阐述。

一、传统营销传播效果评估方法

传统营销传播理论对营销传播效果的评估主要是衡量消费者态度的改变。由于这种方法难以量化，所得出的结论往往与事实有较大差距。在很长的一段时间里，许多业内人士认为消费者态度的改变是影响营销传播活动效果或消费者是否做出购买决策的唯一因素。

（一）消费者态度改变的线性理论

1961年，以消费者态度的改变作为衡量标准的两种研究方法先后被提出。第一种方法是由罗伯特·拉维基与盖瑞·史坦纳在一篇论文中提出的效果等级法测量模型。该测量模型的基本观点是：消费者对某产品采取购买行为之前，必然会经历一连串自身态度发生变化的阶段，消费者所接触的广告信息会把他们从认知产品一路引领至购买产品。该模型还假设营销传播是促成消费者态度改变的工具。因此，目标消费者和潜在消费者接触的广告信息越多，就会越快地采取购买行为。

第二种方法是拉赛尔·柯利在《为测量广告效果而确定广告目标》（*Define Advertising Goals for Measured Advertising Results*）一书中提出的方法。他认为广告的成败应视其能否有效地使想要传播的信息在正确的时间、以适当的成本、向正确的受众传播而定。在该思想的引导下，柯利提出了一个有效传播模型，业内人士以该书名的首字母缩写将之命名为DAGMAR模型（见图7-1）。

图7-1　DAGMAR模型示意图

效果等级法测量模型与DAGMAR模型有许多共同之处，它们都显示了消费者从认知广告到理解、确认和购买的过程。这两个模型依据的基本思想都认为目标消费者或潜在消费者在购买某种产品之前必然会经历某种可以衡量的、结构性的态度改变的过程，消费者的态度会决定其行为。由于这两种模型对消费者态度改变过程的描述均是线性的，因此本书将二者统称为消费者态度改变的线性理论。

这两种模型在今天看来显然有些过时，但是在当时的环境下，这两种模型是营销传播理论不断向前发展的阶段性成果，为企业的营销传播实践提供了可操作的方法。

（二）消费者态度改变的S曲线理论

20世纪70年代前后，在消费者态度改变的线性理论的基础之上，有学者提出了广告投放次数与消费者回应之间关系的S曲线理论，该理论对广告效果研究做出了一定的贡献（见图7-2）。该理论认为，当广告投放一至两次时，消费者往往不会产生什么回应，但是当消费者连续三次以上接触广告信息时，广告对消费者的影响力会逐渐显现出来。或者说，消费者从第三次接收广告信息开始，便会对广告传播的产品信息产生回应，即消费者对产品的态度会有所改变，逐渐从不关注产品到关注产品、知晓产品直到购买产品。许多企业的广告媒介计划是根据这个理论制订并实施的。

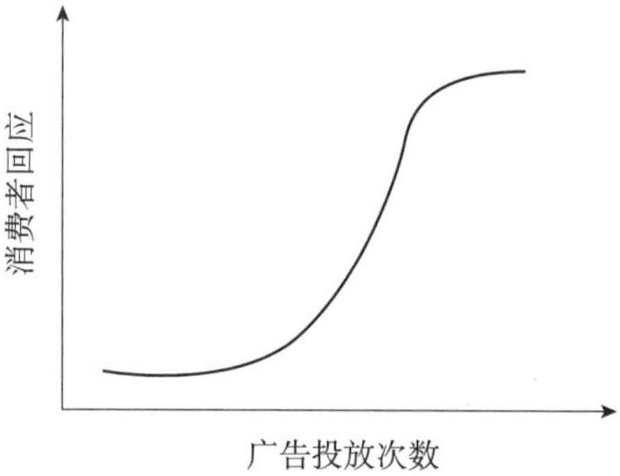

图7-2　广告投放次数与消费者回应之间关系的S曲线理论

美国学者约翰·保罗·琼斯和欧文·艾弗朗对这一理论做了验证分析，他们对大量的资料进行调研分析之后发现，广告可能会以不同的方式对消费者产生作用。广告传播除了在传统上被认为具有强化品牌形象进而形成品牌的无形价值的作用，还有可能在短期内对消费者产生立竿见影的效果。琼斯和艾弗朗认为，广告传播的效果取决于消费者的“最近购买时间”。也就是说，在前一周接收到某品牌的广告信息的消费者购买其产品的概率将远远大于没有接收到该品牌广告的消费者。该理论实际上认为广告带来的销售效果取决于广告在近期投放的次数。

不久之后，西蒙·布劳得本特提出了与上述理论相似的另一个观点。他认为对广告效果的评估不应仅仅基于广告投放的次数，应该更加看重长期传播的效果。在此观念的指导下，他提出了广告累积效果评估理论，认为消费者是否会继续购买某品牌的产品或成为忠诚消费者与该品牌的广告对消费者产生的累积效果有密切关系。也就是说，广告投放不应该只是一个短期行为，更应该是一个长期行为。广告投放的效果包含两个层面：一是可以在短期内为企业带来即时的销售量；二是长时间的投放会在目标消费者或潜在消费者的心目中逐渐形成深刻的品牌印象，并有可能在将来产生销售效果。其具体的测量方法是将目标消费者或潜在消费者对品牌长期传播形成的感觉、态度和经验三者的量化指数相加。

二、IMC 的效果评估原理及关键概念

关于广告传播效果评估，传统营销传播理论的研究思路局限于对消费者态度的研究，而整合营销传播理论则关注消费者行为，并据此提出了相应的评估方法。

相比于传统营销传播的态度评估方法，运用 IMC 效果评估方法的企业可以针对数据库中存储的消费者行为信息，选择最有可能成为本品牌产品目标消费者或潜在消费者的群体，进一步判断他们对品牌的价值，以便形成比较理性和明智的投资决策依据。在此基础上，企业的营销人员可以针对目标消费者的消费行为制订营销传播计划。企业一旦计算出传播成本与产品利润，就能比较容易地评估和判断营销传播的投资回报率。

这种评估方法涉及一些财务概念，下面先对一些关键的财务概念做简单的介绍。

（一）短期消费者投资回报率与长期消费者投资回报率

企业可以根据消费者对企业开展的营销传播活动的回应时间长短，将消费者投资回报分为短期回报和长期回报两种。短期回报主要是指本财务年度内开展营销传播活动所带来的销售业绩；长期回报则是指企业开展营销传播活动超过某一财务年度之后所创造并逐渐增加的销售业绩，一般指消费者在三年后的购买行为给企业带来的回报。在实施营销传播活动的过程中，企业如果想获得短期回报，可以侧重于广告和促销等活动，以便促进目标消费者产生即时的购买行为；企业如果想获得长期回报，则应该通过开展公共关系和参加公益活动等方式加强品牌形象的塑造和传播，使目标消费者对品牌产生信任感并成为本品牌的忠诚客户。

（二）现金流与股东价值

在当今的经济形势下，多数企业的财务运作体系是以两个价值目标为基础的：一是努力增加或稳固企业的现金流，以维持企业运营的固定开支并保持适当的机动性，随时适应市场的变化；二是增加或改善股东价值，增强投资者的投资信心，进一步调动潜在投资者的投资积极性，以扩大投资来源。即便只能达到其中一个价值目标，企业开展的营销传播活动也可以评估为成功。具体来说，企业希望通过实施整合营销传播活动实现以下财务目标。

（1）增加现金流。企业应通过有针对性的营销传播活动扩大能够带来新现金流的目标消费群，或者提高现有消费群的回报率（增加消费者一次性购买量等）。

（2）加速现金流。任何企业生产运营的绝大部分环节都依赖于净现值的储备与支付能力，也就是说，企业当前掌握的净现值远比未来得到的支票有价值。因此，企业开展营销传播活动的目标之一就是设法增加目标消费者对品牌产品的购买频率，以及加速获取消费者支付给企业的现金流。

（3）稳定现金流。企业在短时间里通过开展营销传播活动扩大销售量并不困难，但要想在较长一段时间里稳定销售量及现金流就不是一件容易的事情。从企业经营的角度来讲，如果通过努力能够稳定现金流，就可以减少银行贷款，规避经营风险，针对竞争

对手开展更有挑战性的营销传播活动。稳定现金流的方法主要是通过互动传播来提高目标消费者的忠诚度，使其持续购买本品牌产品。

（4）建立与提高股东价值。以往企业股东价值的增长主要来自企业拥有或控制的有形资产的增长，如今企业无形资产占总资产的比重越来越大，企业在营销传播活动中努力建立和提高股东价值的重要性有增无减。创造企业无形价值的主要方法是努力塑造和传播品牌的无形价值，让投资者认为企业的无形价值大于有形价值，从而坚定投资者的投资信心。

（三）营销传播的投入与产出

虽然企业所掌握的资源是有限的，但许多企业都希望维持或扩大经营范围或规模，结果自然就导致支出的项目增多，从而常常使企业的决策者感到入不敷出、捉襟见肘。比如，企业除了需要对营销传播活动进行投入之外，还需要对产品研发、股东分红、技术改造、厂房扩建、员工薪资、设备更新等进行必要的资金投入。营销人员必须明白企业的资源是有限的，在制订营销传播计划时一定要有投入与产出的概念，利用短期消费者投资回报率的计算方法对营销传播效果予以量化评估，只有这样才能制订出投入合理和产出效率较高的营销传播计划。

（四）延时效果

营销传播活动与一般项目的财务评估系统的不同之处在于：一般项目的投入与产出大都以财务年度计划为主，评估的是即时效果；营销传播活动的投入与产出大都横跨多个财务年度，评估的是延时效果。这使得企业难以对营销传播的效果进行评估。就企业的财务系统而言，营销传播活动不得不遵循财务系统的一般规律。因此，整合营销传播效果的评估往往采用较简单的做法，即设定一个财务期间，再以营销传播的投资与回报来迁就企业经营采用的会计与财务标准。这种操作比较简单，但是营销传播效果评估的准确性会受到影响。

（五）净现值

从投资项目的角度讲，净现值是指投资方案产生的净现金流量以资金成本为贴现率折现后与初始投资额现值的差额。按净现值大小来评价方案的优劣，净现值大于零，则方案可行，而且净现值越大，方案就越优，投资效益也越好。从财务管理的角度讲，净现值是指投资项目投入使用后的净现金流量按资本成本或企业要求达到的报酬率折算为现值后，减去初始投资所剩下的余额。

目前计算企业的净现值是衡量企业经营状况的一个非常重要的方法。由于货币的储存会受市场风险和通货膨胀的影响，因此企业管理层通常更愿意掌握一定比例的现金流。企业计算未来现金流，大都采用现金流折现的方法来计算现有资金在未来的价值。

（六）边际收益

边际收益是指增加一单位产品的销售所增加的收益，即最后一单位产品的售出所取得的收益。它可以是正值也可以是负值。边际收益是企业对项目投入与产出进行评估时运用的一个重要概念。利润最大化的一个必要条件是边际收益等于边际成本。在完全竞争条件下，任何企业的产量变化都不会影响价格水平，需求弹性对个别企业来说是无限的，总收益会随销售量增加而同比例增加，边际收益等于平均收益。不过，对于营销传播活动，企业自然希望收益大于其投入。

（七）品牌资产与品牌投资

品牌资产也称品牌权益，是指只能由品牌产生的市场效益。或者说，它是产品有品牌时与无品牌时的市场效益之差。在整合营销传播理论中，品牌是极其重要的一个内容。一般情况下，品牌通常不被企业当作有形资产来管理。品牌的价值或资产是逐步累积的，通过消费者对品牌的信任而产生的回报更需要长时间的累积。因此，对于消费者对品牌的价值，只能根据长期的投资回报率来评估。

第2节 IMC评估短期消费者投资回报率

本节主要讨论计算短期消费者投资回报率的基本方法，将参考舒尔茨的思路：首先提出一个适用于任何类型企业的基本框架，再以具体的案例来说明计算方法，进而说明该计算方法的应用步骤。

一、边际分析法

边际分析法是整合营销传播效果评估工具之一。该方法的基本原理是将短期内企业对营销传播的投入视作变动成本，而不像传统营销传播效果评估方法那样将其看作固定成本。这样，在计算 IMC 效果时用营销传播的销售收入（利润）减去变动成本，即可得出 IMC 获得的利润。

将企业对营销传播的投入视作变动成本的前提是：假如企业营销人员可以设定目标客户或潜在客户对本品牌产品的经济价值，他们就可以据此决定应该对这些客户投入多少营销传播成本。第5章已介绍目标消费者的价值必须根据边际贡献率来评估，应以此计算目标消费者能够带给企业多少收入。

表7-1列出了某企业快速消费品的支出项目预算，其中，营销传播费用列为固定成本，占产品总额销售的6%，如果企业还考虑通货膨胀系数，那么下一年度的营销传播预算就容易估算了。

表7-1 某企业快速消费品的支出项目预算

项目	第一年	第二年	第三年
总销售额（百万美元）	1 750.00	1 897.50	2 108.00
销售数量（百万件）	500	550	620
单位价格（美元）	3.50	3.45	3.40
管理费用（百万美元）	170.00	166.60	163.27
营销传播费用（百万美元）	105.00	115.00	127.05
营销传播费用占总销售额的比率	6%	6%	6%
固定成本总额（百万美元）	275.00	281.60	290.32
销货成本与税前毛利（百万美元）	1 475.00	1 615.90	1 817.68
销货成本（百万美元）	525.00	550.28	590.24
税前毛利（百万美元）	950.00	1 065.62	1 227.44

资料来源：唐·舒尔茨，海蒂·舒尔茨．整合营销传播：创造企业价值的五大关键步骤．何西军，黄鹏，朱彩虹，等译．北京：中国财政经济出版社，2005.

表7－2中的营销传播费用被归入变动成本。既然如此，企业营销人员的主要任务就是根据每个目标消费群的消费行为特征制定具有高回报率的营销传播收入目标。

表7－2　拓展营销传播后的业务

项目	第一年	第二年	第三年
总销售额（百万美元）	1 750.00	1 897.50	2 108.00
销售数量（百万件）	500	550	620
单位价格（美元）	3.50	3.45	3.40
管理费用（百万美元）	170.00	166.60	163.27
固定成本总额（百万美元）	170.00	166.60	163.27
销货成本、税前毛利与营销传播费用（百万美元）	1 580.00	1 730.90	1 944.73
销货成本、税前毛利与营销传播费用之和占总销售额的比率	90%	91%	92%
销货成本（百万美元）	525.00	550.28	590.24
税前毛利（百万美元）	950.00	1 065.62	1 227.44
营销传播费用（百万美元）	105.00	115.00	127.05
营销传播费用占总销售额的比率	6%	6%	6%

资料来源：唐·舒尔茨，海蒂·舒尔茨．整合营销传播：创造企业价值的五大关键步骤．何西军，黄鹂，朱彩虹，等译．北京：中国财政经济出版社，2005.

通过边际分析法，企业可以在理论上针对目标消费群或潜在消费群投入没有上限的营销传播费用，只要市场回报的收入不低于支出即可，因为企业的营销传播活动被列入变动成本。

二、增量收益评估法

舒尔茨在其专著中提出用增量收益评估法对整合营销传播活动的投资回报率进行评估。增量收益评估法根据企业增加或扩大营销传播投资项目所产生的增量收益和增量费用计算出增量现金流量，然后据此进行增量效果指标计算，并对企业在营销传播活动中是否增加投入做决策判断，它是一种较为简便合理的方法。

该评估方法的使用有一个假设前提，即企业开展的所有试图拓展市场业务的营销传播活动都会为企业带来更多的回报，而且企业的营销人员必须事先估计或说明即将开展的营销传播活动可能给企业带来的额外营业收入。由于所有的企业都离不开现有消费者或潜在消费者为企业带来的收入，因此对营销传播活动增加投入应该可以扩大或维持营业收入来源，现有消费者或潜在消费者也可以为企业带来更多的现金流。

运用增量收益评估法的目标是累计计算财务回报，而不是计算传统预算中的总营业额或利润。计算累计收益的方法也适用于维持现有消费者的营销传播策略。比如，企业可以先行估计维持现有消费者收入流的营销传播活动开支，再据此决定下一轮营销传播活动的开支与消费者投资回报率。同理，企业也可以利用该评估方法计算或评估吸引潜在消费者需要投入的资金。

（一）消费者投资回报率分析的组成要素

下面用表7－3来说明增量收益评估法流程的运作过程。该表以标准化的方式列出了典型的消费者投资回报率分析的各个组成要素。

表 7-3　消费者投资回报率分析的组成要素

类别需求假设 1. 估计类别需求	历史资料/估计
基本收入流假设 2. 基本需求占有率	历史资料/估计
3. 基本收入流	行1×行2
4. 非传播成本（生产成本、固定成本、一般管理费用等）	估计
5. 边际贡献率	100% -行4
6. 边际贡献	行3×行5
假设情况A（无传播投资） 7. 需求占有率的变化	估计
8. 所得到的需求占有率	行2+(行7×行2)
9. 所得到的消费者收入流	行8×行1
10. 扣除非传播成本（生产成本、固定成本、一般管理费用等）	-(行9×行4)
11. 扣除营销传播成本	0
12. 净贡献	行9+(行10+行11)
假设情况B（有传播投资） 13. 营销传播活动	估计
14. 营销传播总投资	根据行13内容计算
15. 需求占有率的变化	估计
16. 所得到的需求占有率	行2+(行15×行2)
17. 所得到的消费者收入流	行16×行1
18. 扣除非传播成本（生产成本、固定成本、一般管理费用等）	-(行17×行4)
19. 扣除营销传播成本	-行14
20. 净贡献	行17+(行18+行19)
计算消费者投资回报率 21. 增量收益/亏损（与无传播投资假设情况的对比）	行20-行12
22. 增量消费者投资回报率	行21/行14

资料来源：唐·舒尔茨，海蒂·舒尔茨．整合营销传播：创造企业价值的五大关键步骤．何西军，黄鹂，朱彩虹，等译．北京：中国财政经济出版社，2005.

表7-3包括五个部分：类别需求假设、基本收入流假设、假设情况A（无传播投资）、假设情况B（有传播投资）和计算消费者投资回报率。

（1）类别需求假设。这部分内容需要说明消费者对同一产品类别的总体需求，该需求涵盖了同一产品大类中所有生产企业某一时间段内所销售的产品总和。如果有一些企业通过中间商销售产品，这个数据可以根据生产企业所提供的销售量来评估。

第1行，估计类别需求。这是以历史的或推测的消费者购买行为资料为基础估计出的数据，该数据以货币金额而非单位、载货量或其他非财务衡量标准来表示。

（2）基本收入流假设。企业根据品牌消费者占有率以及品牌传播投入成本的动态变化提出基本的假设。

第2行，基本需求占有率。这是指企业以历史数据或假设推定分析所估计的数据为基础得出的本品牌产品目前在客户的总类别需求中所占的比例。

第3行，基本收入流。这是指现有消费群体带给本品牌产品的现金收入流。其具体计算方法是将现有消费者的估计类别需求与基本需求占有率相乘。

第4行，非传播成本。这是指除营销传播成本之外企业所有的固定成本与变动成本。为简化起见，该项数据常常以收入流的百分比来表示。

第5行，边际贡献率。该项数据用100%减去第4行的非传播成本比率得出。

第6行，边际贡献。该项数据用第3行的基本收入流乘以第5行的边际贡献率得出。

（3）假设情况A（无传播投资）。企业通过对这部分项目的分析评估，可以确定本品牌产品的利润率。其前提是假设企业没有对本品牌产品的进一步传播投资，但市场上的本品牌产品仍然保持一定的销售量。本品牌产品的市场需求占有率等可能发生一些变化。表7－3所列出的一些项目针对可能对本品牌产品的市场销售产生影响的因素提出了假设，这样一来，根据上一部分项目得到的结果就可以推算出本品牌产品的收入流、成本和净贡献。

第7行，需求占有率的变化。假设没有对营销传播继续投资，本品牌产品的市场需求占有率可能会在这段时间内发生变化。在大多数情况下，这个数据是负数，即需求占有率降低了。对于大多数企业而言，在没有继续对营销传播活动进行投资的情况下，如何才能比较正确地评估现有消费者或潜在消费者对本品牌产品的需求变化？历史资料丰富的企业可以根据过去的资料加以推断，或者凭借企业管理者自身的经验加以判断。企业如果缺乏历史资料，就只能采用市场调查的方式进行评估。

第8行，所得到的需求占有率。这是指根据第7行需求占有率的变化来调整第2行的基本需求占有率。比如，假设某品牌产品的基本需求占有率是50%，且企业管理者没有营销传播的支持，那么该品牌产品的需求占有率就可能减少25%，经过计算得到的需求占有率就是 $[0.50+(-0.25\times 0.50)]\times 100\%=37.5\%$。

第9行，所得到的消费者收入流。这是指假设在没有营销传播投资的情况下，品牌产品在这段时间的收入流情况。具体计算方法是将第8行调整过的需求占有率与第1行的估计类别需求相乘，即可得出该项数据。

第10行，扣除非传播成本。将第4行与第9行经过调整的消费者收入流数值相乘后得到扣除额。

第11行，扣除营销传播成本。由于本项目的假设是放弃对营销传播的进一步投资，因此这一行的实际数据是0。

第12行，净贡献。其计算方法是用第9行所得到的消费者收入流加上第10行和第11行（即所得到的收费者收入流扣除非传播成本和营销传播成本）。根据这个数据，企业可以估计出继续对营销传播活动进行投资（如假设情况B所示）的情况下企业将获得多少增量收益。

（4）假设情况B（有传播投资）。通过对这部分项目进行分析，企业可以知道继续对营销传播活动进行投资的情况下，每个消费群体为企业创造的价值将产生哪些变化。

第13行，营销传播活动。只要企业打算对特定消费群体或潜在消费群体开展营销传播活动，所产生的费用都应包含在此项目内。

第14行，营销传播总投资。这是指企业对即将开展的整合营销传播计划的总投资。

第15行，需求占有率的变化。这是指企业即将开展的营销传播计划有可能导致的需求占有率增加或减少的比例。

第 16、17、18 行分别是经过重新计算的需求占有率、消费者收入流和需扣除的非传播成本。

第 19 行，扣除营销传播成本。这个数据相当于第 14 行的营销传播总投资，它是一个负数。

第 20 行，净贡献。这是指企业扣除所有的营销传播成本和非传播成本之后得到的净收入。

（5）计算消费者投资回报率。

第 21 行，增量收益/亏损（与无传播投资假设情况的对比）。其计算方法是用第 20 行有传播投资的净贡献减去第 12 行无传播投资的净贡献。

第 22 行，增量消费者投资回报率。其计算方法是用第 21 行的增量收益/亏损除以第 14 行的营销传播总投资。

（二）增量收益评估法计算整合营销传播的投资回报率

许多企业使用增量收益评估法来计算开展整合营销传播活动的投资回报率。为全面清楚地介绍该方法的具体运用，现举一个案例，用表 7－4 加以说明。

表 7－4　以增量收益评估法来计算整合营销传播的投资回报率　　单位：美元

消费者群体分类	忠诚消费者	不固定品牌消费者	新消费者	问题消费者	消费者群体总和
行为目标	维系	扩大占有率	吸引	放弃	
类别需求假设					
1. 估计类别需求	1 000	1 000	1 000	1 000	4 000
基本收入流假设					
2. 基本需求占有率	75%	40%	10%	15%	35%
3. 基本收入流	750	400	100	150	1 400
4. 非传播成本	75%	80%	80%	90%	78.4%
5. 边际贡献率	25%	20%	20%	10%	21.6%
6. 边际贡献	187.5	80	20	15	302.4
假设情况 A（无传播投资）					
7. 需求占有率的变化	－20%	－25%	－30%	－20%	－22.1%
8. 所得到的需求占有率	60%	30%	7%	12%	27.26%
9. 所得到的消费者收入流	600	300	70	120	1 090
10. 扣除非传播成本	－450	－240	－56	－108	－855
11. 扣除营销传播成本	0	0	0	0	0
12. 净贡献	150	60	14	12	235
假设情况 B（有传播投资）					
13. 电视广告	0	5	4	0	9
14. 广播广告	0	2	2	0	4
15. 杂志	0	3	2	0	5
16. 直接邮件	4	1	2	0	7

续表

消费者群体分类	忠诚消费者	不固定品牌消费者	新消费者	问题消费者	消费者群体总和
17. 促销活动	0	5	3	1	9
18. 公共关系活动	2	2	2	1	7
19. 特殊事件或赞助	2	2	2	1	7
20. 传统媒介	4	0	0	0	4
21. 改善客户服务	2	1	0	0	3
22. 营销传播总投资	14	21	17	3	55
23. 需求占有率的变化	0%	10%	40%	3%	6%
24. 所得到的需求占有率	75%	44%	14%	15.45%	37.10%
25. 所得到的消费者收入流	750	440	140	154.5	1 484
26. 扣除非传播成本	-562.5	-352	-112	-139.05	-1 163.46
27. 扣除营销传播成本	-14	-21	-17	-3	-55
28. 净贡献	173.5	67	11	12.45	265.54
计算消费者投资回报率					
29. 假设情况A的净贡献	150	60	14	12	235
30. 假设情况B的净贡献	173	67	11	12.45	265.54
31. 增量收益/亏损（与无传播投资假设情况的对比）	23	7	-3	0.45	30.54
32. 增量消费者投资回报率	164.3%（23/14）	33.3%（7/21）	-18%（-3/17）	15%（0.45/3）	55.5%（30.54/55）

说明：因计算中四舍五入，个别数据略有出入。

资料来源：唐·舒尔茨，海蒂·舒尔茨．整合营销传播：创造企业价值的五大关键步骤．何西军，黄鹂，朱彩虹，等译．北京：中国财政经济出版社，2005.

（1）消费者群体分类。该案例根据消费者与品牌产品之间的关系将消费者分为四个群体。第一个消费者群体是该品牌的忠诚消费者。这群消费者对本品牌产品的需求不会大幅度增长，但是企业必须维系这部分消费群体，通过他们的持续购买行为获得可观的收入。企业开展整合营销传播活动的目标之一就是努力使这部分忠诚消费者为本企业带来的收入保持稳定。

第二个消费者群体是不固定品牌消费者。这类消费者对本品牌产品不具有忠诚度，他们常常会轮流购买本品牌产品和其他品牌产品。虽然这部分消费者也会购买本品牌产品，但他们购买的前提条件是本品牌产品开展促销活动。企业的管理层认为，虽然这部分消费者不是主要的消费群体，但是可以通过营销传播活动强化与这些消费者的关系，促使他们尽可能多地购买本品牌产品。

第三个消费者群体是新消费者。这个消费群体虽然过去或现在不能给企业带来更多的销售额，但是将来很有可能成为本品牌产品的主力消费群体。因此，企业的决策层应该考虑针对这部分消费群体开展营销传播活动，以便在当下或未来为企业争取更多的收入流。

第四个消费者群体被许多企业界定为问题消费者。在大多数情况下，这些消费者对本品牌产品的需求普遍较低，他们一般只会为企业带来很少的收入流。这部分消费者往往对产品的品质和服务很挑剔，希望企业为他们提供更多的服务和支持。为留住这部分消费者，企业常常压低销售利润，这使得企业不太愿意为这部分消费者投入更多的营销传播预算，甚至直接放弃这部分消费者。大多数企业难以赶走或得罪这部分消费者，因为这可能会损害品牌的声誉，进而影响其他较有价值的消费者对本品牌的印象。

（2）类别需求假设。为了更好地说明问题，每个消费者群体的估计类别需求在特定期间被企业有意地设定为相同的数额（1 000 美元）。

（3）基本收入流假设。在类别需求确定之后，下一步就是确定每个消费者群体对品牌的基本价值。第 2 行列出了每个消费者群体对品牌的基本需求占有率。在这个案例中，企业有 75% 的收入流来自本品牌的忠诚消费者，其基本收入流（第 3 行）就是 750 美元。不固定品牌消费者为本品牌提供的收入流占 40%，其金额是 400 美元。新消费者为本品牌提供的收入流占 10%，相当于 100 美元。问题消费者为本品牌提供的收入流占 15%，其金额是 150 美元。

第 4 行是企业除去营销传播成本后对所有成本进行的估计，这些成本包括产品的制造费用、分销费用、员工工资和管理费用等。一般来说，企业对不同类别的消费者群体所投入的成本会有一些差异。比如，新消费者所耗费的管理费用会比较高，忠诚消费者耗费的管理费用相对低。在本案例中，企业只需使用 75% 的消费者收入流即可满足忠诚消费者的所有非传播成本需求；由于不固定品牌消费者和新消费者的流失率较高，因此企业所支付的管理费用更高；问题消费者需要大量的客户服务与支持，企业所花费的管理费用最高，这个消费群体的非传播成本高达 90%。将这些成本系数从基本收入流中减去就可以得到各个消费群体的边际贡献率（第 5 行），其计算方法是以 100% 减去第 4 行中的百分比。第 6 行是以金额表示的边际贡献。

分析完客户的价值之后，接下来就要分析营销传播计划可能创造的增量价值。分析方法是：首先，假设企业不对营销传播活动进行投资，看品牌的收入流会受到什么影响；然后，假设企业继续对营销传播活动进行投资；最后，将上述两种假设情况下的市场预期结果进行比较，得出的评估结果常常出人意料。

（4）假设情况 A（无传播投资）。第 7 ~ 12 行的内容显示企业没有传播投资情况下的数据。具体分析方法是设问：在指定的一个时间段内，如果企业不开展任何营销传播活动，客户的需求占有率会下降多少（第 7 行）？本案例的评估结果是：忠诚消费者的需求占有率会下降 20%；不固定品牌消费者的需求占有率会下降 25%；新消费者的需求占有率会下降 30%；问题消费者的需求占有率会下降 20%。根据以往的经验，企业品牌的需求占有率确实会因为缺乏营销传播活动的支持而下降，但是消费者购买该类产品的频率不可能发生太大的变化。

第 8 ~ 12 行的分析项目旨在重新计算净贡献的所有形成要素。由于忠诚消费者的需求占有率下降了 20%，因此所得到的需求占有率便从 75% 降至 60%，用 60% 乘以 1 000 美元的估计类别需求后，企业的收入流为 600 美元，其中包括 450 美元的非传播成本。这样，该消费者群体所产生的净贡献就是 150 美元，低于第 6 行的 187.5 美元。

不固定品牌消费者的需求占有率下降了 25%，所得到的需求占有率就调整为 30%，收入流也因此变为 300 美元，其中有 80%（240 美元）属于非传播成本支出，这部分消费者群体所产生的净贡献为 60 美元。

对于新消费者来说，他们对产品的选择缺乏经验，需要尝试各种同类产品，进行比较选择。因此，在没有强大营销传播计划支持的情况下，他们的需求占有率会下降 30%，只剩下7%的需求占有率与70美元的收入流。扣除非传播成本56美元之后，这部分消费者群体为企业创造的净贡献为14美元。

在没有营销传播活动的情况下，问题消费者对本品牌产品的需求占有率会下降20%，经过调整后，这部分群体的需求占有率为12%，所产生的收入流是120美元，扣除非传播成本108美元之后，该消费群体所创造的净贡献是12美元。企业可以将各组显示的净贡献收入流作为基础，来衡量整合营销传播计划实施后消费者为品牌产品带来的收益或亏损。

（5）假设情况B（有传播投资）。现在对第二种假设（即企业对各消费者群体开展营销传播活动）及其产生的可能效果进行分析。在此案例中，营销传播活动一共有9种，如第13～21行所示。营销人员进行分析时，必须首先确定各项营销传播活动的成本。需要指出的是，营销人员不应该过于关注各种营销传播活动的投资总额，应该更加重视分配给不同消费者群体的不同比例的费用，也就是说，企业应该针对不同消费者群体的行为特征制订不同的营销传播方案。比如，针对新消费者，可以利用电视、广播和杂志开展广告活动以吸引这部分消费者群体的注意，使其尝试购买本品牌产品；针对忠诚消费者，可以利用直接邮件和公共关系活动等维护企业与他们之间的关系，使这部分消费者群体持续购买本品牌产品。

第22行将上述营销传播活动的投资额进行归总，其中，忠诚消费者的营销传播总投资为14美元，不固定品牌消费者的营销传播总投资为21美元，新消费者的营销传播总投资为17美元，问题消费者的营销传播总投资为3美元。营销人员会提出以下几个问题：如果企业真的向上述各个消费者群体开展营销传播活动并投资，产品的需求占有率和收入流将会发生怎样的变化？品牌的市场销售量会增加多少？利润也会增加吗？

回答这些问题，关键在于评估企业所开展的整合营销传播活动是否给消费者的需求占有率带来变化，这就需要企业掌握较丰富的消费者行为调查资料。只有对这些资料进行深入分析和研究，企业的营销人员才有可能对需求占有率的变化进行正确的评估。评估之后，企业可以重新计算各个消费者群体给品牌带来的收入、成本与净贡献。

企业的营销人员发现，虽然企业投资了14美元用于对忠诚消费者进行营销传播，但是该消费者群体的需求占有率并没有受到影响，还是与没有传播投资的情况一样。表7-4中显示的仍然是750美元的收入流，其中有75%（562.5美元）用于非传播成本的支出，另外还需扣除14美元的传播成本，这样才能得到该消费者群体为品牌创造的173.5美元的净贡献。

不固定品牌消费者的需求占有率经过评估提高了10%，即由原先的40%提升至44%，企业所得到的收入流是440美元。虽然收入有所增加，但是成本也明显上升，即440美元的收入中有80%（352美元）用于非传播成本的开支，扣除21美元的传播成本后，剩下的净贡献是67美元。

新消费者对品牌营销传播活动的接受度较高，因此企业可以将这个消费者群体的需求占有率提高40%，达到14%，收入流即为140美元。非传播成本占其中的80%，扣除17美元的传播成本后，该消费者群体的净贡献是11美元。

问题消费者显然对营销传播活动缺乏回应，因此企业不想对该消费者群体进行过多的传播投入。企业发现该消费者群体总是会接触一些传播活动，于是企业拨给该消费者群体3美元的营销传播经费，从而把需求占有率略微提高3%，使需求占有率变成15.45%，其收入流即为154.5美元，扣除139.05美元的非传播成本和3美元的传播成本之后，该消费者群体的净贡献为 12.45 美元。

（6）计算消费者投资回报率。对上述各项进行分析和计算之后，企业可以计算四个消费者群体的整合营销传播投资回报率。计算的方法并不复杂，只要将第 30 行的数值减去第 29 行的数值即可。

忠诚消费者为企业增加了 23 美元的盈利。由于企业对该消费者群体支出的营销传播成本是 14 美元，因此消费者投资回报率应该用盈利（23 美元）除以成本（14 美元），即为 164.3%。

不固定品牌消费者的增量收益是 67 美元减去 60 美元，即 7 美元。企业为该消费者群体支出的营销传播成本是 21 美元，可以计算出该消费者群体的投资回报率是 33.3%。

企业对新消费者投入的营销传播费用没有产生理想的效果。企业花费了较高的营销传播成本，净贡献还亏损了 3 美元，该数值除以 17 美元的营销传播成本之后，投资回报率为 −18%。该项数据说明，企业要想得到新消费者的青睐，就不得不花费较多的营销传播费用，而且该消费者群体对品牌的价值要经过一段时间之后才会有所体现。在大多数情况下，如果企业的财力有限，在吸引新消费者之前，企业应先努力巩固与现有消费者群体的关系并期望现有消费者群体能为企业带来更高的销售业绩，这显然比花巨资在新消费者身上的效果要好。

企业对问题消费者进行营销传播投入之后，其需求占有率略有提升，净贡献从 12 美元上升到 12.45 美元，其增量收益为 0.45 美元，消费者投资回报率则为 15%。

计算完之后，企业营销人员通常会思考以下几个问题：企业到底应该对营销传播活动投入多少资金？消费者投资回报率达到多少才可以接受？消费者投资回报率低于多少就应该放弃？由于各个企业自身的条件和面对的市场环境不同，这些问题不太可能有标准答案。不过，许多营销人员希望能够与竞争品牌的投资回报率进行比较，以便确定自身的营销传播投资决策。现实中，任何一个企业想要获取其他企业尤其是竞争企业的营销传播计划都是不可能的，因此，企业在制订营销传播计划时，只能对自身的产能、市场需求和期望产生的回报进行理性的评估。当企业计算出的消费者投资回报率与企业的财务和营销目标相吻合时，该营销传播计划就可算是成功的，当计算出的消费者投资回报率达不到企业期望的目标时，该营销传播计划就是不成功的。

第 3 节　IMC 评估长期消费者投资回报率

对于企业而言，既然有短期消费者，就必然有长期消费者。本节将着重阐述长期消费者投资回报率的计算方法。

一、长期消费者投资回报率评估原理

长期以来，无论在理论界还是实业界，对长期消费者投资回报率的研究一直处于两难境地。首先，从财务会计的角度讲，企业开展的经营性活动所产生的价值绝大部分来自当前产生的现金流，以及这些现金流尽可能长时间地不断获得的可能性。由于所有的收入在今后兑现的过程中都将折现（财务人员按年度以 15% 的比例折现，即第二年 1 000 美元的现金现值为 1 000 ÷（1 + 15%）≈869.6 美元，第三年 1 000 美元的现值为

$1\,000 \div (1+15\%)^2 \approx 756.1$ 美元），因此，一些企业的决策者认为长期消费者所创造的价值意义不大。

然而，短期与长期之间有一种彼此难以割裂的相互依存的关系。企业开展的每一次（短期）营销传播活动所产生的影响力绝不可能在活动结束之后就完全消失。营销传播活动可以在某个时间点停止，但其影响力必定会经历一个自然延续的过程，企业一年一度开展的营销传播活动经过时间的累积可成为长期的营销传播活动。也许一些企业主观上并不愿意过多地考虑长期消费者为自身带来的回报，但是营销传播活动的影响力会使部分消费者在今后较长的一段时间内持续产生购买行为，这就在客观上给企业带来了意想不到的回报。

从企业经营的角度讲，企业自然希望维护能给自己带来现金流的忠诚消费者，忠诚消费者的形成需要企业长期对消费者的培养与维系。当然，企业之所以重视忠诚消费者，是因为稳定的忠诚消费者群体可以为企业带来可观的收入，而且维护忠诚消费者的成本是吸引新消费者成本的1/10～1/5。企业拥有忠诚消费者通常还可以减少由消费者购买行为的不确定性造成的收入波动，企业的财务运营更加稳定。忠诚消费者对企业无疑具有相当大的价值。

二、长期消费者价值评估法

关于长期消费者投资回报率的评估，有两种不同的思考方向：第一种是以消费者为中心的思考方向，它更加关注从消费者群体得到的持续收入流；第二种是以品牌为中心的思考方向，它更加关注考察品牌价值，也就是品牌对企业盈利或既有资产的贡献。由于第二种思考方向的评估方法还很不成熟，以下主要介绍第一种评估方法，即长期消费者价值评估法。

（一）长期消费者价值的基本概念

消费者价值大体上由三部分构成，即历史价值（到目前为止已经实现的消费者价值）、当前价值（消费者当前行为模式不发生改变会给企业带来的消费者价值）和潜在价值（企业通过有效的交叉销售可以调动消费者购买的积极性，或促使消费者向别人推荐产品和服务等情况下可能增加的消费者价值）。

长期消费者价值指的是未来可能成为某品牌产品实际购买者的消费者为企业带来的收益总和。研究表明，某品牌产品的部分现有消费者在将来可能继续购买该品牌产品，进而为该品牌企业创造未来的收入流；同时，该品牌的另一些现有消费者会被竞争品牌产品的品质、价格、包装、广告等各种因素吸引，或者由于家庭搬迁、死亡等原因而流失。

（二）分析长期消费者价值的主要步骤

在对长期消费者价值进行具体的计算之前，首先必须对构成长期消费者价值的基础性要素进行分析。分析的步骤如下。

第一，收集长期消费者资料和数据。企业需要收集的基本数据包括：个人信息（年龄、婚姻、性别、收入、职业等），住址信息（房屋类型、拥有者等），生活方式（爱好、产品使用情况等），态度（对风险、产品和服务的态度以及将来购买或推荐的可能性），地区（经济、气候、风俗、历史等），消费者的行为方式（购买渠道、更新、交易等），需求（未来产品和服务需求等），关系（家庭、朋友等）。这些数据将直接影响消费者的终身价值。

第二，定义和计算长期消费者价值。影响长期消费者价值的主要因素有：所有来自消费者初始购买的收入流，所有与消费者购买有关的直接可变成本，消费者购买的频率，消费者购买的时间长度，消费者购买其他产品的喜好及其收入流，消费者推荐给朋友、同事及他人的可能性，以及企业为消费者的推荐行为提供的适当折扣。

第三，消费者投资与利润分析。企业可以直接将交易成本与资金投入进行对比计算，或者根据过去类似客户的行为模式，利用成熟的统计技术预测消费者将来带来的利润。国外汽车企业计算消费者终身价值的方法是：将每位消费者一生可能购买的汽车数量乘以汽车的平均售价，然后加上消费者可能需要的零件和维修服务的费用，再加上他们购车贷款带给公司的利息收入，即可得出长期消费者价值。

第四，消费者分组。企业可以根据数据将消费者分成具有不同特征、不同行为模式和不同需求的类别小组。比如，企业可以用聚类分析法将消费者群体分成苛刻的消费者、犹豫不决的消费者、节俭的消费者和世故的消费者，然后根据每个类别小组的行为特征开展相应的营销传播活动。

（三）长期消费者价值的计算方法

长期消费者价值的计算主要采用概率预测模型，它以企业过去和现在的市场经验为依据，将现有消费者分为稳定型、暂时流失型和永久流失型三种类型，并将维系、损失等成本相加，这样可以计算出三种消费者群的终身价值。简而言之，长期消费者价值等于企业从消费者得到的所有净现值减去企业为该消费者投入的所有直接或间接成本。其具体的操作方法是将前面介绍的短期消费者投资回报率的年度指标进行延伸，即在特定的假设下多估计几个会计年度的短期回报，然后将它们相加，得出长期消费者价值。

在实际的计算过程中，一定要将货币的时间价值考虑进去。计算中要注意两个问题。

一个是长期消费者投资回报率的目标问题。企业开展营销传播活动的目标是在一个设定的时间段内获取超出投资成本的回报，也就是说，企业设定的消费者投资回报率目标最起码应该与企业的其他项目的投资回报率持平。假设企业为股东带来的回报率为15%，那么长期消费者投资回报率低于15%的营销传播计划就不太可能被企业决策者接受。如果市场的供需关系发生了较大的变化，生产技术和工艺有了明显的更新，或者消费者的品牌忠诚度发生了改变，企业考虑对营销传播投资时就要面对较大的风险。假设市场需求没有明显的变化，企业投入的营销传播成本可以确保在未来得到收入，营销传播的投资就不会面临较大的风险。

另一个是评估长期消费者价值的具体时间段问题。企业既然是对长期消费者价值进行评估，就应该明确消费者价值的具体时间段，只有这样才能合理预测和评估营销传播活动对长期消费者的影响。现实中，长期消费者的界定因产品的性质而有所不同，比如，纸尿裤、婚纱摄影、儿童用品等产品与消费者只在某个时期产生交集，这种产品与消费者之间的关系可能只维持三五年，香烟、酱油、醋、咖啡等类别的产品则可能获得消费者数十年的重复消费。不管是哪种类别的产品，当预测期超过三年或五年时，大部分企业都很难准确地确定具体时间段。以下案例以三年为设定的时间段来计算长期消费者价值。

（四）长期消费者价值计算方法案例

下面是美国的数据库顾问杰克·施密德与艾伦·韦伯共同提出的长期消费者价值的

计算方法。① 考虑到现金流的折现年限太长难以计算，该案例选取的时间段为三年，即以三年为限计算长期消费者价值（见表7－5）。

表7－5 长期消费者价值的计算案例

行次	项目	第一年	第二年	第三年
1	每年的邮寄次数	4	4	4
2	每次邮寄的平均响应率	16%	13%	11%
3	年度响应率（第1行×第2行）	64%	52%	44%
4	平均续订金额（美元）	75	75	75
5	平均订购毛利（毛利率为40%）（美元）	30	30	30
6	每年的毛利（美元）（第3行×第5行）	19.2	15.6	13.2
7	扣除4次邮寄目录的年度成本（每次0.50美元）	2	2	2
8	每年的净盈利（美元）（第6行－第7行）	17.2	13.6	11.2
9	折算系数20%	1.2	1.44	1.73
10	盈利的净现值（美元）（第8行/第9行）	14.33	9.44	6.47

三年后的盈余总净现值　30.24美元
扣除原始吸引消费者的成本　－26.55美元
三年的消费者投资回报　3.69美元

该案例的具体分析和计算步骤如下。

第一步，先确定企业开展营销传播活动吸引新消费者的成本。假设企业将产品目录寄给一位潜在消费者的成本是0.5美元，企业从其他调研咨询公司购买消费者名单并将产品目录邮寄给这些消费者的期望首次响应率是1.883%，企业吸引新消费者的成本约是26.55美元（0.5/0.018 83）。

第二步，确定企业产品平均销售额可以获得的毛利润。假设每位新消费者第一次购买产品的平均金额大约是70美元，每位新消费者为企业创造的平均毛利率是40%（即扣除所有的交易成本），则该新消费者首次交易令企业获得的毛利就是28美元（70×40%）。

第三步，确定吸引新消费者的净利润或净亏损。企业只要用首次销售利润减去第一步得到的消费者吸引成本，即可得出该数据（28－26.55＝1.45美元）。企业究竟应该如何确定新消费者未来给企业带来的利润呢？这需要企业营销人员先评估和测算新消费者未来可能产生的产品购买量，然后减去企业付出的续约成本以及这个过程中所耗费的所有服务、维修及管理成本。另外，企业营销人员还应考虑货币的时间价值。

第四步，确定每年给消费者邮寄产品目录的次数及每次邮寄的平均响应率。假设新消费者首次购买本品牌产品之后在三年里持续购买本品牌产品，而且每年会收到4次企业邮寄的产品目录。产品目录的制作和邮寄成本为0.5美元。随着时间的推移，消费者的响应率一般会呈下降趋势。该案例显示的数据是：消费者第一年的每次邮寄的平均响应率是16%，第二年下降到13%，第三年下降到11%。

第五步，确定年度响应率。企业掌握上述资料后，接下来可以根据吸引消费者的时间长短计算出年度响应率，其计算方法是将每次邮寄的平均响应率乘以企业每年为消费者邮寄产品目录的次数。本案例中，消费者第一年每次邮寄的平均响应率是16%，每年

① 唐·舒尔茨，海蒂·舒尔茨．整合营销传播：创造企业价值的五大关键步骤．何西军，黄鹏，朱彩虹，等译．北京：中国财政经济出版社，2005：213.

产品目录邮寄次数均为 4 次，其年度响应率就是 64%，第二年的年度响应率是 52%，第三年的年度响应率是 44%。

第六步，确定重复销售的利润。此案例中，企业采用产品目录销售的毛利率是 40%，企业发现现有消费者的平均消费金额比较高（75 美元），则消费者每次消费带给企业的毛利润是 30 美元。企业每年从消费者身上得到的毛利润应该由每年的年度响应率乘以平均订购毛利得到，则第一年的毛利润是 19.2 美元，第二年的毛利润是 15.6 美元，第三年的毛利润是 13.2 美元。

企业还必须计算针对现有消费者的营销传播成本。企业每年为现有消费者邮寄产品目录 4 次（每次 0.5 美元），则年度营销传播成本就是 2 美元。这样，用每年的毛利润减去当年的营销传播成本，每位消费者为企业创造的净利润就为：第一年 17.2 美元；第二年 13.6 美元；第三年 11.2 美元。

第七步，将长期消费者创造的预期现金流折现为净现值。此时，企业需要计算货币的时间价值。本案例中企业采用的年度折算系数是 20%，折算后的时间价值在第一年是 $1+1\times20\%=1.2$，第二年是 $1.2+1.2\times20\%=1.44$，第三年上升为 $1.44+1.44\times20\%\approx1.73$。接下来，用每年的净盈利除以当年的折算系数，就可以得出每年预计盈利的净现值。本案例中，企业预期的盈利的净现值第一年是 14.33 美元，第二年是 9.44 美元，第三年是 6.47 美元。

最后，企业计算出每位长期消费者可以创造 30.24 美元（14.33 + 9.44 + 6.47）的总净现值，用总净现值减去第一步得到的企业为吸引新消费者支付的 26.55 美元的成本，即可得出每位长期消费者的投资回报是 3.69 美元。

基本概念

消费者态度改变的线性理论	DAGMAR 模型	消费者态度改变的 S 曲线理论
短期消费者投资回报率	长期消费者投资回报率	净现值
边际收益	品牌资产	边际分析法
增量收益评估法	长期消费者价值	

思考题

1. 消费者态度改变的线性理论对传统营销传播有哪些贡献？目前，它在整合营销传播战略实践中又存在哪些弊端？

2. IMC 评估短期消费者投资回报率的基本方法是什么？

3. 对于企业而言，短期消费者更有价值还是长期消费者更有价值？如果你是企业营销传播活动的决策人，你会如何平衡这两者之间的关系？

课后实践

请各小组同学在第 6 章课后实践的基础上，根据目标消费者的生活形态或消费行为特征判断其对选定品牌的价值，并制定和计算短期消费者投资回报率和长期消费者价值。

第8章 整合营销传播战略制定及效果评估

本章探讨两个方面的内容：一是整合营销传播战略的制定所涉及的一般内容和具体步骤；二是企业实施整合营销传播战略之后应该使用哪些工具和方法对其效果进行评估，目的是使企业在IMC活动中能够对之前活动的不足之处加以修正和完善，从而达到更为理想的营销和传播效果。

第1节 整合营销传播战略制定

整合营销传播战略包括五个关键内容和八个制定步骤。下面基于舒尔茨和汤姆·邓肯的基本观点做介绍。

一、整合营销传播战略的主要内容

对于整合营销传播战略的内容，不同的专家和学者站在各自的角度有不同的看法，本书认同舒尔茨的观点。舒尔茨认为整合营销传播战略的五个关键内容包括：识别目标消费者与潜在消费者，评估目标消费者与潜在消费者的价值，创建并传递品牌信息，评估消费者投资回报率，以及预算分配与效果评估（见图8－1）。

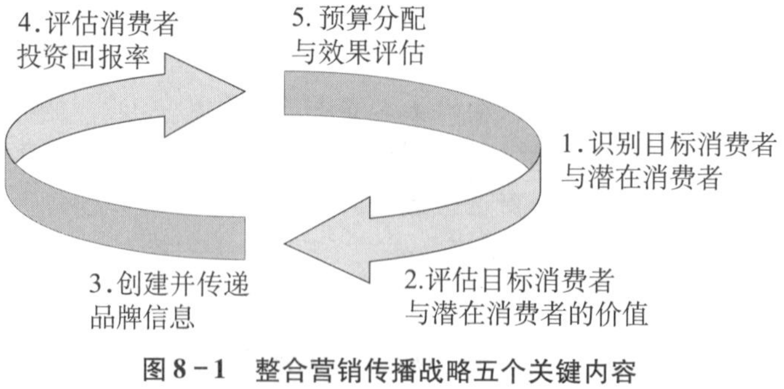

图8－1 整合营销传播战略五个关键内容

识别目标消费者与潜在消费者是指企业根据自身收集的各类信息了解目标消费者的具体情况，并尽可能将这些目标消费者分为三类：现有消费者、竞争消费者和新消费者。评估目标消费者与潜在消费者的价值是指对目标消费者和潜在消费者的购买力进行分析，以便将最有可能为企业带来销售额的消费者确定为目标消费者。本书第 5 章对这两个方面的内容进行了介绍。创建并传递品牌信息涉及企业如何选择更有针对性的传播渠道以及如何策划具有说服力的传播诉求内容，以使营销传播达到更理想的效果，本书第 6 章对这部分内容进行了介绍。评估客户投资回报率是指企业通过对客户购买结果的财务分析来比较所获得的短期回报和长期回报，以便对今后的营销传播战略进行调整和完善，本书第 7 章已对此内容进行了全面介绍。预算分配与效果评估是指企业执行营销传播战略方案后所进行的分析以及对未来的规划，便于企业准备下一步的营销传播计划，这是本章要重点阐述的内容。

二、整合营销传播战略制定的基本步骤

企业制定整合营销传播战略之前，必须对以前开展的营销传播活动以及目前市场环境的变化状况进行评估。由于这两项评估内容在时间上有先后之分，因此即便企业之前所开展的营销传播活动较为成功，也不能证明在市场环境变化的情况下仍能取得成功。汤姆·邓肯提出了零起点计划，即企业即将制定的整合营销传播战略应从零开始，而不是简单重复以往的营销传播活动。也就是说，企业制定的整合营销传播战略必须着眼于未来需要做什么，而不是过去经常做什么。在汤姆·邓肯看来，企业仅仅执行略做调整的营销传播计划是没有意义的。在此思路指导下，汤姆·邓肯提出了整合营销传播战略制定的八个步骤：SWOT 分析、目标市场分析、确定整合营销传播目标、品牌定位、确定整合营销传播战略、制定预算、确定整合营销传播的时间安排和效果评估（见图 8－2）。

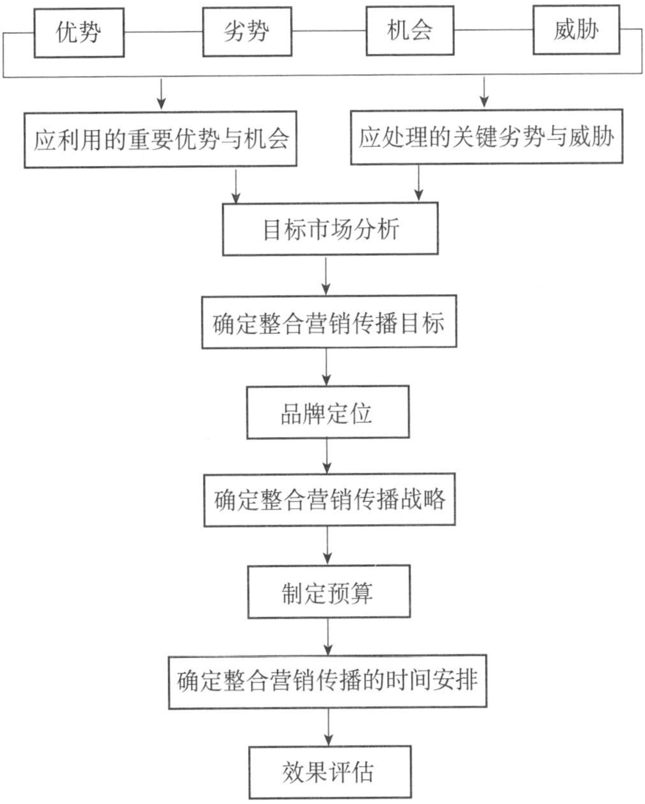

图 8－2　整合营销传播战略制定步骤

（一）SWOT 分析

整合营销传播战略作为一项极具目的性和综合性的系统化操作程序，要求制定者必须从战略的高度对企业自身和环境状况进行分析，排出先后次序，并以此作为战略规划实施的依据。SWOT 分析是整合营销传播战略制定的第一个步骤，该步骤要关注的四个要素是影响产品或品牌的企业内部优势或劣势，以及企业在外部环境变化中所要面对的机会或威胁。

1. 内部要素

这是指企业可以控制的变量，包括企业的研发技术、专利、分销渠道、产品覆盖面、定价策略、品牌定位、品牌知名度、财务实力、品牌形象、企业声誉、企业文化等。这些变量与竞争对手相比，有的属于优势，有的属于劣势。优势是指企业能够利用和控制的资源，并借此获得诸多竞争对手得不到的利益；劣势则是指企业在与竞争对手的比较中表现出的差距，尤其是消费者感受到的差距。

2. 外部要素

这是指企业难以控制或无法控制的因素，包括竞争活动、相关法律和政策、企业所处的社会经济环境和市场环境的变化等。这些要素对企业的影响表现为机会或威胁。机会是指随着社会经济或市场环境的变化，市场上出现的有利于企业发展或产品销售的态势；威胁则是指随着社会经济或市场环境的变化，市场上出现的不利于企业发展或产品销售的态势。

3. 以目标消费者为中心展开分析

对企业的外部要素（即因环境变化而形成的机会和威胁）进行分析的过程中，营销人员可以从企业或行业的角度思考问题，企业内部要素（即企业与竞争对手比较分析后确认的自身优势或劣势）的情况则复杂得多。比如，在具体的实践中，某企业的高层主管与其竞争对手比较后认为，本企业的优势在于拥有较高文化素质和专业技能的员工，但该企业的营销经理认为企业的优势在于建立了较为完善的销售渠道体系，经过市场调研发现，消费者对该企业的产品与其竞争对手的产品的评价没有什么差异。企业营销人员进行 SWOT 分析时，应努力做到以消费者为中心，以 4C 的观点思考和解决问题，通过对目标消费者的深入调研，从目标消费者的立场和角度分析与竞争对手相比本企业的优势或劣势。

4. 排列 SWOT 要素处理的先后次序

企业营销人员对 SWOT 各要素进行分析并做出基本判断之后，需要根据重要程度对这些要素进行排序。就大多数企业和产品而言，以下四个方面的问题需要着重考虑。

其一，如果企业面对的威胁或自身存在的劣势没有及时处理，会对品牌形象和品牌资产造成多大的损失？

其二，如果企业面对的机会或自身存在的优势能够及时利用，企业会获得多少实际收益？

其三，企业处理或利用每个 SWOT 要素所需投入的成本是多少？

其四，企业处理或利用每个 SWOT 要素所需花费的时间是多少？

表 8－1 是美国通用汽车公司 Envoy 牌汽车的 SWOT 分析量化排序情况。

表 8－1　通用汽车公司 Envoy 牌汽车的 SWOT 分析量化排序

对 SWOT 分析各项要素按重要程度从低到高量化打分，最高分为 3 分	不处理则受损	利用则受益	处理或利用的成本	处理或利用花费的时间	总计
优势					
强大的顾客特许权	—	2	3	1	6

续表

对 SWOT 分析各项要素按重要程度从低到高量化打分，最高分为 3 分	不处理则受损	利用则受益	处理或利用的成本	处理或利用花费的时间	总计
良好的经销网络	—	2	3	1	6
可确认的目标市场	—	3	3	3	9
劣势					
Envoy 牌汽车缺乏品牌认知度	3	—	2	3	8
次年春季前产品无法上市	3	—	3	3	9
缺乏足够的预算经费，次年春季前没有营销传播活动的支持	3	—	2	3	8
机会					
市场对多功能跑车的需求呈增长趋势	—	2	1	2	5
良好的经济形势	—	3	3	3	9
威胁					
竞争对手的品牌影响力大	3	—	3	1	7
新品牌的市场投入越大，优先级越高	2	—	2	1	5

资料来源：邓肯．整合营销传播：利用广告和促销建树品牌．周洁如，译．北京：中国财政经济出版社，2004：195.

对 SWOT 分析各项要素进行量化打分之后，企业可以根据分数的高低将急需利用或解决的要素予以排序，方法如图 8－3 所示。在图 8－3 中，企业需要利用的优势和机会置于上方，需要克服的劣势和威胁置于下方；超出虚线的 SWOT 要素显然是企业最需要利用或解决的。虚线是各个企业根据自身经验确定的。

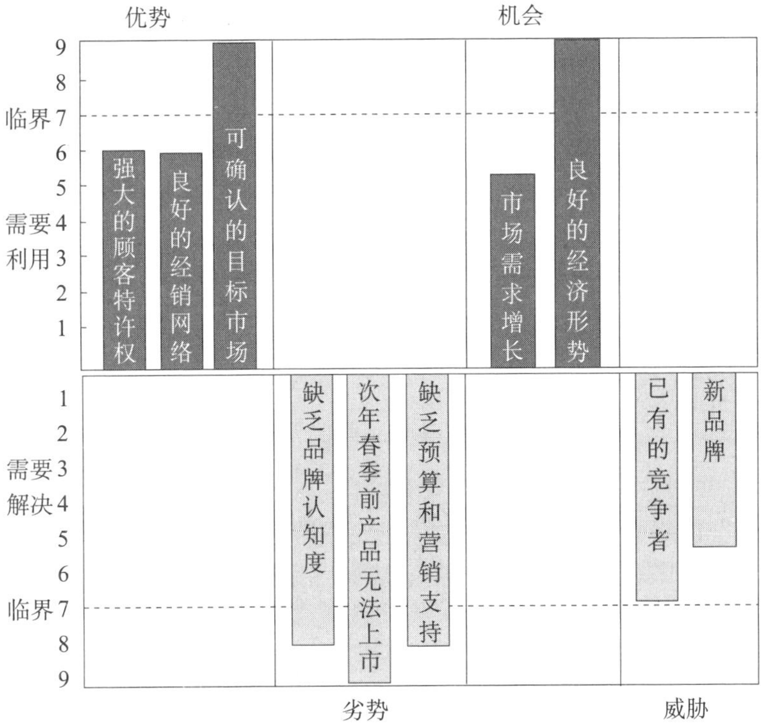

图 8－3　通用汽车公司 Envoy 牌汽车 SWOT 要素排序分析图

注：超过临界线的 SWOT 要素需要优先解决。

企业按照分数高低对需要利用或解决的SWOT关键要素进行排序之后，可以明确企业的工作目标，即企业应该在最短的时间里尽可能利用环境变化带来的机会，努力发挥自身的竞争优势，并努力减少由环境变化造成的威胁或避开自身的竞争劣势。虽然没有多少企业有充足的时间和资源可以利用或避开所有的SWOT要素，但是这种量化分析及排序方法可以帮助企业在制定整合营销传播战略时明确自己的思考方向。

表8-2是通用汽车公司Envoy牌汽车根据SWOT分析量化排序所制订的整合营销传播初步计划。

表8-2 通用汽车公司Envoy牌汽车关键SWOT要素和整合营销传播初步计划

关键SWOT要素	营销传播目标	营销传播工具推荐	确定使用/不使用的理由
缺乏品牌认知度	在目标受众中创造50%的品牌认知度	广告	受众规模小，产品还未上市且预算低，使用广告不合适
可确认的目标市场	利用目标市场	直接营销	受众规模小，信息交流更顺畅，更利于互动
上市问题	产品上市后吸引10%的目标消费者到经销店看车	直接营销	培养目标消费者的好奇心并引起他们的兴趣
低预算和很少的营销传播支持	在产品上市前预售3 500辆	直接营销	适合与预售目标市场的消费者直接接触

资料来源：邓肯．整合营销传播：利用广告和促销建树品牌．周洁如，译．北京：中国财政经济出版社，2004：195.

（二）目标市场分析

整合营销传播战略制定的第二个步骤是识别和分析本品牌产品的目标消费者与潜在消费者，并分析品牌与消费者之间的关系。

对目标消费者的识别与分析应该集中在清晰回答以下几个问题上：第一，最有可能再次购买本品牌产品或愿意积极影响其他消费者对本品牌产品采取购买行为的目标对象是哪些人；第二，以前没有购买过本品牌产品，但是通过周围人的推荐有可能成为本品牌产品潜在消费者的是哪些人；第三，由于某种原因需要企业给予特殊关注的消费者是哪些人（如曾降低对本品牌产品的购买频率、曾受到本品牌产品销售人员的恶劣对待或曾了解本品牌产品但一直没有采取购买行动的消费者）。其他能够影响上述三种消费者或与本品牌产品有利益关系的特殊群体也有可能被企业列为目标对象。

企业应该利用持续的消费者反馈和详细的消费者调研来确定品牌与消费者之间的关系，以及品牌在市场竞争中具有的优势。对品牌与消费者关系的评估可以围绕以下八个方面进行：第一，信任品牌；第二，对品牌满意；第三，认为在交易活动中企业对消费者的承诺是可以兑现的；第四，认为企业是可以接近的；第五，认为企业是负责任的；第六，能够感受到企业非常重视消费者的利益并将其放在第一位；第七，企业对消费者有一种亲和力；第八，喜欢本企业（或品牌）并愿意一直打交道。

识别和分析目标消费者与潜在消费者只是手段，努力与消费者建立一种彼此认同且能为双方带来利益的良好关系才是整合营销传播战略实施的最终目的。

（三）确定整合营销传播目标

企业在制定整合营销传播目标之前，必须确定自己需要采取的具体行动，只有这样才能利用或避开SWOT分析的关键要素。整合营销传播的最终目的是建立和管理品牌与消费者之间的关系，因此其目标包括两个方面的内容，即传播目标和行为目标。

1. 传播目标

消费者从认知品牌产品开始，产生兴趣和购买欲望，最后产生购买行为，这就是典型的AIDA① 模式（见图8－4）。这一模式清楚地说明传播是过程，行为是结果；传播在先，行为在后；没有成功的传播，就不可能有成功的销售行为。

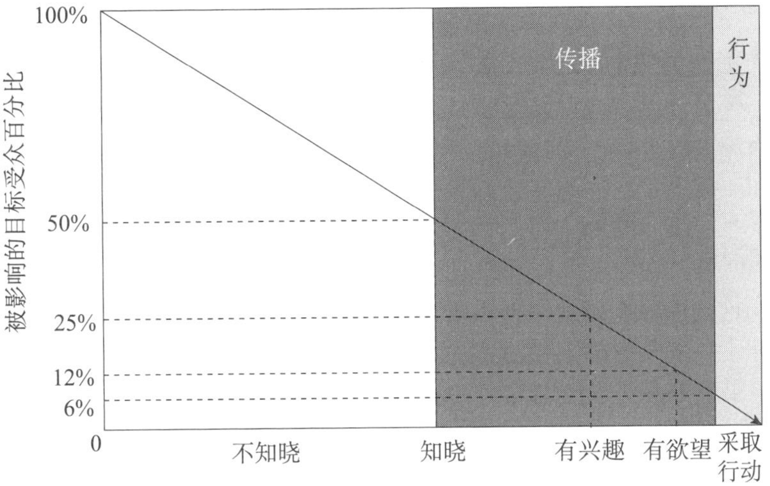

图8－4　AIDA模式示意图

图8－4显示的一个基本事实是：消费者从不知晓到采取行动的过程中要经历知晓、有兴趣和有欲望几个阶段，每经历一个阶段，消费者的人数就会下降近一半，最后受到传播影响并采取行动的消费者只有6%。虽然这一比例未必适用于所有的产品，但大多数情况下该模型是可以借鉴的。

2. 行为目标

虽然人人都知道传播是因，行为是果，即销售行为的产生有赖于传播，但大多数企业还是会将更多的注意力和资源集中在消费者是否采取购买本品牌产品的行为上，希望消费者长期购买。这就需要企业制定更详细周密的参观、体验、促销等方面的行为目标，以促进消费者产生有利于品牌销售的购买行为（见表8－3）。

表8－3　企业制定行为目标的例子

理想的行为	对应各目标的例子
信息搜寻	要求一个月之内索取新产品目录达10 000人次
产品试用	向35%的目标家庭派发样品
参观展示厅	促销期间每周邀请50名或更多的目标客户参观展示厅
推荐购买	新增20 000名由现有客户推荐的新客户
成为回头客	争取所有购买者中有20%的回头客
更频繁的光顾	把平均购买率从每月2次增加到每月2.5次

① AIDA为知晓（attention）、兴趣（interest）、欲望（desire）、行动（action）。

（四）品牌定位

品牌定位是制定整合营销传播战略的第四个步骤。关于如何进行品牌定位，本书第4章已经进行了比较全面的介绍。品牌定位是指企业通过一种全新的沟通方法努力在消费者的心目中占据一个位置。企业根据自身品牌的优势或目标消费者对品牌的需求提炼出一个与众不同的诉求概念，一旦确定就必须不断地进行传播，直至此概念与品牌形成一对一的对应关系。市场上的许多品牌之所以成功，最重要的原因就是企业有非常准确的品牌定位。

（五）确定整合营销传播战略

确定整合营销传播战略是最重要的步骤，营销人员需要对各种营销工具和传播方式的特征做全面深入的分析，选择最有可能帮助企业达到营销传播目标、所需投入更合理的营销工具和传播方式，在此基础上形成独特的整合营销传播战略。

如果说企业在第四步确定了品牌定位，解决了“说什么”的问题，那么在此步骤，企业要解决的就是“怎么说”（广告创意）和“通过什么渠道说”（媒介选择与组合策略）的问题，这些内容将分别在第9章予以介绍。

营销人员还必须使用相关信息和数据来支撑整合营销传播战略，尤其是媒介组合。这些内容也是第9章要讨论的问题。

（六）制定预算

对于专职从事营销传播策划咨询业务的机构而言，它们自然希望企业投入的营销传播预算越多越好，但是几乎所有的企业都难以提供充足的预算，而且难以对营销传播活动的效果进行较为准确的预估。这些原因直接导致企业在制定营销传播预算时难以抉择。目前大多数企业选择以下四种方法：销售百分比法、目标任务法、市场份额法和投资回报率法。

1. 销售百分比法

这种方法的运用最为普遍。其计算十分简单，即在上一年产品销售额的基础上预测本年的销售额，参考上一年度营销传播投入占销售额的比例确定本年的比例，制定出营销传播预算。

比如，某企业的产品在上一年实现的销售额是1 000万元，其中营销传播费用占当年销售额的5%，即上一年营销传播的实际投入是50万元。如果该企业按照市场发展的趋势预计本年将实现销售额1 500万元，则本年的营销传播预算应该有所提高。如果该企业将营销传播的预算提高1个百分点，则本年的营销传播预算应该是：

$$1\,500 \times 6\% = 90 \text{（万元）}$$

这种方法操作起来非常简单，但是它完全颠倒了投入与产出的关系。按照正常的逻辑，应该是先投入后产出，或者是投入多少产出多少，但是这种方法的逻辑正好相反，即先产出后投入，或者是产出多少则投入多少。对于销售额比较稳定的企业而言，这种方法的劣势不太明显，但是对于销售额极不稳定的企业而言，这种方法的劣势就非常明显。因此，销售额不稳定的企业在制定营销传播预算时最好不用这种方法。

2. 目标任务法

目标任务法的基本思路是不与产品上一年的销售额挂钩，根据本年制定的销售目标确定营销传播预算。这种方法比较适合于制定全国性产品的营销传播预算，即企业根据产品不同地区的销售目标确定不同的营销传播预算。此方法的优点是可以根据不同市场的实际情况和销售目标制定切实可行的营销传播预算，基本保障企业对有限的资金合理分配；缺点则与销售百分比法相似，即颠倒了投入与产出的逻辑关系。

3. 市场份额法

这种方法指企业根据某产品占所在大类产品的市场份额确定营销传播预算。比如，如果中国市场上所有电池产品一年投入的营销传播费用为 3 亿元，某电池企业占电池市场份额的 33%，则该企业的营销传播预算理论上应该是 1 亿元。如果该企业的营销目标是扩大中国市场份额（达到 45%），则其营销传播预算应该是 1.35 亿元。

4. 投资回报率法

投资回报率法将营销传播预算看作企业的一个投资项目。在投资前，企业必须对该项目的投资回报率进行准确的计算，并根据投资回报率确定投入金额。关于这种方法的具体运用，本书第 7 章做了全面阐述。

（七）确定整合营销传播的时间安排

整合营销传播战略涉及众多的营销和传播工具，合理确定营销和传播工具的使用时间十分重要，企业稍有疏忽就可能影响营销传播的整体效果。

比如，如果企业选择使用大众媒介广告、直邮广告和电话营销开展营销传播活动，这些工具具体使用的时间和先后次序就非常有讲究。一般而言，最先使用的应该是大众媒介广告，它可以扩大品牌知名度；大众媒介广告推出之后的两三周内，可以使用直邮广告（受众阅读有一定知名度的商品信息的概率显然比阅读没有知名度的商品信息的概率高得多）；直邮广告使用后的三天内可以进行电话营销，若电话营销早于直邮广告，受众就会因对品牌产品没有什么印象而不回应，但是如果电话营销安排在直邮广告使用一周后，那时受众已遗忘品牌信息，同样难以产生良好的效果。

从总体上看，新产品的广告传播活动可以安排在新产品上市前的 3～6 个月内，此时的广告传播对象有可能是渠道商而未必是终端消费者。此时开展广告传播活动有两个目的：一是构建产品销售渠道；二是培养消费者对产品的需求，以便新产品一上市即畅销，减少产品库存压力，提高产品的周转率。这种提前开始广告传播活动的方法比较适合新产品上市，若产品已有较为完善的销售渠道，就应该在产品铺货率至少达到 60% 时进行广告传播活动，可以避免广告传播活动的浪费。

（八）效果评估

效果评估是制定整合营销传播战略的最后一个步骤。效果评估本身无关策划和创意，它为一个完整的整合营销传播活动画上了句号。同时，效果评估是下一次整合营销传播活动的开始。效果评估不一定要在整合营销传播活动实施半年至一年后才开展，应该随时跟进，企业还应根据效果评估的反馈及时调整和完善具体的实施策略，这也是整合营销传播与传统营销传播的差别所在。

第 2 节　整合营销传播效果评估

效果评估是整合营销传播活动的最后一个环节，也是下一轮整合营销传播活动的开始。整合营销传播活动的效果评估主要包括三方面内容：整合营销传播过程的评估、品牌信息传播效果的评估和投资回报率的评估。关于投资回报率的评估和计算方法，第 7

章已做介绍，本节介绍前两方面的内容。

一、评估整合营销传播过程

为避免企业在整合营销传播活动中可能出现的偏差，在具体实施前对整合营销传播战略进行评估很有必要。评估主要包括整合营销传播基本审计和整合营销传播深层审计。

（一）整合营销传播基本审计

整合营销传播的最终目的是企业通过品牌与目标消费者建立彼此认同的可为双方带来利益的良好关系。要想达到这一目的，必须对整合营销传播的每一个步骤和环节进行有效的整合，要求企业与目标消费者、利益相关者等进行更密切、更有针对性的交流并分享更多的信息，这使得企业更有必要对品牌关系的现状和发展态势进行及时有效的评估与监测。表8-4是一个比较简单的整合营销传播基本审计表，企业可以利用该表了解整合营销传播过程，并对该表反映的问题进行及时的修正与完善。

表8-4　整合营销传播基本审计表

请圈出下列各项中最符合企业运营状况的数字。如果你对下列某项目的内容不甚了解，请在DK（Don't Know，不知道）上画圈；如果问题不适合企业，则不要画圈。						
组织基础设施方面	从不				总是	
1. 在我们公司，管理品牌或企业声誉以及建立利益相关者关系是一个跨职能的责任，涉及的部门有生产部、运营部、营销部、财务部、人力资源部等。	1	2	3	4	5	DK
2. 把所有的营销传播计划放在一起，负责营销传播项目的人员能很好地了解所有的营销传播工具的优缺点，这些工具包括直接反馈、公共关系、销售促进、广告和包装设计等。	1	2	3	4	5	DK
3. 我们在内部营销方面很出色，使所有部门都了解公司的目标和营销计划。	1	2	3	4	5	DK
4. 我们与主要的代理商就合作项目至少每月进行一次沟通。	1	2	3	4	5	DK
互动方面						
5. 媒体策略在大众传播与一对一传播之间实现了战略平衡。	1	2	3	4	5	DK
6. 采取专门的措施，方便客户查询与投诉。	1	2	3	4	5	DK
7. 使用客户数据库（涉及产品试用、重购、购买频率以及购买类型）来应对客户查询、投诉、奖励以及开展销售等问题。	1	2	3	4	5	DK
8. 我们的客户数据库易登录，并且使用界面对用户很友好。	1	2	3	4	5	DK
使命有效方面						
9. 公司使命是核心，也是营销传播的依据。	1	2	3	4	5	DK

10. 使命是获得客户和主要利益相关者的信赖及其对企业的支持。	1	2	3	4	5	DK
11. 公司的慈善事业专注于某个特定的领域和项目。	1	2	3	4	5	DK
战略执行方面						
12. 所有策划的品牌信息（如广告、销售促进、公共关系以及产品包装设计等）在战略上是一致的。	1	2	3	4	5	DK
13. 定期复查所有的品牌信息以确保它们在战略上保持一致。	1	2	3	4	5	DK
14. 我们常考虑定价、分销、产品功能、客户服务以及公司外部的个人和组织向社会传达了怎样的品牌信息。	1	2	3	4	5	DK
规划与评估方面						
15. 当制定整合营销传播战略时，我们运用SWOT分析法来确定所能利用的优势和机会以及需要注意的劣势和威胁。	1	2	3	4	5	DK
16. 在制定整合营销传播战略时，采用零起点方法。	1	2	3	4	5	DK
17. 在制订年度营销计划时，首先确保内部品牌接触点传达的都是正面的品牌信息，然后在投资和创造新的品牌接触点之前确保能完全利用这些接触点。	1	2	3	4	5	DK
18. 公司运用多种跟踪研究来评估与客户及主要股东之间关系的优势。	1	2	3	4	5	DK
19. 整合营销传播战略能使企业在各种营销传播功能上的独特优势最大化（如公共关系、直接营销、广告、赞助、销售促进和包装设计等）。	1	2	3	4	5	DK
20. 整合营销传播项目的总目标是通过战略上的影响和控制把信息传达给客户及主要股东，并通过与他们进行有目的的对话来创造和培养互利关系。	1	2	3	4	5	DK
分数相加（减去空白项和DK项）后再除以20	得分：					

资料来源：邓肯．整合营销传播：利用广告和促销建树品牌．周洁如，译．北京：中国财政经济出版社，2004：694.

（二）整合营销传播深层审计

在基本审计的基础上，美国科罗拉多大学的整合营销传播高级项目组提出了一种用以评估整合营销传播关系构建程度的深层调研方法。该方法用以检验组织结构、员工对整合营销传播目标和组织内部战略的理解程度与认可程度以及目标消费者对品牌信息的接受程度和喜好程度。此种审计与评估方法的一个重要内容是差距分析，即对企业开展整合营销传播活动中已经实施的步骤所产生的效果与正在实施的步骤所产生的效果之间的差距进行分析，从而发现整合营销传播战略在实施过程中所暴露出来的问题，以便企业及时采取措施调整整合营销传播方案。

整合营销传播的深层审计涉及的项目和相关内容较多，常常需要花费两个月左右的时间才能完成。表8－5列出了该审计方法的主要步骤。

表8-5 整合营销传播深层审计步骤

一、导向会议 1. 在会议开始前，审计小组先描述企业，然后回顾企业的业务基本报表。 2. 会上企业领导层向审计小组概述公司目前的运营状况。 3. 公司行政人员应为审计小组提供一份公司营销传播目标书，以及一份品牌构建关系项目说明书，这些都将成为审计的参考资料。 4. 企业的行政人员与审计小组就采访对象的名单达成一致，并确定采访时间表。 5. 企业委派内部审计协调人员。 6. 会后一周内，企业必须对审计使用的工具予以确定。
二、实地采访 审计小组对所有涉及、影响或实施营销传播计划以及管理客户关系的重要人员进行60~90分钟的采访，同时，企业会推荐审计小组采访一些外部营销传播机构的会计经理。这些采访的内容和结果都将用来评估企业的中层管理人员对整合营销传播的基本态度。 7. 对公司品牌目标以及管理人员在达到这一目标过程中应承担的责任的了解程度。 8. 有关营销传播领域的专业知识。例如，一个营销人员对公共关系优缺点的了解程度。 9. 对企业在整合营销传播方面所做努力的了解和态度。 10. 策划品牌传播信息和媒介策略时与其他传播单位的互动与合作。 11. 对客户与股东数据库的利用率。 12. 对每个股东群体的价值感知。
三、内容分析 采访时，审计小组要收集近12个月以来所有的销售信息（包括广告、新闻发布、包装设计、产品说明书等）。之后，审计小组可通过系统分析这些信息来确定企业在信息、形象或品牌定位方面是否做到一致，也可以确定对外公布的营销传播目标是否具有一致性。
四、列表与分析 审计小组对采访结果与内容分析结果进行比较，以确定企业的整合水平。之后，审计小组将分析结果与企业的营销传播目标进行比较。
五、总结报告 审计小组分别以书面和口头的形式呈现审计评估报告。报告的内容必须对企业在品牌关系管理过程中的优势和劣势予以总结，并针对如何克服缺点和利用优点给出具体建议。

资料来源：邓肯．整合营销传播：利用广告和促销建树品牌．周洁如，译．北京：中国财政经济出版社，2004：696.

（三）审计评估结果举例

在对整合营销传播进行适时的审计与评估的过程中，常常能够发现企业自身难以察觉的问题。比如，一家高科技研发企业实施整合营销传播计划的过程中，领导层自认为考虑的内容已经很全面，审计似乎没有什么必要，但是审计发现该公司存在的问题不少，主要表现在以下几个方面：营销传播计划将大多数预算投放到商业杂志广告上，在直接营销工具上只投放很少的预算；完全不考虑企业只销售一种非常专业的产品且顾客只有500多人的事实；营销人员很少了解和使用客户数据库。如果企业不能及时发现并解决这些问题，造成的损失将难以弥补。营销人员必须牢记的一个基本准则是：营销传播不像企业的产品，产品如果发现问题，可以召回（如汽车召回），营销传播战略一旦启动，营销人员想要收回不能兑现或难以兑现的承诺是不可能的。以下是真实的审计结果的例子。

1. 传播目标混淆

在对某家公司进行审计的过程中，当审计小组询问公司的营销传播目标和品牌传播目标时，公司的中层经理居然给出了十几个不同的答案。该例子说明，如果一个企业的主要成员连本企业的营销传播目标都弄不清楚，或者说为不同的目标努力，其向外传播的信息必然是彼此冲突的，也就难以在消费者心目中构建清晰的品牌形象。

2. 传播主题缺乏一致性

如果一个企业的传播主题不能做到一致，其广告投入的越多，对品牌造成的负面影响就越大。

二、评估品牌信息传播效果

企业在全面实施整合营销传播战略之前，应该先在小范围内对品牌传播的信息进行评估。一般而言有两种可能的结果：一是目标消费者能够正确理解品牌传播的信息；二是目标消费者难以正确理解品牌传播的信息。如果出现第一种情况，企业可以利用全国媒介开展全方位的营销传播活动；如果出现第二种情况，企业应重新考虑品牌信息的内容和诉求方式。另外，由于全国市场的范围很大，不同市场的消费者对相同品牌信息的理解或喜好程度有差异，因此，企业即使已经在全国范围内实施整合营销传播战略，也可以及时跟进评估在有代表性的市场中品牌信息传播的效果，以便了解目标消费者对品牌信息的理解、喜好、记忆等方面的情况，为企业开展下一阶段的品牌传播活动奠定坚实的基础。表 8－6 列出了最常用的评估品牌信息传播效果的方法。

表 8－6　评估品牌信息传播效果的方法

评估方法	评估的内容
焦点小组、实地调查、投影测试	诉求概念
社会调查	知晓
焦点小组、一对一实验室、电子邮件	沟通说服
媒介组合、电话调查	认知、回想
视觉跟踪、瞬间皮肤反应	心理反应
焦点访谈	整体印象
跟踪研究	态度行为

资料来源：邓肯．整合营销传播：利用广告和促销建树品牌．周洁如，译．北京：中国财政经济出版社，2004：704.

（一）品牌诉求概念测试

整合营销传播战略的核心内容是品牌诉求，品牌诉求是整合营销传播战略能否成功实施的关键因素。品牌诉求实际上涉及向目标消费者“说什么”的问题。对于企业而言，其产品往往具有多方面的优势，向消费者同时诉求产品多个方面的优势，传播效果可能会适得其反。成功的诉求策略往往突出产品的一个优势（即诉求点），舍弃其他不重要或消费者不太关心的产品信息。接下来要考虑的问题是：企业该如何甄别和取舍品牌诉求信息？此时，有必要通过专业的调研方法对品牌产品的诉求概念进行测试和评估。

比如，某冷冻食品公司使用最新的食品技术研发了一款新产品，即装有冷冻蔬菜、一袋调味粉包和一袋油包的方便汤包，消费者只需将方便汤包和配料放进锅里，加上水烹制 15 分钟，即可食用。公司最关键的工作是提炼出一个最有劝服力并能够准确描述该产品优势的诉求概念。由于该公司不能确定哪个诉求概念传播效果最佳，因此该公司与广告代理公司合作，提炼并筛选出该产品的三个诉求概念，然后以目标消费者（如喜欢烹饪的已婚女性）作为测试对象，将她们分为三组，向每组展示诉求概念的先后顺序不同，这样可以避免产生顺序偏见。三个诉求概念如下：

诉求概念A：方便。

诉求主题A：现在，只要15分钟，你就能很方便地准备好一份用冷冻蔬菜和特制配料做成的菜汤。

诉求概念B：美味。

诉求主题B：这份营养丰富的菜汤是如此美味，你的家人不会相信它是你亲手烹制的。

诉求概念C：新鲜。

诉求主题C：它是用新鲜土豆、洋葱、芹菜、辣椒冷冻的，并与美味的调料独特融合，这将是你烹制的最美味的菜汤。

测试对象看完这三个不同的诉求概念之后，分别写下自己的意见，并讨论三个诉求概念中哪一个更有劝服力。通过这样的测试，该公司便可以确定应该使用的诉求概念和诉求主题。

（二）传播效果评估

在整合营销传播战略实施过程中，企业在不同的阶段应该有不同的传播策略，其产生的效果自然也会有所不同。从传播过程的角度来看，目标消费者对品牌信息的接受从注意开始，然后是认知，接着是喜欢，最后才是产生购买行为。因此，在整合营销传播效果评估过程中，不同阶段的评估重点是有区别的。

1. 评估品牌诉求信息能否引起目标消费者的注意

企业借助媒介传递的品牌诉求信息能否引起目标消费者的注意是整合营销传播活动能否取得成功的关键，因此，企业有必要对此进行适时的跟进测试和评估。评估的方法通常是运用视觉记忆测试镜来测试媒介广告、产品包装或其他品牌传播信息载体对目标消费者产生的吸引力程度，这种方法又称为T测试。被测试者坐在投影屏幕前，屏幕上以较快的速度播放与本品牌产品同属一个大类的十余个产品的平面广告或包装设计，或者与本品牌产品不同类的产品的平面广告或包装设计，之后询问被测试者哪条平面广告或包装设计引起了他们的注意。如果70%以上的被测试者具有相同的指向，说明该平面广告或包装设计更容易吸引目标消费者的注意。

2. 评估品牌诉求信息能否增进目标消费者对产品的认知与记忆

如果目标消费者能够注意品牌诉求信息，下一步的评估重点应转移到目标消费者对品牌诉求信息产生的认知与记忆的程度上。认知是指目标消费者对品牌产品的识别与理解程度，即目标消费者一旦看到某品牌的广告或标志就能立刻知晓该品牌产品的基本特征（产品类别、价格、性能等）。评估品牌诉求信息能否提高目标消费者对产品的认知与记忆程度的方法有两种：事前测试和事后测试。

事前测试主要用于印刷广告，其测试方法是要求随机抽取的被测试者（目标消费者）将有本品牌诉求信息的杂志带回家阅读，并在第二天回忆在杂志上看到的广告。如果被测试者对本品牌诉求信息的认知程度和记忆程度比较高，则证明本品牌的诉求信息能够增进目标消费者对产品的认知与记忆，否则，品牌诉求信息就有必要重新提炼和创作。

事后测试主要用于电视媒介，其测试方法是将本品牌电视广告的录像播放给被测试者（目标消费者）看，然后询问被测试者对刚刚看到的广告有哪些记忆。如果被测试者对本品牌诉求信息的回忆度普遍较低，则说明品牌诉求信息有必要调整和修改。

3. 评估品牌诉求信息能否引起目标消费者的情绪化反应

情绪化反应是指品牌诉求信息使目标消费者产生情感上（非理性）的判断，判断的指向不是喜欢就是讨厌。对于企业而言，其品牌能够得到目标消费者的喜爱自然是最理想的。不过，并不是所有的品牌诉求信息都能够获得目标消费者的好感。相对而言，对于理性商品来说，其品牌诉求信息再出色，最多只会引起目标消费者对品牌诉求信息本身的喜爱，不能使目标消费者将这种喜爱转变为实际的购买行为。比如，宝马汽车的品牌诉求信息非常出色，也确实能够使较多的目标消费者产生情绪化反应，但是宝马汽车毕竟属于理性商品，消费者不太可能因喜欢宝马汽车的广告而非要购买。对于感性商品而言，情况就完全不同。如果感性商品的品牌诉求信息能够引起目标消费者正面的和积极的情绪化反应，他们往往会将这种反应与实际的购买行为联系在一起。

三、影响 IMC 效果的因素

整合营销传播战略在具体实施过程中不可避免地会受到诸多因素的干扰。这些干扰因素主要包括来自消费者的主客观因素、媒介自身和营销传播者的信息因素、传播过程的迟滞效应、消费者在品牌接触点遇到的干扰因素等。

（一）来自消费者的主观因素

整合营销传播效果的评估理论和方法大都建立在消费者的行为经营销传播策划者事先设定这样一个基本前提之下。但是在实际生活中，不同的消费者所处的社会背景、文化背景不同，受教育程度也不同，会表现出不尽相同的消费行为。比如，对于相同的营销传播信息，不同的消费者会产生不同的认知、判断与评价。消费者即便对营销传播信息的反应没有什么不同，也会因意外情况而有不同的消费行为。某个十分情绪化的消费者可能会突然在某一时刻对经常购买的品牌产品产生厌倦情绪，想要尝试一下其他品牌的产品，此时企业很难推测出原因。

（二）来自消费者的客观因素

消费者客观因素是指消费者由于外部原因不得不放弃对某品牌产品的持续性购买行为。比如，某消费者因工作调动或搬家不得不离开原本长期光顾的美容店。在对消费者的消费行为尤其是忠诚消费者的消费行为进行评估时，来自消费者的客观因素是影响整合营销传播效果的重要原因。

（三）来自媒介自身的信息因素

企业在整合营销传播活动中需要使用多种媒介组合，媒介之间的品牌产品信息有可能因管理不严而混乱，对整合营销传播活动造成干扰。比如，在不同媒介上发布的广告诉求点不尽相同，或者广告与其他营销传播形式传达的信息不协调等。另外，媒介自身的个性与风格也会影响品牌信息的传递。如果企业推广的品牌产品和选择的媒介在个性与风格上相冲突，就会对营销传播信息造成干扰，并使消费者产生困惑。

（四）来自营销传播者的信息因素

对于企业而言，即便整合营销传播战略方案策划得非常周密，也可能由于企业高层变动或营销传播机构负责人员离职，新任者对原营销传播方案有不同的理解甚至提出异议，而对营销传播的实施效果产生干扰。

（五）传播过程的迟滞效应

企业开展整合营销传播活动时关注的是能否引起消费者的即时反应，但是消费者在接收广告信息之后往往不会立即产生购买行为，要经过一段时间才可能产生购买行为，这种情况在传播学中称为迟滞效应。产生迟滞效应的原因一般有：消费者暂时对该类产品没有需求；对于是否购买该品牌产品，消费者需要进一步考虑和比较；消费者认为有必要收集更多的相关信息来做出最后的购买决策等。

就企业而言，它所制订的研发、生产和营销传播计划实际上都会有迟滞效应。比如，产品研发与设计、渠道设计、从产品出厂到现金回流都需要一段时间才能完成。企业开展营销传播活动时，也都明了较长一段时间后才可能收回成本。迟滞时间的长短难以确定，这就给营销传播的效果评估带来了很大的干扰。

（六）消费者在品牌接触点遇到的干扰因素

消费者在各个品牌接触点可能会遇到诸多干扰因素，这些因素会影响消费者对品牌产品的认知和判断。比如，某消费者看到报纸广告或电视广告之后，产生了购买某品牌产品的想法，但是到商场购买时可能因找不到停车位而放弃购买；或者该消费者到商店后因产品缺货而无法购买；又或者该消费者发现零售商的价格远远高于生产商的报价，不得不放弃购买，转而购买另一品牌的产品；再或者商店的销售人员对该品牌产品的性能、特点、原料、配方、相对于竞争品牌的优势或劣势等一无所知，该消费者不得不放弃购买计划。在现实生活中，只要一个接触点出现了干扰因素，企业的营销传播效果就会大打折扣。因此，企业在设计营销传播的每一个流程和细节时，必须努力减少或避免干扰因素。

基本概念

内部要素	外部要素	AIDA 模式	品牌定位
差距分析	视觉记忆测试镜	情绪化反应	迟滞效应

思考题

1. 舒尔茨认为整合营销传播战略的五个关键内容有哪些？
2. 企业对品牌与消费者之间关系的评估可以围绕哪些方面进行？
3. 企业制定整合营销传播预算时一般有哪几种方法？
4. 整合营销传播效果评估的不同阶段的评估重点是什么？

课后实践

请各小组同学在第7章课后实践的基础上，根据本章教学内容的要求制订某品牌整合营销传播整体方案的基本框架，内容必须包括SWOT分析、目标市场分析、确定整合营销传播目标、品牌定位、确定整合营销传播战略、制定预算、确定整合营销传播的时间安排及效果评估。

第3篇

整合营销传播的实施工具

本部分重点阐述开展整合营销传播过程中采用的渠道策略和媒介策略，其中，第9章、第11章、第12章和第13章还对涉及营销和传播活动的具体工具进行了介绍，包括广告创意与媒介传播策略、整合视觉传播策略、营销活动策略规划、公共关系与公益活动策划及实施等相关内容。

学习和掌握不同的营销传播工具对企业的营销人员是非常必要的。企业营销人员需要具备更专业的学科背景和相关知识，懂得如何从较高的层面根据品牌的发展目标和市场竞争的实际情况对营销传播工具加以灵活运用，并善于对专业性较强的传播活动（如视觉传播）进行科学的管理，以使整合营销传播活动取得更理想的效果。

第9章 广告创意与媒介传播策略

广告是整合营销传播最重要的手段，更是以大众为诉求对象的快速消费品广告主最倚重的信息传播方法。广告创意与诉求方法的核心内容无非是解决“对谁说”“说什么”“怎么说”的问题。关于“对谁说”和“说什么”的问题，本书已经做了较详尽的阐述，本章将重点介绍广告传播过程中有关“怎么说”和“通过什么渠道说”的策略和方法。

第1节　广告创意诉求策略

广告活动的灵魂就是创意，没有灵魂的广告当然也就没有生命力可言。本节将从广告创意的定义和特征入手重点阐述广告创意的诉求策略。

一、广告创意的界定

广告创意是广告活动中最具挑战的部分，但是，很少有人对广告创意下一个明确的定义。本部分讨论的重点就是广告创意的基本概念界定。

（一）广告创意的定义

对于广告创意的定义，学界还没有一致的看法。詹姆士·韦伯·扬曾经对产生广告创意的原则做过十分精辟的归纳，即“旧的元素、新的组合”[①]，这一归纳得到广告界的认同，但他仅仅对创意原则进行了归纳总结，并没有对广告创意的过程做更深入的阐述。

那么，广告创意到底是什么？为了清楚地回答这个问题，需要先将广告策划与广告创意做一个比较。

第一，广告活动是动态的运作过程，这个运作过程包含调查、策划、创意、表现、发布及效果测定等诸多环节，广告策划和广告创意均是广告活动的要素之一，广告创意是广告表现的核心要素之一。

第二，广告活动是帮助广告主实现销售目标的信息传播活动，广告策划所要解决的是广告活动方向对与错的问题，广告创意所要解决的是如何通过对产品讯息的加工处理

---

① 詹姆士·韦伯·扬．广告传奇与创意妙招．林以德，连瑜清，李淑娟，译．呼和浩特：内蒙古人民出版社，1998：123.

让目标受众喜欢某产品，这就使得广告创意带有明显的艺术属性。

第三，广告活动的基础是广告策划，广告表现的核心是广告创意；广告策划是明确方向，广告创意是动力加速。如果把广告策划比作汽车的方向盘，把广告创意比作汽车的发动机，则可以明白两者之间的关系：如果方向正确且动力强劲，汽车自然可以达到甚至提前达到预定目标；如果方向正确而动力不足，汽车也能达到预定目标，只不过要花更多的时间；如果方向不正确而动力十分强劲，汽车会离预定目标越来越远，或者会坠入深渊，后果不堪设想。

本书将广告创意界定为：

> 广告创意是广告人员根据传播策略，将抽象的商品（品牌）诉求概念提炼为物质层面的功能特征或精神层面的价值观念，并将之转换为具象的视觉符号，以求达到理想的传播效果的创造性形象思维活动。

（二）广告创意的特征

广告创意是整个广告活动的灵魂。缺乏创意的广告活动不可能达到预先设想的广告传播效果。那么，广告创意到底有哪些特征？对此，广告学者没有统一的说法。本书认为广告创意至少包括四个方面的特征：思维的转换性、策略的指导性、诉求的艺术性和创意的限制性。

1. 思维的转换性

广告创意从本质上说是一种创造性思维活动，这种创造性思维活动与一般意义上的创造性思维活动有所不同。广告创意的创造性思维活动除了具有一般意义上的创造性思维活动的基本特点（如思维的自主性、求异性、联动性、多向性、跨越性、顿悟性和辩证综合性等）之外，还具有思维的转换性这一本质特征。

思维的转换性是指从逻辑思维转换到形象思维的能力，或者从概念的抽象思维转换到具象事物的形象思维的能力。这需要创意人员以丰富的想象力及时转换思维，善于捕捉、发现生活中看似不相关的各种事物间的内在联系，使广告创意具有情理之中、意料之外的传播效果。

比如，大众高尔夫汽车的广告创意作品就在创意思维上经历了数次转换。广告创意的核心首先是表现大众高尔夫汽车的“快”这一抽象概念，其次是思考如何用具象的元素表现、转换上述抽象概念，最后是用路旁全部倒伏的交通围栏这个看似与大众高尔夫汽车毫不相干的事物来表现该品牌汽车的速度之快，令人拍案叫绝。

2. 策略的指导性

这是指在广告创意的过程中始终围绕着一个明确的传播概念。广告创意不是纯主观的艺术创作，不能随心所欲，必须在广告策略的指导下，在事先确定好的主题概念的规范下进行，通过创意的物化形式——广告作品，将广告信息准确地传达给目标受众。这一特征也是广告创意与艺术创作之间最大的区别。

艺术家进行艺术创作之前，往往根据自身对生活、事物的观察，通过艺术作品表达个人的主观愿望、情绪或感受，存在随意性和主观性。广告创意人员则必须在广告策略的指导和规范下进行创造性思维和表现活动，广告作品表达的主要是客观事物（广告产品）的本质特征或者目标消费者的主观感受、情绪和愿望，而非广告创意人员的主观情绪。

比如，百事可乐的广告创意就是在整体广告策略的规范下进行的。虽然百事可乐的广告创意作品在表现形式上各不相同，但它们都离不开品牌的核心概念：精彩无限、活力无限。俗话说："万变不离其宗。"对广告创意来说，这个"宗"就是广告策略。

3. 诉求的艺术性

广告创意的目的之一是将产品的有关讯息以艺术的方式表现。以艺术的方式将产品的讯息准确有效地传播给目标受众是广告创意的一个重要特征。

广告作品的创意不同于文学艺术作品的创作，其区别就在于广告作品的诉求性。广告创意的目标是主动地让目标受众接受某种观点、概念或产品的讯息，让受众记住并对之产生兴趣；文学艺术作品的目标只是被动地让受众对作品产生情感上的共鸣，至于有多少受众能够接受文学艺术作品创作者的观点，并不是作者追求的目标。

广告作品的创意也不同于新闻报道，两者的真实性和承载的媒体大同小异，但两者的最大区别在艺术性上。新闻报道绝不允许有艺术性的表现，广告作品需要借助各种艺术表现形式达到理想的效果。

4. 创意的限制性

从总体上说，任何创造性思维活动都忌讳条条框框的限制，但广告创意有许多限制。有人曾形容广告创意是"戴着镣铐跳舞"，这意味着在种种限制下想出精彩的创意对广告人而言实在不是件容易的事。

其一，广告主的限制。一般而言，所有的广告主都会对广告创意活动有这样或那样的限制要求，只是限制的程度不同而已。有的广告主可能会对广告创意的表现方式宽容一些，会给广告创意人员更多的创意空间；有的广告主则会对广告创意的表现方式有具体明确的要求，广告创意人员不得不在广告主的限制要求下设计广告创意活动。

其二，广告媒介的限制。不同的广告媒介有不同的特征，这些特征决定了广告创意人员必须根据广告媒介的特征进行有针对性的创造性思维活动。电波媒体要求广告创意人员在以时间为结构、以情节为线索的前提下对以连续移动的视觉语言（画面）或听觉语言呈现的广告信息进行构思及表现；平面媒体则要求广告创意人员在以空间为结构的前提下对以静态的视觉语言呈现的广告信息进行构思及表现。

其三，广告信息本身的限制。不同的广告信息内容本身往往限定了广告创意的构思方向。比如，感性商品的广告创意应考虑在诗情画意、浪漫的方向上进行构思表现；理性商品的广告创意则应在沉稳实在、以理服人的方向上进行构思表现。

二、广告创意主题的创作及其创意表现

总体来看，广告创意过程主要是按照创意概念的提炼、创意主题的创作再到创意的具体表现这几个环节展开的。许多人认为广告创意是灵光乍现的感性形象思维，根本不需要过于理性的逻辑思维和工作模式，其实，广告创意与纯艺术创作的最大区别在于前者的创意具有明确的目的性和客观的限制性，后者具有明显的非目的性和强烈的主观随意性。只有在理性和逻辑思维规范下的广告创意过程才能使创意构思活动更有效率。

（一）广告创意主题的概念及其创作

1. 创意主题的概念

创意主题以高度概括和简洁的语言对创意概念进行表达，以便向目标消费者传递产品或品牌的核心诉求内容。

创意主题表现在广告作品中就是广告口号（广告语）或广告标题。广告语是反映企

业经营理念、品牌价值观念或个性特征的长期广泛使用的诉求文字。如耐克的“想做就做”、李宁的“让改变发生”等。广告标题是某个广告活动中或某个具体的广告创意作品中的语言文字，其使用的时间和范围非常有限。无论广告语还是广告标题，它们都是广告活动或广告作品的核心诉求内容。

创意主题一经确立，接下来要进行的就是围绕创意主题进行视觉化图形展示或演绎。在特殊情况下，譬如视觉画面将创意主题表现得非常清晰、精彩，受众完全可以通过画面解读创意主题，则广告语或广告标题也可以不出现。

2. 创意主题的创作

提炼出一个好的创意概念并不代表就有了一个优秀的创意主题。实际上，如果说提炼创意概念的过程更具理性和逻辑色彩，那么从创意主题的创作开始，广告创意就已真正进入感性和非模式化的状态，这也是创意人员感到最困难的阶段。创意人员往往会费尽心力，却发现仍在原地打转。许多创意人员在这个阶段呕心沥血地创作出几十个甚至上百个创意主题（广告语或广告标题），但均被创意总监或客户代表无情地否决。当创意人员询问创意总监或客户代表“你想要的到底是什么样的创意主题”时，他们的回答往往是“我也不知道”。

这种回答在外行看来简直是不讲道理，在业内却极为正常。事实上，这表明创意主题创作最困难的原因，即判断创意主题是否优秀没有一个明确的标尺，其中蕴含着一种说不清道不明的感觉，这种感觉虽然模糊，但在判断创意主题时又是非常清晰明确的，这就使得创意主题的创作带有可遇而不可求、灵光乍现的非理性色彩。

美国广告大师李奥·贝纳曾经为绿巨人公司的罐装豌豆创作过一则优秀的广告。该广告的创意过程是首先提炼出绿巨人罐装豌豆的创意概念“新鲜”，可以说，提炼出这一“新鲜”概念并没有多大的难度，对于此类农产品而言，可选择的概念非常有限。然后，进行创意主题“月光下的收成”的创作。该产品的创意概念难以突出产品的个性特征，但创意主题“月光下的收成”立刻使受众联想到浪漫、唯美、朦胧、乡村、田野、月光和清新这些元素，犹如一幅画卷展现在受众的眼前，使受众对绿巨人罐装豌豆产生由衷的喜爱之情。

又如，盛世长城国际广告公司为乐百氏纯净水所创作的创意主题“27层净化”，虽然非常简洁，却突出了产品的独特个性，使其有效地与同类产品相区别，达到了很好的传播效果。

上述案例说明，创意主题的创作是整个广告创意活动的关键环节。一次广告活动的成败在很大程度上取决于广告创意；判断一则广告创意作品的优劣要看其是否拥有一个令人拍案叫绝的创意主题。

（二）广告的创意表现

1. 创意表现的概念

创意主题确定之后，便可以进入广告创意表现阶段。广告的创意表现是指将创意主题（广告语或广告标题）抽象的语言符号转化为具象的视（听）觉符号的编码过程，它可以使编码后的广告作品诉求的信息更形象、更生动，从而达到理想的传播效果。

实际上，广告创意的过程就是不断编码（对诉求信息进行加工提炼）的过程。其间，至少包含四次编码：第一次是客户部人员在撰写创意简报的过程中将大量的品牌信息进行筛选、浓缩和提炼；第二次是创意人员根据创意简报提供的信息提炼出最核心的诉求点——创意概念；第三次是创意人员沿创意概念所规定的方向创作出具体的诉求主题——创意主题；第四次是创意人员将创意主题传递的关键诉求信息转化成形象、直观的视觉诉求信息。

对于这四次的信息编码、提炼与转换，从诉求信息的角度看，前两次是对大量的产品（品牌）或与之相关的信息进行筛选、加工，以确定广告诉求的核心内容；后两次是将诉求的核心内容再次编码，将其转换成具体的诉求形式。从信息编码的角度看，前三次都是对语言符号的信息进行加工和提炼，最后一次是将语言符号的信息转换成非语言符号的视觉信息，也就是广告的创意表现过程（见图9－1）。

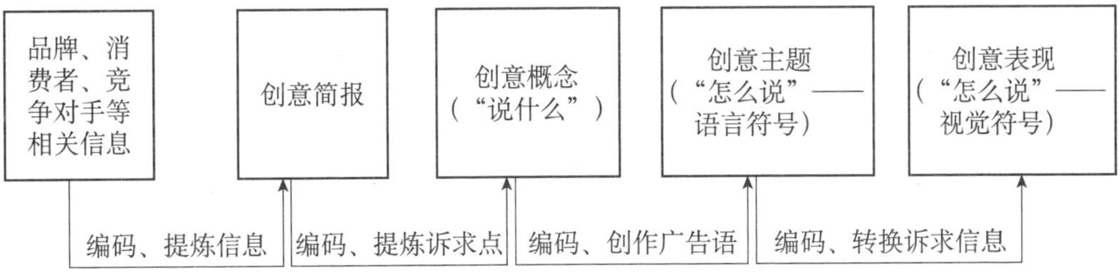

图9－1 广告创意的编码过程

2. 创意表现的核心视觉元素

核心视觉是指在创意表现的构思过程中将众多的视听觉元素提炼后形成最关键的核心元素，创意者将之运用在不同媒体形态的创意表现作品中，以形成创意表现统一完整的视觉风格。

大多数广告主在广告活动中往往会采用多种传播媒体组合的策略来提高广告诉求信息的到达率。广告创意的表现方式多种多样，如平面媒体的表现方式、影视媒体的表现方式、户外媒体的表现方式、网络媒体的表现方式、广播媒体的表现方式等。也就是说，对于同样的创意主题，创意表现必须呈现为不同形态的视听觉广告作品。为了使不同形态的广告作品能够有一个风格统一的视觉形象，必须事先确定创意表现的核心视觉要素。

创意表现的核心视觉元素与创意主题在广告作品中所起的作用是一样的。不同的是，创意主题是语言符号的核心诉求要素，核心视觉元素是非语言符号的关键表现要素。

三、广告创意的诉求策略

广告创意的诉求策略有很多种方法，每种方法无所谓优与劣，只能说合适与不合适。无论是广告主还是广告创意人员，都应该对自身的商品或品牌有充分的研究，在此基础上选择最适合本商品的创意诉求策略，掌握这些方法是开展广告活动最基本的前提。

（一）吸引目标消费者注意的诉求策略

吸引目标消费者的注意是实现广告传播目标的第一步，也是最关键、最重要的一步。优秀的广告创意如果不能吸引目标消费者的注意，所有的诉求信息必将付诸东流，广告活动也将毫无意义。因此，如何引起并保持目标消费者对广告的注意是广告人员必须思考的问题。

1. 诉求策略的内容

广告创作可以通过四种方法吸引目标消费者的注意：增强刺激的物理强度、提供信息、唤起情绪、提供价值。

（1）增强刺激的物理强度。增强面向广告受众的诉求刺激的物理强度是一种吸引消费者注意的行之有效的方法。它通过影响消费者的五种感觉（视觉、听觉、嗅觉、味觉和触觉）来吸引消费者注意。在广告传播活动中，最重要的受众感觉是视觉和听觉。对于人的视觉而言，人们看到的色彩、尺寸、形状、明暗和动感是关键刺激物；对于人的听觉而言，人们听到的音调是关键刺激物。上述刺激物一旦组合成画面和音乐，就会对广告作品的基调产生极大的影响。刺激可以通过上述各种要素组合生成不同的表现方式，至于哪一种方式更能吸引目标消费者的注意，并没有一个明确的答案。

（2）提供信息。通过向目标消费者提供有趣的信息以满足他们对知识的需求是另一种吸引消费者注意的比较有效的方法。不过，采取这种方法之前必须了解什么是消费者认为的有价值的信息，以及消费者对哪些信息感兴趣。

社会学家莫瑞·戴维斯认为，人们比较容易对与自己的价值观或文化信仰不一致的信息感兴趣。[①] 比如，西方人对宗教、人文等相关信息怀有浓厚的兴趣。如果信息内容严重违背消费者的价值观，消费者就会认为此信息荒谬，进而拒绝接受该信息。兴趣与信息这一对要素对消费者观念的影响呈倒 U 形（见图 9－2）。

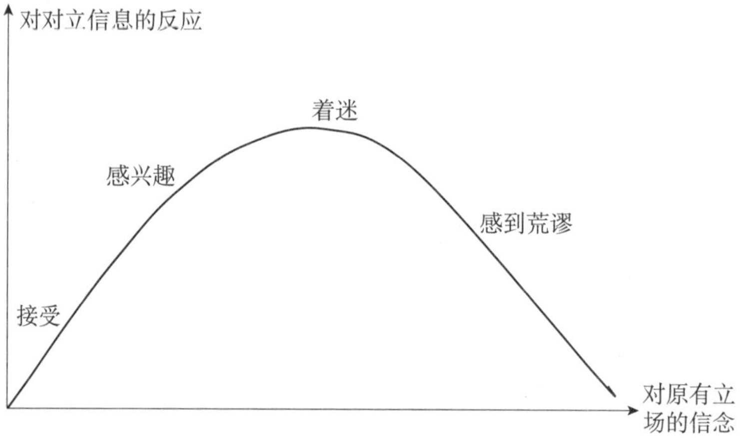

图 9－2　兴趣与信息对消费者观念的影响

下面是关于维生素 E 的广告诉求：维生素 E 有助于身体健康；高剂量的维生素 E 可以有效缓解动脉硬化；高剂量的维生素 E 可以使你更长寿。

第一条广告诉求包含少量可以增长消费者知识的信息，对于这样的广告，消费者自然没有兴趣；第二条广告诉求向消费者提供了与他们过去的看法不太一致但有益于健康的信息，因而会使较多的消费者感兴趣；第三条广告诉求与消费者的观念有很大的出入，提供的信息是新的，与人们的生活经验明显不符，因此受众很可能拒绝这条广告信息。

在广告创作中可以使用长文案来详尽地描述有关商品特性、使用或购买的信息。这种广告如果使用电波媒体进行传播就称为告知性广告，如果使用印刷媒体进行传播则称为社论式广告。告知性广告和社论式广告吸引消费者注意的能力取决于它们向消费者提供合理客观的相关信息的承诺。

（3）唤起情绪。这是吸引消费者注意的第三种方法，旨在刺激人们的情绪。情绪是指受众被外部环境和信息刺激唤起的一种状态。例如，愤怒、兴奋、悲伤都是一个人被

① Tellis G. 广告与销售战略．张红霞，王晨，译．昆明：云南大学出版社，2001：144.

具有一定强度的刺激唤起的情绪。情绪虽然包括思想活动，但又区别于思考。情绪具有非理性的特点，在情绪的引导下，人们可以做出非理性的行为。

广告主可以通过唤起情绪的方法来吸引目标消费者的注意，在实际操作中，广告主常常唤起以下几种情绪：关爱儿童的本能、喜爱动物、恐惧、性感和好奇心。在广告诉求信息中，将儿童作为画面视觉中心可以较好地唤起父母及其他成人对儿童关爱的本能情绪，劲量电池的平面广告就以这种方式吸引消费者。许多孩子和成人对动物有一种由衷的喜爱之情，在广告创意中，动物也常常是视觉表现的中心。

另一种吸引消费者注意的情绪是人与生俱来的好奇心。比如，某汽车广告主计划于近期向市场投放一款新型越野车，它首先宣布投放日期，接着宣布该款车型的具体参数（但车型外观秘而不宣），最后才通过广告等方式将车型外观告知目标消费者。

通过唤起目标消费者的情绪来吸引其注意的最大风险是，如果刺激过于强烈，消费者可能仅仅注意视觉画面的刺激物而忽略广告诉求的商品信息。利用恐惧吸引消费者注意的方法如果强度太大，可能会使受众为避免痛苦的刺激而拒绝接受此种广告信息。

利用唤起情绪来吸引消费者注意的广告诉求方法的关键在于所唤起的情绪要与广告诉求的品牌商品有直接或间接的关联。如果广告渲染的情绪与诉求的商品没有任何关联，消费者就会认为广告在利用他们的情绪，他们对广告诉求的品牌商品会形成负面的评价。

（4）提供价值。趋利是每一个消费者与生俱来的本能，因此吸引目标消费者注意更加有效的方法是利用消费者的趋利心理向他们提供一些有价值的商品信息。这种价值既包括商品本身优于竞争品的功能价值，也包括商品所提供的竞争品无法比拟的服务价值，还包括商品促销活动期打折或赠品的价值。对于中低收入消费者，最后一种方法的效果会更好。

以上讨论了吸引消费者注意的四种诉求策略：增强刺激的物理强度、提供信息、唤起情绪和提供价值。尽管这四种诉求策略各不相同，但它们的运用原则是基本相似的。其中有三个原则尤其重要：创意、加大刺激强度、形成视觉表现（刺激物）与商品品牌之间的关联性。

2. 诉求策略的确定

吸引目标消费者注意的广告诉求策略各有所长，也各有所短。广告创意人员确定诉求策略时应至少考虑三个因素：消费者对广告信息的接受状态、产品类型和创意方法。

消费者对广告信息的接受状态是广告创意人员所要考虑的最重要的因素。虽然广告创意人员使用哪种策略都有可能产生效果，但总有一些策略比其他策略更有效。

当消费者积极处理广告信息时，通过唤起他们的好奇心吸引其对广告诉求的注意是有效的策略，向他们提供一些有价值的信息也是比较理想的广告诉求策略。这两种策略都与消费者关注的指向相吻合：搜集信息和决策。

当消费者消极处理广告信息时，选择唤起情绪的诉求策略会更适合。对于消费者而言，这种策略实际上是以一种间接的方式来吸引消费者的注意，即先想方设法使消费者被广告作品的故事情节或美好情感吸引，继而使其不知不觉地注意广告的相关信息。

当消费者主动回避广告信息时，增强广告信息刺激的强度也许是最合适的策略。新颖的创意和强烈的音画刺激可能会引起消费者的注意。对于那些对广告持怀疑态度的消费者来说，提供简洁、可信的真正有价值的商品信息可能是有效的方法。

商品品类的性质也是广告创意人员选择诉求策略的参考要素之一。对于有显著竞争优势的新产品而言，向消费者提供有价值的信息更容易吸引他们的注意；对于技术比较复杂的产品而言，向目标消费者提供一种简单有效的鉴别方法将会吸引他们的注意；对于时尚商品而言，增强信息刺激的强度或使用性感的诉求策略一般会取得比较理想的效果。

（二）理性诉求策略

广告创意中运用得比较普遍的是理性诉求策略。理性诉求是指广告主以充分的事实根据、周密的逻辑推理、冷静的分析论述对目标消费者进行劝服，以达到广告主与目标消费者进行沟通的目的。理性诉求策略主要以论证的方式进行广告诉求，这种方式在运用过程中层层递进，逻辑性强，以理服人，对耐用商品具有比较理想的传播效果。

1. 对比论证

对比论证是指将诉求产品（品牌）与某个竞争参照物进行比较，并用论述和求证的方式对诉求产品（品牌）的利益点进行充分的诉求。至于竞争参照物，广告主可以选择知名的竞争品牌，也可以选择不知名的竞争品牌或者参照整个行业的竞争情况。

使用对比论证方式展示创意的广告作品又称为比较广告。从理论上说，所有的企业都可以使用比较广告来开展市场营销活动，但是从实际效果看，处于从属地位的品牌比处于领导地位的品牌更喜欢使用比较广告。比较广告可以将从属品牌与领导品牌相提并论，从而使消费者同等看待这两种品牌，这有利于提升从属品牌的市场地位。

需要说明的是，我国现行的广告法及其相关法规不允许使用对比论证的方式创作广告。

案例9-1

耐克的神话传递

（一）案例介绍

耐克在营销界中创造了不少奇迹。耐克品牌的营销活动有许多值得我们挖掘的地方。耐克的营销奥秘是多方面的，其中一个很出色的方面是它的营销沟通。着眼于沟通的耐克广告给消费者留下深刻的印象。1994年，耐克的广告费投入为2.8亿美元，若与全球头号广告主P&G公司的广告费相比，并不多，只是后者的1/9左右，但富有创意而极具魅力的耐克创意传播，为耐克赢得了消费者，使耐克成为市场的胜利女神。耐克营销沟通的成功之处是：

- 从运动员专用鞋市场拓展出普通消费者的大众市场；
- 采用“离经叛道”的广告创意强化沟通；
- 借用偶像崇拜建立品牌忠诚；
- 运用动画和电脑游戏贴近儿童、青年消费群体；
- 深入自我心理意识和价值争取到女性消费群体。

1. 广告创意重在沟通

耐克的早期广告作品主要侧重于传播产品的技术优势，因为当时品牌定位于正式竞技体育选手市场。但这段时期的耐克广告还称不上是真正意义上的沟通，耐克的沟通广告是在其“广告变法”中产生出来的。

20世纪80年代，耐克产品开始从田径场和体育馆进入寻常百姓家。于是耐克必须在不失去正规体育传统市场的情况下，尽力提高耐克广告的吸引力，为此耐克必须像Levi（牛仔服的领导品牌）一样，成为青少年文化的组成部分和青少年的身份象征。

耐克在两个完全不同的市场上作战，它面临的难题是在适应流行意识和传播体育成就上如何获得平衡与一致，耐克开始重新思考其广告策略。

真正的突破是1986年的一则传播耐克充气鞋垫的广告。在广告片中耐克不是采用一味诉求产品技术性能和优势的惯常手法，而是采用一个崭新的创意：由代表和象征嬉皮士的甲壳虫乐队演奏的著名歌曲《革命》，在反叛图新的旋律中，一群穿戴耐克产品的美国人正如痴如醉地健身锻炼……这则广告准确地迎合了刚刚出现的健身运动的变革之风和时代新潮，给人以耳目一新的感觉。耐克原先一直采用杂志媒体作为主要广告媒体，向竞技选手传递产品的信息，但自此以后，电视广告开始成为耐克的主要“发言人”，这一举措使得耐克广告更能适应其产品市场的新发展。

耐克的广告创意（变法）是相当成功的，这首先体现为公司市场份额的迅速增长：一举超过锐步成为美国运动鞋市场的新霸主。耐克的长期竞争对手锐步也不得不跟着效仿，像耐克一样强调沟通风格而不仅仅是产品功能，同时锐步改用ChiatDay公司作为广告代理商，后者曾在20世纪80年代中期做过一阵耐克的代理商，以图重振昔日雄风。然而这一切均无济于事，抢先一步的耐克产品的风格和优点已在消费者心中占据了不可动摇的地位。

2. 崇拜与对话：共鸣沟通

耐克拓展市场的首要突破口是青少年市场，这一市场上的消费者有一些共同特征：热爱运动、崇敬英雄人物，追星意识强烈，希望受人重视，思维活跃，想象力丰富并充满梦想。针对青少年消费者的这一特征，耐克相继与一些大名鼎鼎、受人喜爱的体育明星签约，这些明星成为耐克广告片中光彩照人的沟通“主角”。

耐克掌握了青少年厌恶说教，独立意识提高的特点，充分发挥和迎合他们的想象力与自我意识，从“乔丹”意识到“热爱运动的我”，从“穿着耐克鞋的乔丹”联想到“穿着耐克鞋的我”……在一连串的消费者自我想象、对比中，耐克与其目标市场的沟通自然而然地形成，耐克品牌形象在潜移默化中深植在顾客的心里。

3. 自我与自尊：价值沟通

耐克在女性市场上的广告更是独具匠心、魅力无穷。耐克比锐步较晚进入女性市场，部分原因是耐克认为其气垫技术革命的广告主题是针对男性的，如果当时再来吸引女性，势必影响男鞋市场的增长势头。当时耐克在加利福尼亚进行了一些促销活动，公司认为活动超出了公司的原意。公司管理者不想损害自己作为一家技术先进、勇于创先的体育用品公司的良好声誉，沦为一个女性味十足的流行用品公司。

当耐克公司在青少年市场和男性市场上牢牢站稳脚跟后，转而集中进攻女性市场。广告创意方案的策划者是两位女士，她们采用自我审视的方法来了解女性的内心世界，以女人与女人的“对话”作为主要沟通手段。广告作品采用对比强烈的黑白画面，背景之上凸显的是一个个交织在一起的“不”字，广告文字富有情意，意味深长，语气柔和但充满一种令人感动的关怀与希望：在你一生中，有人总认为你不能干这不能干那。在你的一生中，有人总说你不够优秀不够强健不够有天赋，他们还说你身高不行体重不行体质不行，不会有所作为，他们总说你不行，在你一生中，他们会成千上万次迅速、坚定地说你不行，除非你自己证明你行。

广告登载在妇女喜爱的生活时尚杂志上。广告文字似乎不像是一个体育用品商的销售诉求，而更像一则呼之欲出的女性内心告白，但广告体现出耐克广告的真实特征：沟通，而非刺激。如同其他耐克广告，这则广告获得了巨大成功。广告刊发后，公司总机室的电话铃声不断，许多女性顾客打电话来倾诉说："耐克广告改变了我的一生"或"我从今以后只买耐克，因为你们理解我"。这些结果也反映在销售业绩上，耐克在女性市场的销售增长率快于男性市场。20世纪80年代后期女性市场上耐克远逊锐步的状况发生了根本改变。研究表明，在这个市场上耐克品牌的提及率及美誉度已超过锐步。

耐克公司在短短的二三十年时间里，由一家简陋的小鞋业公司成长为行业霸主，由鲜为人知到今天名满天下（在美国知名度几乎为100%），耐克营销传播居功至伟，在某种意义上，是耐克传播创造了耐克神话。

（二）案例启示

（1）耐克成功的关键：耐克注重沟通效果的广告创意，使耐克品牌深受喜爱，迅速成长。耐克的广告创意为其赢得了市场和消费者，但更重要的是耐克在变革中，逐渐掌握了广告沟通艺术，形成自己独特的广告思想和策略，那就是必须致力于沟通，而不是销售诉求。这一策略与大多数美国公司的广告策略是不同的，但正是这一独特的策略和做法，使得耐克在市场竞争中不断成功，迅速成长。

（2）耐克在青少年市场上的成功还不足以反映其广告的沟通真谛，许多人认为耐克广告沟通术就是"明星攻势"加上与众不同的广告画面、情节。但事实并非如此，起到根本性作用的不是沟通的形式而是内容，是在广告中与消费者进行心与心的对话！耐克广告的沟通也因此获得能让消费者产生强烈共鸣的良好效果。

（3）耐克因为能充分掌握年轻人对运动休闲鞋的需求，了解他们的生活形态与现实的心理渴望，发展出颇具创意的新产品、传播诉求及促销活动。

资料来源：成功的广告营销案例精选.(2021-03-16).第一范文网.

2. 反驳论证

反驳论证是指广告主在其广告诉求中用有利于自身的事实否定来自竞争对手的批评。

运用反驳论证的广告常常能够达到比较理想的传播效果，国外有一些著名的反驳论证型广告。有关反驳论证型广告的作用和反驳论证型广告为何有效以及何时有效一直是广告学术界研究的重点。

从总体上看，运用反驳论证方式进行广告诉求时一定要谨慎、适度，反驳的内容必须是经得起检验的事实，否则当竞争对手反驳时，双方的形象都会受到损害。

研究显示，当诉求内容直接触及目标受众关心的领域时，采用反驳论证型广告往往是比较有效的。在大多数情况下，反驳论证型广告的诉求对象是某产品（品牌）的消费者或者竞争产品（品牌）的消费者，这些消费者对产品的优缺点比较了解。如果广告主在运用反驳论证型广告时对自身产品的不足避而不提，一味对对方的产品进行批驳，则有可能使消费者对广告主的诚信产生怀疑，也可能促使竞争对手进行反驳，使双方的品牌形象都受到损害。因此，使用反驳论证型广告时一定要注意所陈诉事实的准确性，使竞争品牌难以再反驳，避免广告战。

（三）感性诉求策略

如果说广告创意过程中的理性诉求方法以充分的事实根据、周密的逻辑推理、冷静的分析论述为特点，以达到使目标受众相信广告所诉求商品的目的，那么感性诉求方法不太顾及信息内容的前因后果、来龙去脉，主要通过调动目标受众的情感、打动受众的心扉、唤起受众的情绪达到使目标受众喜欢广告诉求商品的目的。一般而言，感性诉求的劝服效果比理性诉求更加明显。正如施拉姆所言，"大量实验表明，动感情的诉求较之有逻辑的诉求更可能导致受众态度的转变”①。

1. 感性诉求策略的优势与劣势

与理性诉求策略相比，感性诉求策略具有一定的优势。首先，感性诉求策略对受众而言不会引起抵触情绪，尤其是使用比较含蓄的表现方式时，唤起情感的刺激将使受众在不知不觉中接受广告的诉求意图，从而达到广告劝服的目的。其次，感性诉求大都以故事情节来表现，这更容易引起受众的兴趣，也不需要受众过多的认知努力；对于基于理性诉求策略制作的广告，受众为了能够理解论证的逻辑，不得不集中注意力来认知广告所传播的信息。再次，图片、音乐这些诉诸受众视听觉并唤起情感的刺激比客观的富有逻辑的论证更容易感染受众，而且情感本身在人的大脑中保持的时间更长且更牢固。最后，相对于理性诉求策略，感性诉求策略更容易使受众在短时间里改变行为。

感性诉求策略如果使用不当，也有可能产生一些负面的效果。首先，情感需要酝酿，也需要较长的时间，因此感性诉求策略不可能像对比论证广告或反驳论证型广告那样有较多的时间来诉求产品的利益点。其次，受众接受感性诉求时，有可能因过于投入情感而忽略广告信息，尤其是当运用感性诉求的广告创意情节与广告产品之间缺乏关联性时，这种情况就更加突出。再次，如果感性诉求以消极的情感为表现元素（如恐惧、悲伤等），就会使受众产生不快的感觉，导致受众有意忽略广告中的产品信息，广告诉求的效果也会受到影响。最后，如果感性诉求与广告产品没有必然的关系，受众就会对广告传播的产品产生反感，认为广告主过于矫情、滥用资源，利用受众的情感来达到商业目的。

因此，感性诉求策略本身没有问题，关键是广告主或广告创意人员一定要认识到感性诉求策略是把双刃剑，要使感性诉求的情节、主题与诉求的产品有密切的关联。

2. 感性诉求应具有针对性

无论是理性诉求还是感性诉求，都有优势与劣势，关键要使用得当。具体而言，在什么情况下使用感性诉求策略取决于两个要素：受众对商品购买决策的重视程度和商品的利益点。

（1）受众对商品购买决策的重视程度。一般而言，受众对商品购买决策越重视，掌握的商品相关资讯就更丰富，对广告中的理性、客观的信息也更容易产生认知，此时，对商品和目标受众来说，理性诉求策略就是首选的诉求策略。反之，如果受众对商品购买决策的重视程度相当有限，其对商品的选择购买就具有较大的随意性，此时运用感性诉求策略无疑会更有效果。

我们还可根据消费者对商品购买决策的重视程度将商品分为理智型和情感型两大类。如此划分能使我们非常清楚地认识到理智型商品更适合采用理性诉求策略进行广告传播，情感型商品更适合采用感性诉求策略进行广告传播。

（2）商品的利益点。对于消费者来说，不同商品的利益点不同。利益点大致可分为两种情况：显性的、直接的利益点与隐性的、间接的利益点。前者较适合以感性诉求策略进行广告传播，后者则更适合以理性诉求策略进行广告传播。比如，以安全、健康等为利益点的商品更适合理性的广告诉求，以身份、地位为利益点的商品更适合感性的广告诉求。

3. 唤起情感的广告表现策略

在感性诉求的广告创作过程中，唤起情感主要利用幽默、恐惧、焦虑和热情几种

① 施拉姆，波特．传播学概论．陈亮，周立方，李启，译．北京：新华出版社，1984：228.

元素。

（1）幽默。幽默是对看似毫不相干的两个事物进行不和谐组合，从而引人发笑、耐人寻味。幽默透露出传播主体的自信和过人的智慧。

早在20世纪60年代，西方的许多广告学者就发现幽默广告往往能够将严肃的营销目的融入轻松诙谐的喜剧气氛，使消费者在愉悦的心境中不自觉地改变对品牌商品的态度。这种观点使幽默广告创意大行其道，直到今天，幽默广告仍然是最常使用和最具效果的。

广告创意中常常使用幽默元素。创意人员将两个不和谐的因素组合在一起，带来出乎意料的视听觉效果，使受众产生惊讶的反应。不和谐的因素包括不相关的事件、不相关的画面、双关语等。①

幽默常常被人们认为是“无害的不合时宜”，但一些广告学者近来对幽默的无害说提出了质疑，因为对某一个群体无害的幽默可能给另一个群体带来伤害。

另外，我们有必要在复杂的幽默中区分出闹剧幽默。闹剧幽默用一种简单的方式来达到令人捧腹的效果，其典型的做法是将两个画面进行拼贴组合，进而形成一个可笑的视觉图像。这种简单的拼接不会使受众产生紧张感，受众欣赏起来也毫不费力，因此它不要求创意人员过于严谨细致。

复杂幽默会使受众对观赏到的不和谐的视觉图像感到惊讶并努力思考，进而对创意者含蓄表达的主题信息心领神会。

虽然幽默不能使广告诉求战无不胜，但越来越多的广告主更偏爱使用幽默的方法创作广告作品。调查数据表明，36%的英国电视广告、24%的美国电视广告等都使用了幽默手法。那么，幽默广告到底有哪些具体作用？

第一，幽默有助于消除受众对广告的不信任感，使受众的情绪处于轻松愉快的状态，这种状态对信息的接受是十分有利的。

第二，幽默有助于吸引或保持受众的注意力。在许多硬性推销式广告或常规广告的表现手法中，幽默是受人欢迎的解闷方式。同时，幽默广告能使受众产生比较深刻的印象。

第三，幽默也可以深深吸引受众，在一定程度上减弱受众对广告信息的抵触，使受众在不经意间受到广告的影响。

幽默广告虽然有其他创意方法不能替代的作用，但若不加选择地运用，将无助于广告信息的传播，反而可能会使受众降低对广告信息的接受程度。运用幽默元素时必须注意一些问题。首先，采用的幽默元素要与广告诉求的产品有一定的关联。创作出一条有趣的广告是非常困难的。如果广告中的幽默是非常牵强的，且与广告诉求的商品无任何关联，受众会难以相信广告的核心信息。其次，广告创意人员必须考虑受众的情感状况。受众处于严肃紧张的状态时，温和的幽默可能会给其带来愉悦；受众悲伤痛苦时，幽默则可能冒犯受众。最后，不是所有的商品都适合用幽默广告。相对而言，消费者关注度低的感性商品更适合运用幽默的方法。

（2）恐惧。恐惧是人失去安全感时的一种基本心理状态。作为心理学的一个概念，恐惧被定义为“一种企图摆脱危险的逃避情绪”。与此相对应，快乐是一种“接近”的情绪。可见，恐惧和快乐都是外界刺激下人们产生的心理状态，但两者引起的情绪反应

① Tellis G. 广告与销售战略．张红霞，王晨，译．昆明：云南大学出版社，2001：193.

是相反的：恐惧引起逃避、摆脱和离开的情绪；快乐则引起靠拢、依附和接近的情绪。

恐惧广告是指通过引发受众的恐惧心理促使受众摆脱某种危险或有害行为的诉求方式。在马斯洛需要层次理论中，安全需要属于第二层次的基础性本能需要，恐惧实际上是安全需要的一种反面表达。大量事实表明，在人类的心理活动中，恐惧是最普遍、最基本、最具共性的心理状态，也往往是影响最广、力度最强、传播最快的心理情绪。① 利用人们的恐惧心理进行广告创意是广告主经常使用的策略之一，恐惧广告的数量近年来有上升的趋势。

人们由于各种原因难以克服自身的坏习惯（如吸烟等），有人是因为心理上存在软弱的一面（如避害等），有人是因为对这些行为可能导致的严重后果认识不足。此时，正面诉求的传播效果可能相当有限，甚至不能产生任何作用。如果使用恐惧诉求，则犹如在受众面前大吼一声，能达到比较明显的传播效果。

创作这种广告的目的是通过带有恐惧内容的广告使消费者采取有利于本品牌的消费行为。恐惧是一种极其强烈的情感，它可以用来刺激消费者采取某个重要的消费行为，但是要注意适度，过度恐惧很可能导致受众产生不利于广告商品的行为。

恐惧广告的诉求内容大多突出表现消费者不使用广告商品或不采纳广告提出的建议所产生的危害或其他不利后果。许多广告主之所以直觉上相信恐惧诉求有效，是因为他们认为消费者为摆脱恐惧带来的心理焦虑会购买广告商品。比如，许多涉及驾车安全的公益广告、戒烟广告等都采用以恐惧内容为主的广告诉求方式。

然而，调查表明，恐惧诉求广告的传播效果并不尽如人意，此种方法也引起了许多社会心理学家和营销研究人员的讨论。有观点认为，过于强烈的恐惧刺激会妨碍受众对诉求信息的理解，并使受众对广告诉求的品牌形成负面的态度。受众会对引起恐惧的信息本身过于关注，以至于忽略了如何去克服这种恐惧。过多的恐惧可能会占据受众过多的认知空间，以致受众根本无法做出理性的购买决策。

（3）焦虑。和恐惧一样，焦虑也不是一种令人愉快的感觉。许多人想方设法回避焦虑感，或者尽量减少焦虑，也有人通过购物或消费来减轻焦虑感。一些广告主利用消费者的焦虑感来使其产生有利于品牌商品的消费行为。一些广告主利用诸多情形来说明消费者产生焦虑感的原因以及减轻焦虑感的方法。这种广告的诉求内容主要通过两个方面来体现：一是强调消费者正面临显而易见的危险；二是诉求避免这种危险的方法——购买广告推荐的商品。海飞丝去头屑洗发水用“你绝不会有第二次机会给人留下第一印象”这一诉求主题进行广告传播，受众认识到海飞丝可以使自己避免因头屑引起的尴尬。

宝洁多年来一直在使用这种方法，以至于在某些范围内，人们直接把焦虑诉求策略称为“宝洁法”。宝洁有一则广告描述一对夫妇因参加社交活动而产生焦虑，堪称经典。广告中，一对夫妻手忙脚乱地擦拭玻璃杯上的污渍，如果他们使用宝洁的 Cascade 洗碗剂，玻璃杯上绝对不会有污渍。

（4）热情。在感性诉求的广告创意中，渲染热情是比较有效的策略。在热情的影响下，受众对广告的注意力会加强，并且容易对商品信息产生正面的理解。热情也可以使受众放松并进入一种正面的情绪状态。通过适当的重复，这种正面的情绪会转移到商品和广告信息上，从而增强广告的说服效果。

渲染热情是一种精心策划的广告辅助手段，一般可通过广告画面的背景加以呈现。

---

① 程宇宁．广告文案创意．长沙：中南工业大学出版社，1999：195.

其视觉基调往往是充满关爱、友情以及温馨的场面，这样做是为了激起受众的热情。另外，人与动物、人与自然的和谐相处也能激起受众的热情；音乐和幽默也能增强热情的气氛和广告的劝服效果。

（四）代言人策略

利用代言人进行广告诉求是大多数广告主常用的方法之一，很多国内外知名的演艺界明星都做过广告代言人，代言人所代言的产品确实为广告主带来了较好的销售业绩。不过，采用代言人方法也有一定的风险，即代言人的犯罪丑闻或道德丑闻一旦被媒体曝光，其代言的产品必将受到极大的影响。

1. 代言人的类型

代言人是在广告作品中推荐产品的个人或组织。广告代言人的确定是一个辨认、选择和使用代言人并与消费者进行沟通的过程。代言人大致分为三个层次：专家、名人和普通人。

（1）专家。专家是指目标受众可察觉并认可的特殊领域内具有专业水平的个人或组织。“正式认可”是认证组织的专用标记，人们可以在产品的包装或广告上看到认证组织为产品所做的担保。某些情况下，广告主会为这些组织支付费用，以获得这些组织对广告产品的认可；有时候某些认证组织为了公众的利益，会免费为某些产品认证。

（2）名人。名人是指公众熟知并具有一定影响力的个人。名人之所以有影响力，是因为公众大都向往名人的生活方式，常将名人的生活方式（所使用的商品）作为自己生活方式的参照物。

使用名人代言至少需要满足三个条件：一是名人的气质或个性与代言商品相契合；二是名人的气质或个性得到目标受众的认可；三是名人代言某商品前后不得为广告主的竞争品牌代言。

（3）普通人。普通人是指广告中出现的产品推荐者。由于普通代言人的生活情形与广告受众比较贴近，因此他们的推荐容易得到受众的认可，对于香水、服装等商品来说更是如此。

2. 广告代言人的选择

许多广告主比较喜欢采用代言人做广告，并且根据自己的主观愿望选择代言人。这种没有标准的选择常常导致广告主付出较高的费用，但广告的效果与预期相去甚远。

一般而言，广告主选择代言人至少有四个标准：受众特性、代言人与商品之间的关联性、诉求模式和成本有效性。

（1）受众特性。广告主选择的代言人类型主要取决于品牌商品确定的目标受众的特性。代言人对目标受众的影响力取决于目标受众购买商品的动机和处理商品信息的能力。比如，一个电脑程序员需要购买一台个人电脑（高动机、高能力），他对代言人往往不太在意，会选择一台诉求理由充分的电脑；如果购买电脑的是非电脑专业人士（高动机、低能力），他就有可能对电脑专家代言的广告做出反应；如果消费者购买的是洗发水（低动机、高能力），广告主可选择普通人代言；如果消费者购买的是香奈儿香水（低动机、低能力），广告主选择名人代言可能更合适。

另外，选择代言人时还应考虑目标受众的价值观，也就是说，只有目标受众对代言人的价值观持认同态度，该代言人才有可能对目标受众产生影响。

（2）代言人与商品之间的关联性。广告主选择代言人尤其是名人时，一定要考虑代言人与代言商品之间是否有一定的关联性，如果无关联性，代言广告就会缺乏说服力。比如，金嗓子喉宝选择罗纳尔多作为代言人就不合适，因为罗纳尔多是著名的足球明星，其成名的“脚”与“嗓子”没有任何关联，他既不是医学专家，也不从事与嗓子有关的职业（歌唱家、教育家），他对受众没有说服力。

（3）诉求模式。代言广告最常用的诉求模式主要有四种类型。

权威型：“你应该使用这个商品。”

直白型：“我代表这个商品。”

含蓄型：“我正在使用这个商品。”

平淡型：代言人仅仅与商品同时出现。

代言人广告的诉求模式取决于代言人的类型。采用权威型模式时一定要谨慎，因为大多数受众最反感说教。运用权威型模式的一种方式是让代言人扮演父母或顾问。专家和学者适合直白型模式，因为他们拥有令人信服的知识和经验。名人适合平淡型模式，因为他们对受众具有强烈的暗示性魅力。普通代言人一般适合含蓄型模式，因为他们没有专家的可信度，也没有名人的魅力。这种模式的诉求实际上是一种推荐，代言人会在广告中描述自己使用商品的体验。在广告中，普通代言人扮演的角色应显得自然而不做作。比如，可以让普通代言人讲述使用商品的感受，或者用隐藏的摄像机拍摄代言人使用商品时的惊喜。如果过度地反复推荐，反而会降低广告诉求的效果。

（4）成本有效性。广告主选择代言人时需要考虑付出的成本能否产生最大的边际效益。具体来说，要考虑三点。

第一，最具影响力的代言人固然是最受欢迎的，但其代言费也是最高的。与其追逐当红代言人，不如找一个与品牌匹配并对目标受众有吸引力的代言人。

第二，选择名人作为品牌代言人需要承担高风险。因为每个人都有弱点，名人也不例外。许多名人或许由于在公众场合失态等原因影响其在公众心目中的形象。

第三，一些名人会为众多品牌代言，甚至为同类品牌代言，使受众无法准确认知代言品牌。最终的广告效果是名人的曝光度提高了，但广告的真正主角——商品无人知晓。

总而言之，利用代言人方法进行广告诉求时，应尽可能避免主次颠倒的情况。在任何情况下，品牌商品都是广告的主角，代言人只能是配角。广告传播的目的是要让更多的受众认识和记住广告的品牌商品，而非认知和记住代言人。

案例9-2

绝对的创意，绝对的传奇

——绝对伏特加的经典创意案例

1970年，在扬·罗必凯公司工作的四位广告人在法国巴黎一起创办了TBWA公司。1977年，出生于圣路易斯的联合创始人威廉·特拉戈斯返回美国，在纽约设立了TBWA公司美国分部。

1879年，拉斯·奥尔松·史密斯利用全新的工艺酿制出一种全新的伏特加，叫作“绝对纯净的伏特加”（Absolut Rent Branvin），也就是后来闻名全球的“绝对伏特加”（Absolut Vodka）。1979年，绝对伏特加首度引入美国市场。

美国Carillon进口有限公司在代理绝对伏特加之前曾于1978年投入6.5万美元进行了市场调查，得出的结论是引入绝对伏特加绝对会失败。原因是消费者认为该品牌名称哗众取宠，瓶子的形状也比较难看，总之人们对这个来自瑞典的品牌心存疑虑。

绝对伏特加对调查结果视而不见。1980年，Carillon公司把广告创意业务交给年轻的TBWA公司美国分部。最初为该品牌建立知名度和流行度的方法是利用瑞典400年的传统文化来打动受众。这种广告的创意与美国其他酒类广告十分相像。

时任TBWA公司美国分部创意总监的杰夫·海斯觉得该广告少了什么。广告的创意太传统、太可预见了，不能证明绝对伏特加是一个强势品牌。为什么不考虑用商品的名字来表现质量和时尚呢？TBWA公司的广告制作小组决定避开“瑞典”而力攻“绝对”这个具有双重意义的词语。瑞典文“绝对”是品牌名称，英文“绝对”则有十足、全然的意思。在将方案呈交给Carillon公司的三天前，杰夫·海斯想出了创意。

“我一边看电视，一边在纸上画瓶子，我画了一个光环在瓶子上方，并添加了一行字‘这是绝对的完美’。第二天早晨，我把它拿给我的搭档过目，他说无须赘言，只保留‘绝对完美’就够了。突然间我们意识到该怎么做了。”这个创意成就了1980年绝对伏特加推出的第一个平面广告《绝对完美》，它颠覆了以产地和历史为卖点的传统伏特加营销方法。

在美国，烈性酒广告不能在电视或电台播放，因此，绝对伏特加的广告只能出现在杂志和户外媒体（广告牌、公交车站）上。

为了让广告在平面媒体上的表现效果同电视上一样好，TBWA公司聘请高水平的摄影师对广告的主角——奇特的酒瓶进行拍摄，最终拍摄结果引人入胜、震撼人心。精心的创意集中传达了品质讯息。当然，为完成这次制作，公司也支付了高昂的成本。

只突出产品本身的质量远远不够，还必须创造附加值，把绝对伏特加塑造成人人都想喝的酒。

多年来，绝对伏特加和TBWA公司坚持在平面广告中采用“标准格式”（瓶身加两个词的标题），制作了600多个平面广告。虽然格式不变，但表现形式千变万化。广告的主题多达12类，如绝对的产品、绝对的物品、绝对的城市（如欧洲城市）、绝对的艺术（如主题艺术）、绝对的节日、绝对的口味、绝对的服装设计、绝对的影片与文学、绝对的时事新闻等。

TBWA公司提出的广告概念旨在把绝对伏特加打造成人们热衷的品牌，并使之成为成功和高级的象征。广告将所要传达的产品理念与受众心目中具有重要地位的经典产品融为一体，不断散发出历史和文化的永恒魅力。

到1985年，绝对伏特加超越了当时的俄国对手，成为美国市场进口伏特加排名第一的品牌！

在广告创作和一系列营销活动中，绝对伏特加持之以恒，不断创新，向消费者传递产品的核心价值——纯净、简单和完美。1999年，绝对伏特加系列广告被《广告时代》列入“世纪十佳广告”。

资料来源：改编自百度百科“绝对伏特加”词条；何佳讯．广告案例教程．上海：复旦大学出版社，2002.

第2节　媒介选择与组合传播策略

传播媒介有两种含义：一是指传递信息的手段、方式或载体，比如语言、报刊、图书、广播、电视、电话、电报、电脑等；二是指从事信息采集、加工、制作和传播的专业机构，如报社、出版社、电视台和电台等。如果细分起来，传播的载体更适合使用“媒介”的概念，传播的组织和机构更适合使用“媒体”的概念。

一、传统媒介的分类及其特征

传统媒介指的是报纸、杂志、广播、电视和户外媒介等以单向传播为特征的媒介。如果以媒介的构成方式予以区别的话，传统媒介又可以分为平面媒介、电波媒介及户外媒介。

根据媒介传播的效果，可以将媒介分为入侵度高的媒介和入侵度低的媒介。入侵度高的媒介能够对受众产生较大的影响力，入侵度低的媒介对受众产生的影响力相对较小。入侵度高的媒介往往是个人化或个性化较强的媒介，入侵度低的媒介一般是传统媒介。

在制订整合营销传播计划的过程中，企业必须选择最合适、最经济的媒介将企业的品牌产品信息准确有效地传递给消费者。营销人员应该熟悉各种媒介的基本特征，制订相应的营销传播计划。

（一）平面媒介的特征

平面媒介主要有三个特征。

（1）平面媒介是以空间的结构形式、静态的文字语言和视觉符号向大众传播信息的载体。由于平面媒介的信息是以文字语言为载体的，因此受众通过平面媒介接收信息的前提是拥有一定的文化知识，这就在无形中为信息的大众化传播设置了障碍。不过，这一特点很难归为平面媒介的缺点。由于需要通过文字传播信息，平面媒介可以更深入、更理性地分析新闻事件的前因后果，这就使得平面媒介更具理性、思辨性、逻辑性和批判性。如果把大众媒介比作艺术品，平面媒介就更像高雅文学和交响乐，电波媒介则更像通俗文学和流行歌曲。

平面媒介的受众有某种相似的特征和需求，这使得平面媒介比较容易根据受众的需求制定营销传播策略。平面媒介更适合向消费者传播品牌的经营理念、产品品质、功能特点等较具理性色彩的诉求内容，促使消费者更信任品牌产品，这是平面媒介与电波媒介的本质区别。营销人员在利用平面媒介进行广告创作时，只能在有限的版面空间内构思广告创意。

（2）平面媒介多以近距离一对一的传播方式传播广告信息，更适合针对理性产品进行理性诉求。读者阅读报纸或杂志时大多在一个相对安静的场合，受外界的干扰较小，这样，读者在接受平面媒介的信息时就会更投入。该类广告创意大都以文案（语言符号）为核心，配以图形画面（视觉符号），以便向目标受众传递尽可能清晰明确的产品信息，使受众对产品有正确的了解并产生购买欲望。

（3）平面媒介的受众有大致相同的兴趣和偏好，阅读时拥有绝对的主动性和选择性。

基于上述特征，平面媒介的广告创意必须准确把握目标受众的共性，以便有针对性地宣传产品信息。同时，由于平面媒介的读者在阅读信息时拥有绝对的主动性和选择性，平面媒介的广告创意应具有较强的可读性、趣味性和新颖性。

（二）电波媒介的特征

分析电波媒介的特征，必须基于与平面媒介的比较。电波媒介具有三个主要特征。

（1）电波媒介以时间的结构形式对信息进行编码，并以电子技术和设备作为信息传递的载体。与平面媒介相比，电波媒介最大的特征是信息在传播过程中无须转换成文字语言符号（广播除外），只需将形象生动的视觉画面呈现在受众的眼前，这使得电波媒介传播的信息更具“原生态”效果，对于受众来说也更具感染力。这种“原生态”信息再现式的传播方式几乎使所有人都能轻而易举地对信息进行解读。由于以电子技术作为传播手段，这种方式有了更广泛的信息覆盖区域和更快的传播速度。不过，由于电波媒介（尤其是电视媒介）受众的文化程度普遍较低，电波媒介所传播的信息不得不更通俗化，这又导致大众的整体审美品位难以提高。对于企业营销传播而言，电波媒介更适合向消费者传播情感、流行、时尚等更具感性色彩的诉求内容，以达到使消费者在情感上更喜欢本品牌产品的目的。

（2）电波媒介以直观、形象、逼真的动态画面综合作用于人体的视听觉器官，所传播的信息使受众产生兴趣，但由于广告信息较短，受众不易理解。影像信息是影视媒介相对于其他媒介的最大优势。影视广告画面切换迅速、时间短暂、相关元素众多、信息量大，受众难以完整接受和理解一则广告的所有信息，但是影视媒介引人入胜的逼真画面和动感十足的音响效果很容易引起受众的兴趣，受众可能会对某产品的广告产生感性判断。因此，影视广告的创意不应刻意让受众对产品广告信息有深入的理解，应想方设法使受众对产品产生正面的感性判断。总体而言，平面媒介的广告创意要解决的问题是让受众理解并相信广告所传播的信息，电波媒介的广告创意要解决的问题是让受众感知并喜欢广告所传播的信息。

（3）电波媒介的受众群体具有分散和杂乱的特征，这使得电波媒介的广告难以针对某一目标受众进行构思和创意。电波媒介受众的分散性和杂乱性使广告创意难以根据受众的共性进行构思，其传播效率往往不理想。另外，对于受众而言，电波媒介的信息传播方式具有强制性和不可复制性，强行向受众传播广告信息可能导致受众产生逆反心理，对广告信息一概持否定态度。这就要求广告创意人员创作出能够在瞬间吸引受众的富有艺术性的广告作品。

（三）户外媒介

户外媒介是存在于公共空间的一种传播介质，主要指建筑物的楼顶和商业区的门前、路边等户外场地的广告信息发布媒介，其主要表现形式包括路牌、霓虹灯、电子屏幕、灯箱、气球、飞艇、车体（厢）、大型充气模型等。歌风文化传媒公司的研究表明，户外媒介必须具备两个基本要素：一是具有户外媒介存在的空间；二是具有传播的特定人群。比如，餐厅、楼宇内的一些新媒介形式均属于户外媒介范畴。户外媒介主要有三方面的特征。

第一，具有流动性、强制性、针对性、实效性等特点。

第二，具有节目优势。自制节目可即时播放，内容丰富。自制节目不仅有广告，而且有节目，包括专题、专栏、综艺、动画、广播剧、电视剧，节目间隙可插播广告。

第三，具有地段优势。户外媒介主要安装在商场等人流集中的地段，其中LED全彩大屏幕安装在地标性地段，其传播效果更震撼、更具强制性。

二、媒介广告投放策略

广告媒介策略是整合营销传播的重要组成部分。制定广告媒介策略就是采用最具投资效益的媒介组合来达到营销传播目的的决策过程。在整合营销传播活动中，利用传统媒介开展广告活动成本最高且风险最大，而且广告活动的绝大部分投资都花费在媒介上。因此，制定科学合理的广告媒介策略和使用有限的投入达到更为有效的传播效果是所有营销人员必须面对的挑战。

（一）设定媒介传播目标

媒介传播目标可以反映广告主希望通过广告活动达到的品牌信息传播目标。媒介传播目标可以描述一个广告主如何使消费者接触广告信息，以及如何让媒介传递的信息最大限度地影响消费者的购买行为。在设定媒介传播目标的过程中，有两个变量是相当重要的，即到达率和接触频次，这两个变量可以从信息传播的广度和深度角度测量媒介传播的效果。

1. 到达率的概念及其计算

到达率是指某一时间段内特定受众一次或多次接触同一传播媒介的百分比。当某一新品牌借助广告媒介向目标受众传播信息时，由于所有的受众都不曾接触该广告信息，该新品牌的广告媒介到达率将呈现快速增长的态势。但一段时间之后，在许多受众已经接触该品牌的广告信息的情况下，该品牌的广告媒介到达率的增长会变缓，甚至停滞不前。从理论上说，由于少部分受众从不接触媒介，因此几乎所有媒介的最高到达率都只能接近100%而不能达到100%。

对于到达率，不同类型的媒介有不同的计算方法。

电波媒介的到达率是通过收听率或收视率计算的。某一栏目的受众越多，其到达率自然就越高。到达率只是受众收听或收看某电波媒介某一栏目的百分比，不能说明这些受众一定会接触到投放于该栏目的广告，因此，到达率并不完全等于广告的实际到达率。

平面媒介到达率的计算比较简单，它基本上等同于该平面媒介的销售量。平面媒介的数量概念主要有三种，即印刷量、发行量、实际销售量。比如，假设某杂志的印刷量是60 000册，发行量是59 000册（印刷量减去发行过程中的损耗、出版单位收藏等），实际销售量是58 000册（发行量减去没有销售完的杂志量）。理论上，该杂志的到达率等同于其销售量，但是平面媒介还有一个阅读率的概念，与平面媒介实际阅读人数有关。比如，某杂志的每期销售量为58 000册，但是该杂志的实际阅读者可能超出58 000人。比如，某读者购买了该杂志的某一期，除了本人阅读外，其家人或朋友等也可能阅读该杂志。此时，就需要专业调查机构对平面媒介的阅读率进行评估，也就是评估每份杂志或报纸的平均实际阅读人数。假设该杂志平均每期的实际阅读人数为1.3，则该媒介的阅读率为1.3。这样，该杂志的到达率就应该是58 000×1.3=75 400。

户外媒介的到达率取决于24小时内路过发布品牌信息的户外广告牌的该城市汽车的数量。如果某市主城区机动车总数为70万辆，交通统计表明24小时内通过机场高速路段的机动车数是7万辆，就说明该路段户外广告牌的到达率是10%，但交通统计实际上难以区分重复计数。

网络媒介的到达率是用受众的点击率来计算的，受众的一次点击即为一次广告信息接触。网络管理者得到结果非常简单，但是不易掌握网络受众的区域分布状况。因此，网络管理者会要求网民注册时填写真实信息，以便掌握其分布情况。

直邮广告和电话营销到达率的计算就更加简便，根据直邮广告的发送数或电话营销过程中向家庭拨打电话的数量统计即可。比如，某保险公司向其所在区域（共有50万个家庭）的5万个家庭拨打推销保险的电话，其电话营销到达率就是10%。直邮广告到达率的计算方法与此相同。

在现实中，不可能找到到达率为100%的媒介，因此企业在进行营销传播策划时经常需要组合媒介，但是到达率的提高并不能靠几种媒介的简单组合。比如，某电视频道的到达率是60%，某报纸的到达率是50%。当企业选择这两种媒介投放广告时，到达率并不是110%，因为两种媒介的受众会有重复，两者组合后的到达率远小于100%。

2. 目标市场到达率

大多数企业并不指望其广告能接触自己所选传播媒介的所有受众，因为所选媒介的大部分受众既不是现有客户，也不是潜在客户。因此，媒介策略的决策者最好采用目标市场到达率。目标市场到达率是指某传播媒介的受众（同时也是某品牌产品的目标客户）占全部受众的百分比。

假设某啤酒在中国啤酒市场的份额是20%，那么该啤酒广告传播的目标市场到达率就是20%。相较而言，营销人员对目标市场到达率更感兴趣，因为目标市场到达率更易体现销售业绩。计算目标市场到达率首先要识别媒介受众中有多少人是本品牌产品的目标客户或潜在客户。假设该啤酒准备在江苏卫视A栏目和央视B栏目之中选择一个投放电视广告，除了需要对这两个栏目的收视率和千人成本进行评估之外，更重要的是对这两个栏目的目标客户或潜在客户的数量进行评估。假设A栏目的受众为4 000万人，其中只有40%的受众（即1 600万的受众）同时也是该啤酒的目标客户，对于该啤酒而言，该栏目的目标市场到达率就是40%；B栏目的受众为1.8亿人，其中有60%的受众（即1.08亿的受众）同时也是该啤酒的目标客户，该栏目的目标市场到达率就是60%。该啤酒在央视B栏目投放广告就是正确的选择。

3. 接触频次

接触频次是指在一定时段内接触媒介的受众有机会接触品牌信息的平均次数。到达率与频次是有区别的，到达率关注的是接收信息的人数，频次关注的则是受众接收信息的次数。

为了确保广告主的品牌信息能够被目标受众接触到，媒介投放策略的制定者必须保证广告在媒介上发布或投放的频次多于1，即至少同时在两种媒介上投放广告，这就涉及另一个概念——媒介组合。媒介组合是指同一时期内运用各种媒介发布内容基本相同的广告。媒介组合是许多广告主惯常使用的媒介策略，它比运用单一媒介广告的效果要好得多。使用媒介组合策略不仅可以使媒介目标受众接触广告的机会增多，还能制造一种声势，容易引人关注。同时，大多数受众普遍对出现两次以上的广告感到厌烦，因为这些广告破坏了受众观看电视节目的兴致。因此，如果广告主连续在一个媒介上投放广告，其产生的效果显然不如将广告分散投放在两个或两个以上的媒介上。

4. 有效接触频次

受众接触品牌信息达到一定的次数后才会有反应，这个次数就是有效接触频次，确定它存在一定的困难。总体而言，如果想使受众对某个品牌的信息产生某种程度的印象，信息要重复3~10次。现实中，由于各个品牌的具体情况不同，该重复次数并没有指导意义，而且重复10次的预算是3次的3倍多，许多品牌并没有这么高的媒介预算。接触频次与受众的反应模型如表9-1所示。

表 9-1　接触频次与受众的反应模型

接触频次	引起的反应	接触频次	引起的反应
第 1 次	没有看见	第 11 次	"它说的好处对我有意义吗"
第 2 次	没有注意	第 12 次	"它可能是个有价值的东西"
第 3 次	"有一个新广告"	第 13 次	"应该是个好产品"
第 4 次	"这广告我看过"	第 14 次	"我要买一个试试"
第 5 次	"我来看看它在说什么"	第 15 次	"太贵了！我买不起"
第 6 次	"我再仔细看看"	第 16 次	"没关系，等我有钱了就去买"
第 7 次	"哦，原来是说这个"	第 17 次	"我把它记下来，免得忘记"
第 8 次	"又是这广告"	第 18 次	"唉，我真穷"
第 9 次	"它到底想干什么"	第 19 次	"算算我有多少钱"
第 10 次	"不知道别人是否用过"	第 20 次	"买了它"

表 9-1 的反应模型只是一种理论上的分析，在现实生活中，受众未必会在接触广告 20 次之后才采取购买行动。一般而言，受众从第一次接触广告到最后采取购买行动，其间必然经历品牌认知、品牌理解、品牌偏好、品牌购买意愿形成和实际购买这一过程，这一过程的实现有赖于一定频次的累积。

广告的有效接触频次之所以难以确定，是因为不同的品牌产品、市场消费习惯、市场竞争程度、媒介环境以及广告创意都会在很大程度上影响广告传播的效果，广告的有效接触频次因上述变量的不同而不同。

5. 总收视点

到达率与接触频次具有内在的关联性，两者相乘后得到的结果即为总收视点。总收视点又称毛评点（gross rating point，GRP），它可以比较清楚地反映广告媒介传播的影响力。总体而言，广告媒介总收视点的数值越大，其影响力就越大。比如，某卫视某栏目的到达率为 10%，接触频次为 2 次，则总收视点为 20。如果总收视点超过 100，则说明该媒介接触频次至少为 2 次。通过比较分析总收视点的数值变化，广告主可以比较清楚地知道自己将要投入多少成本，以及将会吸引多少目标受众关注本品牌产品。

6. 频率分配分析

频率是一个受众接触品牌信息次数的平均值。对具体的品牌信息而言，有的受众可能会接触得多一些，有的受众则接触得少一些。基于这种情况，媒介策划者经常需要做频率分配分析。这是一种将目标受众分为相等的部分，然后对每个部分进行平均频率分析的方法。五分法特指将目标受众平分为五组的一种分析法。

举一个例子，媒介策划人员利用五分法将目标受众平均分成五个小组，划分的依据是受众接触电视媒介的次数。比如，第一组（55 岁以上的目标受众）在两周内接触电视广告 12 次（市场调查人员调查分析得出的数据，下同）；第二组（45～54 岁的目标受众）在两周内接触电视广告 9 次；第三组（35～44 岁的目标受众）在两周内接触电视广告 9 次；第四组（25～34 岁的目标受众）在两周内接触电视广告 4 次；第五组（18～24 岁的目标受众）在两周内接触电视广告 1 次（见表 9-2）。如果将前三组的数据合并，会发现有 60% 的目标受众接触电视广告的次数多于 7 次。如果确定 7 次是能够让目标受众理解特定品牌信息的基数，就必须有一个大体上为 10 甚至更高的频率指标来确保大多数的目标受众至少有 7 次接触品牌信息的机会。

表9-2 频率分配五分法示例

五分法	频率（次）
第一组	12
第二组	9
第三组	9
第四组	4
第五组	1

7. 确定品类发展指数和品牌发展指数

（1）品类发展指数（category development index，CDI）。这是表明某一特定产品种类在某一市场上的相对消费率的数字指标。比如，假设我国平均每户家庭的牛奶消费量为100，某市的相应水平为150，这表明某市平均每户家庭的牛奶消费量是全国平均消费量的1.5倍。

要确定CDI，必须首先确定全国市场的平均每户消费量，这个数字将作为某一产品品类户均消费量的对比基数。比如，假设我国有4亿户家庭，每年市场共售出80亿千克猪肉，那么全国平均每户家庭就消费猪肉20千克。

总体市场的户均消费量确定之后，接下来应确定特定市场的户均消费量，即用某特定市场的年售出猪肉总量除以该市场的全部家庭户数。以下是某市主城区的户均消费猪肉量：

某市年售出猪肉总量/某市家庭户数＝150 000 000/3 000 000＝50（千克）

计算出特定市场的户均消费量之后，用这个数字除以全国户均消费量，再乘以100，就可得到CDI。如果CDI为100，高于100处于平均线以上，低于100则处于平均线以下。例如：

CDI＝(某市户均50千克/全国户均20千克)×100＝2.5×100＝250

CDI为250意味着该市的猪肉户均消费量是全国户均消费量的2.5倍。因此，猪肉加工企业进行媒介策划时应该侧重该市而不是低CDI地区。CDI可以使媒介策划者获知在哪里投放媒介广告可能得到更大的回报。

（2）品牌发展指数（brand development index，BDI）。这是指某一品牌在某一市场上相对发展的数字指标。BDI越高，相对于其他市场而言，该品牌在某一市场上的表现就越好。BDI的计算方法与CDI完全一样。

假设某品牌牛奶每年在全国的总销量是5 000 000升，全国家庭总数是4 000 000户，那么全国家庭平均年消费该品牌牛奶量就为1.25升。假如该品牌牛奶每年在某市主城区的销量为300 000升，某市主城区的家庭总数为300 000户，则该品牌牛奶在该市年平均家庭消费量就为1升。据此，可计算出该品牌牛奶在该市的品牌发展指数：

BDI＝(1升/1.25升)×100＝0.8×100＝80

显然，对于该品牌牛奶而言，该市场的户均销售量低于全国市场的户均销售量，从中可以得出两种完全相反的判断：其一，该市场对该品牌牛奶的认可度较低，消费者更愿意选择其他品牌的乳制品，因此，该品牌牛奶没有必要在该市场分配过多的广告预算；其二，该品牌牛奶在该市场的品牌发展指数低于全国平均值，说明该市场仍然有较大的成长空间，因此，该品牌牛奶在今后的营销传播活动中应增加广告预算以提高在该市场的占有率。在实际中，企业究竟应该如何抉择，只有在对市场的竞争状况和消费者的消费心理及消费习惯进行深入的调研后，才能审慎地决定。

（二）制定媒介策略

确定媒介传播目标之后，就要开始制定媒介传播的实施策略，其主要内容包括媒介的选择策略、媒介的组合策略、媒介的投放策略等。

1. 媒介的选择策略

对于制定媒介选择策略，首先要选择和确定媒介的类别，其次要选择和确定媒介的投放栏目或版面。媒介选择本身并不困难，困难的是广告主在选择媒介的过程中要对影响媒介传播效率的相关因素做深入的调查研究。广告主分析比较这些因素之后，媒介的选择策略便呼之欲出了。这些因素包括品类关心度、广告商品对媒介的依赖度、广告商品与投放媒介的相关性以及消费习惯等。

（1）品类关心度。媒介受众（目标消费者）对不同商品的关心程度不同，会在很大程度上影响他们对媒介所传播广告信息的接触度。一般来说，媒介受众（目标消费者）对经验性商品和快速消费品的关心程度比较低，对搜索性商品和耐用商品的关心程度比较高。广告主推广的商品如果属于经验性商品和快速消费品，就应该选择强制性较强的电波媒介投放广告；广告主推广的商品如果属于搜索性商品和耐用商品，就应该选择强制性较弱的平面媒介投放广告。

（2）广告商品对媒介的依赖度。不同媒介的材质与特征存在差异，广告商品的创意表现和信息传播的效果也有较大的差异。比如，化妆品、手表、香水等高端商品只能选择印刷精美的杂志而不能选择印刷效果较差的报纸。另外，广告主还应对广告创意的传播效果进行评估，并在此基础上选择更能展现广告创意的媒介。

（3）广告商品与投放媒介的相关性。选择广告媒介时还应考虑广告商品与投放媒介之间是否具有相关性。广告商品与投放媒介的相关性越高，广告的传播效果就会越好。比如，体育用品的广告应选择体育类刊物或栏目投放；女性商品的广告应选择女性刊物或以女性受众为主的栏目投放。因为上述刊物或栏目的受众大都是上述商品的目标消费者，这些受众（目标消费者）对相关商品的信息一般会有较大的兴趣，广告主在这些媒介上投放广告显然是正确的选择。

（4）消费习惯。消费习惯与媒介选择的关系是：目标消费者的商品购买行为与媒介接触时空有关。比如，对于自助旅游而言，其消费对象的消费形态多为年轻一族三五好友结伴出行。因此，广告主可以选择在电影院投放广告，也就是在目标消费者集体休闲的场所引发其结伴出游的动机，这样产生的传播效果远比利用一对一的媒介进行个别诉求好得多。

总之，制定媒介选择策略实际上就是广告主在众多的广告投放媒介中选择和确定更合适、更有效并能创造出较高投资回报的媒介，以实现广告主的营销传播目标。广告媒介选择策略如表 9－3 所示。

表 9－3　广告媒介选择策略

创意诉求	电视	广播	报纸	杂志	户外媒介	说明
权威性诉求、新闻性诉求	C	D	A	B	E	报纸以报道真实新闻为主，具有较高的权威性与新闻性

续表

创意诉求	电视	广播	报纸	杂志	户外媒介	说明
美感诉求或表现商品高级感	B	E	D	A	C	印刷精美的杂志的再现能力较强，可以较好地传达美感诉求
以“大”为诉求	B	E	C	B	A	所有媒介类别中，只有户外媒介可以用最大尺寸传达创意
使用示范	A	D	C	C	E	电视媒介最符合该创意要求
娱乐性	A	B	C	D	E	电视媒介更符合该创意要求
活动告知	A	C	A	D	E	简单的活动信息用电视媒介传递较好，复杂的信息用报纸媒介传递为宜
剧情故事性	A	C	D	B	E	电视媒介更为合适，杂志媒介次之
呈现幽默	A	B	C	D	E	电视媒介更为合适
悬疑神秘性	B	A	D	C	E	广播媒介最为合适
秘密性	C	B	D	A	E	杂志媒介最为合适
包装识别	C	E	C	B	A	户外媒介最为合适
功能比较	C	D	B	A	E	杂志媒介最佳，报纸媒介次之
引起食欲	B	D	C	A	E	杂志、电视媒介可以较好地传达此创意
音乐性	B	A	E	E	E	广播媒介为首选，其次为电视媒介

说明：表中A、B、C、D、E是不同创意诉求内容适合使用的媒介的优选等级，A是首选，依此类推，E是末选。

2. 媒介的组合策略

媒介组合是指广告主为提高广告传播的到达率，运用两种或两种以上的媒介发布内容基本相同的广告。由于任何一种媒介都不能覆盖广告的全部目标市场，因此广告主在策划营销传播活动时，不应使用单一的广告媒介，应有目的、有计划地利用多种媒介，以迅速扩大广告商品在市场上的知名度，提高目标消费者对广告商品的认知率，进而促使其产生对广告商品的购买行为。

在介绍具体的媒介组合策略之前，有必要先介绍一下媒介权重的概念，它可以运用在媒介组合策略决策中。广告主确定在两种或两种以上的媒介上投放广告时，会对各种媒介的传播价值进行评估，设定各种媒介的权重，然后据此确定各种媒介的广告投放预算，这里的权重比值就是指媒介权重。

比如，国际知名的乐高，其广告媒介的组合策略是至少使用两种媒介，即印刷媒介和电视媒介。印刷媒介的诉求对象是购买者（家长），电视媒介的诉求对象是使用者（儿童）。如果乐高的决策者评估后认为电视媒介将对使用者产生更大的影响力，则可以将电视媒介的权重设定为0.6，将印刷媒介的权重设定为0.4。这样，如果乐高在某个时间段内投放广告的总预算为100万元，其中60万元的预算就应投放于电视媒介，40万元的预算则应投放于印刷媒介。

广告主对使用的几种媒介进行媒介权重评估时，还可以比较各媒介所需投入的千人成本，或各媒介的到达率与接触频次，以最终确定使用何种媒介。对于一些全国性品牌，其在不同地区的媒介投放预算也可以根据不同地区的市场销售额占全国总销售额的比例确定。比如，如果某汽车品牌2020年在A城市的销量是B城市销量的两倍，那么它

2021 年在 A 城市的广告投入预算就应该是 B 城市广告投入预算的两倍。

媒介组合策略主要有两种形式：集中的媒介组合策略和多样的媒介组合策略。

（1）集中的媒介组合策略。这是指广告主集中在一种媒介上发布广告，以集中影响广告主的细分目标受众。集中的媒介组合策略能营造出品牌易被大众（尤其是那些接触媒介有限的受众）接受的氛围。

广告主使用集中的媒介组合策略的有利之处是：使广告主相对于竞争对手在一种媒介中占据主要地位；使受众尤其是接触媒介范围狭窄的受众更加熟悉品牌；激发消费者对产品或品牌的忠诚度；在高视觉性媒介上采用集中性策略，如在电视的黄金时段购买较长广告时段，能激发消费者对产品或品牌的忠诚度；集中购买媒介可以获得较大的折扣，为广告主节省广告费用。

（2）多样的媒介组合策略。这是指广告主选择多种媒介将品牌产品的信息传递给目标受众。这种策略对具有多个市场细分的商品或服务更加有效，广告主可以通过不同的媒介向不同的目标受众传达不同的信息。其优点是：能向不同的目标受众传达关于品类或品牌的各种独特利益，不同媒介的不同信息到达同一目标受众可以增强受众理解信息的效果；可以提高广告信息的到达率，受众暴露于多种媒介，信息到达受众的可能性就较大。其缺点是：不同的媒介需要不同的创意和制作效果，这可能会导致成本增加，制作费用上升，以及影响其他重要目标的实现，比如影响毛评点和总利用人数（gross impressions，GI = 毛评点 × 媒介可利用者总数/100）。

多样的媒介组合策略主要有三种常用的做法。

其一，视觉媒介与听觉媒介的组合。视觉媒介指借助视觉要素进行表现的媒介，如报纸、杂志、户外广告、招贴、公共汽车广告等。听觉媒介主要指借用听觉要素进行表现的媒介，如广播广告。电视可以说是视听觉要素完美结合的媒介。视觉媒介更直观，给人一种真实感；听觉媒介更抽象，使人产生丰富的想象。

其二，瞬间媒介与长效媒介的组合。瞬间媒介指广告信息瞬时消失的媒介，如广播、电视等电波媒介。电波广告一闪而过，信息不易保留，因而需要与能长期保留信息和反复查阅的长效媒介配合使用。长效媒介一般指可以长时间传播同一广告的印刷品、路牌、霓虹灯、公共汽车车身等媒介。

其三，大众媒介与促销媒介的组合。大众媒介是指报纸、电视、广播、杂志等传播面广、声势大的广告媒介，其传播优势在于“面”，但这些媒介与销售现场相脱离，只能起到间接促销的作用。促销媒介主要指邮寄、招贴、展销、户外广告等传播面小、传播范围固定且具有直接促销作用的广告，其优势在于“点”。若在采用大众媒介的同时配合使用促销媒介，能使点面结合，起到较好的促销效果。

3. 媒介的投放策略

媒介策略规划完成之后，广告主的下一步工作就是制定具体的广告媒介投放策略。目前，大多数广告主采用的广告媒介投放策略主要有以下三种。

（1）间歇性广告媒介投放策略。间歇性广告媒介投放策略是指广告主时断时续地传播品牌产品信息的投放策略。这种投放策略较适合季节性强的品牌商品和广告媒介预算有限的广告主。

此种投放策略的长处是：广告主可以根据市场竞争的需要，选择最有利的广告发布时机；可以有效地配合销售渠道的铺货进度或其他促销活动；可以在较短的时间里密集发布广告，以提高广告商品信息的有效到达率。

这种投放策略的短处是：广告停播的间歇期较长，往往导致目标受众对广告商品信息的记忆完全丧失；为市场同类竞争品牌的广告投放提供了机会，即竞争对手会在本品牌产品广告投放的间歇期高频次投放广告，这对本品牌产品达到营销传播目标构成了巨大的威胁。

（2）持续性广告媒介投放策略。持续性广告媒介投放策略是指广告主在一年内将广告预算平分，持续投放广告，使目标受众每周都有机会通过媒介接触到品牌产品的广告信息。这种媒介投放策略较适合广告预算充足且广告商品全年销售稳定的广告主。另外，当广告主的目标客户对商品的购买决策时间较长且潜在客户需要持续的广告信息提示时，这种投放策略比较有效。

这种投放策略的长处是：长时间地传播广告商品信息可以不断累积目标受众对品牌产品的记忆，促使其采取购买行为；既可以提升品牌形象，增加消费者的使用信心，又能够增大竞争对手进入市场的难度，为本品牌产品创造较为有利的发展态势。

（3）脉冲式广告媒介投放策略。脉冲式广告媒介投放策略是指广告主全年持续且均衡地投放广告，同时在市场销售的旺季周期性地增加广告投放的频次，以提高广告商品的市场销量或市场占有率。这种投放策略实际上是间歇性广告媒介投入与持续性广告媒介投放策略的综合。这种策略较适合广告预算充足的广告主，且广告商品的季节性特征明显、商品利润率很高。

三种广告媒介投放策略如图9－3所示。

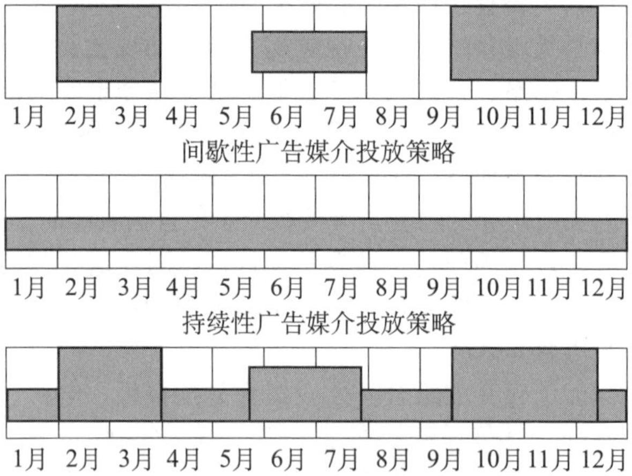

图9－3　三种广告媒介投放策略

广告主不要机械地看待这三种广告媒介投放策略。在实际运作中，绝大多数广告主不可能只是简单地运用其中一种媒介投放策略，而是需要将三种投放策略混合使用。比如，电影院的票房一般在周末最高，针对电影院的广告媒介投放策略从年度角度看当然应是持续性的，但是从每周角度看又应是间歇性的。又如，一些企业为配合营销传播活动会在每年的不同时段策划一些大型的事件营销活动，为使大型事件营销活动达到既定的营销传播目的，企业需要在相应的媒介上投放广告。这种媒介投放策略从全年看属于脉冲式，但事件营销期间的连续广告投放或跟踪报道又属于持续性投放策略。广告主一定要根据广告商品的性质、媒介自身的特点和市场竞争状况，灵活使用相应的投放策略。

基本概念

广告创意	创意概念	创意主题	创意表现
核心视觉	理性诉求	对比论证	反驳论证
感性诉求	大众媒介	到达率	目标市场到达率
接触频次	总收视点	品类发展指数	品牌发展指数
媒介组合			

思考题

1. 广告创意在广告活动中扮演了什么样的角色？广告创意与广告策划之间是一种什么样的关系？

2. 电波媒介与平面媒介各有哪些特征？

3. 你认为哪一种平面媒介更有影响力？

课后实践

请各小组同学在第 8 章课后实践的基础上，根据本章教学内容的要求对选定品牌确定广告创意与诉求策略。具体的广告创意可以根据整合营销传播方案确定，其中至少要包括平面媒介的广告创意作品、户外媒介的广告创意作品及影视媒介的广告创意作品。

第10章 互联网媒介与数字营销[①]

互联网的出现彻底改变了人们的沟通方式和企业的运营方式，为生产制造商提供了一个全开放的商品销售平台，同时也为消费者提供了更多的商品选择与比较的机会。因此，互联网不仅创新了商业规则，还实现了高效的商业运营模式。

第1节 互联网媒介

互联网作为继报刊、广播、电视之后的第四大媒介，自20世纪90年代兴起以来，使信息传播方式发生了革命性的变革，互联网传播已经成为当代企业开展整合营销传播活动的重要方式之一。

一、互联网媒介概述

互联网媒介是一个相对的概念，它是指随着卫星通信、数字化、多媒体、计算机、网络技术的发展而产生的有别于传统媒介的具有实时互动特点的新型媒介。

（一）互联网媒介定义

互联网媒介是指运用电子计算机网络及多媒体技术传播信息的媒介。多媒体原指由两种或两种以上传播形式结合到一起的电子媒介，又称混合媒介，现在主要指将多种电子媒介（包括广播、电视、电话、传真、计算机等）连接起来，对声音、图像、文字和数据进行综合快速处理并传输的双向信息系统。国际互联网则提供了一个集各种媒介于一身的新型传播系统，声音、影像、文字完美地结合在一起。以多媒体媒介为主体的网络媒介在世界范围内获得了迅速发展。

网络媒介有多种功能。首先，网络媒介能够播放广播电视节目，具有广播和电视媒介的功能；其次，网络媒介能通过互联网传播和接收报纸、杂志、图书等信息，具有平面媒介的功能；再次，网络媒介具有网上聊天、洽谈生意等类似于人际传播的功能；最后，网络媒介能直接传播众多商品信息，具有全天候的广告媒体功能。

---

① 本章部分内容参考了洛克，巴克．广告、促销与整合营销传播：第8版．北京：中国人民大学出版社，2021.

（二）互联网媒介的特征

与传统媒介相比，互联网媒介的基本特征是：传播方式的双向性、传播功能的融合性、传播技术的先进性和传播内容的全球性。具体而言，其特征包括数字化、全球性、多样性与无限性、可储存与易复制、易检索、多元性、自由性、个性化、迅捷性、多媒体化和交互性。

1. 数字化

数字化是互联网媒介存在的前提。正像原子是构成物质世界的基本单元一样，比特是构成信息世界的基本单元。在互联网上无论是文字、图像、声音，归根到底都是通过“0”和“1”这两个数字信号的不同组合来表达。这使得信息第一次不仅在内容上，而且在形式上获得了同一性。数字化的革命意义不仅是便于复制和传送，更重要的是方便不同形式的信息之间的相互转换，如将文字转换为声音。

2. 全球性

与传统媒介的传播相比，网络传播的范围更广，具有一种全球性的特征。这种全球性，实际上也表明了网络的传播具有一种开放性的特征，这就意味着人们使用的这个网络，不管是谁发明了它，都将是属于全人类的。这种“全球性”并不是一个政治口号，而是有技术保证的。互联网的结构是按照“包切换”的方式连接的分布式网络。因此在技术的层面上，互联网不存在中央控制的问题。也就是说，不可能存在某一个国家或者某一个利益集团通过某种技术手段来完全控制互联网的问题。反过来，也无法把互联网封闭在一个国家之内——除非这个国家不打算建立互联网。

互联网媒介是一种名副其实的全球化传播媒体。其全球化特征主要体现为信息传播的全球化和信息接收的全球化。互联网媒介打破了传统媒介的传播范围多限于本地、本国的状况，其受众遍及全世界。互联网媒介的这一特征，有利于地方性媒介与全国性媒介、弱势媒介与强势媒介展开竞争。甚至个人网站亦可以在一夜之间成为全世界网民关注的对象。

3. 多样性与无限性

这是指网络媒介在信息传输量上具有无限的丰富性；在信息形态上具有纷繁的多样性。无论是报纸、广播、电视，在单位时间（节目）和空间（版面）中所传播的信息，都是有限的，而互联网媒介贮存和发布的信息容量巨大近似于无限。也因此，网络媒介的信息又被称为海量信息。

4. 可存储与易复制

美国麻省理工学院媒体实验室主任尼古拉·尼葛洛庞蒂曾指出：信息社会，其基本要素不是原子，而是比特。比特与原子遵循着完全不同的法则。比特没有重量，易于复制，可以以极快的速度传播。在它传播时，时空障碍完全消失。原子只能由有限的人使用，使用的人越多其价值越低；比特可以由无限的人使用，使用的人越多其价值越高。

5. 易检索

互联网媒介通过超文本链接的方式，将无限丰富的信息加以储存和发布，用户可以很方便地输入关键词进行资料检索。

6. 多元性

互联网媒介的多元性特征，首先表现在传播主体上。在互联网媒介世界，不是专门的新闻传播机构一家独有，从网络属性上讲，政府、企事业网站乃至个人网站都有能力可以发布新闻，成为传播新闻的主体。其次，互联网媒介的全球化特征决定其文化的多元性，它通过超链接、超文本的手段，运用数字技术，将全球文化用网络的方式联结在一起。最后，互联网媒介的传播方式也具有多元性的特点。传统媒介的传播方式一般是点对面的传播，而互联网媒介除了点对多即网站向网民、某一网民向不特定的其他网民发布信息这一方式之外，还有点对点即网民通过网络向其他某个网民发电子邮件的方式，众多网民向某一个网站发送信息、反馈意见的多对点方式，以及网上聊天室、电子公告牌等多对多的传播方式。

7. 自由性

受众可以在自己方便的时间与地点上网，接收信息、消化信息、分享信息，甚至还可以与他人进行互动交流。也就是说，网络媒介的自由性这一特征一方面在自然属性上完全打破了时空限制，另一方在社会属性上信息的发布者完全可以独立做出判断而不需要他人对信息进行审核，主客体双方也就是信息的发布者和信息的接受者可以在任何时间和任何地点上传、分享和接收相关信息，其结果就是使得信息可以更为自由地流动而难以被封锁和限制。

8. 个性化

无论从理论上还是从实践上看，每一个网民只要愿意都可以在网上通过公众号或自媒体发布信息，从这个意义上看，网络媒体的传播是真正个性化的传播，它的内容的设计，大多是出于受众的个体需要。

9. 迅捷性

互联网媒介的信息传播速度快捷，信息来源广泛，信息制作发布简便。因此，互联网媒介可以随时发布新闻，尤其是在报道突发性事件和持续发展的新闻事件的过程中，互联网媒介的“刷新”更换功能比传统媒体的“滚动播出”更胜一筹。网络信息传播速度很快，具有很强的时效性。因此，网络媒介在新闻传播上又表现出一种实时传播的特征。

10. 多媒体化

互联网媒介整合了报纸、广播、电视三大媒介的优势，实现了文字、图片、声音、图像等传播符号和手段的有机结合。

11. 交互性

交互性是指互联网媒介带来了传受双方的双向互动传播。自从国际互联网出现后，公众与媒介的地位发生了重大变化，尼葛洛庞蒂对这种变化有详细而形象的描述：“数字化会改变大众传播媒介的本质，‘推’送比特给人们的过程将变为允许大家（或他们的电脑）‘拉’出想要的比特的过程。这是一个剧烈的变化，因为以往媒介的整个概念是，通过层层的过滤之后，把信息和娱乐简化为一套‘要闻’或‘畅销书’，再抛给不同的‘受众’。”由“推”到“拉”不仅仅是一个动作的变化，更重要的是它把网上信息变成一个世界范围的“信息超级市场”，网民在其中可按自己意愿各取所需。

二、互联网媒介的广告表现方式

网络广告简单地说就是通过网络媒介发布的广告。广义的网络广告是指企业在网络上发布的一切商业信息。网络广告的形式有很多，可以按照不同的标准进行分类。比如，按照广告在网页上占据的面积（此种分类源于传统的平面媒介）及其呈现形式，可以将网络广告划分为旗帜广告、按钮广告、插页广告、墙纸广告等；按照广告在网页上的不同位置，可以将网络广告划分为首页广告、内页广告和弹出广告等；按照网络广告依托的不同载体，可以将网络广告划分为网页广告、流媒体广告和即时通信工具广告等。下面根据最后一种划分标准介绍几种不同类型的网络广告。

（一）网页广告

网页广告又称页面广告，是指在视频点播的各页面中放置的各种形式的链接广告，包括各类门户网站、其他网站（如论坛）上的广告，甚至是邮箱界面和博客页面等网页上各种类型的广告。通常是文字、视频、富媒体或者视频内容的边框，一般在视频或广告内容的旁边。页面广告的主要目的是在网页中展示广告主的名称、品牌和产品。页面广告还可以依靠点击实现交互，或者通过富媒体促成进一步的信息传递。包括横幅（banner）广告、标识（logo）广告、按钮式（button）广告、墙纸式（wallpaper）广告等。

网页广告如果在形式上有创意和趣味性，就能够吸引网民点击，这也是许多企业经常运用的一种广告形式。

（二）流媒体广告

流媒体广告是以流媒体技术在网络上传播产品、服务或品牌信息的广告活动。流媒体实际上是指一种新的媒体传送方式而非一种新的媒体。流媒体技术全面应用后，人们可在网上直接进行语音和视频聊天；人们在网上看到感兴趣的商品，点击以后客服人员和商品的影像就会跳出来；流媒体还可以播放新闻。

近年来我国的流媒体技术快速发展，许多人比较熟悉的 PPlive 网络电视、PPSTREAM 网络电视盒、QQ 直播等就是典型的流媒体。

网民利用流媒体软件观看视频文件时，视频文件在打开之前会有一个缓冲阶段。在这短暂的时间里，网民的注意力一般会比较集中，广告商充分利用这个时间段，适时地插入品牌产品的广告，这种形式的广告就是典型的流媒体广告。

1. 流媒体广告的应用形式

流媒体广告一般分为如下两种形式。

（1）传统网络广告的应用也就是采用了流媒体技术的网络广告，譬如在横幅广告中嵌入流媒体广告，这在网络广告术语中叫作富媒体广告。这类富媒体广告形式有视频标题广告及音频标题广告等。视频标题广告中不但有音频、视频内容，还有普通的 GIF 图片，内嵌了 HTML 文件。另外一种是运用 Java Applet 技术实现流媒体广告的播放，它在运行之前先下载一个 Java Applet 到用户电脑中，而支持 Java 的电脑就可以接受流媒体广告。

（2）流媒体内部的应用。所谓流媒体内部的应用是指广告出现在流媒体里面，而不是像上面介绍的流媒体只是横幅广告等广告中的一个元素。这类广告形式有流内广告、互动广播广告、网络电台广告等。

在流媒体内部广告中可以实现流媒体内嵌入标题、按钮式广告和插播广告等多种形式。

2. 流媒体广告的优势

流媒体广告以其集众媒体广告优势于一身的绝对优势，将为广告主提供更好的表达产品信息或其他服务信息的方式。流媒体广告的优势主要有以下几点。

（1）节省时间。与传统的多媒体播放形式相比，流媒体可以实现边下载边播放，从而大大节省了时间。

（2）传播范围广。流媒体广告的传播不受时间和空间的限制，它通过网络把广告信息 24 小时不间断地传播到世界各地。值得一提的是，这里的网络并不仅仅指以电脑为载体的万维网络，还包括手机网络等在线移动网络。

（3）强烈的感官冲击。流媒体彻底改变了传统互联网只能表现文字和图片的缺陷，可集音频、视频及图文于一体，使消费者能亲身体验产品、服务与品牌。

（4）非强迫性传送资讯。众所周知，传统媒介广告如报纸广告、杂志广告、电视广告、广播广告、户外广告等都在传播的过程中具有强迫性，即千方百计地吸引受众的视觉和听觉注意力，以便将相关的商业信息强行灌输到受众的脑中。而流媒体广告则属于按需广告，具有报纸分类广告的性质却不需要网民的彻底浏览，它可让网民自由查询，将要找的资讯集中呈现给网民，这样就节省了网民的时间，避免无效的被动的注意力集中，从而不会引起网民的反感，更容易被网民接受。

（5）交互性强。交互性是流媒体广告不同于传统媒体广告的一个优势，流媒体广告所传达的信息可实现互动传播，网民可以获取他们认为有用的信息，厂商也可以随时得到宝贵的用户反馈信息。

（6）针对性强，信息传递更直接。流媒体广告可利用独有的流媒体技术对目标受众进行专门发送，用户可以拥有更多的自主权和选择权，广告主可以更直接地命中最有可能的潜在消费者。

（7）受众数量可准确统计。利用传统媒体做广告，很难准确地知道有多少人接收到了广告信息，而在互联网上可通过公正的访客流量统计系统精确统计出一个广告被多少个用户看过，以及这些用户查阅的时间分布和地域分布，从而有助于广告主正确评估广告效果，审定广告投放策略。

（三）即时通信工具广告

即时通信工具或实时传讯工具（instant messager，IM）是一种可以让使用者在网络上建立某种私人聊天室的实时通信服务工具。大部分即时通信服务工具提供了状态信息的特性——显示联络人名单，联络人是否在线及能否与联络人交谈。互联网上受欢迎的即时通信软件包括 QQ 等。

由于即时通信工具的应用非常广泛，网民一旦应用往往会滞留较长的时间，在即时通信工具中出现的广告的注目率和曝光率都是比较高的。中国移动、可口可乐、阿迪达斯等知名品牌与即时通信工具提供商进行过多方面的合作，将即时通信工具作为其网络传播工具之一。

即时通信广告的价值所在关键在于其表现方式，而对于它的表现方式来讲，其位置特征是最为重要的。即选择一个好的位置，提高与受众的接触率，再加上优秀的广告创意内容，一定会提高受众对它的关注度和点击率。

即时通信广告与电视广告不同的是，它不以时间段来决定人们对广告的注目程度。它强调的是广告在电脑屏幕中的位置设置。目前，即时通信广告的位置主要安排在对话框、迷你首页、主菜单和消息位置，不同的位置会有不同的优势和劣势。

1. 对话框中的广告

对话框也即对话窗口，是即时通信工具的聊天界面，就是这一个小小的窗口为双方的交流提供了实现的可能性；而这也为广告制造了无限的机会，因为它会经常出现在电脑屏幕上，在等待对方回复的空隙时间中，广告的闪入会提高人们点击的频率。目前，对此利用的较为充分的是 QQ、淘宝旺旺等，常见的是在窗口的右上方会有广告显示，一般为动态形式，滚动播放广告。现在，在申请视频聊天的链接等待中，视频窗口也成为广告的占据地，相比较而言，它更有一种强迫性，因为此时的人们会耐心地等待服务器将双方的视频连接成功，渴望第一时间看到对方，这时广告的注目率是相对较高的。

2. 迷你首页中的广告

现在的即时通信工具不光是一种沟通工具，更为网民提供了即时资讯，使人们在与别人沟通的同时，也可以获得最新的消息，从而使网民在不打开门户网站的情况下，也可以了解每天的新闻。在登录到即时通信工具后，除了看到主窗口外，会立刻出现一个比普通网页要小的迷你网页，正是由于人们对新闻热点的时时关注和追踪，在这个网页上可以看到五花八门的社会新闻，及时获得各种资讯。与此同时，看到上面的广告也是不可避免的事情。此位置的优势在于，当网民每天第一次登录即时通信工具时，它会自动弹出，网民自然会看到其中的广告信息。

3. 主菜单中的广告

使用即时通信工具进行交流，首先要登录即时通信工具，然后才能有进一步的操作，所以在主菜单中设置广告是每个即时通信工具用户都会看到的。网络广告最大的特点是互动性，然而在与受众互动之前，让他们看到广告是第一位的。主菜单中的广告就起到这种门户作用。通常广告会放置在主菜单的最下方，而且多是动态动画广告。但这种广告形式经常会由于用户将主菜单最小化而无法展示，得不到传播。

4. 消息形式的广告

这种类型的广告形式是以消息通知的形式出现。当有人申请加你为好友时，系统会自动发送消息通知，每个人都会打开查看消息。而现在这种消息形式已经成为即时通信广告的一种主力形式。因为当大家看到有消息通知时，会自觉查阅，是一种主动的阅读方式。网易泡泡、QQ 都采用这种方式将广告发送给用户。但这种广告通常是即时通信公司自己的一些促销信息，而其他企业的广告则较为少见。

目前即时通信工具已经成为一个多方位的传播媒介，围绕着沟通功能，形成了一个综合服务的网络平台，比如有自己的主页，有众多娱乐工具，还可以用手机形成线下传播。当有了如此强大的传播平台，企业就应该整合即时通信广告，充分利用即时通信工具中的各项资源，即在即时通信工具的对话框、消息栏、迷你首页、即时通信工具的网页上及时推出自己的广告，广告围绕产品的同一特征或是为企业树立品牌形象，这样多角度、全方位地传播，广告力度定会有所提高。

（四）游戏嵌入式广告

游戏嵌入式广告是指内嵌在游戏中的广告，它把游戏变成发布广告的一种载体。它以游戏的用户群为基础，通过固定的条件，游戏过程中在适当的时间、适当的位置出现广告。与普通的商业广告不同，它所借助的载体是游戏这种新型媒体。从游戏和广告的结合形式上看，游戏广告是一种内嵌在游戏程序之中的广告。它在游戏场景中出现，在玩家玩游戏的同时起到广告传播的作用。

与普通的商业广告有所不同，这种形式的广告所借助的载体是一种全新的媒体介质——游戏。这种将游戏与广告合为一体的媒体文件实际上将含有品牌信息的广告内嵌在游戏的程序之中，使游戏玩家在玩游戏时不知不觉地接收广告信息，同时，游戏玩家可能会在玩游戏的过程中把对游戏的归属感和亲切感转移到游戏内嵌的广告上，对广告信息中出现的品牌产品产生认同感。比如，网上流行一款赛车游戏《极品飞车》，该游戏中车手驾驶的是宝马汽车，这就是企业巧妙地将品牌产品内嵌到游戏当中的典型案例。需要指出的是，在游戏中嵌入的广告出现的位置和时间必须恰到好处，并以不妨碍玩家正常操作为前提，否则会引起玩家的反感，适得其反。

（五）电子杂志广告

电子杂志又称网络杂志、互动杂志，目前进入第三代，以 Flash 为主要载体独立于网站存在。电子杂志是一种非常好的媒体表现形式，它兼具平面媒介与互联网媒介的特点，融入图像、文字、声音、视频、游戏等多种手段，将信息以更加生动形象的方式呈现给读者。此外，它还包含超链接、互动等网络元素。电子杂志延展性强，未来可移植到 PDA、手机、MP4 以及数字电视等多种个人终端。

由于电子杂志是由网民根据兴趣与需要主动订阅的，所以此类广告更能准确有效地面向潜在客户。此外电子杂志的形式还非常适合目前中国的网络状况，它可以让订户不必花费很多时间和上网费就可以获得大量的中文优质信息，根据调查，通过 Web 页面浏览信息的花费是电子杂志的 10～60 倍。所以电子杂志已经得到了越来越多网民的接受和认同，订户数量增长迅速。在这类专业杂志上投放广告，不仅费用比横幅广告便宜得多，而且效果也非常显著，能够在很短的时间内将网站或其他广告信息推广到全球各个角落。

1. 电子杂志广告的特征

与传统印刷广告相比，电子杂志广告主要有以下三个特点。

（1）主动性强。所有的使用者都可以按照自己的喜好和兴趣选择订阅一些免费信息。一旦选择订阅，就可以定期收到所订阅的信息。当然，其中包含着广告的内容。不过用户可以随时增加、修改或停止订阅信息内容。

（2）统计性好。每一个用户在第一次使用免费 E-mail 时，必须详细填写一张用户档案。这就使得提供免费 E-mail 的服务商能详细地知道使用者的具体情况，若有公司利用免费 E-mail 做广告，免费 E-mail 服务商就会每月给你一份调查报告，告诉你在这个月中有多少用户看了你的广告，又有多少用户进一步了解了广告的内容（即点击了广告的图标）。在每月报告中，免费 E-mail 服务商还会提供对你的产品或服务感兴趣的用户的具体情况的统计资料。

（3）针对性强。随着免费 E-mail 会员的进一步增加，广告主还可以根据使用者的特性（地域、年龄、性别、家庭收入、职业、受教育程度、兴趣爱好、婚姻状况等），有针对性地发布自己的广告。

2. 电子杂志广告与电子邮件广告的区别

电子杂志广告和我们通常所指的电子邮件广告有着本质的区别，电子邮件广告是指商家通过在各处搜集来的 E-Mail 地址使用 EDMSOFT 向别人发送大量有关自己公司、产品的信息。如果别人不情愿接受的话，很容易遭到人们的普遍反感和抵触，这种做法被称作 SPAM（stupid people's advertising method）和垃圾邮件。这种形式的广告弄巧成拙，严重影响了企业的形象和宣传效果。

电子杂志则不同，它是由国内著名的网络内容服务商（Internet Content Provider，ICP）提供、有着内容和信誉的充分保障，由专业人员精心编辑制作，具有很强的时效性、可读性和交互性，而且还不受地域和时间限制，在全球的任何地方，电子杂志都可以带给用户最新最全的信息。由于电子杂志是由网民根据兴趣与需要主动订阅的，所以此类广告更能准确有效地面向潜在消费者，而针对这一需求开发的 EDMSYS 平台，能更有效地管理订阅用户及发送需求。

（六）电子邮件广告

电子邮件广告（E-mail Advertising）是指通过互联网将广告发到用户电子邮箱的网络广告形式，它针对性强，传播面广，信息量大，其形式类似于直邮广告。电子邮件广告的制作和维护比传统媒体简单、快捷。

电子邮件广告可以直接发送，但有时也通过搭载发送的形式：比如通过用户订阅的电子刊物、新闻邮件和免费软件以及软件升级等其他资料一起附带发送。也有的网站使用注册会员制，收集忠实读者（网上浏览者）群，将客户广告连同网站提供的每日更新的信息一起，准确送到该网站注册会员的电子信箱中。

电子邮件广告具有针对性强、费用低廉的特点，且广告内容不受限制。其针对性强的特点，可以让企业针对某一用户或某一特定用户群发送特定的广告，为其他网上广告方式所不及。电子邮件是网民最经常使用的互联网工具。30% 左右的网民每天上网浏览信息，但却有超过 70% 的网民每天使用电子邮件。

（七）广告主网站

广告主网站是企业在互联网上进行网络营销和形象宣传的平台，相当于企业的网络名片，不但对企业的形象是一个良好的宣传，同时可以辅助企业的销售，通过网络直接帮助企业实现产品的销售，企业可以利用网站来进行产品资讯发布、招聘等。广告主网络是企业通向互联网的平台和门户，是企业开展网络营销的重要工具。广告主网站的作用是展现公司形象，加强消费者服务，完善网络业务等。除此之外，广告主网站还可以与潜在消费者建立商业联系。

广告主网站的特征主要有以下五点。

1. 企业网站具有自主性和灵活性

企业网站完全是根据企业自身的需要建立的，并非由其他网络服务商经营，因此在功能上有较大的自主性和灵活性。也正因如此，每个企业网站的内容和功能会有较大的差别。企业网站传播效果的好坏，主动权掌握在企业自己手里，其前提是对企业网站有正确的认识，这样才能适应企业营销策略的需要，并且经济上、技术上具备实现的条件。因此，企业网站的建设与维护应充分适应企业的营销传播战略。

2. 企业网站是主动性与被动性的矛盾同一体

企业通过自己的网站可以主动发布信息，这是企业网站主动性的一面，但是发布在网站上的信息不会自动传递给用户，只能“被动地”等待用户自己来获取信息，这又表现出企业网站被动性的一面。同时具有主动性和被动性也是企业网站与搜索引擎及电子邮件等网络营销工具在信息传递方式上的主要差异。

从网络营销信息的传递方式来看，搜索引擎完全是被动的，只能被动地等待用户检索，只有用户检索使用的关键词和企业网站相关，并且在检索结果中的信息可以被用户看到并被点击的情况下，这一次网络营销信息的传递才得以实现。

3. 企业网站的功能需要通过其他网络营销手段才能体现出来

企业网站的网络营销价值，是通过网站的各种功能以及各种网络营销手段体现出来的，网站的信息和功能是基础，网络营销方法的应用是条件。如果建设一个网站而不去合理应用，企业网站这个网络营销工具将不会发挥应有的作用，无论功能多么完善的网站，如果没有用户来浏览和应用，企业网站也就成为摆设，这也是绝大多数企业将网站推广作为网络营销首要职能的原因。在实际应用中，一些企业由于缺乏专业人员的维护管理，呈现给浏览者的网站内容往往数年如一日，甚至用户的咨询邮件也不回复，这样的企业网站没有发挥其应用的作用，也就不足为怪了。

4. 企业网站的功能具有相对稳定性

企业网站功能的相对稳定性具有两方面的含义：一方面，一旦网站的结构和功能被设计完成并正式开始运作，在一定时期内将基本稳定，只有在运行一个阶段后进行功能升级的情况下，才能拥有新的功能。网站功能的相对稳定性无论对于网站的运营维护而言，还是对于一些常规网络营销方法的应用来说都是不可或缺的，一个不断变化中的企业网站是不利于网络营销的。另一方面，功能的相对稳定性也意味着，如果存在某些功能方面的缺陷，在下次升级之前的一段时间内，这些缺陷将影响网络营销效果的发挥，因此在企业网站策划过程中应充分考虑到网站功能的这一特点，尽量做到在一定阶段内的功能适用并具有一定的前瞻性。

5. 企业网站是其他网络营销手段和方法的基础

企业网站是一个综合性的网络营销工具，这决定了企业网站在网络营销中的作用不是孤立的，不仅与其他营销方法具有直接的关系，也构成了开展网络营销的基础。网络营销方法体系可分为无站点网络营销和基于企业网站的网络营销，后者在网络营销中居于支配地位，这也是网络营销体系不能脱离企业网站的根本原因。

（八）虚拟社区广告

虚拟社区是指一群主要通过计算机网络彼此沟通的人们，他们彼此有某种程度的了解、分享一些知识和信息、在很大程度上如同对待朋友般彼此关怀，从而所形成的团体。除此之外，还有一个由如今到来的人工智能时代所带来的虚拟人物，如仿生人等，他们所组成的社会关系而构成的一个社区，也可以称作虚拟社区。

相对于传统社区，虚拟社区极大地扩大了人与人之间交流的范围、深度和影响力；相对于地理概念，虚拟社区更多地被看作是一种社会网络。虚拟社区是一个沟通平台，是人与人之间一种新的交流平台。虚拟社区包括专业垂直类网站和开放式专题 BBS、聊天室等。广告主利用虚拟社区开展品牌传播活动的形式有广告、活动与事件和博客等。在虚拟社区进行品牌传播应该尽可能采取潜移默化的方式，因为较直接的广告不如情感交流方式有效。

在虚拟社区开展品牌传播活动可以运用以下传播策略。

1. 品牌植入传播策略

这是一种相当隐蔽的传播手段，它以间接含蓄、不露声色的方式将品牌信息融入一个合适的载体，使网民在不知不觉中接受品牌的信息。品牌植入的类型主要有实物植入、风格植入、整体植入和文化植入等。

虚拟社区尤其适合采用品牌植入策略。在虚拟社区中，网民更多的是基于共同的兴趣爱好进行交流，在这样的氛围中插入生硬的广告会引起网民的反感，采取品牌植入这种温和的方式，往往能达到事半功倍的传播效果。

2. 品牌体验传播策略

21 世纪的市场营销与传播策略已经进入体验营销的时代，今天的消费者不再仅仅关注产品的价格高低或品质优劣，越来越注重品牌体验。对于同样的事情，不同的人往往会有不同的体验，对于品牌来说同样如此，即品牌形象不仅是广告主说出来的，而且是消费者感觉到的。广告主除了在现实的卖场终端积极主动地开展品牌体验活动之外，还要有意识地在虚拟社区开展虚拟式的品牌体验活动，这也是广告主应该重视的品牌传播策略。

（九）搜索引擎广告

搜索引擎广告是指广告主根据自己的产品或服务的内容、特点等，确定相关的关键词，撰写广告内容并自主定价投放的广告。当用户搜索到广告主投放的关键词时，相应的广告就会展示（关键词有多个用户购买时，根据竞价排名原则展示），并在用户点击后按照广告主对该关键词的出价收费，无点击不收费。

这种广告是指根据网民使用搜索引擎的方式，尽可能利用网民搜索信息的机会将企业的广告信息传递给网民。简单来说，搜索引擎广告就是基于搜索引擎平台的网络营销，它利用网民对搜索引擎的依赖及其使用习惯，尽可能在网民搜索信息时将营销信息传递给网民。目前，各大搜索引擎都建立了自己的广告运营体系。由于搜索引擎广告只出现在相关搜索结果或相关主题网页中，因此搜索引擎广告比传统广告更加有效。

总体而言，搜索引擎广告的优势是：针对性强，网民可以主动找到自己需要的信息；成本容易控制，企业可以根据自己的市场营销传播战略灵活地制定合理的成本预算；网民点击的起步价低，能为中小企业扩大品牌知名度和影响力提供较为理想的展示平台。

搜索引擎广告与互联网植入式广告有相似之处也有相异之处。植入式广告，也称作植入式营销。业界通常有一种误解，认为一定要将产品或服务的广告信息植入到一定的影视动画场景或者故事情节中，才可以称得上是植入式广告。其实远远不是这样，以文字植入方式渗透到各个网站的互联网广告，才是真正最大规模的植入式广告。而搜索引擎广告无疑就是借助搜索引擎的强大流量而滋生出来的一种广告模式，主要以竞价排名和关键词搜索为主基调。那么，植入式广告和搜索引擎广告相比有什么优劣呢？

首先，植入式广告的一个核心理念是广告信息与所处场景的内在逻辑性，这种逻辑性并不是一种简单的相关性。而搜索引擎广告是指利用搜索引擎、分类目录等具有在线检索信息功能的网络工具进行网站推广的方法。由于搜索引擎的基本形式可以分为网络蜘蛛型搜索引擎（简称搜索引擎）和基于人工分类目录的搜索引擎（简称分类目录），因此搜索引擎推广的形式也相应地有基于搜索引擎的方法和基于分类目录的方法，前者包括搜索引擎优化、关键词广告、竞价排名、固定排名、基于内容定位的广告等多种形式，而后者则主要是在分类目录合适的类别中进行网站登录。随着搜索引擎形式的进一步发展变化，也出现了其他形式的搜索引擎，不过大都是以这两种形式为基础。搜索引擎推广的方法表现形式比较单一，就是通过关键词汇搜索来吸引点击量，在这一点上，新兴的植入式广告有很多优势。

其次，植入式广告实现了智能表现，广告接触完全由受众主动式触发，当受众对文章内的关键词感兴趣时，只要将鼠标移到关键词上，关键词附近就会出现与其相关的文字、图片、轮播、动画、视频等形式丰富且表现力强的悬浮广告。受众可以阅读广告内容，还可以点击该广告进入包含广告内容的链接网站。而搜索引擎网站，主要是将其他网站的超链抓至自己名下，用关键词作为主线，通过竞价排名的方式，实现了流量至广告收入的转换。搜索引擎虽然通过竞价排名突出了某些关键词，但这仅仅是类似目录阅读的范畴，广告的价值体现不如植入式广告直接和便捷。

再次，植入式广告可以实时跟踪网民行为，精准记录每一个关键词的展示数、点击数及露出时间，为用户提供精细、可靠的数据，用户可根据展示、点击数等按实效付费，最大程度节约了广告费用。植入式广告不需要专门在网页中开辟一个方块发布广告，广告只是正文的一部分。传统的横幅广告、匹配广告等模式在网站上还可以继续运作，新的模式只是网站广告模式的一种扩充。而搜索引擎广告只有通过搜索才能看到，且只能看到当前关键字的搜索结果，而植入式广告只要上网浏览信息时就有机会看到，同一网页中呈现多个关键字，广告出现机会多。而且文中广告显示在网页正文内，受众关注度高。

最后，搜索引擎广告本身发展的诸多不稳定因素，给整个搜索引擎广告行业和广告主带来了一定的冲击。首当其冲的是困扰企业网站的恶意点击，不管是竞争者消耗对手的广告成本的点击行为、搜索引擎广告联盟网站为了获取自己相应的广告佣金的点击行为、竞价排名代理服务商为了自身代理佣金的点击行为，还是访客无意间的误点击行为，都实实在在地增加了广告主的广告成本开支。

（十）BBS 广告

BBS 广告就是利用论坛这种网络交流的平台，通过文字、图片、视频等方式发布企业的产品和服务的信息，从而让目标客户更加深刻地了解企业的产品和服务，最终达到宣传企业的品牌、提高市场认知度目的的网络传播活动。

BBS 是信息传播和扩散最为理想的媒介平台，也是企业开展口碑营销、病毒营销的首选媒介。该媒介平台的优势在于其用户或网民群体大都是根据某些行为或个性划分的，同属一个群体的网民往往具有大致相同的个性或气质特征，这为企业选择目标消费者提供了较为理想的信息发布平台，在 BBS 上发布的信息也很容易在同一个受众群体中得到传播和扩散。

（十一）博客广告

博客广告，顾名思义，就是利用博客平台为企业推销产品和服务、塑造品牌、树立产品形象所做的广告，简而言之就是发布在博客网站和个人博客上的广告，是网络广告的一种形式。具体而言，博客广告是指广告主通过一定的策划与创意，在博客网站上发布有关产品和服务的信息，并劝说诱导用户购买和消费其产品和服务的信息传播活动。它的基本作用就是借助于博客这种传播载体，用以传递商业资讯，发布广告信息，刺激购买欲望，引导消费潮流，从而推动商品经济的蓬勃发展。

博客广告的特征主要有以下五点。

1. 内容的广泛性

博客广告内容的广泛性是由博客写作的广泛性所决定的。由于博客写作的内容既可以是个人日常生活、工作中的所见所闻，也可以是对社会、对人生的思考与探索，还可以包含其他任何方面的内容，可谓包罗万象，应有尽有。同时，在许多人看来，博客不仅是一种休闲娱乐和抒情写意的网络日志，而是表现自我价值，彰显个人魅力的传播平台。

人们希望通过博客写作的影响力，换取一定的精神享受和物质收益，以实现对博客自我价值最直观的回报。正因为博客广告的产生，让博客作者真实感受到了博客存在的价值，所以博客写作的内容主题、作者的写作水平，甚至知名度的高低，都会对博客广告的效力产生影响。因此，博客作者应力求将最有吸引力的内容奉献给广大读者，从而提高博客广告的效力。

2. 发布自由

由于博客一般都是个人网页，由作者自己写作、发布和管理，因此可以说是真正意义上的个人传媒工具。

人们开设博客的目的，主要是用于记录自己的心情、表达个人的观点，以及与他人分享信息资源等。大多数作者都希望自己的博客能被别人浏览和关注，同时也有不少人比较在乎自己博客的点击量。由此可见，博客作为一种网络传播方式，不仅让每个人都可以自由地表达思想和观点，与他人相互沟通信息和交流情感，还可以发布各种广告信息，包括向读者推销产品、推广形象和宣传消费观念等。博客的所有者具有生产与发布各种信息的自由和权力，不必像其他传统媒介那样经编辑审核和修改等，文章的“把关人”就是自己。

3. 阅读的大众性

博客既是个人的，也是公众的，是个人性和公众性的有机结合。博客作为一种开放性的传媒工具，意味着个人空间直接变成了公共领域。博客的读者不再是作者个人或少数人，而是广大的社会公众。作者的学识越高，声誉越大，文笔越好，读者就越多，影响也就越大。人们在阅读博客的时候，自然就会浏览各种所需的广告信息。

4. 信息的时效性

时效性是信息传播的重要特征，是指信息的价值会随着时间的流逝而递减。为了体现网络日志的特点，方便读者阅读和管理，博客一般都是按时间的先后顺序排列的，最新的在最上面，最旧的在最下面。网页内容的不断更新，可以将最新的信息及时向读者发布，促进广告内容的快速传播，增强传播的实效性。同时，当博客广告一旦出现问题时还可以及时更换，从而为读者阅读广告信息提供更大的便利。随着现代信息技术的发展，人们还可以使用移动博客的形式传播图像和文字，发布各种最新资讯，传播商业广告信息，从而实现博客广告的即时性传播，提高广告传播的速度与效率。

5. 传播的交互性

博客与传统媒体的最大区别就是信息传播的交互性。博客广告的广告主、发布者和广告受众等，都可以通过网络实现真正的双向互动，在对话中不断促进信息的沟通、交流与完善。博客广告的交互性不同于普通网络广告的交互性。普通网络广告一般是将受众引入产品或公司的相关网站，受众将自己的意见和建议反馈给商家，商家根据受众的意见做出回应。这种回应往往是一对一的，不可能兼顾所有人。这样就会使一些受众因为意见没有得到重视而降低积极性，甚至还会影响他们对品牌的忠诚度。博客广告的交互性是指企业与受众真正的双向沟通和交流。这种交流最终反映的是受众的意见，而企业做出的回应也是针对所有受众的，从而能够最大限度地满足客户的要求，树立企业的良好形象。

第 2 节　社交媒体

社交媒体是人们彼此之间用来分享意见、见解、经验与观点的工具和平台，现阶段主要包括微信、微博、论坛等。社交媒体在互联网的沃土上蓬勃发展，爆发出巨大的能量，不仅制造了人们在社交生活中争相讨论的一个又一个热门话题，还吸引了传统媒体争相跟进。

一、社交媒体网站

社交媒体是大批网民自发贡献、提取、分享新闻资讯，然后传播的过程。有两点需要强调，一点是人数众多，另一点是自发地传播，如果缺少任何一点都不会构成社交媒体的范畴。社交媒体的产生依赖的是 Web 2.0 的发展，如果网络不赋予网民更多的主动权，社交媒体就失去了群众基础和技术支持，从而失去了根基。如果没有技术支撑多元的互动模式、多元的互动产品，网民的需求只能被压制无法释放。如果没有意识到网民对于互动及表达自我的强烈愿望，也不会催生那么多技术。社交媒体正是因为有了群众基础和技术支持才得以发展的。

（一）微信

1. 微信简介

微信是腾讯公司于 2011 年 1 月 21 日推出的一个为智能终端提供即时通信服务的免费应用程序。微信支持跨通信运营商、跨操作系统平台通过网络免费发送（需消耗少量网络流量）语音、短信、视频、图片和文字，同时，也可以使用共享流媒体内容的资料和基于位置的社交插件“摇一摇”“朋友圈”“公众平台”“语音记事本”等服务插件。

微信提供公众平台、朋友圈、消息推送等功能，用户可以通过“摇一摇”“搜索号码”“附近的人”及扫二维码方式添加好友和关注公众号，同时用户可以将内容分享给好友以及将看到的精彩内容分享到微信朋友圈。

2020 年 12 月，iOS 端微信更新至 7.0.20 版本，同时，个人资料页多了一项“微信豆”。2021 年 1 月 21 日，微信更新至 8.0 版本。2021 年 7 月，在最新推出的 8.0.8 版本中，微信不仅可以同时登录手机、PC/Mac 设备，还增加了平板设备的同时登录功能，这也就意味着，平板设备在微信的使用逻辑已经与手机和电脑处于平级，用户可以同时登录的设备数量也达到了 3 台之多。

2. 微信营销

微信营销是网络经济时代企业营销模式的一种创新，是伴随微信的流行而兴起的一种网络营销方式。微信不受距离的限制，用户注册微信账户后便可与其他注册用户联系。用户订阅自己所需的信息，商家通过向用户提供其所需的信息来推广自己的产品，从而实现点对点的营销。

微信营销主要体现为以安卓系统、苹果系统的手机或者平板电脑中的移动客户端进行的区域定位营销。商家通过微信公众平台，结合微信会员管理系统展示商家的微官网、微会员、微推送、微支付、微活动，这样就形成了线上线下微信互动的营销方式。

（二）微博

1. 微博简介

微博是基于用户关系的社交媒体平台，用户可以通过个人电脑、手机等多种移动终端接入，以文字、图片、视频等多媒体形式，实现信息的即时分享、传播互动。微博基于公开平台架构，提供简单、前所未有的方式，使用户能够公开实时发表内容，通过裂变式传播，让用户与他人互动并与世界紧密相连。作为继门户网站、搜索引擎之后的互联网新入口，微博改变了信息传播的方式，实现了信息的即时分享。

2. 微博营销

如果以微博作为营销平台，每一个粉丝都是潜在的营销对象，企业可以通过微博向网友传播企业信息和产品信息，并树立良好的企业形象和产品形象。企业可以每天更新微博内容，或者发布网友感兴趣的话题，这就是微博营销。

企业可以在不同的消费阶段与客户互动，逐步与其建立情感关系。在认知阶段，企业可以主动发现潜在客户的需求，帮助其了解产品的基本功能；在购买阶段，企业可以有针对性地答疑，以促进客户做出购买决策；在使用阶段，企业可以通过贴心的互动让客户有更好的体验；最后，要倾听客户对产品的评价和使用体验，给予客户关注和奖励，使客户更有动力向身边的朋友推荐企业的产品。

微博营销具有四个特点。第一，立体。微博可以借助多媒体手段，通过文字、图片、视频等对产品进行描述，使消费者更直接地接收信息。第二，速度快。微博最显著的特点就是传播迅速，一条高热度的微博如果在互联网平台上得到转发，短时间内就可以抵达微博世界的每一个角落。第三，便捷。微博营销优于传统推广，它无须严格的审批，从而可以节约大量的时间和成本。第四，广泛。通过粉丝进行病毒式传播或利用名人效应进行传播能使事件传播的范围呈几何级数扩大。

（三）豆瓣

豆瓣（douban）是一个社区网站。网站创立于 2005 年。该网站提供关于书籍、电影、音乐等作品的信息，无论描述还是评论都由用户提供，是 Web 2.0 网站中具有特色的一个网站。网站还提供豆瓣 FM、豆瓣读书、豆瓣阅读、豆瓣电影、豆瓣音乐、豆瓣同城、豆瓣小组等线下同城活动、小组话题交流等多种服务功能，它更像一个集品位系统（读书、电影、音乐）、表达系统（我读、我看、我听）和交流系统（同城、小组、友邻）于一体的创新网络服务，一直致力于帮助都市人群发现生活中有用的事物。

豆瓣网是互联网 Web 2.0 时代的一个奇迹。创立仅仅 9 个月的时间，就在商业网站视为生命线的 Alexa 一路上升进入排名前 4 000，拥有 5 000 多万注册用户。网站创办者表示，在豆瓣网的每十次点击便会促成一次购买行为。令人惊讶的是，网站的前期投资仅仅是来自几个朋友的 20 万元人民币。

豆瓣擅长从海量用户的行为中挖掘和创造新的价值，并通过多种方式返还给用户。凭借独特的使用模式、持续的创新和对用户的尊重，豆瓣被公认为中国极具影响力的 Web 2.0 网站和行业中深具良好口碑和发展潜力的创新企业。豆瓣主要的盈利模式是品牌广告、互动营销以及不断建设和增长中的围绕电子商务行业的渠道收入。

豆瓣是 100% 的动态网站，呈现给每个注册用户的主页各不相同，而同一个用户在不同时间上豆瓣，也会看到不同的首页。动态、个性，这都是豆瓣带给用户的 Web 2.0 体验。

豆瓣坚持简洁干净的界面设计，与其他网站相比，用户会发现豆瓣的广告很少，甚至大部分的页面是没有广告的。这也是豆瓣建立以来一直秉承的一个理念——用户体验至上。每一屏只能显示一个展示类广告，且不能出现强制类广告和动态广告。弹窗、全屏、富媒体，甚至动画这样的广告形式豆瓣都没有用过。另外，对品牌的筛选也是非常严格的，豆瓣每年会拒绝大量的客户。

（四）知乎

知乎是一个中文互联网高质量的问答社区和创作者聚集的原创内容平台，于 2011 年

1月正式上线，以“让人们更好地分享知识、经验和见解，找到自己的解答”为使命。

知乎凭借认真、专业、友善的社区氛围，独特的产品机制以及结构化和易获得的优质内容，聚集了中文互联网科技、商业、影视、时尚、文化领域最具创造力的人群，已成为综合性、全品类、在诸多领域具有关键影响力的知识分享社区和创作者聚集的原创内容平台。

2019年，胡润研究院发布《2019胡润全球独角兽榜》，知乎排名第138位。6月6日原有的“知识市场”业务升级为“知乎大学”。截至2020年12月，知乎上的总问题数超过4 400万条，总回答数超过2.4亿条。在付费内容领域，知乎月活跃付费用户数已超过250万，总内容数超过300万，年访问人次超过30亿。

知乎在2021新知青年大会上宣布品牌焕新升级，品牌广告语由“有问题，上知乎”升级为“有问题，就会有答案”。与此同时，知乎宣布“超级会员”正式售卖，标价348元，购买的用户可一站获取知乎站内超过3 000场知乎Live、600多本由知乎各领域优秀回答者所领读的“读书会”音频、超过700本热门电子书等。

（五）抖音

抖音是由字节跳动孵化的一款音乐创意短视频社交软件。该软件于2016年9月20日上线，是一个面向全年龄的短视频社区平台。

抖音的用户可以选择歌曲，配以短视频，形成自己的作品。它与小咖秀类似，但不同的是，抖音用户可以通过视频拍摄快慢、视频编辑、特效（反复、闪一下、慢镜头）等技术让视频更具创造性，而不是简单的对口型。

抖音平台在上线之初的用户以年轻人为主，配乐以电音、舞曲为主，视频分为两派：舞蹈派、创意派，共同的特点是都很有节奏感。也有少数放着抒情音乐展示咖啡拉花技巧的用户，他们成了抖音圈的一股清流。

抖音最新的内测版中加入了一个新的社交功能——“朋友聊天室”，支持抖音强大的滤镜美颜和道具功能。

近几年随着中老年用户的增加，抖音于2021年3月24日推出了“老友计划”，该计划致力于提升老年用户的使用体验，丰富老年用户的生活。

对于公众而言，抖音可以帮助用户赚钱。首先，在抖音上发布广告是免费的。如果某个用户有大量的关注者，那么当感兴趣者看到该用户的广告时，就会来找该用户。这是个人建立声誉的好平台，例如，模特经纪公司或猎头公司可能会通过抖音寻找某一用户。抖音还为小企业推广产品提供了一个平台。如果某个用户在抖音账号上拥有足够多的关注者，那么通过该用户给网上商店或初创企业做广告将非常有效。

（六）腾讯QQ

QQ是腾讯QQ的简称，是一款基于互联网的即时通信软件。QQ已经覆盖了Windows、macOS、iPadOS、Android、iOS、Windows Phone、Linux等多种主流平台。其标志是一只戴着红色围巾的小企鹅。腾讯QQ支持在线聊天、视频通话、点对点断点续传文件、共享文件、网络硬盘、自定义面板、QQ邮箱等多种功能，并可与多种通信终端相连。

二、社交媒体营销的优势及其策略

社交媒体营销是指企业使用互联网上的社交媒体平台传播和推广企业的产品及服务

的线上营销方法。社交媒体营销是企业接触潜在消费者的有效方式。

（一）社交媒体营销的优势

目前，越来越多的人愿意花更多的时间在社交媒体上，社交媒体正在以惊人的速度变化。相关数据表明，社交媒体拥有庞大的潜在用户群体。社交媒体为企业创造了巨大的商机。具体而言，社交媒体营销对于成熟品牌和初创企业来说具有以下优势。

1. 增加流量和提升品牌形象

社交媒体可以为品牌网站带来流量，比如访问者点击网站上嵌入的 URL 可进入品牌网站界面。企业的营销传播人员利用社交媒体吸引用户访问企业的线下实体店。在 B2B 中，社交媒体产生销售线索，供销售人员跟进，其中包括现场销售人员、电话推销员或电子邮件销售人员。

2. 提高搜索排名

社交媒体可以提高搜索引擎的自然搜索排名。搜索引擎商家提高搜索排名主要有两个原因。一是用户在社交媒体网站上频繁地检索品牌名称，因为搜索引擎上的大多数算法都会检索被设定词语的提及次数；二是如果品牌内容或品牌评论与搜索词语相匹配，那么交互的质量就会提高，各种搜索引擎也会赋予该品牌更高的可信度。

3. 收集用户信息

倾听社交聊天即社交聆听，能够为市场营销专业人士提供具有启发性的信息。

（1）对消极反馈做出反应。用户在线上的评论对于品牌而言大都是好坏参半，但在大多数情况下，用户对于其使用的品牌商品应该会做出真实的评价。有时候，社交媒体上的热议需要企业的营销团队迅速做出反应。例如，通用磨坊曾为旗下品牌 Cheeios 发布一则电视广告，该广告讲述了一个父母来自不同种族的儿童的故事，该电视广告同时也在 YouTube 上投放。一些用户看过该广告之后，立刻激烈地批评该广告有种族歧视的倾向。随后几天这则广告的浏览量达到了 170 万次，有些用户甚至在 YouTube 上发表了不利于家庭和谐的评论，通用磨坊不得不关闭了评论功能。YouTube 用户虽然无法再对这则广告发表评论，但是广告并没有撤下，用户仍然可以浏览该广告。

尽管社交媒体上出现了消极反应，但通用磨坊的营销管理团队并没有退缩，他们坚持认为这则广告真实反映了当前美国社会的状况。这个案例说明收集用户信息是一件十分重要的事情，但在收集用户信息之后迅速做出反应则更为重要也更为不易。

（2）发现问题。通过社交聆听，营销传播人员可以发现本品牌商品或本企业存在的潜在问题，以便在尽可能短的时间内解决问题。例如，通过监测社交媒体上的用户评论，品牌经理可以避免对少数用户的意见做出反应，因为这些用户的意见或许并不能代表大多数品牌用户的意见。通常，那些在社交媒体上比较活跃的用户对品牌体验的话题会更加充满热情，他们希望分享自己关于品牌体验之后的糟糕或愉快的经历。因此，企业在改变产品或采取行动之前，营销人员应该尽快确定社交网络上的用户所表达的意见是代表了一小部分用户的意见还是代表了大部分用户的意见。在上述 Cheeios 电视广告的案例中，通用磨坊的营销管理团队认为，那些在社交媒体上发表消极意见的用户并不能代表大多数用户的意见。

（3）收集关于品牌内容的话题。社交聆听为品牌内容提供了极好的创意来源。消费者所面临的问题以及寻求的信息都可以在品牌内容的页面上呈现。通过倾听用户在社交媒体上的相关信息，企业可以在第一时间与消费者保持一致的步调以努力满足消费者的需求。

（4）预测趋势。Sparks and Honey数字营销公司负责为各个品牌监测社交聊天的内容。除了计算品牌被提及的次数外，该公司还设计了一个情绪评分系统，表明消费者聊天内容的积极程度或者消极程度。该公司还开发了“爆发指数”来帮助企业了解需要以何种程度对社会上出现的趋势做出反应，或者是否有必要做出反应。

（5）挖掘观点的特点或发现观点的转变。除了识别趋势，营销传播人员还可以通过社交聆听察觉消费者的观点及其转变。Sparks and Honey数字营销公司的研究表明，关于上述Cheeios品牌的电视广告在YouTube上的负面观点其实只是来自少数人而并非是整个社会大多数人的观点。此外，该公司还发现，年轻消费者比年长的消费者更容易接受异族通婚。观察到这种特点以及人们对Cheeios品牌的电视广告的反应后，该公司就建议另外一个客户制作一个内容为儿童和年轻人讨论异族通婚的话题的视频。事实上，通过这个案例可以说明，当企业通过社交聆听发现有少数用户对某品牌广告的内容出现负面观点之后，企业应该采取一种积极主动的方式去对应，而不是消极回避。

（6）识别品牌的忠诚者。社交聆听模式能够帮助企业识别品牌忠诚者。社交媒体营销平台的研究数据表明，一个品牌4.7%的粉丝就几乎可以创造全部的社交热点，而有的研究公司则认为这个数字应该是20%，但是一个明显的事实是只要一小部分线上用户针对某一品牌发表话题就可以产生相当大的品牌影响力，绝大多数人一般都习惯保持沉默而很少发表自己的意见。因此，无论这一小部分人是占4.7%还是更多一些的比例，只要企业能够识别出这部分用户，对于一个品牌而言都是价值非凡的。在社交互动的过程中，品牌忠诚者通常会表现出以下三个特点：行为承诺、情感联结和优秀的沟通技巧。

品牌忠诚者大都会对自己认可和心仪的品牌表现出行为承诺，即定期购买和频繁购买。企业的数据库往往包括客户的购买数据，从而可以对客户的实际购买行为进行跟踪。那些对品牌有着情感联结的客户大都会通过赞美品牌来展示自己与品牌之间彼此认可的良好关系。对于这些品牌忠诚者而言，他们所认可的品牌就是所有同类商品中最好的，他们不可能去考虑其他品牌的商品。因此，他们愿意采取非常规的措施来购买自己所认可的品牌。除了行为承诺和情感联结，优秀的沟通技巧对于品牌忠诚者而言也是十分重要的，他们应该能够准确地表达出自己对品牌体验后的感受和情感以便能够对其他消费者产生较大的影响力。一旦明确了哪些消费者是品牌忠诚者之后，企业就必须采取相关的沟通和营销策略来吸引和维护这些品牌忠诚者。如果企业在开展市场营销活动的过程中还希望进一步去吸引竞争品牌的忠诚者的话，本品牌忠诚者的口碑效应将会产生巨大的价值。

4. 建立品牌忠诚度和增加销售额

建立品牌忠诚度和增加销售额是企业制订社交媒体营销计划的最终目标。如果线上社交媒体用户仅仅将社交媒体推广计划看成是一种品牌商品的推销包装的话，那它们就很可能选择远离社交媒体。因此，营销传播人员应该设计出一种能够吸引消费者的社交媒体计划，而增加销售额则应该看作是社交媒体计划所产生的附加价值。

可口可乐的一项研究表明，线上热议或社交媒体上的品牌讨论并没有对商品的销售产生明显的影响。也就是说，这一研究并未发现商品的销售额与社交媒体热点之间存在正相关关系。不过，麦肯锡的一项研究则揭示了商品的销售额与负面热点之间的关系，即由于社交媒体上对麦肯锡品牌的负面评论，麦肯锡的一个电信客户的销售额下降了8%。

5. 高性价比

社交媒体营销可能是广告策略中最具成本效益的组成部分。几乎所有社交网络平台都允许免费注册和创建个人资料。与其他营销策略相比，社交媒体营销的成本是非常有竞争力的，它可以让企业看到更高的投资回报，同时为其他营销和业务支出留出更多的预算。如果企业决定使用付费的社交媒体广告，只需投入少量时间和金钱，就可以显著提高转化率并最终获得回报。

6. 更高的转化率

社交媒体营销使企业有更多的转化机会。在社交媒体平台上的每篇文章、照片、视频或评论都有可能为企业网站带来流量。通过人性化因素，社交媒体营销可以让企业给人留下深刻的印象。当企业通过在社交媒体上分享信息、发表评论和更新状态与客户互动时，其实品牌就已经人格化了。

7. 讲述品牌故事

使用社交媒体来分享企业品牌使命和故事是一种很好的方式。好的故事会对品牌形象产生重大影响。

8. 使用社交媒体进行再营销

重新定位和再营销是一个出色的社交媒体营销工具。一般来说，只有 2% 的访客会在他们第一次访问相关内容时进行购买。提高产品转化的一种方法是投放再营销广告，再营销的工作原理是保留网站或社交媒体的访问者列表并在他们的浏览器中放置匿名“cookie”。当他们访问社交媒体网站时，重新定位服务会显示广告。

（二）社交媒体营销的基本原则

1. 用户永远第一

不管是产品开发、客户运营还是社交平台运营，社交媒体营销的原则是一定要把用户的利益放在第一的位置，否则，任何营销策略都将毫无意义。

Instagram 已经成为用户分享使用感受的平台，许多性格外向情感丰富的用户大都喜欢将自己使用某特定品牌商品之后的体会和感受通过社交媒体向外界发布，这就在某种程度上使得这些用户成为某特定品牌商品的代言人。所以，不管是邀请用户推送的反馈，还是用户主动发的推文，广告商都要善加利用。

2. 把社交平台看作是橱窗展示

广告商在社交平台推送的内容相当于橱窗展示，目的是把更多的消费者吸引到广告商的实体店或网上商店里产生购买行为。社交渠道主要是给品牌商品和店铺提供一个展示的机会，以便让受众接触到广告商家所销售的更广泛的产品系列，以帮助每个潜在消费者找到合适的产品。

3. 高效利用微影响力网红

网红营销对于企业来说是一种“双赢”的市场策略，企业既能够获得内容，又能够增加销量。但是，网红营销的持续走红也意味着企业营销预算的飞涨，2020 年，网红营销行业已经成长为年收入达 100 亿美元的行业。

4. 最大限度延长网红营销的影响力

通常来说，网红营销的影响和效果都很难衡量。而且，从社交营销的快速遗忘本质来说，网红营销的影响力也可能非常短暂。这个时候就一定要使用联合推广、互转、互动的方式，延长网红的影响力。

（三）社交媒体营销策略

数字营销和社交媒体有各种测量标准可以检测社交媒体营销策略的实施效果，企业的营销传播人员应该不断地分析这些测量数据从而确定企业是否朝着原营销目标发展，如果企业的营销计划没有取得实质性的进展，营销人员就应该考虑对营销策略进行调整。

1. 内容植入

内容植入是指企业向社交媒体的用户提供激励措施以鼓励其分享有关品牌商品使用之后的感受。价格激励措施常常是许多企业最常使用的策略，但是这种策略未必是最有效的方法。企业可以考虑提供对于消费者而言更有价值的信息或者任何可以吸引消费者并鼓励他们分享的激励措施。

内容植入与口碑营销有相似之处也有不同之处，两者的区别是：内容植入带有比较明显的广告主的意愿，消费者在一定程度上是收到广告主的激励而去发表关于某品牌的正面的、积极的体验感受；而口碑营销则是消费者在没有广告主激励的情况下，自觉地、主动地发表关于某品牌的良好的使用体验。因此，内容植入的策略在使用过程中一定要注意分寸，不可过度，否则会欲速则不达，令消费者反感。

2. 口碑营销

口碑营销是指消费者或网民通过网络（如论坛、博客、播客、相册和视频分享网站等）渠道分享的关于对某品牌、产品或服务的正面的、积极的有关消费体验的信息内容。

传播学理论认为，受众对于信息的接受是有定量限额的，这就导致受众在接受外部信息的过程中具有选择性和过滤性。因此，只有让受众感到亲切或客观中立的信息源，才能获得受众更多的关注和认知机会。从广告心理学的角度来看，消费者对广告的反应具有明显的选择性和局限性，由于知觉容量有限，消费者并不能感受到呈现的所有广告。在外来刺激超出人们的正常阈值时，消费者会从心理上对一部分刺激产生排斥。所以，过度投放广告进行地毯式轰炸的营销推广手段已经被越来越多学者质疑，而利用网络特点进行的口碑营销的价值正日益被业界所重视。互联网的作用远不止产品销售本身，它其实也是一个公共论坛，消费者在此交流他们最直接的消费体验、感受及想法，这些信息往往对品牌形象的塑造与传播有着巨大的影响。在社交媒体时代，网络口碑在消费者购买决策过程中扮演着越来越重要的角色，消费者乐于通过参考以往消费者对于该商品的评价从而最大限度地降低购买风险，通过了解品牌在社交媒体上的口碑，消费者极易改变原有的对该品牌的态度。

3. 事件营销

事件营销是指企业通过策划、组织和利用具有名人效应、新闻价值以及社会影响的人物或事件，引起大众媒体、社会团体的广泛而持续的关注，从而提高品牌商品的知名度并促进品牌商品的市场销售。

最早的事件营销案例是2013年奥利奥利用新奥尔良超级穹顶体育馆在比赛期间的停电事故所开展的品牌推广活动。当时，在停电事故发生的5分钟后，奥利奥就迅速在推特上发文称，在黑暗中也可以浸泡奥利奥饼干，该文在发布之后的14小时内被转发了15 000次。

有效的事件营销需要在现场活动之前进行战略规划，而不是所谓的灵光乍现。在寻求展示人类对现场活动的情感和反应的同时，营销人员应该精心策划，以确保所开展的品牌推广活动能够与消费者产生共鸣并与品牌的整体形象和整合营销传播计划保持一致。

4. 视频营销

视频营销是企业以品牌传播为目的，策划和制作感染力强、创意新颖的视频内容，并通过互联网等媒体进行传播的广告活动。

视频广告可以放在片前（视频播放前）、片中（视频播放期间）和片后（视频播放结束）。其中，片后的视频广告点击率最高，因为用户已经看完视频内容；片前的视频广告效果最好；片中的视频广告的完成率最高。所以，当企业希望用户能够对本品牌商品形成良好的印象或提高记忆度时，应该选择投放片前视频广告；当企业期望用户提高品牌认知度或提升品牌形象时，应该投放片中视频广告，因为受众往往会看完整个广告；而片后视频广告最适合将直复广告与某种类型的行动呼吁相呼应。

通常情况下，电子广告的浏览量会超过实体广告。除了投放视频广告之外，广告主还会发布广告的背景场景或者制作发布一个视频来解释广告的制作过程或是制作花絮，许多受众会觉得这些信息很有意思，这种方式通常也会增加视频广告的受众与品牌的互动。

5. 意见领袖营销

意见领袖营销是指个人在社交媒体上为某品牌代言的一种推广方式。该策略可以为品牌传播积极的口碑评论，这些评论往往来自社交圈中被视为意见领袖的人，或者某个特定领域的专家。许多代理机构就专门为潜在的意见领袖和打算采用意见领袖营销策略的品牌方牵线搭桥。

个人的影响程度并不总是与他的社交网络规模相匹配，一个人可以有 21 000 名粉丝，但是这个人却非常有可能不被消费者认为是某个特定领域的意见领袖。最专业的影响者往往是那些可以引导对话并形成观点的人物。因此，一些名人虽然拥有大量的粉丝却未必是开展意见领袖营销活动的最佳人选。

意见领袖往往都有扩大粉丝圈的目标。实现这一目标的一种方式就是在线上分享品牌内容，尤其是独家或提前发布的内容从而被视为意见领袖。例如，对于相机而言，意见领袖可以提供美化照片的方法，比如分享如何利用佳能或尼康相机制作特效。同时，意见领袖可以分享佳能主办摄影比赛或者在线特别研讨会的信息。

6. 互动博客

博客是一种单向的沟通工具。吸引粉丝并鼓励他们积极参与可以使博主变得更加强大。但是这种互动也会带来一定的风险，因为这相当于创建博客的企业放弃了对内容的部分掌控。虽然员工可以压制或删除对于品牌的负面评论，但这种做法会破坏博主在粉丝心目中的可信度从而影响其声誉。企业的营销团队应该诚实地面对任何批评，努力寻求解决问题和不满的方法。互动博客有以下三种类型。

第一种类型是由企业或品牌创建的博客。操作博客的企业员工可能会对负面信息以及客户如何看待企业的信息更加敏感。

第二种类型是由企业或品牌赞助的博客。美国联邦贸易委员会出台新的规定，要求由企业或品牌赞助的博主必须在博客上发布赞助信息，赞助信息必须表明赞助方和赞助方式（商品、金钱或者其他赞助方式）。虽然这些博主可以自由发表个人的意见，但是他们必须对品牌保持积极的态度才能继续得到企业或品牌的赞助。同时，网站访问者也可以自由发表评论。不过，当网民知晓该博主得到某企业或品牌的赞助之后，那些习惯于发表比较尖锐苛刻的观点和意见的人，态度一般都会有所缓和。

第三种类型是由没有企业或品牌赞助的个人创建的博客，他们喜欢在博客上讨论生活方式、时尚等话题。出于对某品牌的认可，他们乐于谈论某品牌，并喜欢与他人进行互动交流。这类博客与企业没有任何关系，其发表的意见和看法更具有客观性和中立性，因而对于访问者更具有影响力，营销团队可以了解消费者对企业的商品或服务的真实看法。

7. 消费者评论

所谓消费者评论是指消费者自觉地、理性地就是否能寻求特定利益或满足某种需要而对商品的属性进行评价的个体行为。今天的消费者已经越来越多地使用在线评论，而提供在线评论的网站数量也在迅速增加。企业营销团队应该仔细研究消费者关于品牌商品的评论，因为这些评论十分真实地反映了消费者对品牌商品的整体印象，并且涉及本品牌商品与竞争品牌商品之间孰优孰劣的比较，这些评论的信息对于企业制订营销传播计划、进行产品调整和制定服务策略都至关重要。随着消费者评论的不断增加，市场营销的挑战将变成如何有效管理消费者的口碑传播从而增加品牌资产和提高产品的销量。

8. 病毒式营销

病毒式营销是指通过类似病理方面和计算机方面的病毒传播方式，即自我复制的病毒式的传播过程，利用受众已有的社交网络去传播品牌知名度或者达到其他的市场营销目的。病毒式营销是由信息源开始，再依靠受众自发的口碑传播，达到一种将信息传向数以万计的受众的快速滚雪球式的传播效果。

病毒式营销信息包括广告、超链接促销、在线新闻通讯、流媒体视频和游戏。病毒式营销成功的关键因素是专注于产品或服务、确定用户传递信息的原因、提供激励、个性化和跟踪结果并分析数据。

企业开展病毒式营销活动并不总是会成功或产生积极的作用。关于病毒式营销信息所产生的影响，有研究表明，在接触过病毒式营销信息或视频的用户中约有61%的人表达了对品牌的好感，购买意愿提高了5%左右。当病毒式营销信息由朋友通过社交媒体推荐而不是由企业推荐时，消费者的购买意愿提高的就更为明显。

在病毒式营销中，企业应该尽量让个人有传递信息的动机。拥有娱乐价值的营销信息是一种激励方式，其他激励方式还有财务激励，例如向用户提供免费的商品或折扣，以激励该用户向朋友发送信息并促使其购买、登录网站或注册成为用户。除了独特性，激励信息还应该具有个性化特征，以使营销信息能够更快捷地传递出去。

数字营销涌现出了多种方式，一些消费者对于病毒式营销的热情也开始有所下降，基本上不太愿意主动去转发关于商品的信息。企业的营销团队可以跟踪病毒式营销活动的效果并进行深入分析从而确定在今后的营销活动中是否采用这种营销方法。

第3节　数字营销

所谓数字营销，就是指借助于互联网络、计算机通信技术和数字交互式媒体来实现营销目标的一种营销方式。数字营销将尽可能地利用先进的计算机网络技术，以最有效、最省钱地实现新的市场开拓和新的消费者挖掘。

一、电子商务

数字营销由电子商务、网络营销和移动营销组成，它包括任何具有数字痕迹的内容。

消费者可以通过互联网查询商品、比较商品、阅读其他消费者对商品使用后的评论，与企业或其他消费者进行互动并最终购买商品。

（一）电子商务基本概念

电子商务通常是指在全球各地广泛的商业贸易活动中，在开放的网络环境下，基于客户端/服务端应用方式，买卖双方不谋面地进行各种商贸活动，实现消费者的网上购物、商户之间的网上交易和在线电子支付以及各种商务活动、交易活动、金融活动和相关的综合服务活动的一种新型的商业运营模式。电子商务有 B2B 和 B2C 商业模式。

电子商务是一个不断发展的概念。IBM 公司于 1996 年提出了 Electronic Commerce（E-Commerce）的概念，到了 1997 年，该公司又提出了 Electronic Business（E-Business）的概念。中国在引进这些概念的时候都翻译成电子商务，很多人对这两个概念产生了混淆。事实上这两个概念及其内容是有区别的，E-Commerce 应翻译成电子商业，有人将 E-Commerce 称为狭义的电子商务，将 E-Business 称为广义的电子商务。E-Commerce 是指在整个贸易过程中，各阶段贸易活动的电子化，E-Business 是利用网络实现所有商务活动业务流程的电子化。

（二）电子商务网站运营成功的九大要素

电子商务的形成与交易离不开以下四方面的关系要素，即第三方电子商务交易平台、第三方交易平台经营者、第三方交易平台站内经营者和支付系统，但是电子商务网站运营成功的特征要素则主要包括以下九个方面的内容。

1. 搜索优化设计

2016 年皮尤研究中心对美国 4 787 名成年人进行的调查显示，79% 的受访者曾在网上购物。根据这项调查，15% 的受访者至少每周在网上购物一次，28% 的受访者网购频率为每月几次。只有 20% 的受访者表示，他们从不网购。在皮尤研究中心 2000 年首次开展网购调查时，只有 22% 的受访者表示曾有过网购经验。2016 年的调研数据显示有越来越多的消费者已经习惯于网上购物，因此，由于大多数消费者都会在搜索引擎上搜索商品，电子商务网站应该充分重视优化搜索结果。同时，电子商务页面的设计会影响零售网站在搜索引擎结果页面上的显示位置。

网络搜索爬虫程序一般都会考察网页标题的标签。标题标签中包含了一小段元标签，而这个标签对于搜索引擎而言就是十分重要的信息。标题标签的设计需要使用精确的术语。由于受字符的限制，标题标签的设计没有必要使用企业的名称。例如，零售商 Cabela's 的标题标签可以使用“男士防水登山鞋”这种多重限制性的描述词语进行表述，因为使用这种限制性的描述词语可以优化搜索结果。

2. 以客户为中心的网站（页）设计

网站（页）设计的目的就是帮助消费者方便快捷地找到自己心仪的商品，因此，电子商务网站（页）的设计就必须以消费者的需求为中心，其商品的索引应该采用消费者在搜索商品是所习惯使用的术语，而不是专业语言或技术用语。网站（页）的设计应尽可能提供人性化的搜索功能以便于消费者只需点击一两次即可找到其所需的商品。

3. 移动优化设计

在智能手机普及之前，以往为台式电脑设计的电子商务网站自然也就只能为台式电脑用户使用，而使用智能手机或平板电脑的用户则无法下载使用。为此，目前大多数电子商务网站已经开始使用自适应设计，该设计能够自动将原本为台式电脑设计的网页调整为与平板电脑或智能手机用户的屏幕大小相匹配的尺寸。Criteo（科韬）效果营销科技公司的研究表明这种自适应的转化设计可以增加用户交互次数和转化次数，具体的调研数据是：移动优化网站的平均转化率为3.4%，而非优化网站的平均转化率为1.6%。这种翻番的转化率数据证明移动优化设计是值得广告主投入的。

移动优化设计在实际的运用中有两大优点。一是目前已经有50%的消费者通过移动设备完成其购物行为，且这一比例只会越来越多，因为使用移动设备完成购物行为的往往是年轻的消费者。二是相关的调查数据表明，缺乏移动优化设计的网站在谷歌的搜索页面中排名处于较后的位置。也就是说，自适应设计可以促进更高的转化率、更多的在线购买行为和更靠前的排名。

4. 快捷良好的用户体验

无论是使用台式电脑、平板电脑还是智能手机的用户都希望获得快捷良好的网页体验，而缓慢糟糕的网页体验在大多数情况下都会导致用户的不满、减少购买甚至用户流失。

- 沃尔玛网站的加载时间从1秒增加到4秒之后，用户的转化率急剧下降；
- 亚马逊发现，每减少100毫秒的网站加载时间，其销售收入就会增加1%；
- 随着加载时间的延长，用户的网页退出率会呈逐步上升的趋势；
- 如果用户对网站的页面设计或者加载时间产生了不满意的判断，其中40%的人将不会再次访问该网站，25%的人不太可能购买该品牌产品。

5. 渠道整合

当广告主同时通过线上和线下两个渠道开展销售业务时，有意识地对线上和线下两个渠道的销售信息予以整合就显得非常必要。比如，某水果经销商在实体店销售水果的基础之上，又在网上增设了网店，该水果经销商至少应该将其水果产品的纸质印刷目录与其网站上的水果产品目录相一致。麦德龙超市向消费者提供了商品目录快速订购系统，消费者只需将商品纸质印刷目录的商品编号输入网页继而结账就完成了购物行为，这就为消费者节省了更多的宝贵时间。

6. 消费者与品牌互动

电子商务网站都设计了用户与品牌互动的程序，消费者可以在电子商务网站上通过博客、反馈程序和评论等方式与品牌进行互动，而广告主也可以通过举办与用户相契合的活动进一步提高品牌的美誉度和影响力。

由于在品牌与消费者互动的过程中消费者有可能会对品牌产生消极负面的评论，许多广告主对于是否在网站上添加评论和反馈选项的设计程序感到犹豫不决。不过，用户评论已经成为Web 4.0环境下电子商务网站的新兴趋势，这种反馈的互动机制虽然有上述广告主所担忧的负面作用，但是该互动机制也为品牌与消费者之间提供了更多的相互认知的机会，有利于提升消费者对品牌的忠诚度，并鼓励消费者对品牌形成积极的口碑效应。

另外，个性化和定制化的设计程序在电子商务网站品牌提升过程中将发挥十分重要的作用。个性化的设计程序体现在用户在访问网站并完成注册之后，网站会显示用户的姓名以表示欢迎。之后，电脑上的cookie会在用户每次访问该站点时加载该用户的姓名和浏览记录，浏览记录和购买记录有助于网站向用户提供个性化的界面以及购物建议。比如，当用户在网站购买了《三体》科幻小说之后，下次该用户返回网站时，网页会显示购买了《三体》小说的其他用户所购买的其他书籍供该用户参考。一般而言，大多数用户通常都不想花太多时间来挑选商品，他们希望网站能够记住自己喜欢的商品。

7. 购物车放弃策略

调查数据显示，有一些在线消费者在挑选完商品后却在结账时突然放弃购买，最常见的原因主要有以下三点，即该商品包含隐藏费用、结账困难以及要求用户先注册再支付。据此，雅虎提出了如下建议。

- 在结账之前显示该商品的所有额外费用，包括快递费和手续费；
- 简化结账流程，允许用户在不注册的情况下完成购买行为；
- 让用户可以轻松输入优惠券、礼券和其他促销券的折扣代码；
- 提供安全可靠的结账程序。

8. 激励措施

逐利是绝大多人的基本行为准则，因此，无论是线下还是线上的商家都会实施既定的激励措施来吸引消费者。就电子商务网站而言，任何旨在吸引用户进入网站的激励都是网络激励。最常见的网络激励是价格激励、便利激励和增值激励。

价格激励可以在很大程度上诱使用户首次购买或再次进入网站，其具体措施包括商品降价、免运费和提供电子优惠券等。成功的价格激励包含两个重要的因素：一是广告主所采取的价格激励措施应该是用户能够感受到的价值；二是广告主应该定期更换价格激励措施的形式，以吸引新用户进入网站产生购买行为并鼓励老用户采取重复购买行为。

便利激励是指广告主简化购物过程，鼓励用户访问网站。该激励方式能够鼓励用户在办公室、家中或是旅行途中完成购物行为从而减少去实体店购物的消费行为，同时可以保证和鼓励用户在任何时间和任何地点下单。这种便利激励带来的便利性和及时性促使越来越多的消费者由线下购物转为线上购物并逐渐形成一种全新的消费习惯。

从长远的角度来看，增值激励能够引导消费者逐步改变消费习惯。所谓增值激励就是广告主通过软件识别和分析消费者的购物习惯、购买历史和搜索习惯，向目标消费者提供与其匹配的商品的营销过程，这种激励措施又被称为定制购物。

9. 线下营销整合

随着品牌竞争的激烈程度日益加大，广告主一方面要借助线上的网络营销来扩展市场，另一方面也仍然需要借助线下的广告或营销活动来留住或吸引消费者。因此，电子商务网站的营销活动必须与线下的营销传播活动相结合。杂志广告、电视广告或社交媒体提供的商品信息必须与网站所提供的商品信息相匹配。在理想的情况下，广告主的每一份营销传播资料都必须在醒目的位置标出公司网址。

二、移动营销

截至 2022 年 6 月，我国网民规模达 10.51 亿，互联网普及率达 74.4%。较 2021 年 12 月新增网民 1 919 万，互联网普及率提升 1.4 个百分点。

（一）移动营销的概念及其运作模式

1. 移动营销的界定

移动营销是广告主通过移动终端（智能手机或平板电脑）直接向目标受众定向和精确地传递个性化的即时信息，并试图在与目标受众信息互动过程中达成市场营销目标的行为。移动营销早期称作手机互动营销或无线营销。移动营销是在强大的云端服务支持下，利用移动终端获取云端营销内容，实现把个性化即时信息精确有效地传递给消费者个人，从而达到一对一互动营销的目的。移动营销是互联网营销的一部分，它融合了现代网络经济中的网络营销和数据库营销理论，亦为经典市场营销的派生，是各种营销方法中最具潜力的部分，但其理论体系刚刚开始建立。

2. 移动营销的运作模式

移动营销的运作模式，可以用4I模型来概括，即individual identification（分众识别）、instant message（即时信息）、interactive communication（互动沟通）和I（我的个性化）。

分众识别移动营销是通过用户的移动设备（主要是手机）与用户（目标受众或目标消费者）进行一对一的沟通。由于每一部手机及其使用者的身份都具有唯一对应的关系，并且可以利用技术手段进行识别，所以广告主就能与目标消费者建立精准的互动关系，能够确认消费者是谁、在哪里等问题。

即时信息移动营销可以随时随地向目标受众传递广告主的商品或服务的信息，这就使得这些信息具有其他媒介所不具备的即时性特点，为广告主获得目标消费者的动态反馈和互动跟踪提供了可能。当广告主对消费者的消费习惯有所觉察时，就可以在消费者最有可能产生购买行为的时间段发布产品信息。

互动沟通移动营销“一对一”的互动特性，可以使企业与消费者形成一种互动、互求、互需的关系。这种互动特性可以甄别关系营销的深度和层次，针对不同需求识别出不同的分众，从而使广告主的营销传播资源做到有的放矢。

I（我的个性化）移动设备的属性是个性化、私人化、功能复合化和时尚化的，人们对于个性化的需求比以往任何时候都更加强烈。利用手机进行移动营销也具有强烈的个性化色彩，所传递的信息也具有鲜明的个性化。

（二）移动设备的媒介特征

移动设备与其他媒介进行比较具有以下几个方面的特征，即个性化、地理定位、双向沟通和手机传感器。

1. 个性化

移动设备的个性化是指使用移动设备的基本上都是一个特定的人（移动设备用户、信息受众、商品消费者），尤其是智能手机的用户更是如此，这就为广告主通过移动设备与消费者进行互动提供了机会，而商家也可以通过与消费者的互动交流增进消费者对品牌商品的认知和了解并促使消费者完成购买行为，直至消费者成为品牌商品的忠诚消费者。

2. 地理定位

当消费者感觉到某一商家的营销传播活动打扰了自己的生活时，就有可能拒绝接受该商家的商品信息，此时，商家就只能暂时放弃与消费者的沟通。不过，商家还是可以借助于全球定位系统（GPS）、近场通讯（NFC）技术的移动设备跟踪功能确定消费者的地理位置，以便在最合适的时间和最合适的地点向消费者传递最有价值的信息。

3. 双向沟通

移动设备具有双向沟通的特点，商家与移动设备的使用者可以实现随时随地的对话、多种形式的互动，保证商品信息在传递过程中不会被消费者误读，进而使得商品信息在传播过程中更具有准确性和有效性。同时，移动设备的相机、视频技术和语音识别功能都可以大大提高商家与消费者之间的互动质量。

4. 手机传感器

移动设备包含许多传感器。例如三星手机就设计有9个传感器，这些传感器可以监测天气、温度、气压、人体温度与人体手势，还可以收集移动设备使用的时间、地点和使用信息等。

（三）移动营销发展趋势

1. 人们生活在一个 App 广告的时代

苹果 App 商店里可供下载的应用软件数已经超过了 50 万，下载次数也超过了 250 亿次，这使得 App 成了移动营销的前沿阵地。消费者可以下载喜欢的品牌的 App，并可以同 App 进行交互，从而完成购买、发现新的信息，以及同朋友分享。这是一种广受欢迎的广告形式，只需点击下载 App 即可，有些时候人们还愿意为下载付费。

2. 移动广告提升了用户体验

移动广告允许市场营销人员以一种个性化的、不间断的、基于位置信息的方式去同消费者进行交流。从简单的短信到丰富的 iPhone 应用，有多种选项可以供企业采纳，从而完成市场目标。

3. 移动设备就是媒体

消费者在散步、等待、吃饭的时候都会使用手机。事实上，有 86% 的移动互联网用户在看电视的时候也会使用他们的移动设备。移动设备在未来必将会代替其他形式的媒体，虽然这一过程会比较缓慢。

4. 手机变得越来越智能

智能手机正在改变人们开展业务、通信、购物和打发时间的方式。甚至在不久之后，它还将代替人们的信用卡。人们应该密切留意智能手机能够做什么，并以此开展各种规模的广告活动。

5. 社交网络促进业务增长

使用移动设备来更新社交站点正变得越来越普遍，有 30% 的智能手机用户是通过手机浏览器来访问他们的社交网络的。社交网络一般拥有自己的 App，这使得用户可以更方便地更新他们的个人资料、确认朋友请求，并随时签到。实际上，一些社交网络就是围绕着移动设备来设计的，比如说 Foursquare，它利用了智能手机上的 GPS 定位技术。

6. 消费者并不会非常排斥移动广告

在出现产品广告时，消费者一般会倾向于换台，不管是在收听广播还是在看电视。在看报纸杂志的时候，他们也会跳过广告；在上网的时候，会毫不犹豫地关掉弹窗广告，甚至感到愤怒。然而，移动广告对大多数消费者来说却是一件新鲜事物，可以提供其他媒体无法提供的交互体验，比如说消费者可以立即兑现商店的优惠券，像耐克这样的公司所提供的 App 还能帮助人们轻松减肥，等等。

条形码在过去无处不在，在广告、直接邮寄广告甚至是电话民意调查的海报上都可能会出现条形码。然而，二维码却可以使得任何事情都可以在瞬间与手机用户交互起来。消费者在扫描二维码之后，可以访问移动站点、观看视频或听音频，从而对产品有更多的了解。而像杂志或报纸广告等静态方式，如果能插入二维码的话，也将使得消费者可以通过他们的智能手机同商家进行更为密切的沟通。

三、数字营销

电子商务的终端运用从台式电脑到笔记本电脑、平板电脑和智能手机的转变促使营销传播人员不得不努力地在网页设计方面不断地去适应多屏幕格式。移动通信技术的飞速发展创造了全新的数字营销机会，同时也给营销传播活动带来了如何匹配不同设备与屏幕的压力。

（一）互动营销

1. 互动营销的基本概念

互动营销是指在企业与消费者之间以品牌商品为主题创造互动、双向沟通和用户参与的线上营销传播活动。互动营销活动能够进行的关键点是：第一，从企业的角度而言，互动营销可以帮助营销传播人员使用个性化信息定位用户，尤其是定位现有消费者和潜在消费者；第二，从消费者的角度而言，互动营销可以帮助消费者与品牌开展互动，使消费者成为互动营销活动的主动参与者而不是被动接受者。

2. 互动营销的基本特征

互动营销的基本特征主要有互动性、舆论性、关注性、热点性和营销性。

（1）互动性。互动营销的意义和价值就在于商家与客户之间的信息分享及沟通互动。在实际运作过程中，一般都是商家经过前期的精心策划，然后针对某一话题，借助于网络营销公司的幕后推手开始引导，接着网友开始参与其中，这是比较常规的互动模式。企业在开展营销推广活动时，更多信息应该融入目标受众感兴趣的内容之中。认真回复粉丝的留言，用心感受粉丝的思想，更能唤起粉丝的情感认同。这就像是朋友之间的交流一样，时间久了会产生一种微妙的情感连接，而非利益连接。

（2）舆论性。互动营销主要是通过网民之间的回帖活动，使消费者直接或间接地对某个商品产生了正面的或者负面的评价。其中舆论领袖的作用非常重要。舆论领袖对企业品牌口碑的影响不可小觑。

（3）关注性。互动营销主要就是吸引网民的关注，如果一起互动营销事件，不能吸引网民的关注，那么这起互动营销事件无疑就是失败的。互联网本身就是“眼球经济”，如果没有网友的关注，就谈不上互动。想要获得良好的互动效果，不应仅仅考虑“眼球经济”，更为重要的是定位要精准。

（4）热点性。互动营销有两种事件模式，一种是借助热点事件来炒作，另一种是自己制造事件来炒作。自己炒作事件，基本上也是通过网民喜闻乐见的形式来制造事件，因为网络营销公司要想把事件炒作好，引起网民的关注，无疑需要抓住网民内心的需求，也就是网民上网喜欢做的事情或者是他们比较感兴趣的事情。

（5）营销性。互动营销一般都是为了达到某种营销目的而进行的事件炒作和互动。一般都是网络营销公司借助互动营销来帮助客户宣传企业的品牌或者促进产品的销售。

（二）内容营销与原生广告

由于越来越多的消费者忽视或拒绝传统广告和数字广告，这就迫使许多企业不得不开始研究新的营销传播方法来吸引消费者的注意，这些新的营销传播方法就包括内容营销与原生广告。

1. 内容营销

内容营销是指以改变和培养目标消费者的消费行为为目的，由企业向目标消费者传递与企业或品牌商品有关的有价值的信息传播活动。

内容营销包括两种形式，即品牌内容营销和赞助内容营销。品牌内容营销主要是在品牌网站或迷你网站上向潜在消费者提供有价值的信息和商品使用解决方案。赞助内容营销与品牌内容营销基本相似，但是赞助内容营销的信息由第三方托管，品牌不拥有或者不经营该网站。

马库斯·谢里登使用博客和视频推广自己的品牌商品玻璃纤维泳池（River Pools and Spas）就是品牌内容营销的一个案例。该泳池的订单从原本每月平均六个减少至两个，因为在冬季已经付了保证金的四个客户又不知什么原因改变了初衷要求退款。为此，谢里登不得不调整了其在网上的营销传播方案，即将每年在广播、电视和根据点击付费的网络广告的投放预算由 25 万美元减少到 2 500 美元，转而在网上进行品牌内容营销，专注于通过博客文章和视频向潜在消费者提供涉及品牌商品玻璃纤维泳池的真实的、有价值的信息。经过一段时间的坚持，谢里登的品牌内容营销吸引了越来越多的客户，取得了较为理想的销售业绩。

内容营销并不是广告主的自我推销或欺骗顾客。相反，内容营销更加重视和强调为消费者提供品牌商品的真实内容。比如，谢里登就在网上向潜在消费者分享了关于玻璃纤维泳池的全部信息，包括正面的和负面的信息。也因此，谢里登反而赢得了一些潜在消费者的好感，这些潜在消费者认为谢里登是一个诚实的、可以信赖的人，并通过互动对话和购买行为做出了自己的回应。

企业开展品牌内容营销的主要目的是向目标消费者或潜在消费者提供有价值的信息以消除他们的疑虑，次要目的是提升品牌知名度和提高品牌搜索率。此外，品牌内容营销的基调应该具有教育性，并且尽量不要使用营销术语，而内容的真实性对于品牌内容营销而言显然是重中之重。

如果某一个泳池供应商与谢里登协商之后愿意托管谢里登的博客或在自己的网站上发布谢里登的文章，这种营销形式就被称为赞助内容营销。当然，谢里登需要向该泳池供应商的网站支付一定的费用，相应地，该泳池供应商的营销团队也会为谢里登提供更为专业的营销传播服务，只是，在该泳池供应商的网站所发布的关于泳池内容文章的开头、结尾或边缘均应该出现唯一的谢里登品牌的标识，并标注“由 River Pools and Spas 赞助”。

2. 原生广告

原生广告是 2012 年由美国营销传播界提出的一个全新的概念，没有人可以给原生广告一个很明确的定义。原生广告是指一种通过在信息流里发布和品牌信息具有相关性的内容并通过与消费者互动产生价值，进而提升用户体验的、特定的商品信息传播模式。原生广告形式更多元，可能是图片、影音或是文字，只要是消费者体验的一种，都可以称为是原生广告的形式之一。

举例来说，某家生产泳池化学用品的公司精心撰写了一篇关于如何使用该公司的产品解决各种泳池藻类问题的文章。为了获得更为理想的传播效果，该公司计划在春季和初夏的时间段在与景观、户外和泳池相关的印刷杂志和电子杂志上投放，对于这些媒体的受众而言，这篇文章看起来就是一篇中立的、客观的文章而已，根本就不是广告，但实际上该文章就是原生广告，该原生广告的诉求点非常清楚：泳池藻类的唯一解决方案就是选择该公司的产品。当然，该公司还可以根据这篇文章的内容制作一则视频，并通过付费的方式在微信、微博、抖音上投放。

（三）地理定位广告

手机的普及使得营销传播人员能够开展基于手机用户位置的公共活动，这种定位方式称为地理定位。地理定位广告主要有三种类型，即地理定位、信标和地理围栏。

1. 地理定位

地理定位广告是指广告商根据消费者的地理位置向其提供商品或服务信息的营销方式。针对特定位置用户的地理定位标准各不相同，但大多数广告商使用IP地址定义活动范围。地理定位广告是移动营销的最独特的优势。例如，大米先生中式快餐店可以通过下载应用程序来识别某手机用户的位置以便向其显示离该手机用户最近的地铁出口或向其提供步行或行车路线。

地理定位的一个典型例子是在社交媒体或搜索引擎上使用本地点击付费广告。例如，当用户在浏览器上查找“我附近的快餐店”时，最上面的结果将是针对该搜索词优化的广告和本地快餐店列表。

这样做是为了优化公司运营区域的广告资产。如果大米先生快餐店只在重庆市销售快餐，那么向重庆以外的其他城市的手机用户展示其广告显然是没有多少意义的。

如果某一快餐店希望吸引更多消费者到本店用餐的话，数字营销人员可以为该店的广告配置地理定位。一种方法是通过广告平台的综合地图服务确定位置。另一种方法是使用设备的IP地址，因为它对应一个特定的国家、州或城市。通过这种方法，营销人员可以根据他们访问特定内容的位置来缩小他们的潜在客户范围。

IP地理定位应用程序接口是对任何营销人员工具箱的一个极好补充，因为它从综合数据库中获取数据。它覆盖了大多数正在使用的IP地址，使营销人员能够更深入地了解他们的受众并发现新的趋势。

2. 信标

信标是指用于发送和接收低电频蓝牙信号的协议和硬件发射器。信标传感器安装在商店周围，有时甚至离实际的商店更远。当顾客进入信标范围时，信标可能会给这些顾客发送一个销售或促销通知（也称为“广告”）。

信标广告背后的概念类似于在一个地点周围撒网以吸引顾客。但是，信标无法区分VIP客户和普通客户。这是因为信标不能区分一个人和另一个人。信标只是用来扫描一个区域的设备。此外，还可以让附近的购物者收到来自附近设备的相关信息。一旦客户超出范围，信标将停止向他们发送个性化信息。

信标在零售商店中尤其受欢迎。梅西、塔吉特、内曼·马库斯都是这项技术的早期使用者。这些零售商使用信标来推广任何东西，从吸引人的移动内容到店内假日促销活动。

3. 地理围栏

地理围栏是一种基于位置的营销策略，它使用全球定位系统、射频识别技术（RFID）、Wi-Fi和蜂窝数据来定义地理目标市场。顾名思义，地理围栏是指在企业所在地或城市周围设置虚拟围栏，这些设施由设备发出的信号激活。

地理围栏和信标的工作原理相同。它们可以告诉商家它的潜在客户是否在附近。当顾客进入或离开一个被虚拟围栏限制的空间时，会触发响应。与信标不同的是，激活地理围栏不需要专门的硬件，只需要简单的旧软件，很少或根本不需要编码。

地理围栏在交通和超市行业中很普遍。一个经常被引用的成功案例是全食超市（Whole Foods）的成功案例，它在与之竞争的商店设置了地理围栏。它使用地理围栏将目标市场与正确的广告和报价相匹配，以完善其目标市场。

总体而言，创建成功的地理定位广告需要满足两个基本条件。一是用户需要主动参与，他们需要自愿选择加入应用程序；二是广告商应该为消费者提供折扣或者是对消费者而言有价值的东西。相比于其他类型的数字广告，遵循上述这些原则的地理定位广告通常会产生更好的参与效果和广告效果。

（四）行为定位广告

行为定位广告是网络广告发展的最新趋势，它是指广告商利用技术手段分析网民浏览信息的行为习惯，再通过后台的内容匹配将网民感兴趣的商品信息展示在页面上以影响网民并促使其产生购买行为的广告活动。

行为定位广告和二次营销广告的区别在于：二次营销广告通过品牌网页或者应用程序给客户发送商品或服务信息；行为定位广告则是广告商根据客户浏览行为特征有选择性地向客户发送他所感兴趣的商品或服务信息，而不是通过客户访问过的特定网站发送信息。也就是说，行为定位广告关注的不是网站而是人。

行为定位方法主要有以下三种形式：

1. 跟踪用户在互联网上访问的页面

行为定位最常见的形式就是跟踪网民在网上浏览信息的痕迹。例如，计算机中的 cookie 功能就可以追踪网民从一个网站转移到另一个网站的数据、记录网民访问网战的类型、浏览信息、搜索信息和购买记录等。广告商在深入分析网民的浏览习惯和消费习惯之后就可以将商品广告投放在消费者习惯浏览的网站上。如果某位网民经常访问关于旅游的网站，该网民的平板电脑或手机的屏幕上将会显示国内外旅游景点、酒店、餐饮等相关商品或服务。此外，营销传播人员还可以在广告上注明优惠券或其他形式的优惠活动以吸引网民点击广告。

2. 关键字搜索或内容读取

行为定位的第二种形式是检索用户的搜索行为。这种形式将识别用户在搜索引擎中输入的关键字以及用户在搜索内容时的浏览痕迹。如果某消费者使用搜索引擎查找有关汽车的信息，就有可能看到丰田或其他品牌的汽车广告。如果该用户经常浏览 SUV 车型的信息，那么他所看到的汽车广告将更有可能是与 SUV 车型有关的汽车广告，而不是轿车或其他类型的汽车广告。同时，这些广告通常会出现在该用户正在使用的搜索引擎上。

3. 基于网站的历史访客

行为定位的第三种形式是基于网站的历史访客。亚马逊曾经使用这种方法来推荐书籍和电影，以此来吸引可能购买商品的目标消费群体。其具体定位方法是：当网民将书籍或电影加入购物车或付款时，行为定位广告就会生成。当某网民在当当网上购买了一本书之后，行为定位广告就可以生成向该网民显示购买了该本书籍的其他客户还购买了哪些书籍。同时，商家还可以根据其他客户购买过的书籍向该网民推荐。

（五）二次营销

应用数字技术可以向品牌网站或品牌应用程序的访问者发送广告。因此，有学者认为二次营销更应该叫经营客户，即商家实际上是对相同的客户在不同时期、不同地点的不同需求的商品信息的管理。二次营销或者经营客户有一个重要的条件就是要求公司有较强的 CRM 系统或者管理能力。

在具体操作过程中，二次营销广告大都会在用户下次访问网站或使用移动设备时显示用户感兴趣的相关品牌的广告信息。二次营销广告的一个重要特征就是即时性，这个特征能够帮助商家迅速找到对某类品牌商品表现出一定兴趣的消费者。

由于大多数消费者通常会对某几个类别的品牌更感兴趣，其对这些品牌的网站或网页浏览的次数自然就会多一些，因此，商家针对这种类型的消费者采用二次营销广告的转化率就会远远高于一般的横幅广告或搜索广告。

二次营销广告可以重新吸引访问过网站但是尚未完成购买行为的消费者。例如，访问过淘宝网站并查看过进口高端瓷器但却没有将任何瓷器商品放入购物车的消费者将是此类广告的理想接收者。对于将商品放入购物车但是由于种种原因比如价格等暂时还没有付款的客户，二次营销广告也是非常有价值的。因为二次营销广告可以显示购物车中商品的信息，而某客户将商品放入购物车的行为可以说明该客户对这些商品非常感兴趣，只是由于某种原因而没有完成购买行为。这时，商家向该客户有针对性地发送其购物车中商品的二次营销广告就很有可能促成该客户完成购买商品的行为。

将相同的广告信息发送给所有的网站访问者是没有意义的。相反，根据客户端购物车内的商品信息制作二次营销广告才是更有效的营销传播方法。为了引导客户重新访问网站或页面以购买商品，商家可以提供价格激励或其他形式的网络诱饵来吸引客户。二次营销广告通常比其他形式的数字营销手段都要更加有效，因为这种方式可以大大降低商家寻找目标消费者的成本。

四、搜索引擎优化

在线上广告的支出中，商家用于搜索引擎的广告支出占比最大，一般要达到所有线上广告支出的50%左右。商家之所以愿意花费如此多的广告预算是因为大约80%的网络流量源于搜索引擎。

（一）搜索引擎优化的基本概念

搜索引擎优化（search engine optimization，SEO）是一种通过分析搜索引擎的排名规律，了解各种搜索引擎怎样进行搜索、怎样抓取互联网页面、如何确定特定关键词的搜索结果排名的数字技术。搜索引擎采用易于被搜索引用的手段，对网站进行有针对性的优化，通过提高网站在搜索引擎中的自然排名来吸引更多的用户访问网站，从而提高网站的销售能力和宣传能力，进而提升网站的品牌效应。

（二）搜索引擎优化的三种主要方式

1. 付费搜索插入

第一种方式是当网民搜索某些商品或信息时，其电脑或手机的屏幕页面会出现一个付费插入，商家可以通过注册各种搜索引擎来帮助自己的网站能够被目标消费者检索到，还可以为顶级位置支付更高的费用。广告在搜索页面上的位置在很大程度上取决于商家向搜索引擎支付的价格以及搜索引擎用于确定广告与特定搜索词语或短语的相关性的算法。如今，大多数搜索引擎都会使用一个小的“广告”图标以显示这是一个付费的搜索结果。

2. 提高识别度

第二种方式是商家通过自然或有机出现来增加识别度。这种方法可以开发有效的有机结果，该结果产生于一个自然的搜索过程。每个搜索引擎使用一组稍有不同的算法来识别与搜索框中输入内容相匹配的关键短语。要想在有机搜索中排名靠前，需要投入大量的时间和精力。通常，一个新网站不太可能出现在搜索结果的顶部，因为搜索引擎需要时间来匹配站点。

研究数据表明，这种自然筛选的搜索结果列表往往会令人印象深刻。一般而言，出现在搜索首页或排名在前十位的网站，其网络流量可以增长9倍；出现在第二页和第三页的网站列表，其网站流量则可以增长6倍；就销售额而言，排在前十位的商家第一个月的销售额增长可达42%，第二个月的销售额增长可达100%。

3. 付费搜索广告

第三种方式为付费搜索广告，包括文本框或展示广告（输入一个特定的词语时会弹出）。研究显示，即使消费者没有点击付费搜索广告，付费搜索广告也会对品牌知名度、认知度和购买意愿有很大的积极影响。另外，搜索排名靠前将会给品牌带来以下积极地影响：

- 付费搜索广告使人们的自觉认知提高了160%；
- 消费者对这些品牌的正面评价提高20%；
- 消费者考虑购买该品牌的可能性提高30%。

如今，越来越多的商家更愿意将大量的线上广告资金投入到搜索引擎上，因为线上广告的点击率一般在0.2%左右，而搜索引擎广告的点击率则达到5%左右。不过，营销传播人员需要明白的是搜索引擎优化是一项长期的投资。进入搜索引擎前十名的位置可能需要几个月甚至几年的时间，因为它需要优化内容、编程并理解搜索引擎的工作原理。

（三）搜索引擎优化的基本策略

1. 主题要明确，内容要丰富

在设计制作网站之前，要明晰设定网站的主题、用途和内容。根据不同的用途来定位网站特性，以提供好的用户体验为原则。对于一个网站来说，优化网站的主题与实际内容才是最为重要的。一个网站需要有鲜明的主题、丰富的与主题相关的内容并及时更新。

2. 引出链接要人气化

搜索引擎判断网站好坏的一个标准是外部链接的多少以及链接网站的质量。创建有人气化的、有意义的引出链接，提高链接广泛度，一方面可以提高在搜索引擎上的排名，另一方面也可以起到互相传播的作用。研究表明：当一个网站的链接PR值达到4～6，这个网页的访问量比较高；当链接PR值达到7以上，这个网站的质量与知名度都很高了。如果一个网页被其他网页链接得越多，那么该网页越有可能有最新和最有价值的高质量网页。尽可能增加与行业网站、地区商务平台和合作伙伴网站之间的链接，被PR值高的网站引用能更快地提高本站的PR值，同时开发人员可以在访问量较大、PR值较高的网站上发表与网站主题以及业务相关的信息，用户在别的网站看到这些信息，进而访问该网站，即通过外部链接来提高该网站的访问量。

3. 关键词设定要突出

网站的关键词非常重要，它可以决定网站是否能被用户搜索到。因此，在关键词的选择上要特别注意。关键词的选择必须遵循一定的原则，如：关键词要与网站主题相关，不要一味追求热门词汇；避免使用含义很广的一般性词汇；根据产品的种类及特性，尽可能选取具体的词；选取人们在使用搜索引擎时常用的与网站所需推广的产品及服务相关的词。5～10个关键词是比较适中的，密度可为2%～8%。要重视在标题、段落标题这两个网页中最重要最显眼的位置上体现关键词。

4. 网站架构层次要清晰

网站结构上尽量避免采用框架结构，导航条尽量不使用FLASH按钮。首先要重视网站首页的设计，因为网站的首页被搜索引擎检测到的概率要比其他网页大得多。通常要将网站的首页文件放在网站的根目录下，因为根目录下的检索速度最快。其次要注意网站的层次（即子目录）不宜太多，一级目录不超过两个层次，详细目录也不要超过四个层次。最后，网站的导航尽量使用纯文字，因为文本比图片表达的信息更多。

5. 页面容量要合理化

网页分为静态网页与动态网页两种，动态网页即具有交互功能的网页，也就是通过数据库搜索返回数据，这样搜索引擎在搜索时所费的时间较长，而且一旦数据库中的内容更新，搜索引擎抓取的数据也不再准确，所以搜索引擎很少收录动态网页，排名结果也不好。而静态网页不具备交互功能，只有单纯的信息介绍，搜索引擎搜索时所费时间短，而且准确，搜索引擎愿意收录，排名结果比较好。所以网站要尽量使用静态网页，减少使用动态网页。

6. 网站要更新

为了更好地实现与搜索引擎对话，需要将经过优化的企业网站主动提交给各搜索引擎，让其免费收录，以争取较好的自然排名。一个网站如果能够进行有规律的更新，那么搜索引擎更容易收录。因而合理的更新网站也是搜索引擎优化的一个重要方法。

案例 10-1

成功的娱乐营销

——周黑鸭，一只变身“潮牌”的鸭子

在休闲卤味品类还停留在卖产品阶段时，周黑鸭与擅长整合、擅长创造性地解决问题的金汇通相遇，金汇通为周黑鸭量身定制了“娱乐美食潮牌”的发展战略，跳出品类做品牌，让周黑鸭从传统卤味品类中脱颖而出，从完美的“味觉诱惑”蜕变为全方位的魅力吸引，使周黑鸭以一种崭新的品牌形象，迅速在全国市场刮起周黑鸭品牌风暴。

问题：周黑鸭的品牌困局

周黑鸭于1997年创建，经过多年发展，已成为武汉市场拥有一定品牌知名度与市场影响力的鸭类卤味品牌。但随着市场的发展，问题接踵而至。

（1）跟风模仿者众多。周黑鸭在武汉市场的影响力及鸭类卤味食品的低门槛性，造成了市场跟风模仿者众多，消费者无法区分真假周黑鸭，让湖北尤其是武汉市场陷入鱼龙混杂的“周黑鸭”竞争局面，对周黑鸭造成了一定的市场冲击。

（2）竞争日益激烈。随着卤味市场的发展，更多的品牌参与市场竞争，久久丫、绝味、煌上煌等众多竞争对手不断进行市场扩展，对行业霸主地位虎视眈眈。

（3）品牌力较弱。虽然周黑鸭门店有一定的盈利能力，但更多依靠具有优势的产品来竞争，品牌、门店形象传统、品牌力无法彰显，无法与消费产生共鸣，缺乏市场竞争排他性。

（4）品牌扩张乏力。随着武汉市场饱和度的不断提高，周黑鸭开始试水省外市场，但传统的卤味品牌形象与其他竞争对手没有形成明显区隔，导致在省外市场扩张乏力。

周黑鸭站在了品牌发展的关键路口，如何走出发展困局，实现品牌突破？

破局：跳出品类做品牌

能实现品牌突破并不断保持领先优势的往往是具有前瞻性眼光的发现者。

周黑鸭要实现品牌突破、长期持续性发展并保持领先优势，必须要深入洞察品类发展及演变趋势，在战略上采取具有前瞻性、针对性的举措，实施差异化品牌战略，塑造强势品牌力。

基于对品类及市场的深度分析，并经过多轮研讨之后，金汇通项目团队果断提出“跳出品类做品牌”的战略思想，即以深入洞察品类发展趋势为基础，采取针对性战略举措，获得品类竞争优势；同时，着重打造自身品牌，让消费者从情感上更愿意亲近周黑鸭，取得品牌竞争优势。

从品类的发展来看，鸭类休闲食品品类已经完成第一次业态转型：从佐餐食品到休闲食品；目前市场上两种定位的业态模式共存。以休闲食品定位的品牌如绝味、久久丫、周黑鸭在市场份额和品牌影响力等层面获得了快速发展。

休闲食品业态模式扩宽了传统佐餐业态的消费群及消费购买动机，推动了行业内众多品牌的快速发展。今天的周黑鸭与竞争品牌站在了同样的起跑线上，要领先竞争对手，就必须深入洞察品类下一阶段的发展趋势。

品类将朝什么样的趋势发展？

战略：打造“娱乐美食潮牌”

消费者是推动品类升级的背后之手，洞察品类的实质在于洞察消费者。

鸭类休闲食品品类以年轻群体（目前是80、90后）为主力消费群体。这部分群体正是处在成长中的最具价值的消费群体。

80后、90后消费群体消费特征——娱乐精神与消费行为密切结合。这种消费行为特征推动各大行业朝“娱乐化”趋势发展。

鸭类休闲食品品牌要想真正获得消费者认同，必须充分满足其“娱乐精神”的消费行为特征。从品类属性来看，所谓休闲食品，就是人们在闲暇、休息时所吃的食品。从营销层面来说，休闲食品最主要的卖点在于独特美味及给予消费者的美好休闲体验和它所陪伴的用来享受的时光。

休闲食品的核心精髓，在于满足消费者口舌之欲的同时，更注重满足消费者“休闲娱乐”的精神需求，这也是乐事、士力架、曼妥思等休闲食品品牌千方百计采用“娱乐营销”满足消费者需求的根本原因。

而目前鸭类休闲食品行业尚没有真正的娱乐美食品牌，无论是久久丫、绝味还是廖记、煌上煌，尚停留在“卖产品”层次。

因此，谁先打造真正让消费者能感知的娱乐美食品牌，谁就能取得先机，而这对于周黑鸭而言，是区隔竞品、实现领先竞争优势的机会所在。

周黑鸭制定了跳出品类做品牌的战略举措即打造娱乐美食潮牌。这是品类发展趋势与周黑鸭自身基因最匹配的战略选择。

周黑鸭紧紧围绕主力消费群体领先打造娱乐美食潮牌，与现有同类品牌形成鲜明区隔。从产品吸引力升级到品牌吸引力，从而全面提升消费者忠诚度与品牌附加值。

蜕变：娱乐潮牌完美演绎

“娱乐美食潮牌”为周黑鸭品牌界定了清晰的战略定位，在这样的战略定位之下，周黑鸭品牌如何与消费者产生共鸣？让周黑鸭一步步走进年轻人的世界，抓住他们的嘴巴又抓住他们的心？

在周黑鸭“娱乐美食潮牌”的定位之下，策划团队对周黑鸭品牌形象、门店形象、产品创意、传播推广等层面进行了全系统创新，全面演绎周黑鸭“娱乐美食潮牌”的品牌核心。

（1）广告也娱乐。等车的时间无聊？路上缺少有意思的风景？报刊无趣？放在地铁拉环上的手寂寞？“没味找味”“拒绝乏味”等富有创意的广告在消费者身边生动上演，周黑鸭向消费者传递快乐能量。

（2）终端也娱乐。周黑鸭在店面精心布置了一个个广告牌，吸引路人进店。而店里好戏也正在上演：鸭脖会被装在蛋筒样式的包装里，邀路人尝尝特制的鸭香满溢“冰激凌”。周黑鸭还积极招募“超级粉丝”成为会员，让爱周黑鸭的人们一起“好好玩”。

（3）会员也娱乐。金汇通创立了周黑鸭全新的会员组织——“达客圈”，在“达客圈”里，什么都可以展示，什么都可以去了解。周黑鸭也为各位“达客”设计了各种好玩的互动环节，让大家一起娱乐。

（4）公关也娱乐。周黑鸭汇集校园高手达人，启动“时代之星”校园风采大赛暨形象代言人选拔赛，打造武汉校园年度盛事！

资料来源：成功的广告营销案例精选．百度文库．

第4节　另类营销

另类营销是指企业避开传统营销惯用方法，采用逆向思维另辟蹊径所开展的营销活动。对于多数规模不大，目前略处劣势的企业来说，学习另类营销的思路和做法可以做到以小博大、后来居上。

一、另类营销概述

开发另类营销的活动方案需要企业的营销传播团队丰富的创造力和想象力。首先，营销人员需要敏锐地发现消费者与品牌之间的交互点，或者创造出新的交互点；其次，营销人员还需要在交互点上创造引人注目的营销信息。这种更有针对性的另类营销能够在很大程度上弥补大众媒体和数字广告的不足。常见的另类营销方法主要有蜂鸣营销、隐性营销、游击营销、生活方式营销等。这些方法很少单独使用。例如，游击营销活动往往会与蜂鸣营销和生活方式营销同时使用。企业开展另类营销活动大都也会同时使用数字广告、社交媒体广告或传统广告。

（一）蜂鸣营销

蜂鸣营销是一种主要通过消费者或企业营销人员以口碑传播的形式向目标消费者推荐企业商品或服务的营销方法。许多企业之所以更愿意采用这种方法开展营销活动，是因为由品牌商品的实际消费者向其周围的亲戚、朋友或熟人进行品牌推荐的方法显然比企业的广告具有更高的可行性。

1. 蜂鸣营销目标人群的类型

蜂鸣营销的目标人群主要有以下三种类型：真正喜欢某品牌的消费人群、得到某品牌赞助的消费者和企业或代理机构的员工。

（1）真正喜欢某品牌的消费人群。理想的目标人群应该是那些从内心里真正喜欢某品牌商品的消费者。这部分消费者愿意通过人际传播的方式向自己的亲朋好友推荐自己心仪的品牌商品，或者通过社交媒体向网民推荐。许多企业致力于在社交媒体平台上努力搜索这些对其品牌商品持有好感且拥有大量粉丝的用户，以期通过他们的口碑传播来扩大品牌的影响力。

（2）得到某品牌赞助的消费者。一些企业有时还通过赞助经过选择的消费者，让其作为本品牌的代理人（品牌大使）来介绍企业的新产品、分享企业的信息和开展特殊的传播活动。在开展品牌推广活动时，品牌大使可以选择与他人进行一对一的沟通交流来推荐品牌商品，也可以选择举办家庭聚会或街区派对将品牌商品推荐给自己的亲朋好友。

（3）企业或代理机构的员工。企业或代理机构的员工其实也可以成为品牌大使。一般而言，企业或代理机构的员工在向他人进行品牌推荐之前应该坦率、明确地表明自己是企业或代理机构的员工。

2. 蜂鸣营销的阶段

蜂鸣营销的过程与病毒式营销的过程有些相似。该过程大致可以分为三个阶段：接种期、潜伏期和感染期。接种期对应的是引入产品；潜伏期对应的是少数创新者或潮流引领者使用产品；感染期对应的是产品被广泛使用。

在接种期或产品引入阶段，只有少数企业曾经成功地开展过蜂鸣营销活动。在大多数情况下，蜂鸣营销在此阶段的应用效果并不理想，除非企业使用了品牌代理商或品牌大使，否则要想形成口碑传播的现象几乎是不可能的。研究表明，只有当消费者的产品意识形成之后才会有真正的消费者热议现象发生。如今的社交媒体为开发产品和发展消费者的品牌意识提供了一种替代方法，品牌经理可以通过博客和社交网络培育消费者的品牌意识并引起消费者热议，尤其是当企业找到对品牌充满热情的早期品牌使用者，而且这群早期的品牌使用者还愿意在他们的影响范围之内向他人分享这种热情时，这种方法就更加有效。

3. 开展蜂鸣营销的前提条件

除非同时满足以下四个先决条件，否则就无法成功开展蜂鸣营销。其一，品牌形象必须做到独特和与众不同或者至少要比竞争品牌表现得更好；其二，品牌在同类别商品中要能够做到脱颖而出，相对于竞争品牌具有明显的优势；其三，广告一定要有创意，令人难忘、震撼人心的广告可以吸引受众的注意并有助于形成消费者热议；其四，促进消费者的积极参与可以增强口碑传播的效果。

（二）隐性营销

隐性营销是另一种形式的蜂鸣营销，是指在不暴露推荐者与品牌商品真实关系的情况下，推荐者通过人际传播或网络传播的方式向他人推荐商品的营销手段。比如，冒充游客的营销人员可能会要求真正的游客使用他的尼康相机拍照，然后就很自然地与游客谈论相机的功能等比较专业的问题，试图引导游客成为尼康相机的爱好者。在这种情况下，尼康公司会向推荐者支付费用。

不过，许多学者认为隐性营销是一种涉嫌有违商业伦理道德的营销手段。但是，由于隐性营销的商业诱惑仍然存在，许多企业还是愿意采用这种方法开展营销活动，所以关于隐性营销是否有违商业伦理的争论也将持续下去。

（三）游击营销

游击营销是由美国资深营销专家杰伊·莱文森首创的，原本是教导中小企业如何用微薄的营销预算“以小搏大”，以吸引消费者注意的方法，许多大型企业也放弃了传统的营销方法，开始采用游击营销。游击营销的主要目标是通过与受众建立独特、长久的联系来树立自己的品牌形象，所以一般不开展以价格为主要驱动力、以短期内提升销量为主要目的的终端促销行为。游击营销的目的是通过非传统的营销方法（投入更多精力做营销，而非仅仅投入更多的资金）达到传统营销的目标（销售量和利润增长）。传统营销和游击营销的比较见表10－1。

表10－1 传统营销与游击营销的比较

传统营销	游击营销
需要资金	需要精力和想象力
面向预算充足的大型企业	面向小企业
以销售额衡量营销效果	以利润衡量营销效果
基于经验和猜测	基于心理学和行为学
增加产量和产品多样性	通过现有消费者推荐实现增长
通过扩大消费来实现增长	与其他企业合作
针对大群体发布信息	针对个人和小群体发布信息
通过营销带动销售	通过营销获得消费者认可
“我的营销”，着眼于“我的”公司	“你的营销”，着眼于我们能够如何帮“你”

游击营销通过利用另类的策略和渠道来挖掘独特的做事方式。为了取得成功，企业的营销团队就必须改变思维方式。首先，营销团队需要寻找品牌与消费者的接触点，接触点包括消费者的吃、住、行、购、娱等生活方式；其次，营销团队需要识别在一个或多个地方与消费者接触的独特难忘的方式，做到这一点需要营销团队人员具有丰富的想象力和非传统思维。

游击营销往往侧重于特定区域或地区，集中于个人传播，而不是国内或国际营销传播活动。游击营销的目标通常是创造兴奋点并通过口头交流和社交媒体传播给他人。游击营销不仅发布商品信息，还需要与消费者互动、与消费者建立联系、引导消费者做出反馈来提高成功的概率，其最终形成的关系有助于消费者建立品牌忠诚度并产生积极的口碑传播。

（四）生活方式营销

生活方式营销是指能够帮助企业在更多非传统的、轻松的环境中与消费者建立联系，并开展相关品牌商品推广活动的营销方法。与目标消费者建立联系的场所可以是农贸市场、汽车展销会、球赛场馆以及其他有大量人群集聚的场所。

不管是相对传统保守的生活方式还是前卫时尚的生活方式都有潜在的消费群体。能量饮料红牛和能量零食能量棒的生产商向观看足球比赛的人们提供免费样品，原因是观看体育比赛的目标人群大都更愿意尝试这类商品。香奈儿向参加时装秀的女性提供化妆品，因为出席时装秀的女性往往更关注外表。在开展生活方式营销活动之前，企业需要先识别消费者寻求放松、刺激、社交或休闲的场所，然后再制定与目标消费者相适应的营销方案。

二、广告植入与品牌娱乐

大多数营销人员认为，让消费者关注商品已经变得越来越困难。许多企业为此增加了广告植入和品牌娱乐的支出，并且对策划的每个广告活动都考虑了品牌在特定娱乐平台上受欢迎的程度。

（一）广告植入

广告植入是指把品牌商品或品牌商品的标识符号融入影视剧或舞台剧等文化产品当中，使观众在观看上述文化产品的过程中不知不觉地对品牌商品形成较为深刻的印象，为今后观众成为该品牌的实际消费者奠定基础。

许多广告商认为植入式广告会提高观众的品牌认知度和偏好度，在少数情况下被广告植入的品牌的市场销售额也会有所增加。不过，在大多数情况下，植入式广告并不会对销售额产生影响。尼尔森公司的研究揭示了一些关于植入式广告的数据：在情感介入型的电视栏目中，被植入的品牌会获得 43% 以上观众的认可；在享有盛誉的节目中植入的品牌，其知名度会提升 29%；在热门节目中植入品牌，观众对该品牌的积极感受度可以提高 85%。

1. 广告植入的优势

广告植入能够形成强大的品牌渗透力。首先，植入式广告的受众数量庞大。以《芳华》这样的叫座影片为例，其受众包括影院观众、电影频道观众，再加上相关新闻报道的受众，品牌与受众的接触率是极为可观的，其千人成本可以控制在一个合理的水平上，甚至会低于某些大众传媒。

除了接触数量之外，植入式广告更大的优势在于其接触质量，也就是说品牌可以争取到现有媒介状况下的稀缺资源也就是高度专注状况下的受众注意。隐性的广告由于其出现的不规律性以及与情节的高度相关性，很少会遭到受众的抵触与拒绝。正如业内人士指出的那样，“电视频道掌握在观众手中，而当他坐进黑漆漆的电影院时，就不能不接受你的广告”，这反映出植入式广告本质上是一种强制性广告。植入式广告在受众广告信息接收图谱中处于较高层次——专注接收层。从消费行为的角度考察，植入式广告对受众消费行为产生一种光晕式影响，特别在电视电影这样声像俱全的媒介中，强烈的现场感对消费者形成一种行为示范，这种潜移默化的影响力正是赞助商梦寐以求的。

2. 广告植入的劣势

品牌的适用性范围较小，多数情况下只适用于知名品牌，这是因为受众需要在相当短暂的时间内准确识别出商品包装、品牌或产品外形。因此，品牌有较高的知名度和认知度是投入植入式广告的第一道门槛。相对而言，综艺类节目更有可能利用植入式广告提高某些导入期产品或新进入品牌的知名度。

植入式广告不适于深度说服，特别不适合做直接的理性诉求或功能诉求。同时，一些前卫产品的功能性诉求甚至可能被受众当作影片的虚构。因此，品牌诉求一般停留在简单告知与提高特性认知度方面。基于上述原因，广告主可以考虑在同一档期发布硬性广告配合植入式广告，及时将潜在消费者的兴趣转化为购买欲望。在影视剧或节目中，可供植入广告的容量有限，过度使用会引起受众反感。在现实情况下，受众倾向于把所有说服性讯息都理解为广告，他们对于广告高度敏感，一旦感觉到这是广告，就会条件反射性地把心灵之门关闭，最终影响对影视剧或节目的态度。

（二）品牌娱乐

品牌娱乐是指品牌通过多彩的娱乐平台，与消费者实现最契合的情感沟通和多元互动，在整个营销生态圈内相互影响、融合的一种生动化营销方式。与传统的品牌营销传播方法相比，品牌娱乐使得广告商的品牌渗透性更强、影响力更持久，同时将品牌价值和品牌特征阐释的更彻底、更完美，真正实现品牌投入最小、产出最大。品牌娱乐的本质就是通过综合型手段实现品牌文化、娱乐文化、营销文化的融合，从而达到引起消费者积极关注并参与其中，建立一种情感联系，以此提高品牌知名度和美誉度，为市场营销活动奠定品牌基础。

1. 品牌娱乐的双重性

品牌娱乐不是简单的产品广告或产品植入，它通常由1~2个商家专门定制，目的是把品牌特质与娱乐节目完美结合，建立品牌与节目之间的良性互动，体现产品乃至企业的个性、形象和文化。这从根本上改变了品牌的参与方式，幕后团队具有营销机构和节目制作人的双重属性，在品牌理念和传播目标上有着很好的沟通，而后将产品曝光和企业文化巧妙地融合进剧本创意。而传统的植入式广告是首先诞生剧本构思和制作团队，然后制作方再带着剧本寻找广告商，由商家购买时间或版面，将产品作为背景或道具等置入节目当中。品牌娱乐对企业目标消费者独特的娱乐偏好更有针对性，可以从整体上把握娱乐风格和情节走向，注重营销传播和娱乐内容在强制介入度和顾客容忍度上的权衡博弈，找到最佳配比。品牌娱乐可以不必紧盯产品展开，但要求不偏离品牌精神，商家可以在品牌和内容之间建立一定的表面或内在关联，以实现传播效果。

2. 品牌娱乐的形式

品牌娱乐与传统的娱乐营销相比，具有天然的独特性，即品牌与受众的契合度高、形式灵活多样且与消费者互动更具实操性。据此，本书将品牌娱乐形式分为传统型、双合型。

（1）传统型。该类型的品牌娱乐营销主要是以常规形式出现，如对电视、电影、音乐会、户外主题活动等节目冠名，或者植入品牌、产品元素，或者插入软广告，将品牌营销有机嵌入娱乐内容，更好地影响目标受众。

（2）双合型。该类型主要指基于品牌契合和受众契合的考虑，选择消费者愿意接受的时间，以消费者最习惯使用的渠道呈现他们最希望看到的内容，使品牌、产品、内容和受众之间能够形成良好的互动和融合，双合型品牌娱乐具有很强的锁定特点，根据契合的形式还可以细分为理念契合和主题契合两大类。

其一，理念契合。主要是娱乐节目与品牌双方在诉求理念方面一致，如999感冒灵，以情感元素为传播诉求，强调家人的关爱，赢得了广大消费者的信赖。

其二，主题契合。即娱乐节目与品牌诉求的主题具有很高的贴合度，如《中国好声音》与加多宝凉茶，二者在“正宗”的主题诉求中完美结合，实现品牌相互背书，加多宝凉茶因冠名《中国好声音》而实现销量大增。

（三）实施策略

广告植入与品牌娱乐的营销传播方式之所以有效，就是因为这两种方式没有明显的品牌或产品诉求的煽动性语言，而是以一种隐性的、潜移默化的方式向目标消费者传递品牌或产品的信息。当消费者喜爱的演员使用某个特定品牌或消费者喜爱的电视节目包含某个特定品牌时，消费者就更有可能将自己对演员或电视节目的积极情感转移到品牌商品上。从年龄结构而言，15~34岁的人更容易注意到电影或电视节目中的品牌植入；从地域范围来看，北美和亚太地区的观众比欧洲的观众更乐于接受植入式广告。此外，当消费者发现他所购买的商品实施了植入式广告策略之后，有可能会更加肯定自己的购买决策是明智的。

如何将品牌植入电影或电视节目非常重要。当品牌的植入合乎电影的故事逻辑或电视节目的主题内容时，其传播效果才有可能实现最大化。

由于以下多种原因，广告商对于广告植入和品牌娱乐的预算一直在稳步增加。第一，当品牌出现在非广告背景中，其吸引力将会大大提高。第二，他人对品牌的看法对消费者来说非常重要。对于许多人而言，他人的想法甚至比自己的想法还要重要。对于观众而言，电视节目、电影或书籍中的品牌植入会使得品牌更有时尚感和影响力。第三，看到他人使用某个特定品牌商品会使已经购买该品牌商品的消费者更加肯定自己的购买决策。第四，对于那些不重视某品牌商品的消费者来说，品牌植入可以证明该品牌在营销传播方面的影响力，甚至有可能会促使这部分消费者重新考虑选择购买该品牌商品。在这种情况下，品牌商品并没有直接用其优点去说服消费者，而是通过演员接受和使用商品、获奖品牌商品作为电视节目或电影故事的一部分来说服他们。

基本概念

互联网媒介	网页广告	流媒体广告	游戏嵌入式广告
电子杂志广告	广告主网站	搜索引擎广告	内容植入
口碑营销	视频营销	消费者评论	病毒式营销
数字营销	移动营销	互动营销	内容营销
原生广告	地理定位广告	行为定位广告	另类营销
蜂鸣营销	隐性营销	游击营销	生活方式营销
广告植入	品牌娱乐		

思考题

1. 互联网媒介的主要特征是什么？
2. 社交媒体营销的优势及其基本原则是什么？
3. 数字营销包括哪些内容？
4. 哪些企业更适合采用另类营销？另类营销的方法有哪些？

课后实践

请各小组同学在第 10 章课后实践的基础上，根据本章教学内容的要求对选定品牌确定数字营销的基本策略，包括选择具体的网络媒体开展营销活动。

第11章 整合视觉传播策略

视觉传播就是运用视觉符号系统地向受众传达品牌或企业的相关信息。随着信息技术的飞速发展，人们接触信息的方式也发生了巨大的变化。正如哈佛大学教授丹尼斯·贝尔所说，“当代文化正逐渐成为视觉文化而不是印刷文化，这是千真万确的事实”。因此，企业在开展整合营销传播时必须充分重视视觉传播的价值，并善于运用视觉传播的方法塑造和提升品牌在消费者心目中的地位和良好形象。本章将主要从广告设计（视觉形象传播）、商品包装设计和商品展示设计三个方面对品牌的视觉传播做介绍，以便营销人员在开展整合营销传播活动的过程中能熟练运用这些工具和方法。

第1节 广告设计（视觉形象传播）

视觉传播既需要借助眼睛来接收信息，更需要借助大脑来理解信息，只有大脑才能帮助受众理解接收到的信息。深入了解众多的视觉形象，有助于策划创意人员分析呈现在受众面前的各种画面。如果能够批判地分析这些画面，策划创意人员就有能力创作出受众过目不忘的高质量的广告视觉形象。

一、视觉形象的构成

理解视觉信息的是大脑，而不是眼睛。大脑在处理视觉信息时，依据四个基本的视觉信号：色彩、形式（视觉形态）、视觉纵深和画面位移。了解大脑划分和整理视觉信息的方式，有助于我们利用这些原理创作视觉形象。人类的大脑借助庞大的专门细胞列阵，以最快的速度、最便捷的方式对被视物体形象的上述四个主要属性做出反应。广告创作人员期望创作一幅能被受众长久记忆的视觉形象时，这四种视觉信号都是必须掌握的。

（一）色彩

对于色彩的描述通常有三种不同的方法：客观法、比较法和主观法。与现实形象或媒介形象的其他属性相比，色彩往往更能唤起受众的情感反应。因此，色彩是一种高度主观且极具影响力的与人沟通和交流的手段。苏格兰人吉姆斯·麦克斯韦尔于1961 年发明彩色摄影，他曾经在一篇文章中写道：“色彩科学必须从实质上被当成是一种精神科学。”[1] 正是因为这个道理，世界上还没有两个人能够以完全相同的眼光看待同一种颜色。

1. 客观法

所谓客观法就是依据已知的度量标准对色彩进行描述。其描述色彩所依据的事实是：色彩感是不同波长的光线刺激人的眼球后部视网膜上的感色视锥细胞产生的结果。人类可见光谱包括波长 400～700 纳米之间的光能，也就是说，人眼只能看到这个数值范围之内的颜色，因为只有这个狭小区域内的光才能刺激人眼视网膜上的视锥神经。

色彩还可以以它的温度作为物理度量标准，因为每种颜色都有其与众不同的色温。色温的度量单位是卡尔文（K）。零度是卡尔文温标中可能出现的最低物理温度，该温度相当于零下 273 摄氏度。红色的色温大约为 1 000K，深蓝色的色温大约为 60 000K。一年之内正午时分的阳光温度在 4 000K～5 800K 之间变化。卡尔文温标的制定是以改变一块黑色金属的颜色所需要的热量为依据的，随着温度的升高，金属物体的颜色会逐渐发生变化。我们在户外观察篝火时，可以发现火焰的颜色是有区别的，而黄色和红色的火焰比绿色和蓝色的火焰的温度要低。

2. 比较法

所谓比较法就是依据色彩接受者通过对色彩与某自然活物体的比较辨别所做出的评价。比如，红色在字典里比作血液的颜色，蓝色则往往比作晴朗的天空的颜色。在使用比较法的时候，要注意被用来做对比的颜色应该是大多数人所公认的色彩标准。如把红色比作血液的颜色，可能会让生理学者感到困惑，因为人体内的血液在没有暴露在氧气中时并不是红色的，而是蓝色的；再则，每个人心目中的红色的概念与他人并不一样。人眼可以分辨出一种色调中大约 150 种深浅不一的颜色。人们通过国家标准局列出的几千种色调来比较颜色。

色品与色调是指一种色彩的意义，或者就是指色彩本身。色彩中的彩色包括红色、黄色、绿色和蓝色。消色包括黑色和白色。增加一种颜色中的彩色成分将会增大浓度，但是它的基本色调将保持不变。饱和度是指一种颜色中彩色的浓度或占有量，低饱和度的颜色是被黑色或白色所稀释后的颜色。

纯度是指混杂黑色或白色之后的效果。如果其中混杂有黑色，人们就说它是浊色；如果其中混杂有白色，人们就说它是洁色。亮度和照度也是描述色彩差别时常用的术语。亮度是指物体表面反射出的光量，照度是指色彩所在区域光源本身的明亮度和特性。

色彩的加色或减色混合原则已被运用于印刷彩色图片，这个过程需要四次分层设色，其中三层是间色印刷。即用绿色滤镜照相，用品色墨印刷；用红色滤镜照相，用青色墨印刷；用蓝色滤镜照相，用黄色墨印刷。除了品、青、黄三种颜色之外，还需要用黑色墨来增加立体感和图片中的细节部分。每次的分色印刷都必须十分小心地将后一种色彩叠加在前一种色彩染料层上，并且由一个单独的印刷机完成。印刷彩色图片的高成本是由多次的无效印刷导致的。不过，计算机的普及运用使彩色图片的印刷成本大大降低，因为分层设色可以借助专门的软件直接在电脑上完成。

3. 主观法

所谓主观法，就是色彩信息的接收者依据自身主观的情绪和联想对色彩进行判断。

---

[1] 保罗·莱斯特. 视觉传播：形象载动信息. 霍文利，史雪云，王海茹，译. 北京：北京广播学院出版社，2003：33.

即一个人的精神状态或对某个彩色物体的想象力是否丰富，在很大程度上影响着他对这个物体信息的情感反应。

美术专业人士很早就发现暖色（红色和黄色）比冷色（蓝色和绿色）显得距离更近的现象。事实上暖色和冷色这两个术语本身所显示的就是心理差异，与色彩的实际温度没有任何关系。暖色使人们感觉比较柔和愉快，冷色则带有生硬阴郁的情感色彩。

人们倾向于把一次愉快或悲伤的经历与其中物体的颜色联系起来。如血红色可能会让人联想起一次意外事故；绿色则可能会让人回忆起愉快的散步。因此，对色彩的记忆影响着人们对它的感觉，也正是由于人们总是把色彩和物体或事件联系在一起的缘故，所以人们对色彩的感觉是非常主观和情绪化的。

由于色彩比其他视觉元素更能影响受众的情感，所以，一幅广告创意作品可能会因为其色彩使用得当而使受众产生深刻的印象；也可能因为色彩使用不当而被受众迅速遗忘。因此，在广告创意过程中应该尤其注重色彩的正确运用。

（二）形式（视觉形态）

人类的大脑能够对视觉形象做出反应的另一个属性是形式。形式可以决定一个物体的外部形态和内部结构，包括三个组成部分：点、线、形。

1. 点（视觉形态的构成要素之一）

点是最简单的可书写形式。实际上，它只是用书写工具在纸上完成的一个实心圆。一个图框中处于任何位置的一个点都会立即引起人们的注意。如果这个点在图框的中心部位，受众看起来就会感觉室内有一个轮子的轴；如果这个点在图框的一侧，受众就会感觉画框的失衡而产生张力。如果在画框中出现两个点，也能够形成张力，因为受众将被迫分散注意力。同时，在画框中的两个点还可以显示两者之间的空间距离。当画框中出现三个以上的点时，受众就会很自然地将它们连成一条假想线，它可以是直线或曲线，也可能构成矩形、三角形或圆形等基本形状。数以万计的点则可以构成一幅图画。19世纪点彩派画家乔治·修拉就运用点画法的技巧进行艺术创作，其作品由众多细小的彩点构成。

2. 线（视觉形态的构成要素之二）

当同样大小的点紧密地排列在一起，彼此之间没有丝毫的空间的时候，它们就组成了一条线。“线”的使用率极高，因为它是一个非常重要的概念。

无论是直线还是曲线，或者两者结合，都蕴含着一种能量，这种能量来自无数独立的点组合而成的序列。因此，线条总能在受众心中激起某种感情。直线对受众所传达的感觉往往是僵硬和呆板；水平线，尤其是位于画框下部的水平线，常使受众联想到有大量生长空间的地平线；如果水平线的位置在画框的上部，又会使受众产生拘束感，因为这种布局让人感到沉重和压抑；垂直线常常使受众的视线停留在那里，并试图在它周围的空间转动；斜线在人的视野中有一种强烈的刺激效果，其中最平稳的是从画框右上角延伸到左下角的对角线，因为它是水平力和垂直力之间一个理想的折中。

曲线可以传达活泼、柔和、生动的情绪；优美的曲线可以传达温和、轻快的信息。

如果线条又粗又重，其传达出的信息显得强烈、可信；如果线条又细又轻，彼此界限分明，其传达的情绪则纤细精致，甚至有些腼腆之意。

物体表面的轮廓线构成了一种图示或是一种自然的标志，能突出显示物体的位置。

粗糙的表面有一些小曲线，形成高低不平的物体轮廓；光滑的表面几乎没有曲线，显出平整顺滑的表层。

3. 形（视觉形态的构成要素之三）

形是由点和线结合而成的图案。形状以平面的形式出现在视野中，没有立体感，只是规定了物体的外部轮廓。形状有三种基本形态：四边形、圆形和三角形。所有已知或想象中的形状都能由这三种基本形态演变和创造出来。和其他视觉属性一样，每种形状都被赋予了特殊的文化意义。

（1）四边形。四边形是指对边平行且相等的四边形，包括正方形、长方形和平行四边形。

正方形形式均衡，中心对称，是最乏味和最保守的形状。不过，正方形也可以被人看作是坚定和正直的象征。长方形是最常见，也是媒介最喜欢使用的图形，我们今天使用的数码相机取景框以及拍摄电影用的 35 毫米的胶片都是长方形的。在长方形的画面中，被表现的主体无须为保证画面平衡而置于画面的中心位置，黑色或白色也可以呼应主体，共同营造一种整体构图效果。但在正方形的画面中，如果被表现的主体居于画面的一侧，就会造成画面的失衡感。

（2）圆形。人类的祖先最先注意到的形状也许就是天空中的太阳和月亮。因此，圆形总是与周而复始的时间联系在一起，象征着时间的永恒。使用圆形必须谨慎，因为这种形状能够立刻吸引受众的视线，如果处置不当，有可能会削弱广告视觉形象的主题信息。

（3）三角形。三角形是最有动感、最富活力的形状。作为一种充满活力的图形，它能指示方向，但它造成的紧张感也可能会增加图形的负担。

等边三角形和等腰三角形是三角形的两种类型，虽然两者都是三角形，但表达的情绪却截然不同。等边三角形的三个边完全相等，因而由其稳定对称的平衡感传达出一种宁静的情绪。三角形的构图主要由其两个部分——底线和顶尖，营造出一种动态的张力，其底线的基座赋予三角形坚如磐石的品格，其顶尖的尖峰又带给人剑拔弩张的感觉。

而等腰三角形的力量则来自它的顶尖，而不是底线。这种三角形尖端朝上，应用在建筑中被称为尖顶，象征着通向宗教信仰者希望升入的天堂之路。不管尖端指向何方，等腰三角形都能刺激受众的眼睛去追随。因此，在广告创意作品中，如果使用等腰三角形的图形，创意者就应该确保受众在尖端末端读到有关信息。

（三）视觉纵深

画面的纵深感实际上是由人的两只眼睛所观察到的景物的些微差异所造成的，被视景物分别被投射到人眼的两个二维视网膜屏幕上，这两路信号到达大脑之后，由大脑将两者的差异解读为纵深感。

生理学的研究表明，确定人的纵深感主要有七种因素，它们或单一作用，或组合生效。这七种因素分别是：空间、大小、色彩、光线、介入物、时间和透视关系。

1. 空间

空间是物体存在的一种形式，由长度、宽度和高度表现出来。对自然景物而言，空间感取决于观察者距离物体的远近。站在视野开阔的地方，人所感觉的空间巨大，由此就增加了景物的纵深感；而如果观察者距离被视物体很近，其纵深感就会受到限制。

2. 大小

如果观察者事先能够了解物体的实际大小，那么，以后观察到的同类物体的大小就能帮助他产生纵深感。因此，物体大小与人们对距离的判断紧密相关；而距离又与空间相关，它能帮助人们获得纵深感。

物体的大小及比例与人的注意力有关。如果人们不知道某个物体究竟有多大，人们往往会把它和另一个已知物体放在一起做参照，并以此做出判断。

3. 色彩

物体的色彩也能够表现纵深感。暖色调的物体显得比冷色调的物体更近一些；亮部和暗部形成巨大反差的高对比度画面显得比亮度平均的画面要更近一些。

4. 光线

光线的强弱也可以表现物体的纵深感。电视台演播室的技术人员通常都会在主持人的上方和后方各放置一盏灯，这种光源叫作“轮廓光”，其亮度略高于主持人前方的光源，以便将主持人从背景的画面中清晰地分离出来，形成纵深感。光影的面积可以暗示物体的体积，也是产生纵深感的又一因素。

5. 介入物

介入物是指把一个物体放在另一个物体的前面从而产生纵深感。如果一个物体放在前景位置，另一个物体放在背景位置，判断前景和背景物体之间的距离是产生纵深感的一个重要的心理提示。

6. 时间

时间是物体存在的一种客观形式，由过去、现在和将来构成连绵不断的系统。时间和空间有着千丝万缕的联系。时间概念作为纵深感的提示之一，表现为观察者看到图形中的第一个物体，这个物体在观察者的大脑中将处于前景位置，而稍后看到的其他物体则处于背景位置。不过，时间作为一种文化元素的表现，其意义要更复杂一些。不同文化背景的人对时间概念的理解也会有所不同，其在图形的创作过程中将时间用作纵深提示的表现方式也不一样。比如，如果一种文化注重历史，那么，他们的图形表现艺术就有可能把近处的物体与远处的物体放在同一个距离层次上，北爱尔兰贝尔法斯特的壁画作品就时常表现出这种透视关系。而如果一种文化更强调长期的计划性和对未来的向往，他们的图形创作就常常表现出无法辨别透视关系的视觉形象。日本的传统艺术品就比较缺乏明显的纵深提示。

7. 透视关系

最复杂的纵深提示可能就是透视关系。在解释透视这个问题上，一个人的文化背景可以得到比在其他任何方面都更加鲜明的体现。相对于整个西方艺术，透视还是一个比较新的概念。在文艺复兴时期，视觉传播者大都是艺术家和科学家，而其中最著名的就是达·芬奇。他的绘画作品就是试图在二维平面中模拟现实世界的纵深感。

（四）画面位移

色彩、形式（视觉形态）、视觉纵深和画面位移一起构成了视觉形象的主要表现形式，它们的共同作用使人的视觉皮层上的细胞对接收到的刺激做出反应。察觉外部物体的移动是动物的本能，人类当然也不例外，因为只有敏锐地发现外部物体或别的什么动物向自己靠近，才可能避开危险。画面位移有四种类型：真实位移、假象位移、图形位移和暗示位移。

1. 真实位移

真实位移是指人或物的实际移动。因为这种位移与广告创意的图形没有关系，不再赘述。

2. 假象位移

假象位移又叫错觉位移，是指静态物体呈现运动状态，典型的例子就是电影画面。电影画面中的人物看上去是运动的，但实际上这些人物根本就没有运动，因为电影的画面图像是由一系列分布在大量胶片上的静止的画面构成的，只不过受众在观看的时候通过大脑的视觉暂留现象感知为运动状态。而产生视觉暂留现象的原因是人的大脑在接受和分析一个画面图形时需要时间，同时，一个画面图形在人的视网膜上消失也需要时间，这样，视觉图形在人的大脑和视网膜上的滞留，再加上静止的胶片以 24 帧/秒的速度转动时，静止的画面就使人感到是运动的了。

3. 图形位移

图形位移实际上是受众眼睛的移动，即人的眼睛扫描整个视觉范围时的移动，或者说是跟随图形元素的布局而移动。结构主义理论认为，人在扫描景物的时候，需要一段时间观看画面中相继出现的各个部分，然后大脑再把这些分散的扫描部分整合起来，构成一幅完整的图像。

广告创意人员常常利用受众的视线在画面上移动的特点，有针对性地设计图形元素的位置。受众在观看一幅视觉作品时，往往根据以往的经验和现在的兴趣关注图形中的某一部分，而忽略图形中的另一部分。受众对图形的扫描是一个主观的选择过程，而不是一种随机行为。一般而言，绝大多数人都遵循从左至右、从上到下的观看顺序。不过，如果受众在图形中发现了一个能够吸引他兴趣的特别的兴奋点，这种观看顺序就不再起作用了。广告创意人员可以在一定程度上将受众的视线引到预期的方向上。

4. 暗示位移

暗示位移是指观看者在物体、形象、眼睛都没有发生移动的情况下，从单幅静态的图形作品中所感觉到的动感。在广告创意中有许多优秀的作品就是利用暗示位移的方法来刺激受众的视觉以达到吸引受众注意力的目的。

二、广告表现的视觉形式

广告创意的最终表现形式还是广告作品，而无论是平面的或影视的广告作品都是通过视觉形式来传达商品的信息和品牌的风格。而不同的视觉形式所表现和传递的信息/意义也相应有所不同。

（一）利用视觉形式吸引受众的注意力

广告创意除了必须对所传播的信息内容进行加工、选择之外，还必须对图形的表现形式进行研究，以使广告作品至少达成吸引受众注意力的目的。利用视觉形式吸引受众注意的表现方法主要有虚拟与变形、滑稽视觉扭曲、画面人物的视觉处理、画面人物的背面处理和近视距处理。

1. 虚拟与变形

所谓虚拟与变形，就是将构成广告视觉画面的主要元素加以重新组合，使该图形与现实生活产生反差以引起受众的好奇，从而达到吸引受众注意力的目的。

2. 滑稽视觉扭曲

实际上，滑稽视觉扭曲和虚拟与变形的表现方法并没有实质的不同，只是前者的虚拟与变形的主体视觉元素都是大多数受众比较熟悉的图形画面，经过变形之后所产生的效果非常滑稽、搞笑，与受众以往所习惯的图形产生了巨大的扭曲和反差，从而深深地吸引受众对广告作品的兴趣。

3. 画面人物的视觉处理

有研究表明，在以代言人物为主体视觉画面的广告作品中，代言人物的目光如与受众产生对视的画面设计，其吸引受众注意力的效果将大大提高。

一般而言，在平面广告中如果要使用代言人形象为图形画面的主体，可能使用动态的视觉画面，因为这样比较容易引起受众的注意。另外，代言人直视受众的眼神，一方面暗示了广告传播者对受众的重视和在意，在现实生活中人与人之间的沟通交流最重要的一点就是不要东张西望，否则，会给人以失礼、缺乏诚意的感觉；另一方面，也显示了代言人（代言品牌）的自信。

4. 画面人物的背面处理

与广告代言人正面直视截然相反的另一种视觉画面的表现形式是展示画面人物的背影。采用这种方式的前提是必须突出广告所诉求的商品，而人物在画面中只是起陪衬的作用即居于次要的地位。

5. 近视距处理

视距是指画面主体与拍摄者（观者）之间的距离。不同的视距下（由近至远）拍摄的画面分别为特写、近景、中景和远景。不同视距的视觉画面给受众的感觉是完全不同的。在生活中，人与人之间的距离越近，往往就表明两人之间的关系越密切。同样，在广告的视觉画面中，特写的画面越大，电视屏幕越大，受众与画面的距离越近，就越能吸引受众的注意。

（二）利用视觉形式引发受众的情感

广告作品中的视觉形象不仅可以起到引起受众注意的作用，而且还可以刺激和引发受众的情感因素，使受众对商品品牌产生正面的积极态度。这些视觉形象通过一些可操控的可变因素对受众的观看行为起着导引和控制作用，这些可变因素包括视角选择、代言人表情和认同等。

1. 视角选择

人们对景物或物体的观看方式主要有三种：仰视角度、平视角度和俯视角度。不同的观看角度，给观看者的视觉感受是完全不一样的。

仰视角度拍摄的画面给人的感觉是高贵的地位和出众的品质。平视角度拍摄的画面给人的感觉是平易的风格和轻松的氛围。俯视角度拍摄的画面给人的感觉是谦逊和奋发进取的品格。

有研究表明，当广告的代言人是被公众所认可的知名权威人物时（如专家、教授等），受众对广告画面中代言人的仰角处理的形象反应比较积极，但如果受众认为广告代言人与自己处于同等地位时，则受众对广告人物形象的仰角画面就持拒绝态度。

总体而言，在市场上处于领导者地位的品牌，其广告视觉画面可以适当地采用仰角表现形式，而在市场上处于跟进者地位的品牌，其广告视觉画面可以采用平视或俯视的角度予以表现。另外，如果广告作品的视觉画面是以儿童、动物为主体的话，采用俯视的镜头往往更能够引起受众的关爱的情感。

2. 代言人表情

在几乎所有的广告创意作品中，凡是以代言人策略进行广告诉求的作品，代言人的脸部表情无非有两种：面带微笑或者面无表情。但是通过仔细研究，可以发现高档时装的广告代言人大都带有明显的冷酷、不屑一顾的表情，而中档品牌服装的代言人则大都笑容可掬。这种对比是如此强烈，以至于可以得出一个简单的规律：时装的档次越高，其代言人（模特）的表情就越酷。对于这种现象产生的原因，有研究者这样解释：高档时装的广告模特之所以形成这种傲慢的神情，一个很重要的原因是社会地位问题。模特脸上傲慢的神情会引起受众对自身社会地位的忧虑，同时也会对模特所代言的时装产生一种向往的情感。这种忧虑或者向往对广告所诉求的品牌而言是极为有利的。

3. 认同

鼓励受众认同广告视觉形象中的模特代言人是广告利用形象与受众进行沟通的最常见的方法。在现实社会中，人们往往通过对彼此的能力、行为和价值观念的相互认同来形成各自的社交圈子。通过对他人的认同，人们可以观察到他人的行为所产生的后果，并使之成为自己的生活经验或教训。广告形象正是利用人们希望认同与被认同的心理倾向来试图加强受众在情感上与广告品牌的联系。许多广告的诉求内容都是以人们的真实经历为摹本，向受众提供在事业上取得成功的范式和希望受众效仿的榜样。

在广告视觉形象的处理上，绝大多数产品广告，尤其是针对女性市场的产品广告，其模特代言人大都是面向受众展示正面的形象。因为人类可能具有一种先天的倾向，即对他人向自己正面直视的面部表情会给以善意的回应。而广告所表现的正面人物形象就可以增加受众做出共情反应的机会，进而增加对广告商品认同的可能性。

三、版面设计

印刷媒介的广告作品是由文案（标题、正文、字体）、图形（色彩、线条、插图、标志）等诸要素相互整合为一个彼此呼应的整体，绝非是上述几个要素之间的简单拼凑和堆积。广告创意既包括诉求内容的创意，也包括诉求形式的创意。因此，如果我们仅仅将广告诉求活动看成是为促进商品销售而向目标受众传播购买理由的话，这样的广告活动就是简单纯粹的商业行为，就会失去通过广告的文化影响力来影响消费者消费行为的更高追求；但是，如果我们将广告活动单纯看成是艺术设计，这样的广告作品可能确实很好看，但却缺乏对消费者的影响力甚至毫无意义。所以，优秀的广告作品必须是内容与形式的完美结合。

（一）版面设计的基本方法

1. 广告版面的设计元素

印刷广告的版面设计，其组成部分通常有：标题、副标题、主要插图和其他任何图像、正文、随文、广告语、标志和其他成分（如优惠券）。在不同的广告中，这些元素的分布是不一样的。在某一个特定的广告中，某一种元素有时可能呈弱化态势甚至缺失状态。因为广告的版面设计并没有刻板的组合规定，设计人员对版面的设计只需遵循两个原则，即最大限度地表现广告的创意及努力将广告的诉求内容与印艺风格予以整合。

2. 建立视觉分级体系

广告设计人员在进行设计之前，应先对上述诸项元素予以分类，即按照重要程度予以分级。通常，诉求内容最关键的部分（也就是视觉表现最重要的元素）应该安排在最显眼的位置。一般的思考逻辑是先确定以下几个问题：广告作品是以字体为主还是以图形为主，广告的诉求策略是理性的还是感性的，标题与图形创意哪一个更精彩。当这些问题有了比较清楚的答案之后，版面设计的思路也就变得清晰起来。

将分级的视觉元素在版式上予以表现的方法是用尺寸大小来衡量，即用字体的大小向受众暗示哪些信息是最重要的。受众的阅读习惯是从大字看到小字并将大、小与重要性联系起来。另外，还有一些方法可以控制分级体系。有些东西的视觉冲击力比较大，给受众的感觉自然是更重要。比如，彩色比黑白更有分量，不规则形状比规则形状更有分量，深色稠密区域比浅色空白区域更有分量，等等。设计人员对这些问题必须有透彻的理解，才能使版面的设计更趋完美。

3. 导引受众的视线

与上述突出重点紧密相关的是设计人员有意识地引导受众的视线、控制受众的阅读顺序和视觉走向。在传统习惯上，人们的阅读顺序是从上到下、从左至右的，因此可以利用这种自然倾向，把最重要的视觉内容放在受众最容易浏览的区域，而把最不重要的视觉内容放在这些区域之外。有人将人们眼睛阅读信息的模式称为Z形，以表示出视线在阅读物上的走向。

当然，设计人员也可以打破视觉习惯，将大号的字体或图像放在不恰当的地方，并使用超常的色彩饱和度迫使受众以某种特定的方式来阅读此处的信息。究竟采用何种方式，完全取决于设计人员的审美品位。

4. 平衡版面布局

版面中各构成元素之间的布局应有一种平衡感。营造平衡感的方法主要有两种：一是对称平衡，二是不对称平衡。

对称平衡的版面布局是版面的一半和另一半相似——有一条看不见的中心线或纵轴使两者保持平衡，给受众以井然有序、整齐稳定的感觉，能很有效地反映或表现某些商品的本质特征。不过，这种布局对有些商品未必适合。例如，保险公司或银行的广告可能很愿意使用这种布局，以暗示广告主的老成持重、令人信赖的经营理念；但运动系列和饮料系列的商品可能会对这种版面布局敬而远之，而采用不对称平衡的版面布局方式。

不对称版面布局是将各种视觉构成元素围绕着看不见的中心轴或中心点以取得平衡的效果，其版面不是那么井然有序，但各个视觉元素都能予以恰当的表现，且更具活力。相对而言，不对称平衡的布局要求设计人员对各种线条、色彩和形状的光学分量必须有良好的感觉，才能在各视觉元素之间建立起一种平衡的关系。

5. 图文的表现比例

比例是一则广告作品中各个视觉元素之间的相互关系。处理好这种关系的关键是要多变：避免机械重复、平均分配版面、形状大小不变所形成的单调乏味感。多种多样的视觉元素的对比可以使版面更具活力，也更能引起受众的观赏兴趣。不要让文字占半个版面，图形占另外半个版面。因为广告作品的各个元素寻找不同的大小和形状，视觉节奏与语言节奏的原理是一样的，相同的意思由不同的词语进行表达就能出彩。同样，相同的视觉感受也可以通过变化的视觉元素来营造。不要简单重复，重复中应有变化。

6. 视觉的整体感

将广告作品的各视觉元素整合为一个整体，其关键之处就是要处理好空白的比例。如果版面中各个视觉元素之间的空白面积太大，就会使得整个版面显得支离破碎、散乱。人们总是认为放在一起的东西彼此之间就会有密切的联系（视觉上的邻近原理），因此，要使广告作品的各组成元素浑然一体，就切不可使各视觉元素相互隔绝、断裂。

（二）版面设计的种类

从理论上说，每一个版面的设计都是原创的、独一无二的，其图形和文案的组合也是前所未有的。但是在实践中，版面的设计还是可以分出几种常见的类型。

1. 文案主导的版面设计

一些广告作品整篇或绝大部分都是由文案所构成，没有图形或图形处于从属位置。在这种布局的广告作品中，标题和图形之间的比例关系是极为重要的。除了要确定哪一个因素应该占据主导地位外，还必须确定它应该如何主导。标题和图形之间如果能够配合完美，广告的创意就能很好地得到表现；而两者之间如果配合不好，则会导致广告创意的失败。

2. 图形主导的版面设计

有时也被称为观景窗式版面设计，这也许是最常见的一种方式。这种方式的广告构图中，图形占据大部分的版面，其余的部分才由标题和正文填补。换言之，图形为主，文案为辅。

3. 多成分版面设计

有些广告的构图形式比较复杂，很难用上述两种方式加以归类，只能称之为多成分版面设计。这种版面设计大致分为四种情况：视觉平行式、分格式、成分分级式和紧密场式。

（1）视觉平行式。即在广告版面中将文案与图形分处两边相等的空间，利用这种形状的重复形成广告整体的平衡和统一。

（2）分格式。即在一个版面上安排多种视觉元素的方法。将一个版面的空间划分为若干个正方形或长方形（分成几块），然后分别填入标题、图形等相关元素。

有一种分格法被称为蒙德里安版面设计。蒙德里安是荷兰画家，其画作几乎完全是由几何图形构成的：用直线构成基色形体，用黑色界线从横向和纵向把画面分开。因此，由若干个正方形和长方形组成的广告构图就称为蒙德里安版面设计。

其他的分格式设计比蒙德里安版面设计更整齐划一，将版面的空间分格成若干个大小相同的正方形或长方形，然后再将各个视觉元素并列置于其中。杂志、报纸、年度报告、目录和其他多页的版式都适合这种分格式设计，以取得一页接一页往下看的视觉连续效果。

（3）成分分级式。将广告作品中所要表现的各类视觉元素按照重要程度分成三个层次，即主导性视觉元素、次主导性视觉元素和从属性视觉元素。也就是说，在一个广告版面之中必须要有一个视觉主导特征、一个视觉次主导特征和一个视觉支持性特征，这样才能形成一个有机的视觉整体。因为，除了确定视觉元素的重点及视觉流程之外，这种视觉的三角关系可以使整个版面显得更加完整统一，使受众在阅读广告信息的同时很自然地将广告的局部与整体密切地联系起来。许多广告作品都使用过这种三点式的布局结构，以引领受众的视线按照 1—2—3 的顺序看完广告的全部信息。

（4）紧密场式。这种版面设计对分格或主导/从属关系的依赖较少，主要靠的是视觉元素之间的紧密关系。多采用色彩、结构、位置、重叠和其他美学原理，把版面的各视觉元素整合成有机的统一体。这种版面设计的方法在各个招贴和其他印艺设计中运用得比较多。

四、影视广告画面组接与表现

如果说平面广告作品是一种空间的艺术，即创意人员要在一定的空间范围内考虑如何运用色彩、线条等基本要素表现出更具有审美品位的广告作品，那么，影视广告作品就是一种时间的艺术，即创意人员要在一定时间范围内考虑如何运用蒙太奇表现手法以创作出能够传达更丰富、更有感染力的广告作品。前面几节内容专门对平面广告视觉表现的各种手法予以详尽的介绍，本部分专门探讨影视语言的基本内容。

（一）影视视觉语言

1. 镜头组接

镜头组接又称为剪接，就是将分散、零碎的镜头连接在一起的过程。影视广告的诉求内容不可能一气呵成地拍摄完毕，它被分成一系列的镜头来拍摄。于是，镜头与镜头的组接就必须符合现实生活的逻辑和人们一般思维的逻辑，这样组接起来的镜头画面才能被广告受众准确无误地接受和理解。

镜头组接的方法是多种多样的。由不同的剪接方式组接的镜头画面给广告受众的心理感觉是完全不一样的，甚至会在很大程度上影响受众对广告信息的理解与接受。以下介绍几种镜头组接的方式。

（1）分切。分切是指把两个有内在联系的镜头直接衔接在一起，前一个镜头叫作切出，后一个镜头叫作切入。这种做法又称为无技巧剪辑，利用这种方法剪接的镜头画面可以达到对比强烈、节奏紧凑的效果。这种方法简洁、朴实，也是影视广告作品最常使用的方法。

（2）叠化。叠化是指将两个或两个以上不同时空中的不同景物与人物、画面重叠起来，复印在一条胶片上，相互重叠的各个画面内容之间有内在的联系。如表现一个人在回忆或梦幻中重叠交替隐现多种不同景象，可使人物的潜在意识形象化，并表达出人物在情绪复杂时的精神状态。

（3）渐隐渐显也称淡入淡出。即前一场景的画面逐渐暗淡直至完全消失（渐隐）和后一个场景的画面逐渐显露直到十分清晰（渐显）。这种手法用以表现某一个情节的终结和另一个情节的开始。利用这种方法剪接的镜头画面可以达到节奏舒缓、平稳的效果，给受众一种“间歇”的感觉。

（4）划入划出又称划变。表现形式是滑移，即后一个镜头从前一个镜头画面上渐渐划过，前后交替。这种手法现在已很少使用，但有时也被用来加强某种视觉效果、情绪或节奏。划的技巧在广告中常常被采用，且花样繁多。如左右划、上下划、多角形划、菱形划和螺旋形划等。

2. 蒙太奇

蒙太奇是法语中的一个建筑学名词，原意是安装、组合、构成，借用到电影里，最初就是指镜头和镜头的组接，并很快成为国际电影行业的通用语。

虽然蒙太奇是影视创作中极为重要的概念，但至今未止，蒙太奇还没有一个统一的定义。

大英百科全书的解释是：“蒙太奇指的是通过传达作品意图的最佳方式，对影片进行的剪辑、剪接以及把曝光的影片组接起来的工作。”法国电影理论家马塞尔·马尔丹在其《电影语言》一书中对蒙太奇的定义是：“蒙太奇是电影语言最独特的基础。蒙太奇意味着将一部影片的各种镜头在某种顺序和延续时间的条件中组织起来。”

上述解释虽有不同，但对蒙太奇的本质作用的看法还是大体一致的。即蒙太奇是影视作品创作过程中的一种独特的思维方式，蒙太奇是画面语言的构成方法。

蒙太奇的表现方式主要分为两大类，即叙事性蒙太奇和表现性蒙太奇。这两种蒙太奇之间并没有明显的区别，有些蒙太奇的运用虽是叙事性的，但已具有了表现的价值。

（1）叙事性蒙太奇。顾名思义，此种蒙太奇手段就是把故事讲清楚，把情节交代得有条不紊。这是蒙太奇中最简明、最直接的一种表现形式。其作用是连接段落与段落、转场、贯穿动作线索以节约时间、压缩空间，使情节清晰、自然。叙事性蒙太奇又可以分为连续式、平行式、交叉式、积累式、复现式和颠倒式等基本形式。

连续式是影视作品中运用得最多的、最基本的一种叙事手法。其优点是有头有尾、脉络清晰、层次分明，受众易于理解。大多数的影视广告创意基本上都是采用这种方法进行后期制作的。

平行式是将两条以上的情节交替叙述，把在同一时间但不同空间的事件同时予以交代，使之具有共时性。许多警匪片的情节表现就常常采用这种手法。一般而言，由于受到时间的限制，大多数广告创意都不太可能运用此种方法。但是，也有一些品牌广告运用此种方法，同样获得极大的成功。

交叉式即让具有共时性的两个以上的平行动作或场面交替出现，其情节画面互相交叉，相互加强。

积累式即把一连串性质相近并说明同一内容的镜头组接在一起，造成视觉积累的效果。

复现式即在影视作品中前面曾出现过的画面、动作、对白，以及场面、道具、音乐等，在后面又重复出现，以产生前呼后应、首尾相接的强化效果。

颠倒式即把故事情节从现在转到过去，又从过去转到现在，产生倒叙或插叙的效果。

（2）表现性蒙太奇。表现性蒙太奇主要不是用来叙述故事情节本身的，而是为了表现某种寓意、情绪、精神，其追求的是镜头与镜头组接之后所产生的新的含义。表现方式主要有对比式、隐喻式和象征式等。如电影中的某位主人公牺牲之后，画面上出现的一颗高大苍翠的青松，就是典型的表现性蒙太奇。不过，在广告创意表现中这种方法基本上不会使用。

对比式即把不同内容、不同形象、不同声音的画面组织起来，从而造成强烈的对比关系。例如，一贫一富、一高一矮等，以起到相互衬托、强调的作用。

隐喻式即将貌似相同而实质不同的两个事物加以并列，以此喻彼。

象征式与隐喻式近似，即将某一具体事物与另一事物并列以展示这一事物的意义。用具象的事物比喻抽象的概念。如用鲜花象征幸福即属此例。

（二）视觉形象的表现

1. 隐喻式广告

有的广告主非常喜欢采用直截了当的方式进行广告创意，试图达成理想的传播效果，但往往事与愿违。实际上，视觉形象与语言文字的最大区别就是前者所传播的信息较后者更丰富及有更大的模糊性和不确定性，这也是视觉形象的魅力所在。因此，利用隐喻式的蒙太奇方法，可以使视觉形象充分发挥自身的作用。

广告活动的目的之一就是要提高商品在市场竞争中的地位，为此，就不可避免地会在广告诉求中攻击竞争对手。问题是直接攻击竞争对手会导致两败俱伤，于是，采用隐喻的方式使广告的视觉形象产生更为丰富但并不确切的信息，反而会增加广告的吸引力。一方面，它使广告得以向受众暗示无法或不愿以更为公开的方式所传达的信息；另一方面，它也可以吸引受众和评论家花更多的时间去思考、谈论这一广告，从而增加了受众自己体会出隐喻信息的可能性，使受众对广告诉求品牌产生更为深刻的印象。

2. 视觉并列式广告

视觉并列式广告是指在屏幕画面上以左右并列的方式同时播放两个在情节或内容上有内在关联的视频画面。由于视觉并列式广告在画面上诉求的信息较多，使得受众难以集中精力正确接受和理解广告主所要传达的商品信息。因此，严格说来，不太可能有哪位广告主愿意创意和制作从头至尾都是视觉并列式的广告作品。不过，在影视广告中，使用这种手法作为镜头表现的方式还是可以尝试的。

视觉并列式广告的表现方法主要有以下几种：因果关系、对比、比喻。

（1）因果关系。视觉并列式广告的构成元素主要有人物、生活方式、产品形象。在具体运用这些元素时会受广告主的创意策略所规范，有时会以人物形象为表现主体，即将产品与其典型的使用者相联系；有时又会以生活方式为表现主体，即强调的重点在某一产品的使用背景或社会环境而不是特定的使用者；有时还会以产品形象为表现主体，即表现产品与某些比较抽象并非实用的领域之间建立象征性的关系，而不是仅仅注重其使用功能。但是，不管采用哪种方式，这些并列的视觉形象之间都有一个共同的因素，即因果关系。比如，将某一产品与支持该产品的名人并列就有可能向受众证明该品牌产品的品质，同时还可能暗示一种隐含的信息：如果你买了这款产品，那么在他人的眼里你就和这些名人所具有的生活品质产生了关联。总之，大多数将产品与某一正面的视觉形象并列的广告都可以被看作是在暗示产品与正面形象之间存在着某种因果关系。

（2）对比。在视觉并列的广告作品中通过两个或两个以上具有前后关联的影像向受众诉求有关信息，以使受众通过视觉形象的对比产生对诉求信息的理解与认同。这种表现方式的目的是便于受众对产品产生直观的认知。

（3）比喻。比喻是文学表现的一种修辞手法。通俗地说，就是将甲事物比作乙事物。利用比喻是广告中视觉诉求的一种常规手法。例如，仅在汽车广告这个类别中，人们就会看到各种各样的比喻：有比作雄狮的丰田、比作老虎的埃克森、比作猎豹的宝马等。广告主之所以喜欢将自己的产品比作上述这些动物，一个最主要的原因是并列的形象可能比产品本身的图片对受众有更大的吸引力。况且，有学者的研究发现，有三种视觉形象最容易引起人们的关注度和兴趣，即美女（beauty）、动物（beast）和婴儿（baby），这是广告界著名的创意法则，即3B原则。

与其他修辞手法相比，比喻手法比较含蓄，它往往通过与广告所宣传商品本质特征相类似，而且又是受众所熟悉的事物来借题发挥、延伸转化，从而给受众意味无穷的感受。

案例 11-1

JEEP 越野车的平面广告

一、内容提要

吉普越野车起源于军车，是世界上屈指可数的优秀越野车，拥有独特的设计风格。其车身巨大、气质豪迈、充满野性，是很多热爱越野活动的成功人士所热衷的车型。吉普越野车价格高而性能极佳，动力强劲，其车型已经有了很强大的VI识别功能。在常见的JEEP广告中，它都是以高大威猛、激情豪迈的形象出现，不管是暴雨冰雪的恶劣天气还是悬崖峭壁的极端地形，JEEP 越野车都能如履平地，从容应对，仿佛一个成功者的人生，不管前面的路有多艰险，成功者都能从容应对，化险为夷，因为 JEEP 的目标客户群体一直都定位于热衷户外活动的人群，这样的广告内容对于 JEEP 的目标客户群体来说，能够产生共鸣，达到非常好的销售效果。

二、广告赏析

JEEP 越野车有一则平面广告，画面的中心是一把钥匙，上有醒目的 JEEP 标识，钥匙的齿状部分被处理成起伏的山峦，这极具暗示作用，而山峦之上有一处文案：START UP A MOUNTAIN，意为：开启一座山峰。图案下方是文案：JEEP THERE'S ONLY ONE，意为“吉普，此处的唯一”。

平面广告吸引人之处在于能够让人联想，在很小的区域内提供大量的信息，以小见大，这幅广告也不例外。钥匙上面起伏的山峦象征着吉普越野强劲的动力和强悍的爬山实力，而钥匙如利剑的一样的形状更加强了这种速度感，让人似乎能够感受到吉普车呼啸而过、征服高山的快感，而在钥匙之上，醒目的文案更是加深了这种感受，“开启一座山峰”，这样的文字极具气场，在字里行间都透露出一种成功者的霸气和得意，山峰都能够被驾驶吉普越野车的人所开启，意味着任何困难在驾驶者面前都将被碾得粉碎，这样的豪言壮语和吉普车本身对目标客户的定位十分契合。设计者还特地采用了大写的字母，同时字体也很巨大，在醒目的同时，也充满了大气和坚定。在图案的右下角，还有一行文字：吉普，此处的唯一。这是对吉普车优秀的爬山性能的描述，其含义是，要在这样陡峭的山峰上行驶，也只有吉普越野车才能做到，独一无二，唯我独尊。这样的广告文案虽然对对手充满了挑衅意味（其实三菱和丰田的越野车也能做到），但是对于购买者来说却能够带来一种优越感，每个人都希望可以买到独一无二的好产品，设计者抓住了消费者这种“人有我优”的心态，编辑这样的文案对于那些热爱户外活动并喜欢越野车的人来说很有吸引力。

统观该广告的整体，JEEP 广告的诉求点就在于“对山峰的征服”，也暗示对困难的征服，这一概念在广告被突出、被深化，与 JEEP 本身的卖点相结合，成为最为集中、最吸引注意力的广告之“眼”。画面标识物使用象征性的汽车钥匙，一般而言，钥匙意味着开启，而广告所要传达的信息就集中到这把钥匙上，“开启新生活”或者“开启前方的山峰”，无论是文案还是对图像具象化的处理，都始终围绕对受众“吉普车概念”的宣传，海报的整体风格简约大气，充满气场。

资料来源：平面广告案例赏析 5 篇．(2019－05－14)．写写帮文库．

第 2 节　商品包装设计

商品包装设计是一项需要工作人员共同努力将科学与艺术结合起来的工作。在具体的设计过程中，设计人员需要考虑的首先是包装物对商品的保护作用，其次是包装制作的成本以及什么样的包装设计更有利于产品的市场营销。本节将探讨包装设计在品牌形象传播及商品促销方面所产生的积极作用。

一、包装设计的基本概念

商品的包装设计指根据商品的市场定位、商品的特征及目标消费者的审美偏好，采用适当的原材料，通过科学的结构设计和艺术的视觉表现创作出商品的包装容器或展示制成品。包装设计严格来说有两层意思：一是涉及工业设计范畴的产品造型设计；二是一般意义上的包装装潢设计。前者更重视包装的材料性能及其对产品的保护作用，后者则更强调产品信息的传播与品牌形象的展示。

在商品尤其是快速消费品的市场营销中，包装设计发挥着重要的作用，这已经被越来越多的企业所认同。当今的市场经济被称为“眼球经济”，就是因为在日益激烈的市场竞争中，只有想方设法吸引消费者的注意，品牌商品才有可能被消费者认知和购买。引起消费者注意的可能是商品广告，但促使消费者做出购买决定的是包装设计。因此，包装设计在品牌的市场推广乃至品牌形象的提升方面发挥着重要的作用，主要体现在以下三个方面。

（一）成功的包装设计可以增加产品销量

说到包装设计，人们马上会联想到一个成语“买椟还珠”。今天，人们可以从不同的角度解读这个故事，正是因为“椟”设计得精美绝伦，郑国人才做出了购买决定。

市场上商品的同质化现象日益严重，竞争也趋于白热化。商品信息被消费者注意有两种情况：一种是企业通过投放在媒介上的广告吸引消费者，不过这种注意难以实现即时购买；另一种是企业通过分销渠道向消费者展示商品包装并吸引消费者，这种注意往往会促使消费者即时购买。商品包装是其原材料、色彩、造型等的综合体现，容易对消费者产生视觉冲击，并可能直接导致消费者产生购买行为。

（二）优秀的包装设计有助于消费者对品牌的识别

买椟还珠的故事之所以广为流传，是因为楚人做的“椟”十分精致，使得“珠”与“椟”的主配角关系发生了置换，也难怪郑人喜欢包装盒却把珍珠送还了。从市场营销的角度看，这个故事实际上向我们传递了一个基本道理，即包装设计在处理商品与包装物的关系时一定要做到有主有次，否则再精致的包装设计也难以起到吸引消费者购买商品的作用，这样的包装就是失败的包装。

如果说古人把包装仅仅当作商品的容器还可以理解，当代人仍然持有这样的观点就是很难理解的。当代的包装设计概念已经远远超出产品容器的原意，其更重要的意义是借助包装容器这个特殊的载体——可以理解成特殊的媒介，向消费者传递商品的相关信息（原料、配方、功能、特点等），这有助于消费者对品牌商品形成正确的认识与判断。

（三）有个性的包装设计有助于提升品牌形象

随着消费社会的形成，当代消费者必将步入品牌消费的时代。当消费者选择商品尤其是经验性商品时，真正能够打动他们的不仅仅是商品的物质功能属性，还有商品通过各种视觉媒介（尤其是包装设计）给消费者带来的个性满足和精神愉悦。包装设计不仅仅是商品的容器或者商品信息的视觉展示，还是品牌文化、品牌个性得以彰显和传播的外在体现。品牌之间有诸多差异，这些差异（也就是品牌个性）更多地通过包装设计表现出来。因此，优秀的包装设计是成功品牌的外在体现，可以极大地提升品牌在消费者心目中的形象和地位。

二、包装材料的基本分类

商品的包装材料可从不同的角度分类。根据包装材料的不同作用，包装材料可分为主要包装材料和辅助包装材料。主要包装材料是直接接触商品并成为商品容器包装物结构主体的材料，又称为内包装材料。由于这类包装材料与商品直接接触，因此食品生产企业和监管机构对产品内包装材料的物理性能、化学性能和机械性能等有非常严格的要求。辅助包装材料是不直接接触商品的装潢材料、黏合剂、封闭物和包装辅助物（封缄材料和捆扎材料等）。相对于主要包装材料，生产企业在使用辅助包装材料时更加注重成本的低廉和商品在卖场的展示效果。

根据原材料的不同种类，包装材料又可以分为：纸质材料，包括纸张、纸板（如瓦楞纸板、蜂窝纸板）和纸浆模塑制品等；合成高分子材料，包括塑料、橡胶、黏合剂和涂料等；玻璃与陶瓷材料；金属材料，包括钢、铁、铅、锡和铝等；复合材料；木材；纤维材料，包括天然纤维、合成纤维、纺织品等；其他材料。

三、包装设计的步骤

包装设计由两个方面的内容构成：一是造型设计；二是装潢设计。包装造型设计是空间立体设计，包装装潢设计则是以平面为主的设计，这两种设计都离不开工业设计和平面设计的一般原理和形式美的基本表现法则。其基本设计步骤如下。

（一）调查研究

包装设计人员在开始创意设计之前，应该尽可能全面深入地了解品牌商品的相关信息，包括品牌商品的行业特征、商品基本属性、品牌定位、品牌文化内涵、同行品牌商品的包装及商场展示效果的比较、竞争对手的包装特点、目标消费者的审美偏好、目标消费者对竞争对手包装设计的看法、其他国家同类商品的包装现状（材料、色彩）等。总之，对上述信息调查得越全面、研究得越深入，包装设计工作的开展就越顺利。

（二）诉求点分析

品牌商品的诉求点一般要在商品的物质属性（品质、功能、价格等）和精神属性（价值观、审美品位、个性等）中选择。对品牌商品的诉求点进行分析并非一定要对诉求内容进行质疑甚至修改，而是要对诉求点进行深刻的认识和理解，并尽可能围绕诉求点进行包装设计，使整个包装设计的风格充分体现品牌商品诉求点所传达的功能性或精神性内涵。

（三）构思与设计

构思是设计人员根据调查研究阶段积累的相关信息进行的创造性形象思维活动。这种思维方式具有以下几个特点。

第一，目的性。包装设计属于典型的商业设计范畴，商业设计与艺术设计或纯艺术创作的最大区别是其具有非常明显的商业目的，也就是说，包装设计始终要基于品牌商品的市场营销目标。这种目的性在总体上规范了包装设计的创作过程。

第二，转换性。这是指创作人员从逻辑思维转换到形象思维的能力，或者是将概念的抽象思维转换到具象事物的形象思维的能力。这需要创意人员有丰富的想象力，善于及时捕捉、发现生活中看似风马牛不相及的各种事物间的内在关系，使包装设计作品达到出众的传播效果。

第三，形象性。从事包装设计尤其是包装造型设计的人员要善于运用形象思维的方式进行创作构思。在创作中，他们脑海里出现的往往是生活中各种事物的形象，他们需要对这些事物形象进行解构、裂变、拼贴、重组。

（四）建模或确定效果图

建模是指包装设计人员将包装造型设计方案物化为与实际效果大体一致的包装模型。在具体的实施过程中，可以选择 2 ~ 3 个较为理想的设计草图按 1:1 的比例做成实物模型，模型可用纸张、黏土、石膏、塑料等材料制作。由于石膏比其他材料的造型效果好，雕刻起来更简便且成本较低，因此许多包装设计公司更习惯于使用石膏作为包装设计的建模材料。

现在，设计人员普遍运用计算机设计软件与制图技术，可以在电脑上将产品的造型设计以三维虚拟模型的方式直观地展示出来，能极大地提高包装造型设计的创作效率。

由于包装装潢设计主要以平面设计的方式创作作品，因此这种设计比造型设计容易，也不需要建模。不过，由于电脑上的设计效果与实际的打印或印刷效果有较大的差别，尤其是纸张的不同会导致实际的色彩与电脑上的色彩有较大的差别，因此确定包装装潢设计的效果图时一定要慎重，在印刷样稿上做最后的确定会更保险一些。

四、包装造型设计的方法

包装造型设计主要包括以下几种方法。

（一）线型法

点、线、面是艺术设计中的基本创作元素，“线”这个概念在立体造型的设计中同样是最基本的形态要素。在包装造型的设计过程中，线的作用大体可以分为两种：一种是形体线，另一种是装饰线。形体线是指产品包装容器造型结构的几何线条，它可决定容器的基本形体；装饰线是指与产品包装容器结构没有关系但依附于形体线的线条，它有装饰和美观的辅助作用。

不同的线条有不同的表现力，也就是说线条勾勒出来的表情不尽相同。比如，竖直线条给人以高耸、挺拔、伟岸之感；水平线条给人以平稳、安定、广阔之感；斜线给人以动感和均衡感；曲线给人以活泼、柔美、流畅之感。包装造型设计和装潢设计都需要针对产品的特点和消费者的审美偏好灵活运用不同的线条，从而创作出优秀的包装设计作品。

（二）雕塑法

包装造型设计与雕塑设计在本质上没有什么不同，如果将线型法看成平面构成法，那么雕塑法就是一种典型的立体构成法。其实，大多数物体都是由最基本的形体组合、变形或对面、角、体的切割增补而形成的。基本形体主要是指球体、正方体、圆柱体、三角体等。例如，洗手液的包装设计采取的就是基本形体累积造型方法，即将原本看似简单的形体巧妙地组合在一起，创作出新颖别致的包装造型设计。

（三）肌理镶嵌法

肌理镶嵌法是指设计人员在包装设计的过程中，针对包装材料的表面采用特殊的工艺处理方法以突出或强化包装的质感和肌理美的效果。使用这种设计方法时，设计人员必须对各种包装材料的性质和特征有非常深刻的理解，还要掌握并熟练运用相应的处理工艺。具体运用肌理镶嵌法时，一定要努力形成对比效果，如明暗之间的对比、平滑和粗糙之间的对比、粗细之间的对比等，以尽可能表现出包装设计的立体装饰效果。

水疗中心手提袋的设计通过激光技术的切割，使礼品盒表面形成了“叶”面的肌理。木质材料特有的被高温灼烤后的明暗肌理效果十分独特，给消费者留下了深刻的印象。

（四）光影法

在包装容器设计中如果能正确地运用光和影这组独特的造型要素，可以使包装造型物更具立体感、空间感、时尚感和梦幻感。包装造型物体不同方向的面是产生光和影的基础，设计人员可以在包装造型物的大面上增加小平面的数量，并按一定的规律组织排列，这样包装造型物会产生各种不同的折光和阴影效果。

瑞典著名品牌 Ramlösa 苏打水的包装造型设计用高透明的玻璃材料作为苏打水的容器包装物，整体造型为流线型，向受众暗示或传递了苏打水的灵动和活力。瓶身的设计有意识地将大块的面积切割成若干面积不同的几何形状，在日光或灯光的照射下，产生了璀璨斑斓的交叉光和折射光效果，极大地提升了该品牌在消费者心目中的形象和地位。

案例 11－2

商品包装创意设计经典案例

1921 年 5 月，当淡香水大师师恩尼斯·鲍将他开发的几款淡香水展现在香奈儿的眼前让她挑选时，香奈儿果断地挑选出了第五款，即如今誉满全球的香奈儿 5 号淡香水。殊不知，除了那与众不同的香气之外，真正让香奈儿 5 号淡香水变成“淡香水皇室中的皇室”的是那个看上去并不像香水瓶，反倒像药瓶子的创意包装设计。

设计师出身的香奈儿夫人，设计的香奈儿 5 号香水瓶别具一格。“我的艺术美学见解跟他人不一样：他人唯恐不够地往上添，可是我一项项地扣减。”这一设计思路，让香奈儿 5 号香水瓶简易的产品包装设计在诸多繁杂华丽的香水瓶中脱颖而出，变成最古怪、最极具特色，也是最成功的一款造型设计。香奈儿 5 号以其晶石激光切割般形状的瓶塞、全透明紫水晶的正方形瓶体造型设计、简洁明了的线框引领了一股全新的艺术美学潮流，并快速获得了顾客的喜爱。此后，香奈儿 5 号淡香水在全球热销 80 多年，迄今依然经久不衰。

1959 年，香奈儿 5 号香水瓶以其所主要表现出的特有的现代美学造型设计喜获“当今优秀工艺品”头衔，进入纽约市当代艺术博物馆的展览品行列。香奈儿 5 号香水瓶成为当之无愧的工艺品。

资料来源：十大经典创意包装设计营销策划案例．(2021－06－02)．百度文库．

第 3 节 商品展示设计

展示设计是一个引进的概念，从广义上说，它研究人类在时空范畴中的一切传媒活动，包括人与人、人与物的信息交流，它也是人们获取信息、增长见识、启迪教育的一种重要的社会沟通文化现象。从狭义上说，它是企事业组织在一个特殊的空间范围内针对品牌产品或项目进行品牌策划、传播、管理的过程，包括展览会、交易会、购物环境、节庆礼仪、橱窗等具体商品的形象展示设计。

一、展示设计的基本概念及作用

展示设计是一种以空间为表现特征的综合艺术设计，它的主体是商品。企业可在既定的时间和空间范围内运用艺术设计语言，通过对空间与平面的精心创意产生独特的展示空间。这一过程不仅含有解释展品和传播品牌主题的意图，而且能使受众参与其中，达到完美沟通的目的。这样的空间形式一般称为展示空间，对展示空间的创意过程则称为展示设计。

究其本质，展示活动是企业将生产的产品与社会有关人士进行沟通交流的过程。现在，企业越来越多地使用各种形式的展示活动来提升品牌形象，展示活动的作用主要体现在以下几个方面。

（一）信息集散

在信息社会中，信息传播尤其是商业信息传播的形式和载体多种多样，展示活动是一种非常直接、有效并有别于其他传统传播媒介的综合传播形式，它有其他传播媒介所不具备的特点。有关资料显示，在100个成功的企业中，有87%的企业参加过本行业的展会活动，有78%的企业选择直接营销的方式开展产品营销活动，有46%的企业趋向于使用互联网开展线上的传播活动，只有28%的企业仍然习惯于通过电视媒介开展营销传播活动。英联邦展览业联合会的统计资料显示，展会活动优于人员直销、公共关系、广告传播等传统营销手段，企业通过上述传统营销方式获得一个客户的成本大约是219英镑，通过展会活动获得一个客户的成本只需35英镑。

从表面上看，展示活动是企业有计划、有组织地开展的商品展示和推荐活动，但实际上，它是企业与消费者进行的有关商品信息收集、沟通、发散的集散活动。这种信息集散活动是信息的双向流通过程。一方面，企业通过展示活动与消费者直接接触，将商品的相关信息真实准确地传递给目标受众，使目标受众对商品产生正确的认知并形成良好的品牌印象。另一方面，企业可以借助展示活动直接面对消费者，通过有计划、有准备地收集第一手的市场信息，切实了解消费者对产品的真实想法或潜在要求，这为企业制定品牌发展的整合营销传播战略奠定了坚实的基础。

（二）增进体验

随着网络技术的普及，人们越来越依赖通过互联网获取自己感兴趣的信息。但是，人们只是通过视觉和听觉来获取网络信息，并以此满足自己对外部信息的认知与了解需求，这与人们希望通过亲身体验来感知外部世界的要求相距甚远，这也是在网络高速发展、虚拟展馆不断涌现的今天，人们仍然不断参加不同行业的各个展会的原因。毕竟，观众置身于企业营造的展示空间里，利用听觉、视觉、触觉、味觉和嗅觉所获得的对商品的综合感受是三维动画视频不能给予的。观众来展会现场就是要接触真实的商品，通过亲身感受来检验之前通过媒介获得的商品信息的准确性，从而对展示商品形成价值判断。

二、展示设计的基本要素

展示设计的基本要素涉及空间及其构成，下面从六个方面来讨论。

（一）空间

空间感是人类与生俱来的对外部世界的认知能力，它无时无刻不在影响人们的行为和判断力。对于人类而言，空间可以分为两类：一类是物理空间；另一类是心理空间。这两类空间存在内在的因果关系。物理空间是不以人的意志为转移的客观存在；心理空间则是建立在人们对客观世界的知觉基础上的主观存在。

世界上存在各种各样的空间，不论是复杂的空间还是简单的空间，它们基本上都由地面、顶面和墙面三个元素构成。空间既可以由这三个元素中的一个元素构成，也可以由这三个元素组合而成。对于展示空间尤其是商业性的展览会，企业参展商必须尽可能在租用的面积有限的展馆场地上，通过巧妙、合理的空间划分努力将场地之内的主体空间与场地之外的可逆空间进行相互渗透，从而创造出远远超出规定空间的展示效果。

（二）透视

人们最早研究透视时，将所见景物准确地描画在一个平面上，这样就有了该景物的透视图。后来，人们在平面上根据一定的原理用线条来显示物体的空间位置、轮廓和投影，这称为透视学。透视学是人类很早就掌握的科学理解和表现空间的方法，在照相机发明前相当长的时间内，人们都是通过透视的方法将现实世界的三维景物展现在二维的平面上。

在现代商业展示设计中，巧妙地运用透视原理可以使相对有限的空间看起来更加宽敞，使观众产生一种视错觉，从而改变观众对展示空间的心理感受，这常常能够达到比较理想的效果。具体做法是人为地制造景深，通过与环境存在有机联系的大幅图像画面制造一个不存在的虚拟空间，或者通过镜面反射材料使某些阻碍视线的物体（如墙面、柱子等）消失，在观众的视觉层面扩大展示空间，进而帮助企业营造一个能够给观众留下深刻印象的展示氛围。

（三）比例

世界上所有的客观事物都有一定的尺度，人们对不同客观事物的基本判断就是通过对尺度比例进行认知与理解而形成的，客观事物尺度比例的变化常常能够影响甚至改变人们的判断。比如，一个身高 1.7 米的人站在姚明身边会显得很矮，但是他站在比自己矮的人的身边无疑就会显得高大了。由于参照对象不同，人们的认知会存在巨大的差异。因此，人们认知和理解某个客观事物时，有必要首先建立客观的标准评价体系，只有这样才能形成认知共识。商业展示空间设计的本质目的是通过对有限空间的改造，努力调整现实空间的比例关系，为观众创造良好的心理认知空间，这有助于观众在参观过程中对展示商品形成良好的印象。

（四）距离

世界上的任何事物都不是孤立存在的，而是与其他事物存在一种平行、并列或相交的对应关系。如果某客体事物与某主体个人产生联系，那么这一关系就会更加复杂。物体之间的距离是衡量空间大小的一个重要元素，同样，人们完全可以通过衡量甲与乙之间的距离判断二者之间的关系状态。

在展示设计的过程中，设计人员应当灵活地运用空间距离的独特属性，以便在展示设计中有效地缩短人与人、人与展品之间的物理距离和心理距离。

（五）色彩

色彩是物理刺激作用于人眼的视觉特性，人的视觉是受大脑支配的，因此，人对色彩的判断必然带有个人心理特征。人们对色彩的认知不仅与客观物体的颜色特性有关，而且会受到时间、空间、外表状态以及客观物体周围环境的影响，还会受到个人的经历、文化程度、情绪、视觉灵敏度等因素的影响。据此，我们可以将色彩界定为事物本身客观属性与视觉主体主观体验的综合存在。

策划与设计人员在利用有限的空间进行展示设计时，一定要根据商品的外包装特征、展场空间的大小、周边展场的色彩运用、希望给观众营造的氛围等各种因素来选择恰当的色彩风格，以达到给受众带来更有视觉记忆的展示效果的目的。

（六）材料与结构

现代商业展示设计之所以能够得到快速发展，一个重要的原因是各种轻型材料的出现使得展示设计师可以在很短的时间内便捷地搭建一个巨大的室内外空间。当然，由于使用的材料与结构的不同，展示设计向观众传播的文化品位、格调也会有所不同。展示设计人员需要根据展品特点以及展示传播目的选择适合的材料和简便易行的结构，搭建丰富多彩的空间，创造出具有独特风格的空间造型。

三、展示活动策划

展示活动是一种集视觉、体验、互动等多种感觉于一体的特殊媒介。企业参加各种展示活动可以针对目标消费群体传播企业或商品的相关信息，扩大企业或品牌商品的知名度，提升企业在业界的品牌影响力。在开展整合营销传播活动的过程中，越来越多的企业认识到展示活动在树立和传播品牌形象方面发挥的作用是其他传播方式无法代替的。展示活动策划主要由四个方面的内容构成。

（一）立项

展示活动的立项一般是指企业在获知某个城市或地区将要举办大型展示活动的相关信息后，企业的负责人根据对市场竞争状况、品牌传播的需要等各种因素的综合考虑做出是否参加展示活动的决定。企业一旦做出参展的决定，就要进一步确定参加展示活动的目的、希望达到的效果、如何选择具体展位、准备投入多少预算等。

（二）确定传播主题

企业参加展示活动之前，必须首先明确企业的传播主题，这样展示设计及其相关工作才能有条不紊地进行。不同的传播主题会在很大程度上制约展示设计的创意及风格。企业还应考虑并确定展位设计风格、将要展示的商品、这些商品是否需要重新进行包装设计、展位现场的工作人员及其职责等。

（三）设计企业参展展位

此项工作一般由企业委托的专业展示设计公司完成。企业在与展示设计公司合作的过程中，一方面，应该主动与具体的设计人员进行沟通，使其尽可能多地了解本企业参加展示活动的目的、传播主题、品牌商品的相关特征等基本信息；另一方面，应注意不要将双方的合作当成简单的雇佣关系，应该尊重设计师的脑力劳动，尤其是不要过多地限制设计人员的创意。设计师在不受束缚和愉悦的心境下才有可能创作出优秀的展示设计作品。

（四）培训参展工作人员

目前，国内大中型的展会活动一般会持续3～5天，一些颇具影响力的展会活动的日均接待参观人次最高可达10多万人次，可见一个成功的展会活动产生的影响力是任何企业都不能低估的。为了使企业的参展商品能够获得更多参观者的青睐，达到理想的品牌传播效果，企业在展会活动开始之前必须对参展工作人员进行专门的培训。培训内容包括工作人员需要具备正确规范的礼仪、和蔼可亲的形象、统一庄重的着装、流利的解说能力、全面深入的专业背景、恰到好处的应变能力等，以确保展示活动取得成功。

基本概念

客观法	比较法	色品	色调	饱和度	纯度
亮度	照度	主观法	暖色	冷色	纵深感
空间	轮廓光	介入物	真实位移	假象位移	图形位移
暗示位移	虚拟与变形	镜头组接	分切	叠化	淡入淡出
划入划出	包装设计	辅助包装材料	线型法	雕塑法	肌理镶嵌法
光影法	展示设计				

思考题

1. 广告表现的视觉形式有哪些?

2. 包装设计在品牌的市场推广乃至品牌形象的提升方面能发挥哪些重要作用?

3. 现代企业越来越多地使用各种形式的展示活动来提升品牌形象，展示活动策划主要有哪些内容构成?

课后实践

请各小组同学在第 10 章课后实践的基础上，根据本章教学内容的要求针对选定品牌确定整合视觉传播策略。可以根据选定品牌的整合营销传播战略有选择地对产品的广告设计策略、包装设计策略、产品展示设计策略进行分析和评价，也可以对该品牌进行广告、包装、展示设计。

第12章 营销活动策略规划

本章将从营销的角度对整合营销的具体策略和方法进行探讨。虽然总体上来说，营销与传播是一枚硬币的两面，但是营销与传播有各自的理论体系，本章将介绍整合营销传播中的整合营销活动。

第1节　直接营销

企业建立数据库不仅可为整合营销传播战略的实施奠定坚实的基础，而且可以有效地推动直接营销活动的开展。直接营销是企业早已运用的营销传播方式，在计算机和网络普及之前，直接营销因在信息收集、保存等方面受到人工的限制而难以有效开展，数据库的建立则可以使企业在更大范围内收集和保存客户的相关信息，也可以提高企业与客户的沟通效率，更可以有效地提高直接营销的传播效果。因此，随着数据库的建立，直接营销在企业的整合营销传播战略中扮演的角色越来越重要。

一、直接营销的起源及基本概念

（一）直接营销的起源

直接营销起源于邮购活动。1498 年，阿尔丁出版社的创始人阿尔杜斯・马努蒂乌斯在意大利威尼斯出版了第一本印有价目表的目录，该事件被认为是业界有记载的最早的商业邮购活动。1667 年，威廉・卢卡斯在英国出版了第一本园艺目录。后来，商业邮购活动在美国、意大利、英国等地都有了一定的发展。1926 年，谢尔曼和沙克海姆在美国创办了第一个现代图书俱乐部——每月一书俱乐部，他们主张运用免费试用的方式，即先寄书后收款，直到消费者不再订购或者不再付款为止。这与传统的先收款后寄书的方式截然不同，这也是营销人员测量顾客终身价值的首次尝试。

世界著名直接营销公司伟门公司的创办人莱斯特・伟门说，生产商 90% 的利润来自回头客，只有 10% 的利润来自零星散客，少损失 5% 的老客户便可增加 25% 的利润。因此，从战略上讲，企业必须明确自己的营销目标是争夺市场份额，还是保持或培养客户忠诚度。据专家分析，面对激烈的市场竞争，维持一个老客户的成本只是寻求一个新客户成本的一半，使一个离开的老客户重新成为本企业的客户所需成本则是寻求一个新客户成本的 10 倍。维系通过投放传统广告得到的客户并将其转化为忠诚客户是直接营销的一个重要目的。

莱斯特·伟门在 1967 年率先提出直接营销的概念。他认为人类社会一开始的交易就是直接的，原始的一对一销售（服务）方式是最符合并能最大限度满足人们需要的方式，工业革命带来的大量生产和大量营销是不符合人性的、不道德的。特别是在当今的产品市场中，大量广告充斥媒体，这种现象被人们称为“眼球经济”。在当今社会，人们更加追求个性化的产品和服务，仅仅通过大量的营销活动难以满足人们的愿望。

（二）直接营销的概念

作为一种营销传播工具，直接营销在许多企业的促销活动中得到普遍运用。只是这种方法受到信息技术的限制导致成效不大，因而被认为是广告活动的一种辅助工具，没有受到企业足够的重视。

直接营销的英文为 direct marketing，它是个性化需求的产物，也是传播个性化产品和服务的最佳方式。人们最初对直接营销的理解是销售方“利用一种或多种媒体对目标消费者施加影响的所有活动的总称”①。英国直接市场营销协会对直接营销的定义是：“直接营销是一种控制论的营销方法，它利用直接反馈广告进行市场探测、转化和保持。”②该定义涉及直接营销过程包含的信息互动功能。1997 年，美国直复营销协会（ADMA）将直接营销定义为“任何有意针对消费者或企业客户，以期他们以订购、进一步查询、为购买某一商品或服务而光顾经营场所的形式做出反应的直接传播活动”③。

通过归纳这些定义的核心内容，可以大致总结出几个要点：第一，直接营销本身具有双向传播功能；第二，直接营销是一个具有互动特征的营销与传播体系，因此可称为互动营销；第三，由于这种即时的营销传播方式可以及时记录顾客的反应和态度，营销者可以根据顾客的反应随时调整营销传播方法，所以这种营销传播方式又具有可测量性和针对性。

根据上述内容，本书认为直接营销是指企业（产品和服务的生产者或提供者）放弃中间商环节，借助数据库驱动的信息系统，通过人际传播的方式主动直接与顾客形成即时的、双向互动的人际关系，在传播信息的同时强化和满足顾客对商品的需求，从而实现商品销售的传播活动。

可从以下几个方面认识这一定义。

第一，直接营销从本质上说是带有商业目的的人际（或网络）传播活动。这种人际传播活动得以进行的前提是传播双方有共同的愿望，即一方有传播信息和销售商品的愿望，另一方有购买商品以满足需求的愿望。

第二，直接营销是企业借助数据库的信息系统，有选择地根据目标客户的需求开展的营销传播活动。这种营销传播方式更有目标性和针对性。

第三，直接营销是同一时空下将传播与营销合二为一的营销传播方式，它将销售信息与需求的产生（通过传播某种信息来刺激和强化消费者需求）和满足（传递商品或需求信息）加以合并，从而在很大程度上提高了营销效果。

---

① 贝尔奇，等．广告与促销：整合营销传播展望．张红霞，李志宏，译．大连：东北财经大学出版社，2000：627.

② 布莱思．营销传播精要．王慧敏，陈雪松，译．北京：电子工业出版社，2003：159.

③ 阿伦斯．当代广告学：第 7 版．丁俊杰，等译．北京：华夏出版社，2000：281.

（三）基于互联网的直接营销

互联网作为一种可以双向沟通的交互式渠道和媒介，可以很方便地为企业与客户搭建桥梁。一方面，客户可以直接通过互联网订货和付款；另一方面，企业也可以通过互联网接收订单、安排生产及运送产品。基于互联网的直接营销的特点主要表现在四个方面。

第一，直接营销作为一种互动体系，强调直接营销者与目标客户之间的双向信息交流，它可以克服传统市场营销中单向信息交流方式下营销者与消费者之间无法沟通这一致命弱点。由于互联网是开放、自由的双向式信息沟通网络，企业与客户之间可以实现一对一的信息交流和沟通，企业也可以根据客户的需求进行生产和营销，并在最大限度地满足消费者需求的同时，提高营销的效率和效果。

第二，做好直接营销的关键是企业为每个目标客户提供直接向营销人员反馈的渠道，并根据客户的反馈找出自身的不足，为下一次的直接营销活动做好准备。互联网的便捷性使客户可以方便地通过互联网直接向企业提出建议和购买需求，客户也可以通过互联网获取售后服务的相关信息。同时，企业可以从客户的建议和要求的服务中找出自身的不足，并按照客户的需求改善自身的经营管理，减少营销费用。

第三，直接营销在任何时间、任何地点都可以实现企业与客户的双向交流。互联网的全球性和持续性使得客户可以在任何时间、任何地点直接向企业提出要求和反映问题，企业也可以利用互联网低成本地突破空间和时间的限制，与客户实现双向交流。

第四，直接营销最重要的特性是可以测定营销的效果。互联网作为最直接的沟通工具，可以很方便地为企业与客户提供沟通平台和交易平台。通过数据库技术和网络控制技术，企业可以迅速处理每一个客户的订单和需求，不必太在意客户的规模和购买量。这是因为互联网的沟通成本和信息处理成本都非常低，企业可以通过互联网以较低的成本最大限度地满足客户的需求。

（四）直接营销的优势与劣势

1. 直接营销的优势

与其他营销方式相比，直接营销的最大优势是可以依托数据库最大限度地维护和开发客户。由于直接营销的目标客户大都具有比较清晰的指向性，因此，直接营销更具针对性、更个性化，其劝服效果也更明显。由于直接营销的目的之一是真实地观察目标客户对商品的反应（如购买商品、索取信息、参观体验等），因此直接营销就成为最具追溯性的营销传播方式。另外，直接营销可以及时记录和保存目标客户对商品的反馈意见，这为企业以后开展营销活动指明了方向。直接营销还可以在几天之内根据目标客户的反馈意见或行为，对所运用的传播策略进行调整和改进，从而有效提升营销传播效果。

直接营销利用可寻址媒介（邮箱、电话、电子邮件、QQ等）进行信息传播时，一方面由于具有较为明确的指向性，大大降低了媒介预算；另一方面由于可寻址媒介的广告创意、设计、制作和发送比大众媒介快捷得多，因此直接营销的投资回报率远远高于其他营销方式。

2. 直接营销的劣势

任何事物都不可避免地具有两面性，直接营销也不例外。其劣势表现在：第一，直接营销最主要的缺陷是其投放在每个客户身上的相对成本更高。比如，直接邮寄的成本有可能达到每千人2 000元。相较而言，由于规模经济的作用，投放在大众媒介上的广告的千人成本可能只有 200 元。从性价比角度而言，生产原料或配件的居于产业链上游的企业更适合采用直接营销。

第二，直接营销在借助媒介开展活动时可能会打扰客户，客户会因此对直接营销甚至是营销的品牌商品产生反感。目前，越来越多的手机和电脑用户针对垃圾邮件设置了保护措施，这对直接营销的发展构成了十分严峻的挑战。

二、直接营销的方法

（一）直接营销的基本要素

直接营销在具体实施中有前端和后端两种业务，前端包括营销传播、内外部呼叫中心及其他可以引起消费者需求和企业销售的行为；后端包括专职人员接收和处理商品订单、存货控制、装货、开票、处理退货及其他客服工作。前端的工作性质是制造客户的期望，后端的工作性质则是努力帮助客户实现期望。前端的构成要素是供给、数据库和反馈，后端的构成要素是执行。

1. 供给

供给是指生产企业为达成交易、获取利润或满足客户需求而向客户承诺的所有有形或无形的商品或服务。也就是说，除了标价的商品之外，供给还包括商品交易的支付条件、送货期、退货或换货手续及其他承诺条款，以及与品牌有关的形象及其他无形的服务。

企业要引起目标客户的注意，使他们对企业的商品或服务产生兴趣进而采取购买行为，应通过各种方法刺激他们。

由于绝大多数企业开展直接营销的目的是引发客户的购买行为，因此，直接营销在某种程度上与促销有相似之处，即两者都以产品折扣、奖品、积分等激励手段刺激客户采取购买行为，且这种激励手段只在某一特定的时间范围内有效。直接营销可以借助数据库的信息系统及时了解客户的反馈意见，并根据这些意见及时调整营销传播方法。因此，直接营销的作用远胜于一般意义上的促销。

2. 数据库

企业在没有建立数据库的前提下开展直接营销在理论上虽说是可行的，但是在实践中难以做到，因为一个企业在没有掌握目标客户相关信息的情况下所开展的直接营销实际上与传统的促销没有本质上的区别。由于成本的关系，企业首次开展的直接营销往往不能产生利润，因此企业在开展直接营销之前必须尽可能多地获取目标客户的相关信息——姓名、联系方式、购买商品的习惯等，以便向可能购买本品牌商品的客户发送商品信息，并使这部分客户成为企业的忠诚客户。企业如果没有数据库，就难以判断哪一种促销手段更有效，而这往往是决定直接营销能否成功的关键要素。

3. 反馈

在直接营销过程中，反馈是指客户针对营销传播信息做出的行为反应。比如，客户获知企业发出的有关某商品或服务的信息之后，可以通过拨打免费电话、浏览网站、接受邀请、出席展览会等方式对接收到的信息进行反馈。

客户的反馈是直接营销有别于其他营销方式最重要也最具优势的特征。企业可以根据客户的反馈及时采取相应的措施，促成交易的发生，或者根据客户的反馈意见适时调整营销传播策略。总之，客户的反馈对直接营销的顺利开展起着决定性的作用。

4. 执行

直接营销的效果是否显著关键在于执行，直接营销的主要优势在于它具有其他营销手段所不具备的便捷、经济的特性并能及时地向客户传播商品信息和交付商品。企业在直接营销过程中，其执行部门的主要职责不仅包括将货物装箱，还包括管理库存、处理账单、追踪订单、补仓和记载退货及处理换货等。

在直接营销过程中，时间是一个十分关键的要素。许多国家有明确的法律制度规定直接营销的订单必须及时执行（完成交易行为），以及客户实施交易行为之前必须被告知其享有无条件退货的权利。不过，在实际的直接营销中，一个不容忽视的事实是客户的需求常常在下订单之后和实际收到商品之前呈递减趋势。因此，企业必须在尽可能短的时间内完成商品的交易行为，如果客户在下单之后等待商品交付的时间过长，客户就有可能取消订单或直接退货。

（二）直接营销的具体应用

1. 直接营销的实施

企业选择采用直接营销前，必须弄清楚一个基本事实，那就是并非所有的商品都适用直接营销方法。一般而言，对于生产规模大、消费速度快、消费者参与程度低的商品，直接营销的作用并不大。

从整合营销传播的角度来说，直接营销只是众多营销传播方法中的一种。企业如果要在实施整合营销战略中采用直接营销方法，就必须先解决以下四个问题。

第一，实施直接营销的意义何在。也就是说，企业要判断向客户提供商品或服务是否有使用直接营销的必要性，商品是否具有小规模生产、消费速度慢、客户参与程度高的特点，以及企业能否清晰地界定目标客户的构成等。企业如果能够对上述问题给出肯定的回答，就可以考虑实施直接营销，否则应该考虑放弃。

第二，企业是否建有目标客户的数据库。如果企业要采用直接营销，就应该主动收集或保存现有客户或潜在客户的基本信息。企业如果没有目标客户的基本信息，可以通过一些方式获得，如向专业市场调研机构购买，或者利用促销活动和市场调研等方式获得。不论企业采取什么方法来获取目标客户的信息，这些统计数据中的客户都必须与企业商品的实际目标客户相吻合，否则建立在这些信息基础上的直接营销就失去了意义。

第三，企业应该如何向目标客户传递品牌信息。直接营销是最典型的整合营销传播模式，因为直接营销可将人员销售与信息互动合二为一，使营销与传播真正融为一体，企业也可以在传播品牌信息的过程中完成商品的销售。不过，由于直接营销对销售与传播具有整合性，企业在具体的操作中对如何向目标客户传递品牌信息感到困惑，也就是说，企业不知道应该偏向于传播（着眼于未来的销售而树立品牌形象）还是偏向于销售（着眼于当下的即时销售）。从整合营销传播战略的角度考虑，作为整合营销传播战略的一种应用工具，直接营销的品牌传播意义显然大于其销售意义。如果企业过于注重直接营销产生的销售结果，势必会降低直接营销在整合营销传播战略中所发挥的品牌传播价值作用。企业在实施直接营销的过程中，应该尽可能站在更高的层面上处理好品牌形象传播与促进即时销售的关系，在此基础上确定品牌商品的传播内容。

第四，企业应该如何选择更合适的直接营销传播工具。直接营销传播工具大致可分为四种：直接邮寄、电话营销、大众传媒和网络互动营销。企业如果在整合营销传播战略的规范下实施直接营销，出于对成本和效果的考虑，一般应选择一种直接营销工具作为主导工具，其他直接营销工具可作为辅助工具。

2. 直接营销与其他营销传播方式的组合

在以往的市场营销实践中，直接营销在营销组合中常常处于可有可无的地位。随着互联网和信息技术的发展，直接营销已经成为整合营销传播战略中最具代表性的一种操作模式，也是越来越多的企业更愿意使用的一种营销传播方式。究其原因，主要是直接营销作为一种具有极大包容性的营销传播方式，不仅可以与其他营销传播方式整合，而且能够将人际传播中的实时互动功能予以充分发挥。直接营销与其他营销传播方式的结合主要体现在以下几个方面。

第一，与广告传播结合。直接营销借助媒介开展活动，这本身就是一种广告传播形式。比如，直接营销经常使用的直接邮件、产品目录、网络互动媒介等实际上都属于广告。只不过直接营销必然会包含一个可以免费邮寄的回执或者 800 或 400 免费电话，以方便客户及时与企业联系，并促使客户做出购买决策。

第二，与公共关系结合。由于直接营销具有十分明显的针对性、即时性和互动性等特点，许多规模较大的企业或机构在开展大型公共关系活动时倾向于使用直接营销来传播企业的经营理念。比如，一些企业可能会利用直接营销来为慈善机构募集资金，或者建立带有公益色彩的会员俱乐部等。当然，企业在开展公共关系活动时，其广告或促销活动都会提供企业的 800 或 400 免费电话，以使某些受众成为品牌的实际顾客。

第三，与人员销售结合。直接营销如果不借助媒介传播，就只能以人员销售作为最主要的手段。人员销售虽然是最传统的营销方式，但是由于人员销售具有解惑性和情境性的特点，这种方式常常能够在较短的时间里促成目标客户做出购买决策，因此，许多企业仍然愿意使用这种方式开展营销活动。随着一对一电子媒介的普及，人员销售的类型和形式也越来越多，其中的电子营销和人员直销是最常用的方法。电子营销包括电话营销、网络邮件等，其优点是传播对象十分精准，传播方式灵活多变，有助于提升品牌形象，以及避免品牌商品存在的不足；人员直销是许多日化产品企业惯用的手法，如雅芳等企业采用人员直销的方式取得了极大的成功。

第四，与销售促进结合。销售促进是市场营销实践中最传统的方法之一，几乎所有人都在不同程度上被各种品牌商品的促销活动吸引过。比如，企业会利用直接邮件向目标客户发送产品促销目录，邀请目标客户参加与品牌商品有关的讲座，或者向目标客户赠送新产品优惠券等。不过，在整合营销传播战略中，将直接营销与销售促进相结合所追求的并不只是销售效果，而是把这两者看作是企业或品牌与目标客户之间难得的人际交往活动，希望通过这种具象的、感性的接触使品牌与目标客户之间建立彼此认同的稳定关系。

（三）直接营销的效果评估

直接营销的优势之一是可以对效果进行较为准确的评估。直接营销的评估方法比较简单，计算直接营销的回应率和每单位销售成本即可。计算回应率需要用回应数除以发出的广告数量。比如，某企业向目标受众发送了 50 万份直邮广告，做出回应的目标客户有 5 万人，那么回应率就是 10%。

回应数/邮寄广告总数 = 50 000/500 000 = 10%

如果要计算每单位销售成本，要先算出直邮广告的制作、印刷和投递的总成本。假定上述企业发送 50 万份直邮广告的总成本是 50 万元，且最终做出销售回应的有 2 500

人，那么每单位销售成本为200元。

第2节 事件营销

事件营销是近年来国内外十分流行的一种集市场推广、新闻传播、广告策划、公共关系、形象传播、客户关系于一体，为新产品推介、品牌展示创造机会，以建立品牌识别和品牌定位及快速提升品牌知名度与美誉度为目的的营销传播手段。20世纪90年代后期，互联网的飞速发展给事件营销带来了巨大的契机。通过网络，一个事件或者一个话题可以更容易地传播和引起关注，成功的事件营销案例开始大量出现。

一、事件营销的基本概念

（一）事件营销的概念

事件营销是指企业通过策划、组织和利用具有新闻价值、社会影响以及名人效应的创意性活动或事件，形成大众关注和议论的焦点，吸引媒介跟踪报道，使该活动或事件在更大的范围内传播，借此提高企业或品牌的认知度，树立良好的品牌形象，并最终提升销售业绩的一种集营销和传播于一体的特殊营销传播方式。

事件营销具有受众面广、突发性强，在短时间内能使品牌产品的信息传播达到最大效果，可以为企业节约大量的传播成本，近年来成为一种流行的公关传播与市场推广手段。简单地说，事件营销就是通过把握新闻规律，制造具有新闻价值的事件，并按相应的步骤操作，把品牌产品的相关信息借助新闻事件进行传播，从而达到广告效果。

之所以说事件营销是一种特殊的营销传播方式，是因为事件营销在策划与实施的过程中不可避免地会使用新闻学、传播学、广告学、公共关系学、品牌学、市场营销学等众多学科的相关理论与方法。虽然目前许多学者和业界人士将事件营销归类为营销工具，但是将事件营销归类为传播工具似乎也合情合理，甚至将之归类为上述其他学科的工具也无任何不妥。本书认为事件营销究竟应该如何归类并不重要，重要的是企业在实施整合营销传播战略的过程中，应正确地运用事件营销这一特殊的营销传播工具。

（二）事件营销的运用背景

事件营销能够成为众多企业实施整合营销传播战略过程中使用频率最高的营销手段，除了投资回报方面的原因外，还有运用背景上的原因。

1. 大众注意力稀缺

这是运用事件营销的原始背景。在当今信息时代，受众每天接触的商业信息非常多，超出了受众信息接收的临界点，导致受众不会注意任何缺乏吸引力的信息，或者说，在信息泛滥的环境里受众对任何信息都难以产生兴趣，即受众的注意力稀缺。从理论上说，受众的注意力是指对某条特定信息的精神集中度。当各种信息进入受众的意识范围，受众会关注其中特定的一条信息，然后决定是否采取行动。受众的注意力对企业来说是一种可以转化为经济效益的资源，有效利用和把握受众的注意力是事件营销的动力。

2. 大众媒介议程设置

这是事件营销得以实现的桥梁。大众媒介议程设置是大众传播媒介具有的一种为公众设置议事日程的功能，大众传媒的新闻报道和信息传播活动以赋予各种议题不同程度的显著性的方式影响人们对周围世界“大事”及其重要性的判断。企业如果想成功实施一次事件营销，就必须善于利用大众传媒，只有通过新闻传播、广告传播等大众传播活动营造出有利于企业的社会舆论环境，才能达到借势或造势的目的，引起公众的重视。

3. 整合营销资源

这是事件营销的必要途径。无论从理论还是实践的角度而言，事件营销都应该是整合营销传播诸多实施工具中最具整合意味的营销传播工具。在事件营销的实施过程中，需要对多种营销和传播手段进行整合，也需要对企业的品牌信息进行整合，还需要对企业内部的各个部门进行整合，更需要对大众传播和人际传播的不同方式进行整合，以使事件营销有效地运作。因此，整合各种营销传播资源不仅是事件营销理论与实践的依据，也是事件营销有别于其他营销传播方式最为显著的特征之一。

（三）事件营销的构成要素

事件营销成功与否的关键在于事件本身是否具有新闻价值，新闻价值是由构成新闻的客观事实是否适应社会大众的某种需要决定的。事件营销的构成要素实际上就是“事件”（新闻）的构成要素。这些要素主要包括关联性、独创性、整合性和参与性。

1. 关联性

事件营销的第一个构成要素是策划的事件必须与品牌具有必然的关联性。如果策划的事件与品牌没有内在的关联性，即事件与品牌相脱离，结果必然是一起事件被炒得很热闹，但是与品牌形象和品牌产品没有关系。策划人员应该努力使品牌的诉求点、事件的核心点和公众的关注点重合在一起，并贯穿事件营销的始终。总之，策划的事件与品牌内涵的关联性越大、重合度越高，越有可能将公众对事件的关注转移到品牌上。

2. 独创性

事件营销的第二个构成要素是策划的事件一定要有独创性。事件能否吸引公众的眼球取决于事件本身是否具有新闻价值。营销人员在策划事件营销的过程中，一定要努力做到构思巧妙、新颖独创，策划的事件越有创意，公众的关注度就越高，传播效果也就越好。

3. 整合性

企业开展事件营销的最终目的是提升品牌在公众心目中的地位。一起事件营销即使当时极其成功，所产生的轰动效应也是短暂的。为维持事件营销为品牌带来的良好影响，企业需要在事件营销结束后，将事件及品牌的相关信息不间断地传播给目标受众，并努力将公众对事件的注意力转化为其对品牌的忠诚度和实际购买行为。简而言之，企业需要在事件发生过程中和事件告一段落后，始终做好整合营销传播工作。

应该说，一起成功的事件营销就是一整套整合营销传播战略的简洁版，其中不乏多种传播媒介、多种传播方式的综合运用。在策划事件营销的过程中，策划人员一定要善于利用各种营销传播工具传播经过整合的品牌信息，发挥事件营销对品牌的增值效应。

4. 参与性

参与性是指策划的事件必须能够吸引更多的公众广泛参与，这是事件营销的第四个构成要素。公众对新闻事件的参与大都取决于两个前提条件：一是事件与公众的实际生活关系密切；二是事件与公众的兴趣点相契合。比如，发生在非洲的一些具有很高新闻价值的事件与公众的实际生活没有什么关系，也许事件发生时会引起部分公众注意，但很快就会被公众淡忘。如果事件发生在公众的身边，或公众能够亲身参与由事件引起的相关活动，公众就会形成深刻印象。

在策划事件营销的过程中，策划的事件只要具备上述四个要素之一就具备了新闻价值，具备的要素越多、越全，事件的新闻价值就越大。一个事件（新闻）如果同时具备上述所有要素，肯定会有很高的新闻价值，自然会成为所有新闻媒介竞相报道的对象。

二、事件营销的运作方式

事件营销的运作主要围绕事件开展，企业的营销人员在策划事件的过程中，可以将事件大体分为营销战略型事件和公益活动型事件两种。

（一）营销战略型事件

营销战略型事件是指企业在制定营销传播战略的过程中，根据新产品推广、分销渠道招商策略以及市场竞争状况所策划的与品牌产品有内在关联性的营销事件。此种事件较适合企业推广新产品或为既有品牌产品开辟新市场时采用。

比如，2010年9月初，淘宝网上演了一出疯狂的大价值商品团购大战，销售的产品是奔驰Smart汽车。250辆汽车在不到4个小时里被抢购一空。从营销角度讲，这个网络事件最重要的意义并不在于“250辆汽车”这一销售数字。该事件营销是一次全新的尝试并获得了成功，消费者对Smart汽车的关注度大幅提升，Smart汽车线下的询问量明显增长，最重要的是该活动在很大程度上使消费者的汽车消费观念发生了改变：汽车不过是一个交通工具，够用就行。

（二）公益活动型事件

企业通过策划一些带有公益性质并能引起公众关注的活动来塑造或提升品牌在大众心目中的形象。此种活动具有明显的非商业性质，其事件往往指向以文化、艺术、体育、环保以及社会责任等为主的活动。由于该类事件具有社会公益性质，其对企业及品牌形象的传播与提升具有很大的促进作用。另外，非商业化事件更容易受到大众媒介的关注并成为社会讨论的话题，具有相当广泛的传播影响力。比如，北京奥运会临近开幕期间，海尔借鉴火炬传递的理念，策划并发起了在1 473个百度城市贴吧进行“奥运爱心火种传递”活动，活动结束后，海尔根据爱心指数，向参与热情度最高的前五个城市的福利院送出海尔冰箱。这一网上爱心传递活动吸引了近百万网友热情参与，有力提升了海尔在公众心目中的品牌形象，推动了海尔产品的市场销售。

三、事件营销效果评估①

事件营销效果评估主要分为两个阶段，第一个阶段是对事件本身进行评估，第二个阶段是对品牌影响进行评估。营销人员可以分别从静态和动态两个角度进行评估。静态评估是指了解事件发生后受访者对相关品牌的评价，它侧重于了解品牌目前的状

① 此节参见黄鹂，何西军．整合营销传播：原理与实务．上海：复旦大学出版社，2012.

态，便于企业对品牌进行长期监测；动态评估是指在事件发生前和事件发生后分别对受访者进行调查，以评估受访者对品牌态度的改变情况，重点评估受众对品牌态度的变化程度。

第一个阶段的评估指标主要包括受众对事件的知晓率、认知渠道分布状况和对具体活动的评价等。相对而言，此阶段的评估简单一些。

第二个阶段的评估主要是对受众的认知、情感和意愿三个层面的主观感受进行评估。

事件营销效果的评估体系如图12－1所示。

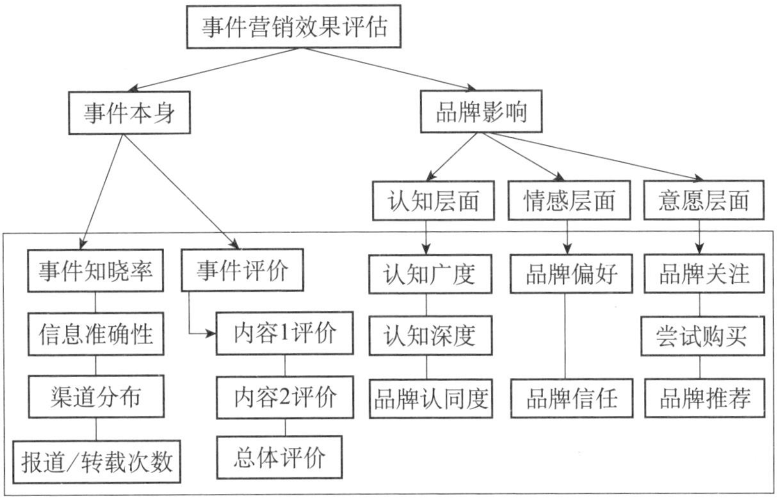

图12－1 事件营销效果的评估体系

认知层面涉及评估品牌影响的第一个环节。它包含三层含义：一是认知广度；二是认知深度；三是品牌认同度。通过对这三个指标进行评估，企业可以衡量事件营销结束后相关品牌的认知率，还可以了解受众对相关品牌的认知深刻程度。

情感层面是指受事件营销的影响，公众对相关品牌产生的情感方面的变化情况。此项内容可以通过两个指标来测量：一是品牌偏好，即事件营销结束后受众是否更加喜欢某个品牌、喜欢的变化幅度如何等；二是品牌信任，即事件营销结束后受众是否更加信任某个品牌、信任的变化幅度如何等。通过比较这两个指标的变化程度，评估者能够较为准确地评估和判断事件营销对受众情感的影响。

意愿层面是指受众受事件营销的影响对相关品牌产生的最终购买行为的变化程度。意愿层面也可以称为行为层面，认知是基础，情感是过程，意愿才是真正的结果。可以通过三个指标对意愿层面进行评估：一是品牌关注，即事件营销结束后受众对某品牌的关注度是否有了明显提升，这项指标可以通过企业官方网站日浏览量的变化进行测算；二是尝试购买，即事件营销结束后消费者是否更加愿意尝试购买某品牌产品、尝试购买的变化幅度如何等；三是品牌推荐，即事件营销结束后，消费者在其家人或朋友准备购买相关产品时是否会积极地向他们推荐相关品牌的产品，以及推荐前后销量的变化幅度等。

公众最终购买行为的变化在很大程度上取决于其对企业开展的事件营销活动的认知和情感判断。品牌影响的评估程序如图12－2所示。

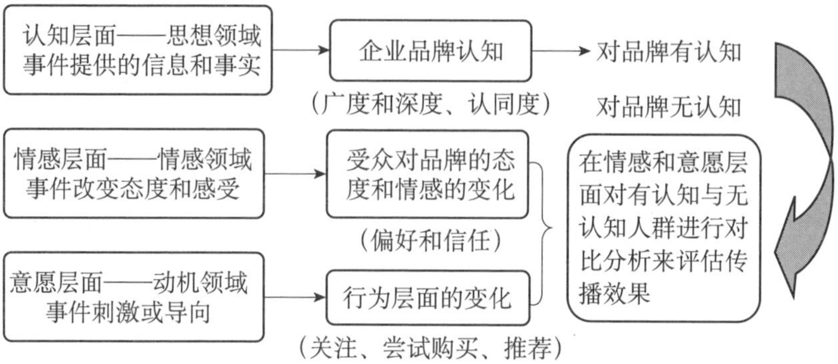

图12－2　品牌影响的评估程序

第3节　体验营销

近年来体验营销越来越受到企业的青睐，许多企业利用体验营销使自己的商品从激烈的竞争中脱颖而出。显然，体验营销在企业的市场营销与传播活动中扮演着重要的角色，也必将在整合营销传播战略中发挥其他营销传播工具难以取代的作用。营销人员有必要了解体验营销的相关概念和实施方法。

一、体验营销的基本概念

体验营销是20世纪末出现于美国并于21世纪初传入我国的一种新型营销传播方式。1998年，约瑟夫·派恩和詹姆斯·吉尔摩在《哈佛商业评论》上发表论文《欢迎体验经济的到来》，首次提出了体验营销的概念。此后，体验营销的概念和实施方法迅速引起企业界的关注并传播开来。

（一）体验营销的定义

体验营销是指企业通过让目标顾客观摩、聆听、尝试、试用等方式，让顾客亲身体验企业提供的产品或服务，实际感知产品或服务的品质或性能，促使顾客认知、喜爱并产生购买行为的一种营销方式。这种方式以满足消费者的体验需求为目标，以服务产品为平台，以有形产品为载体，通过生产经营高质量的产品拉近企业和消费者之间的距离。

这种方式突破传统的“理性消费者”假设，认为消费者是理性与感性兼具的，消费者在消费前、消费中和消费后的体验才是产生购买行为与开展品牌经营的关键。星巴克真正的利润就来源于体验。在伯尔尼·施密特博士提出的理论中，营销工作就是通过各种媒介，包括沟通（如广告）、识别、产品、共同建立品牌、环境、网站等，刺激消费者的感官和情感，引发消费者思考、联想，使其采取行动和获得体验，并通过消费体验不断地传递品牌或产品的好处。

体验营销由三个要素构成，即消费者主体、产品或服务客体以及环境。

体验营销理论认为，消费者既是理性的也是感性的，消费者基于理性分析采取购买行动与追求乐趣、刺激而一时冲动地采取购买行动的概率是大致相同的。消费者在售前、售中和售后对商品或服务的体验才是其采取购买行动的关键所在。

营造体验营销环境的主要任务是确定一个体验主题。体验主题是企业向顾客提供的混合体验中最核心、最能引起顾客共鸣的内容，整个体验营销活动都将紧紧围绕体验主题展开。体验营销环境的设计与营造涉及顾客能在体验场所感受（听、看、闻、触摸等）到的各个方面，以及通过视听觉符号系统接收到的企业或品牌的相关信息，这为顾客对品牌产品形成良好的印象奠定了基础。比如，美国硬石餐厅的成功主要源于它所营造的摇滚音乐的独特环境，好莱坞餐厅的成功则源于它为客人播放经典影片和名人纪录片。

（二）体验营销的产生

体验营销是 1998 年美国战略地平线公司的两位创始人派恩和吉尔摩提出的，他们从消费者的感官、情感、思考、行动、关联五个方面重新定义、设计营销理念。体验营销的概念与实务操作能够迅速地被业界接受的原因可以归纳为以下几点。

1. 物质文明的进步和消费者生活水平的提高

伴随着物质文明的进步，人们的生活水平和消费需求不断提高。在农业社会，人们追求的是满足温饱；在工业社会，生活水准由物质产品的数量衡量向质量提升转变；在后工业社会，人们更加关心生活质量以及自己在心理和精神上获得满足的程度，体验可以说是代表这种满足程度的经济提供物。可见，人们的消费需求从实用层次转向体验层次是社会发展的结果。

2. 产品和服务的同质化趋向

激烈的市场竞争使得技术传播的速度加快，同一行业内提供的产品和服务越来越趋同。产品和服务的同质化所造成的后果之一是抹杀了产品和服务给人们带来的个性化的、独特的感受及体验，因此，体验就显得特别珍贵。

3. 科学技术的飞速发展

人们接触到的许多体验，如网络游戏、网上聊天、虚拟社区、虚拟现实等，都是通过现代科学技术实现的。网络空间是一个提供体验的好地方，未来信息技术与电脑、电信及生物技术的不断融合给人们提供了更加广阔的体验空间。基于科学技术的迅速发展，人们期盼拥有更多的体验。

4. 先进企业对人们消费观念的引导和示范

许多体验性消费都是由少数先进企业引导和示范的。例如，在索尼公司推出随身听之前，消费者没有想到收听音乐可以如此方便。由此可见，先进企业深挖人们心中没有表达出来的潜在需求，使人们非常喜欢它们生产出来的新产品。

（三）体验营销的 6P 组合分析

传统营销的 4P 理论构成了企业开展市场营销活动的基本框架。在体验营销中，6P 组合是指由产品、价格、渠道、促销、氛围和人员这六种体验构成的营销策略（见图 12 -3）。

1. 产品

企业设计该项体验时，必须努力体现和发挥出通过产品来满足消费者情感需求的核心功能，也就是说，凡是能够令消费者回味的内容都具有较高的体验价值，都可以成为产品体验的内容。在开发设计产品时，企业要注重对消费者体验需求的分析和对产品心理属性的挖掘，有意识地为产品与服务增添愉悦感、审美感等成分。因此，努力提高产品和服务的体验程度以及吸引消费者参与其中是体验营销取得成功的关键所在。

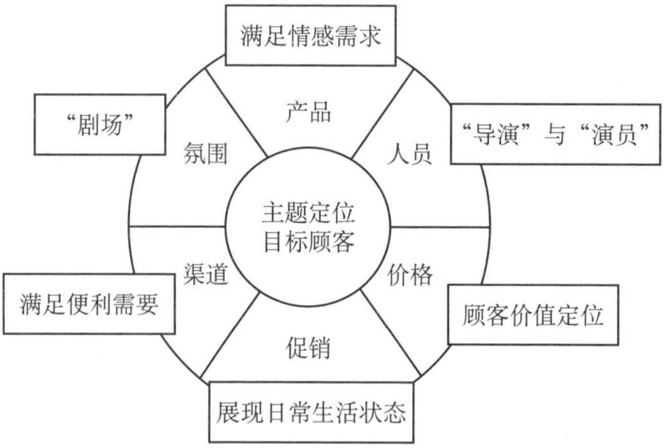

图 12－3　体验营销 6P 组合模型

2. 价格

对于该项体验，企业和消费者都会面临一定的尴尬。其实，对于消费者体验的产品，企业不需要直接标出价格，可以先询问消费者愿意为产品花费多少钱，这就是心理定价。企业还可以采用多种措施加强与消费者的沟通，使消费者认识到该产品确实物有所值，并愿意在愉悦的心境下支付购买费用。

3. 渠道

设计该项体验需要考虑到一旦消费者产生对产品的需求，该产品就要及时出现在最合适的地方，以满足他们的需求。为此，企业应使用高新技术，争取做到实时响应，以更好地满足消费者的体验需求。

4. 促销

促销对消费者具有一种引导作用。促销可将图像、文本等符号化的东西和位置等元素结合起来，展现出动态的、具有较高仿真效果的日常生活状态，这对于勾起消费者对产品的需求欲望特别有效。

5. 氛围

在体验营销中需要强调的是体验现场就是“剧场”，它是由许多硬设施和软要素配合产生的一种特殊情境，能够使顾客瞬间产生身临其境的强烈感受。

6. 人员

在体验现场的工作（服务）人员（如销售代表、客户代表、服务支持人员等）是体验活动的“导演”，同时又是体验活动的“演员”。要想使体验活动顺利进行，工作人员必须事先对体验活动进行详细的策划和准备，即要做好“导演”的准备工作。在消费者体验过程中，工作人员应善于与消费者进行沟通和交流，以使消费者能够全身心地投入到对产品的体验中，从而达到理想的体验效果。

（四）体验营销的 6E 组合分析

体验营销 6E 组合是从消费者视角出发的体验营销策略。这种策略的思考方向是：既然体验营销的目的是依靠消费者参与事件来生产和让渡体验，体验营销组合就应紧紧围绕体验的生产和消费来进行。体验营销组合包括六大要素：体验（experience）、情境（environment）、事件（event）、浸入（engaging）、印象（effect）和延展（expand）（见图 12－4）。

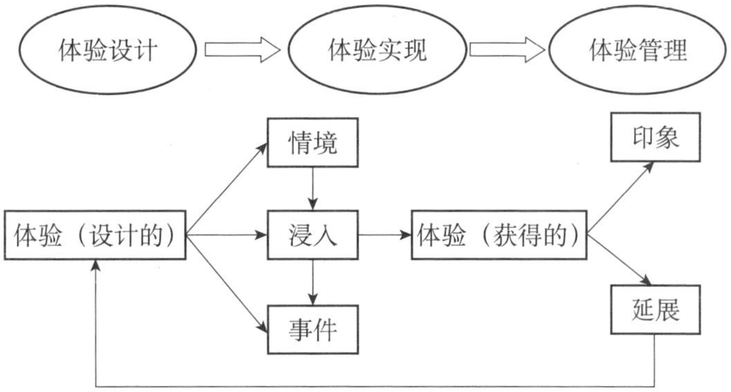

图 12－4　体验营销 6E 组合模型

1. 体验

体验是体验营销 6E 组合中最基本的要素，可以从两个角度来理解：一方面，体验可以从企业的角度进行思考和策划，反映的往往是企业希望消费者在体验过程中形成的印象和判断；另一方面，体验还可以从消费者的角度进行思考和策划，通过顾客的感官、情感、思考、行动等形成对产品的综合印象和基本判断。在实施体验策略时，企业应该努力从两个不同的角度出发，首先要找到各种类型体验的连接点，然后在连接点上进行体验的扩充组合，最终形成一个较为完整的消费者体验。

2. 情境

情境是体验营销活动的策划人员为消费者营造的“表演舞台”，也是消费者进行体验的外部环境。该“表演舞台”既可以设计成现实的场景，又可以设计成虚拟的世界，如一些网站经营者设计的虚拟社区。在情境设计过程中，设计人员可以借鉴戏曲理论、心理学、社会学等方面的知识和技巧，使设计的情境对消费者产生较好的心理暗示作用。

3. 事件

事件是指体验营销活动策划者为消费者设定的一系列“表演程序”。企业必须对表演的过程进行特别设计，从而形成事件策略。根据事件与体验活动联系的紧密或松散程度，可以将事件策略分为两种模式：一种是设立严格的程序，如在线游戏；另一种是设立相对宽松的程序，它存在一定的弹性，如迪士尼生日俱乐部组织的农场体验活动，体验者可以充分发挥自己的想象力，在农场里体验农家生活。

4. 浸入

浸入是指体验活动中消费者的参与程度。体验营销活动成功与否的关键在于消费者能否主动参与。浸入策略通过精心策划使消费者真正浸入企业设计的事件当中。其中，给消费者设计角色是非常关键的。浸入策略要求企业在设计角色过程中尽可能使消费者成为一个真正的“演员”。消费者只有真正参与事件，才能真正进入情境，从而愿意采取购买产品的行为。

5. 印象和延展

印象是指消费者通过体验活动对产品形成的记忆，企业可以有意识地对消费者的印象进行有效的管理，这就是印象策略。体验营销在向消费者让渡体验的同时，必须注意维护消费者对企业的终身价值，不能仅仅维护单次交易所产生的价值。企业可以对消费者的体验过程录像保存、拍照留念，体验结束后还可以赠送纪念品、建立体验会员俱乐部等，维护和延展消费者对品牌产品形成的印象，并努力使消费者成为品牌产品的忠诚消费者。

二、设计消费者体验

设计消费者体验是指企业在指定的时间和地点，根据目标消费者的兴趣、态度、个性和教育背景，通过整合营销传播将商品作为道具、服务作为舞台、环境作为布景，让消费者在商业活动中拥有美好的体验，甚至在体验过程结束之后，体验的价值还长期留在消费者的大脑里。设计消费者体验主要按三个步骤展开。

（一）设计体验主题

企业一旦决定开展体验营销活动，就必须首先确定开展体验营销活动需要达到的目标，然后围绕该目标对体验活动的内容和过程进行精心的设计。体验设计的第一个环节是设计体验主题。体验主题是指企业向消费者提供的体验活动中最核心也是最能引起消费者共鸣的内容，整个体验营销活动都应该围绕体验主题展开。

1. 设计体验主题的前提

设计体验主题必须以目标消费者为中心，努力站在他们的角度思考问题，全面深入地对日标消费者的心理需求进行充分的调查、分析、研究，充分把握他们的优点和缺点，引领他们在设定的程序里完成体验活动。一个正确的体验主题可以将企业多方面的优势集中到一个中心点上，并加深消费者对产品的印象。

2. 设计体验主题的出发点

总体而言，企业在设计体验主题时，应努力使设计的主题与企业的品牌定位或经营理念保持一致。如果体验主题与企业的产品特性或经营理念完全无关，消费者就会感到无所适从，即便参与了体验活动，也难以形成明确清晰的体验指向。

（二）设计消费者品牌接触点

品牌接触点是指现有消费者或潜在消费者接触一个品牌产品的广告、服务、电话咨询和维修等活动，产生一定的体验，通过这些体验形成对某品牌产品的认知和判断。在体验营销活动中，消费者对品牌产品的体验来自每次与品牌接触的感受的综合积累，企业必须能够在目标消费者与本品牌产品接触的每一个节点上给消费者留下始终如一的良好印象，从而为本品牌产品在目标消费者心目中建立良好的形象打下基础。

1. 设计消费者接触形式

大多数企业与目标消费者接触的形式主要包括三种（见表12－1）。

表12－1　企业与目标消费者接触的形式

接触形式	说明	表现形式
面对面接触	发生在店内的交换和互动（对于最终用户）；企业的销售人员或服务人员与消费者的接触（对于企业顾客）	心理咨询、娱乐活动等
人与人之间有一定距离的接触	不在同一场合发生的企业的服务人员和消费者之间的接触	电话交流、传真文件、互通信件等
电子化接触	以个人化的面貌出现，属于大众化沟通的一种	网站、电子邮件、微博、微信等

2. 设计消费者接触点

从理论上说，消费者与品牌的接触点大致可以分为三种，即售前接触点、售中接触点和售后接触点。在实际生活中，由于大多数企业没有建立功能强大的数据库，企业不太可能全部掌握消费者与品牌产品的接触点，更不可能对这些接触点进行有效的管理。不过，企业可以通过市场调查和分析，列出目标消费者与本品牌产品的所有接触点，并判断哪些接触点最为关键，以便在此基础上设计体验营销活动的节点。设计消费者接触点的步骤如表 12－2 所示。

表 12－2　设计消费者接触点的步骤

步骤	具体内容
尽可能多地了解接触点	列出一张足以影响品牌产品购买的各类接触点的清单，展示消费者接触品牌产品的通常途径，让负责营销沟通的工作人员使用该清单，通过深入访谈找出诱发消费者联想到品牌产品的重要接触点
确认有效接触点	营销人员要确认大部分消费者记住的接触点，如被访者第一次购买某品牌产品的时间、地点以及获知品牌信息的途径等
确认关键接触点	确认对消费者做出购买决策起决定作用的关键品牌接触点，包括最能影响消费者决策过程的关键点，最能说服潜在消费者、传递品牌信息的关键点，最能引发消费者再次购买的关键点等
控制接触成本	计算信息控制的成本以及在每一个接触点收集消费者信息的成本
制定信息决策，确定互动方式和接触标准	通过有效接触点和关键接触点向目标消费者和潜在消费者传递信息并提供服务，同时考虑哪些接触点可以传递额外的信息或加强有意义的对话

（三）设计体验环境

体验主题确定之后，企业要在体验主题的指导之下设计体验环境。体验营销是以产品或服务为手段的营销方式，环境既是消费者参与体验活动的背景，又是消费者体验活动的内容。因此，设计和营造良好的环境氛围是体验营销活动取得成功的重要因素。

1. 体验环境的特征

体验营销活动创造的是有价值的消费者体验，这些体验之所以有价值，是因为体验主体所在的体验环境具有亲历性、感受性、价值性和回忆性等特征（见表 12－3）。

表 12－3　体验环境的特征

特征	说明
亲历性	由环境设计创造的体验多是消费者在身临其境、亲身经历时产生的
感受性	消费者在接触环境时，受到刺激或有所触动，从而产生一定的实际感受
价值性	环境给予消费者的体验可以给消费者带来具有积极意义、满足生理需求和精神需求的价值，使消费者心情愉快
回忆性	环境给消费者创造的体验既可以给其留下深刻的印象，又可以使其长久回味体验活动给自己带来的愉悦感

2. 体验环境设计的要求

在某种程度上说，体验环境的设计决定着体验营销活动的成败。因此，在设计体验环境时，企业一定要全面考虑消费者的体验要求。

首先，体验环境的设计一定要以消费者为中心，要把消费者的心理活动和心理需求作为设计的出发点；其次，要努力为目标消费者或潜在消费者营造一种身临其境的感觉；再次，要注意增加对消费者的感官刺激，制造强烈的视觉、听觉等感觉的冲击力，以给消费者留下深刻的印象；最后，要突出体验主题，使消费者产生的印象与体验主题产生紧密的关联。

三、体验营销的主要策略

体验营销的构成要素主要是设施、产品、服务和体验过程，当我们单独或混合使用这些要素时，就形成了体验营销策略组合。这些策略从不同的方面对目标消费者产生作用，企业应该根据自身的营销目标和品牌产品的特征进行综合判断，做出选择。

（一）感官式体验策略

感官式体验策略是指企业通过视觉、听觉、触觉、味觉与嗅觉对顾客实施建立在感官上的体验式情境销售，其诉求目的是创造消费者的知觉体验，并有效调动消费者的消费欲望。

1. 视觉体验策略

这种策略通过刺激目标消费者或潜在消费者的视觉器官达到增加品牌产品销量的目的。在体验营销活动中，最易刺激顾客产生购买欲望的是消费者的视觉器官，视觉器官接收的信息占一个人每天接收信息总量的80%。能够使消费者在瞬间接收信息并做出准确反应的事物中，第一是色彩，第二是图形，第三是文字。企业的营销人员应该注意在品牌产品的广告传播、产品包装、商场展示设计、企业VI系统设计、人员服饰、购物袋的设计等细节中使用统一的色彩或图形创意，向消费者传达品牌统一的风格个性。

2. 听觉体验策略

听觉体验策略使悦耳的音乐和品牌形成一对一的关系，以达到独特的有别于竞争品牌的传播效果。使用听觉体验策略最为成功的品牌是英特尔，其广告结尾处与众不同的音乐给受众留下深刻印象。

3. 触觉、味觉及嗅觉体验策略

触觉、味觉及嗅觉体验策略是企业开展的以触觉、味觉及嗅觉为传播形式的感官体验营销活动。比如，希尔顿酒店会在浴室内放置一只造型可爱的小鸭子，客人如果爱不释手，可带回家留作纪念，这也可以成为客人与其周围朋友聊天的谈资。另外，在超级市场购物时，许多消费者常常会因为闻到烘焙面包的香味而产生购买面包的动机。

4. 感官体验整合策略

整合视觉、嗅觉、听觉、触觉的感官体验营销是一种投入不高，效果却很明显的体验策略。比如，香水的体验营销活动采用的就是典型的感官体验整合策略：销售人员在消费者的必经之路喷洒香水以吸引消费者注意进而使消费者靠近香水产品的柜台——利用嗅觉；销售人员进行专业性极强的现场劝服——利用听觉；店内拥有设计精美的店面广告和产品包装——利用视觉；柜台放有造型优美、令人爱不释手的香水瓶——利用触觉。

（二）服务体验策略

在体验经济时代，企业有形产品的竞争逐渐被品牌无形服务的竞争取代。企业不仅要向消费者提供品质优异的产品，还要提供全方位的服务，并努力使服务做到个性化、特色化和品牌化。企业向消费者提供的服务不仅要使消费者满意，更要使他们感动，成

为他们难以忘怀的体验。

在体验营销活动中，企业不再是产品与服务的提供者，而是体验活动的策划者与展示者。企业有意识地以服务为舞台、以产品为道具，使消费者融入其中，制造服务体验，并以此作为竞争的基础，将产品、服务、品牌体验化，使企业的服务感性化，建立品牌独特的个性形象，从而为品牌创造无形的价值。

服务与体验不同。体验经济内生于服务经济，是服务经济发展到相对成熟阶段的产物。服务与体验的本质区别是：服务者与被服务者有明显的主动性和被动性，即服务者处于主动地位，消费者是被动接受者；体验活动则是互动的，基本上不存在主体与客体之分，甚至可以说主体与客体在很大程度上发生了反转，即消费者成为主体，体验的提供者则成为客体。

在体验经济中，企业的生产和服务发生了很大的变化。消费者更加看重在消费过程中获取美好的体验，这种消费体验既存在于零售环节中，也存在于售后服务过程中，甚至在消费者的社会交往以及相关的活动中也可以得到体现。因此，当消费者在接受服务的过程中拥有美好的体验，服务体验策略贯穿体验营销的全过程时，创造出品牌的真正价值便不是问题。

（三）思考式体验策略

思考式体验是启发人们的智力，创造性地让消费者获得认识和解决问题的体验。它运用惊奇、计谋和诱惑，引发消费者产生同样或各异的想法。思考式体验策略广泛用于宣传高科技产品。1998 年，苹果电脑上市仅六个星期就销售了 27.8 万台，被《商业周刊》评为 1998 年最佳产品。苹果电脑的成功很大程度上得益于一个思考式体验方案。该方案将标语“与众不同的思考”与不同领域的创意天才（如爱因斯坦、甘地和拳王阿里等）的照片放在各种大型广告路牌、墙体广告和公交车身上，它们随处可见。该广告刺激消费者思考苹果电脑的与众不同之处，也促使他们思考自己的与众不同之处，并且通过使用苹果电脑，他们好像也有了成为天才的感觉。

（四）娱乐体验策略

娱乐体验策略以消费者的娱乐体验为诉求，在体验营销中注入娱乐元素，用音乐、舞蹈、影视、游戏、节奏、颜色、形状、宠物等元素给消费者带来多重的感观体验，吸引消费者注意，进而达到刺激消费者购买的目的。

从商业发展的趋势来看，娱乐经济蓬勃发展，企业可以将文化资源转化为需要付费的个人经历和娱乐体验以创造财富。娱乐经济要发挥其独特优势，必须具备注意力、参与性和多赢性这三大要素。注意力是指企业将消费者有限的注意力更多、更持久地吸引到自己身上，这是所有商业项目运作的重中之重，也是娱乐经济的精髓。参与性是指在娱乐体验活动中，消费者不再被动地接受娱乐而是主动地参与娱乐，在娱乐中得到自我实现的满足感。多赢性是指娱乐体验活动的参与者众多、影响力大，往往可以促成企业、媒体与消费者三方共赢的局面。

案例 12－1

体验式营销的经典案例

耐克

耐克可谓是家喻户晓的运动品牌。而在营销方面，耐克更是一直走在潮流最前端，在要求颇高的沉浸体验式营销方面，它同样有着成功的经验。

位于纽约耐克公司的耐克体验中心就是沉浸式体验营销的成功典范。这里有着长达15米宽的鞋品摆放墙，上面陈列着各种男女款式的鞋，更有着各种限量产品，供消费者选择。

除此之外，还针对更专业的运动人士，设有专门的训练区域，包括一台搭配大屏幕的跑步机，顾客能够在上面试跑，“在90秒内穿过中央公园”；一个大约有半个篮球场大小的Nike Basketball Trial Zone，里面的篮球架可以调节高度，同样，正对球场的大屏幕可以模拟现实环境，让顾客感觉这就是在纽约著名的Dyckman抑或布鲁克林大桥公园的球场打球。针对足球迷，有一个400平方英尺的人造草坪。另外还有专门适合女性的专用休息室等。更有一个个性化定制中心，耐克与当地的艺术家合作，可以为顾客的鞋履或衣服产品做特殊图案的设计定制。在这里，每一个顾客都可以与耐克产品专家进行一对一的交流，以清晰地表达自己的购买需求。同时，店内还有电脑数字平台，顾客可以随时了解产品信息。

当顾客踏入纽约的耐克体验中心，就会发现这里并不是一个简单的鞋店或者服饰店。这里更像一个运动社区，当顾客选择自己喜欢的鞋子和衣服之后，总是可以找到一个合适的场景，让顾客现场看到着装之后的样子。所以，在这个耐克体验中心内陈列的也不再是鞋子和衣服，陈列的更像是运动场景。让人穿行其中，享受运动本身的快乐。

宜家

宜家自1943年创立至今，已经成为全球最大的家具家居用品商场，之所以取得如此大的成功，主要是因为它早已将沉浸体验式营销融入了骨子里。

提及宜家的沉浸体验式营销，许多感受过宜家服务的消费者会发现它真的接地气。它将内部布局和服务方式设计得更加自然、和谐，旨在让每个人感觉到宜家就像是出外休闲旅行一般。为了这一切，它在商场中，设有咖啡店、快餐店和儿童活动区域等。如果在购物过程中，顾客有些累了，可以喝一杯咖啡，也可以吃一份正宗的甜点，甚至是小憩一会。而在产品方面，宜家主张更为直接的体验。对于抽屉、柜子、床垫等，当顾客想要买的时候，不妨自己拉开抽屉，打开柜门，躺在床垫上试试，感受一下它们的质量，再决定购买。

并且，它还通过“家装设计”制造不一样风格的样板间，根据不同的风格进行设计和布置，将一切合理的配置直观展示给消费者。可以说，宜家是借家装体验来售卖家具和创意设计的。

不过，宜家的沉浸体验式营销与耐克有所不同，它拒绝主动服务。宜家的管理者认为，没有人比顾客更了解自己的需求。而在这个过程中，宜家的工作人员更多扮演的是一个引导者，引导消费者扮演不一样的角色进行采购，这完全打破了消费者的顾虑，在节省消费者时间的同时，有效地提高了成交率。

别克

别克善于尝试各种新的营销方式。如今，它更是将上市新车与沉浸体验式营销相结合，直接跨界建起了房子。

别克为消费者建造了一个别克VELITE 5“美好屋托邦”的时尚快闪品牌概念屋，目的是更好地向消费者诠释“从好到美好”的生活理念。它采用了轻量化、可回收的环保绿色建材搭建房屋，加上太阳能光伏板供电和房屋雨水收集系统循环生活用水，实现能源的科学管理和可循环利用。同时，它还有着高度的智能化，住客可以体验语音控制屋内的灯具、窗帘和音响等，并通过手机 App 软件远程控制和调整房屋的状态。

以坐落在杭州西山龙坞茶村的别克 VELITE 5“美好屋托邦”为例。整栋房屋以竹和茶为设计灵感，外立面采用木色格栅设计，使其与周围的自然美景融为一体，同时这样的设计还有着调节空气流向、增强散热、降低能耗的作用，让整个屋子更加和谐与环保。另外，屋子的功能做了明确的区分，一层是冥想空间区，二层设客厅、卧室、厨房、餐厅和车库，采用自然采光，视野开阔，拉开窗帘即可欣赏绵延苍翠的远山和清新怡人的大片茶园。在房屋周围，还有许多菜园，可以实现真正绿色的自给自足的生活。

设想一下，身为住客的你远远观看自己的房屋，都是一种美的享受。它与周围环境融为一体，没有任何的突兀。环保材料的应用，也让它对环境几乎没有污染。住进其中，感受着充满现代感的恬静和淡雅。

作为一种快闪品牌概念屋，它的最大问题应该是客源。毕竟，它在每一站存在的时间较短，而且房屋地址也不同。在这方面，别克别出心裁，与国内一些知名的旅行、民宿网站合作，将快闪品牌概念屋与旅游捆绑，成为一种新的旅游方式，让更多的顾客参与其中。并且，它的参与形式更加宽松，从申请到入住，房客无须花费一分钱。他们只需带着同样美好的生活理念参与其中，感受别克 VELITE 5“美好屋托邦”的美好，留下漂亮的作品即可。

别克通过对人们未来美好生活的展望，吸引更多人的关注和参与，并且通过对美好生活的高品质呈现，让每一个住客都感觉到别克 VELITE 5“美好屋托邦”的美好。从自给自足的绿色食品，到环保节能的居住环境，再到高度智能化的家居设施，以及零污染、零排放的出行工具别克 VELITE 5，这一切似乎都是他们最好的选择。

在未来的生活中，这样的沉浸体验式营销会越来越多，方式也会更加多样。而成功的企业也将会制造更多的经典案例，让人铭记。

资料来源：体验式营销经典案例 .（2022－06－11）. 原创力文档 .

第 4 节　销售促进

在传统的营销传播组合中，销售促进与人员推销、广告及公共关系一样被视作营销传播组合的基本要素。销售促进具有其他营销传播方式所没有的重要特征，那就是它在刺激消费者产生购买行为方面可以发挥重要作用。虽然企业认识到在营销传播活动中频繁地使用销售促进对品牌形象和产品销售具有双刃剑作用，但是对于大多数企业，尤其是以生产快速消费品为主的中小型企业来说，销售促进仍然是它们经常采用的营销传播方式。

一、销售促进的基本概念

销售促进是营销活动的一个关键工具。在国内早期的市场营销相关著作中，销售促进常被翻译成营业推广、促进销售、营业提升、促销推广、促销等，国内学术界和管理界最常用的叫法则是促销。其实，即便是国外的学术性论文，也有类似的习惯叫法。在市场营销理论中，促销与销售促进是有区别的。促销概念有广义和狭义之分，狭义的促销仅指销售促进，广义的促销则包括销售促进、广告、人员推销和公共关系四大促销组合工具。

（一）销售促进的定义

销售促进是指生产商或者批发商在某一时间段内使用打折、让利、赠品、派送、积分等相关措施，刺激零售商或消费者尽可能迅速和大量地购买商品。销售促进本质上仍然是一种沟通活动，即企业通过各种媒介向目标消费者或潜在消费者发出刺激信息，以影响他们的态度和行为。

由于企业在运用销售促进时常常需要广告的配合以引起目标消费者的关注，因而一些人将销售促进等同于广告，这显然是不正确的。从表面上看，销售促进与广告有共同之处，即都是对目标消费者开展的信息沟通活动，但是细究起来我们可以发现，两者在与消费者进行沟通的目标设定上还是存在较大的差异：广告的目的是引起消费者对商品的认知、理解和兴趣；销售促进的目的则是诱使消费者对所推广的商品采取购买行为。

长期以来，营销人员对销售促进基本功能的认识仍然停留在“以创造一种即时的销售为主要目的，为销售人员、分销商或终端消费者提供额外的价值或奖励的一种激励”这一层面上，因此，他们常常将销售促进看成广告或人员销售的补充。从实际情况来看，销售促进绝不只是广告和人员销售的补充那么简单。美国《促销》杂志关于企业营销传播投入的一份研究报告显示，企业在销售促进上投入的资金要大于在广告上投入的资金。因此，将销售促进看成广告的补充显然与事实不符。另外，从整合营销传播的角度看，该理解也不全面，因为企业开展整合营销传播活动并不只是想与消费者建立一种简单的一次性交易关系，而是力求与消费者建立长期的关系。如果将销售促进看作是整合营销传播的一个重要手段，就不应该将销售促进仅仅局限于单纯的短期激励活动上，应该将其上升到树立品牌形象和增进消费者与品牌关系的高度来认识。

（二）销售促进的作用

在社会化大生产和商品经济条件下，一方面，生产者不可能完全了解哪些消费者会在什么时间、什么地点、愿意支付多少钱购买哪种档次的商品；另一方面，消费者也不可能完全了解每种商品由谁供应、何地供应、何时供应、价格高低等。正因为客观上存在这种生产者和消费者之间信息分离的“产”与“销”的矛盾，企业必须通过沟通活动，利用广告、人员推销和销售促进等手段，把品牌产品的相关信息传递给经销商和消费者，使其了解、信赖并购买本企业的产品，进而达到扩大销售的目的。随着企业竞争的加剧和产品的增多，以及消费者收入的增加和生活水平的提高，买方市场上的广大消费者对商品的要求更高了，挑选的余地也更大了，企业与消费者之间的沟通就显得更为重要，这需要进一步开展销售促进活动，以促使消费者尽快采取购买行为。

销售促进是市场竞争中的一把利剑，其基本作用是对产品施加推力，使产品更快地进入市场从而扩大市场占有率。在市场上，并非每一个企业都做广告，但是每一个生产商都开展过促销活动。这一事实足以证明，销售促进虽然是一种非常古老的营销传播手段，但是至今仍在企业的营销传播活动中扮演着重要的角色。

销售促进的作用体现在以下几个方面。

1. 可以吸引新老消费者分别做出首次购买和重复购买的决策

比如，企业在指定的时间段内开展特价销售活动能够有效地吸引和刺激消费者抱着试一试的心理购买商品，不管这类新消费者今后是否会继续购买本品牌商品，至少在近期该类消费者不太可能会购买竞争品牌的商品。对于老消费者而言，他们本来就对本品牌商品比较熟悉，如果价格更便宜，他们自然愿意购买。

2. 可以增加消费者的购买频率和数量

对大多数消费者而言，在有品质保证的前提下，价格因素或者说消费者在交易中能够获取更多的利益往往是他们选择商品时最为重要的依据。因此，企业开展的“买一送一”等销售促进活动往往会刺激消费者增加对商品的购买数量和购买频率。

3. 可以借此建立消费者数据库和提高消费者保留率

企业开展销售促进活动除了可以扩大销售之外，更为重要的是可以借此建立消费者数据库，了解和掌握本品牌商品的消费者中哪些是长期客户，哪些是短期客户，并据此设计一些项目来维护最具价值的客户，以便在今后的营销传播活动中与该类客户进行更有针对性的沟通，建立长期的关系。

4. 可以实现交叉销售和扩展商品用途

交叉销售是指企业在开展销售促进活动时将企业的新产品以半价或购买老产品配赠新产品的形式向消费者推广的一种营销方法。这种方法之所以比较有效，是因为消费者对该品牌商品的品质已经相当了解，对该品牌的形象也有一定的信任度，消费者比较容易接受该品牌的新产品或其他产品。

5. 可以巩固品牌形象

在整合营销传播中，开展销售促进活动绝不仅仅是为了提高销售业绩，而是要通过活动来增进企业与消费者之间的互动关系，赢得他们对品牌的信任。

（三）销售促进的优势与劣势

销售促进是一把双刃剑，企业在具体运用时必须尽可能发挥其优势，避免其劣势，努力做到扬长避短。

1. 销售促进的优势

第一，它能够在短期内有效地推动市场销售，迅速地为企业创造销售利润；第二，它能够加强品牌与消费者之间的关系，巩固品牌形象。鉴于销售促进是整合营销传播的一部分，企业在实施过程中切忌只重视眼前利益而忽视长期利益。总之，销售促进活动可以增进品牌与消费者之间的互动关系，为提升品牌形象和品牌价值奠定基础。

2. 销售促进的劣势

从短期看，销售促进确实可以显著提升产品的销售业绩，但从长期和投资回报率的角度看，销售促进的劣势可以归纳为以下几点。

第一，在很多情况下，企业开展销售促进活动是得不偿失的，即便该活动可能会提高品牌的知名度。美国的一项研究显示，2000 年以来，美国企业开展的销售促进活动中，只有 16% 的销售促进活动给企业带来了收益，其余 84% 的销售促进活动给企业带来亏损。另外，销售促进活动因只能吸引过于看重价格、毫无品牌忠诚度的顾客而受到业界人士的普遍质疑。

第二，如果企业过多地使用销售促进，可能会培养消费者的期待心理，即消费者因嫌价格过高而对早已看中的产品迟迟不下单，等到该品牌开展销售促进活动时才会购买。反过来说，消费者只认同销售促进活动期间的价格，不认同正常销售价格，这就使得企业开展的正常的营销传播活动失去了意义。另外，滥用销售促进活动会对品牌形象造成难以挽回的损害。

第三，针对顾客的诱惑策略可能涉及道德问题。对于既没有多少品牌影响力，又不具备大规模生产能力的商家而言，它们没有多少预算可以进行营销传播活动，也不需要培养忠诚客户或建立自己的品牌形象，它们最关心的是如何在最短的时间里将产品销售出去，以避免产品积压导致经营亏损。对于这些商家来说，销售促进无疑是最理想的营销传播手段。从表面上看，销售促进力图为顾客创造最大的价值，但实际上商家正是利用顾客贪图便宜的心理围绕价格制定了“明少暗多、明降暗升”的促销策略，结果是商家获利。这导致许多消费者认为商家利用促销活动算计消费者，商家的行为实质上构成了主观上有意识的欺骗行为，违反了道德标准。比如，下面列举的促销手段就涉及道德问题。

（1）“半价销售”。当消费者第一眼看到这种广告时，第一反应通常是该商场的所有商品均半价销售，但是当消费者前去挑选商品并准备购买时，商家对“半价销售”的解释是：消费者以全价购买甲商品之后，才可以半价购买与甲商品价值相等或价值略低的乙商品。

（2）“全部商品 1 折起”。商家对此种广告的文字处理通常是尽可能放大“1 折”两个字，尽可能缩小“起”字。不仔细看的话，消费者大都会认为该商家所有的商品都按 1 折销售，但商家的解释是只有部分商品按 1 折销售。从某种程度上说，促销活动实际上已经成为商家与消费者之间的一种智力博弈。

（3）“买 200 元送 80 元”。这种促销活动对利益冲动型消费者来说更具诱惑性，它也是许多商家喜欢使用的促销手段之一。从字面上看，消费者会认为购买 200 元的商品付出 120 元即可，但商家的解释通常是：消费者购买商品满 200 元以上并实际付款之后，可获商家赠送的价值 80 元的指定商品的折价券。商家指定商品的价格往往高于 80 元，消费者只有支付超出 80 元部分的金额才能获得“附赠”商品。

上述促销手段不同程度地损害消费者对品牌的信任。与品牌形象受损的后果相比，促销为企业带来的短时间的利润实在是微不足道。

二、销售促进的工具

根据销售促进的不同作用对象，可以将销售促进分为消费者销售促进和 B2B 销售促进。以下介绍的销售促进工具主要用于消费者销售促进，但也适用于 B2B 销售促进。

（一）价格折扣

价格折扣是指生产企业或商家在某一指定的时间段内为鼓励消费者购买而推出优惠价格，它是商家经常使用也是最为简便和经久不衰的促销手段。主要有节假日折扣、季节性折扣、过季产品折扣、老产品折扣、每日特定产品折扣等类型，具体的折扣形式可以是直接为商品打折，也可以是向消费者返还折价券，还可以是买一赠一等。

当市场竞争过于激烈，或者产品库存积压较为严重、资金周转不畅时，生产企业或经销商采用价格折扣是最具杀伤力、能在短时间里见到成效的方法。比如，淘宝网在“双 11”期间的价格折扣吸引了大量消费者购买，效果显著。

价格折扣的另一种形式是折价券。折价券的基本使用方式是：消费者在商家指定的商品范围内购买规定数额及以上的商品后，即可获得商家赠送的折价券，如前文提到的“买 200 元送 80 元”就属于这种方式。大多数商家会承诺消费者获得折价券之后既可当场兑现，也可在商家的促销活动结束之前兑现。绝大多数消费者会选择当场兑现，即购买与折价券价值相同或超出价值的商品。

（二）赠品

赠品是指生产企业或商家为激励消费者做出某种预期反应，免费或低于正常市场价格提供给消费者的商品。企业或商家利用赠品可以达到改善或提升品牌形象、获得良好商誉、扩大顾客基础、增加销售额以及回报消费者等目的。赠品的具体实施方式主要有两种：一是将赠品直接放入产品包装物；二是将赠品附在产品包装物外。商家经常使用的赠品主要有两种，即消耗品和收藏品。消耗品主要是指一次性即可消费完的商品，如饮料、食品、汽油等。对于消费者而言，这种赠品体现出来的常常是经济价值。收藏品主要是指具有一定纪念意义的小商品，如印有品牌标志的 T 恤、太阳帽、咖啡杯等，其体现出来的常常是精神价值。收藏品由于具有独特性和纪念性，很容易受到消费者的青睐。

与商家销售的正品相比，赠品的成本显然要低于正品，否则商家会亏本。商家往往会向消费者强调赠品是免费的，但事实上，消费者要想获得赠品需要满足商家设定的条件，即购买商家指定的全价商品。如此一来，消费者获得的赠品就不是免费的了。因此，与商家实行的价格折扣方式相比，赠品方式更容易使商家获利。

企业或商家如果在销售促进活动中使用赠品，就需要先回答几个问题：选择的赠品能否吸引大多数目标消费者，能否引起他们对正品的购买，能否与季节以及节假日的氛围相适应，能否与品牌形象以及开展的营销传播活动主题相适应等。如果这些问题能够得到满意的答案，商家实施的赠品活动就可以达到较为理想的营销传播效果。

（三）样品赠送

样品赠送是指生产企业在目标市场向消费者赠送样品，以使消费者在较短的时间里通过对新产品的实际使用而产生购买行为的促销方法。使用这种方法的前提是：第一，样品的所属品牌在消费者心目中具有较高的认知度；第二，生产企业向消费者派发的样品具有较好的品质保证；第三，生产企业拥有较充足的销售促进活动预算。

经常以样品赠送方式开展销售促进活动的企业主要集中在洗发水、化妆品、食品等类企业，它们的产品通常需要消费者用嗅觉和味觉认知，其他方式难以满足消费者的这一要求。生产企业在运用样品赠送方式的过程中，通常会在店内或活动现场向顾客发放赠品，以瞄准目标市场或潜在客户。研究发现，样品赠送对女性尤为有效（73% 的女性会因此做出积极的购买行为，男性的这一比例只有 57%）。①

（四）纪念品赠送

纪念品赠送是指生产企业针对品牌的现有顾客或老顾客开展的一种销售促进活动。纪念品赠送活动的着眼点不是在短时间里获得更多的销售利润，而是树立良好的品牌形象，以使目标客户能成为忠诚客户。

纪念品赠送既适用于消费者，也适用于 B2B 营销或针对经销商开展的销售促进活动。就消费者市场来说，企业通常向消费者赠送日历、茶杯、手表、钢笔等低值商品。就 B2B 市场来说，企业可能会向与自己有业务联系的管理人员赠送较为昂贵的纪念品，如办公用品、字画、公文包等。

---

① 邓肯．整合营销传播：利用广告和促销建树品牌．周洁如，译．北京：中国财政经济出版社，2004：549.

（五）实物抽奖和顾客竞赛

1. 实物抽奖

实物抽奖是企业和商家利用消费者的边际获利心理开展的旨在扩大商品销售的一种方法。从消费者心理学的角度而言，当消费者对购买某件商品犹豫不决时，实物抽奖活动可能会助推消费者采取购买行为。因为购买商品之后，消费者还有一次抽奖的机会。虽然中奖的概率较低，但是消费者不会轻易放弃抽奖的机会，这就使得实物抽奖容易获得消费者的积极响应。

商家运用实物抽奖方法有利于消费者对品牌产品的认知与记忆，能激发消费者采取即时的购买行为，有利于消费者重复购买。企业实施抽奖活动时必须事先对中奖概率和实物奖品的价值进行精确的计算与评估。如果想达到刺激消费的目的，奖品中奖率和奖品设置必须科学合理。如果中奖率太低，难以刺激消费者参与抽奖；若中奖率太高，奖品又过于廉价，消费者抽奖的热情会降低甚至丧失。

2. 顾客竞赛

顾客竞赛是指企业或商家通过组织消费者参加与本品牌产品相关的以产品知识、使用技巧等为主题的比赛活动，使消费者对品牌产品形成积极的良好印象。顾客竞赛与一般意义上的促销活动有一定的区别。一般意义上的促销活动的目的是刺激目标顾客对推广的产品产生即时购买行为；顾客竞赛的目的侧重于培养目标顾客对产品和品牌形象的认知，间接地引发目标顾客今后对产品的持续性购买。

顾客竞赛惯用的形式是要求参与活动的顾客回答有关产品或企业的问题。这种方式既有利于传播产品特点，又便于树立品牌形象。有时为了激发顾客的兴趣，企业在竞赛活动中会有意识地注入产品观念和销售观念。此外，还有其他多种多样的主题竞赛方式，如商品名征集、广告语征集等，这些竞赛对企业形象及产品推广的意义要远远大于直接的产品促销。从传播的形态和方式上来说，顾客竞赛与其说是一种销售促进活动，不如说是一种特殊的广告。

企业开展实物抽奖和顾客竞赛等活动的有利之处是能够获得忠诚且稳定的顾客，不利之处则是由于传播的范围有限且过于依赖广告活动的支持，企业不得不投入较多的活动预算。另外，要使这些活动取得成功，企业还要尽可能争取经销商和零售商的支持与协助，否则难以达到理想的效果。

三、销售促进策划与忠诚顾客计划

营销人员在策划销售促进活动之前，必须首先明确开展销售促进活动的目的。目的不同，企业制订的计划和执行手段自然就会不同。具体而言，企业或商家开展销售促进活动的目的无非两种：一是以增加销售量为目的，刺激消费者产生即时的购买行为；二是以提升品牌形象为目的，培养目标顾客成为忠诚顾客。从整合营销传播的角度看，如果企业认为有必要开展销售促进活动，其目的显然应是第二种。

（一）销售促进的策划步骤

销售促进与广告既有相似之处，又有不同之处。在策划销售促进活动的过程中，营销人员必须在整合销售促进与广告的各种手段的基础上，对销售促进活动进行全方位的思考。一般而言，企业提出开展销售促进活动的设想总是基于市场营销现状，当然，也有少数企业是基于整合营销传播的总体策划。无论出于何种考虑，销售促进策划大体上都可以分为五个步骤。

第一步，确定开展销售促进活动的目的。企业首先应该明确开展销售促进活动是为了解决什么问题，这需要企业事先设定一些可以量化的活动目标。设定程序和内容主要包括：销售目标的具体要求；活动范围与目标对象的要求；为达到目标所需采用的销售促进工具；销售促进活动的预算额度；销售促进活动的具体起止时间等。

企业对上述每一项内容都应该尽可能量化。在策划过程中，由于销售促进的对象和目的不同，企业对销售促进工具的选择和投入的预算也会有所不同。

第二步，选择销售促进运用的工具。营销人员在这一步主要对众多销售促进工具进行评估和分析，选择具有较高投资效益、更能体现品牌特征、更能吸引消费者的销售促进工具。

第三步，设计销售促进活动的基本构想。这是指对销售促进活动的每一个步骤进行精心的安排和设计，其核心内容是如何实施和操作。如果企业在上一步已经确定要开展一次样品赠送活动，那么在这一步，相关人员需要确定样品赠送的对象、时间、地点，促销人员的来源、培训以及活动期间的人力成本预算等。简而言之，营销人员要对上述问题进行综合考虑，以便制订出较为完善的活动策划方案。

第四步，实施销售促进活动。策划就是事先对活动的每一个细节进行周密的安排，以尽可能提高销售促进活动的效果。要注意，企业开展的销售促进活动毫无例外地属于企业的整合营销传播活动。对于如何将销售促进活动与企业已经开展或即将开展的其他营销传播活动整合，如何巧妙地利用媒介推进销售促进活动等，营销人员都需要进行全盘的考虑。另外，营销人员还要事先分析销售促进活动的实施会对中间商和零售商产生什么影响，这些影响是积极的还是消极的，如果影响是消极的，企业应该怎样应对和解决。最后，开展大型销售促进活动还应事先准备应急预案。大规模的样品赠送活动在执行过程中稍有疏忽，有可能在公共场所导致人群拥挤混乱。对此，企业相关人员必须按照应急预案采取措施，尽可能减少意外。

第五步，评估销售促进活动的效果。大多数企业开展销售促进活动的目的都与即时销售直接相关，因此，评估和分析销售促进活动效果的最简便方法是将销售促进活动开展前后的产品销售额进行比较。另外，通过消费者固定样本连续调查方法追踪销售促进活动结束后消费者对品牌的持续性消费状况的变化，也能评估销售促进活动的实施效果。

（二）忠诚顾客计划

忠诚顾客计划是指企业为将本品牌的现有顾客培养成忠诚顾客所制订的具有针对性的销售促进活动方案。销售促进绝不仅仅是一种在短时间里刺激消费者产生购买行为的营销传播活动，作为整合营销传播战略的一部分，销售促进还应该更多地发挥巩固品牌形象和发展与目标顾客持久关系的重要作用。这就涉及营销传播的另一个概念，即针对老顾客开展的忠诚度营销活动。过去，企业制订和开展的忠诚顾客计划大都是为现有顾客或老顾客赠送礼品及提供价格折扣。随着消费观念的转变，许多消费者不再看重企业或商家能为自己提供多少物质利益，更加看重企业或商家能否为自己提供更多的精神利益。因此，企业如果能够在销售促进活动中重点针对现有顾客或老顾客开展一些有针对性、互动性、参与性的活动，增加现有顾客消费过程中的个人体验，让其留下美好回忆，无疑会对企业将现有顾客培养成忠诚顾客产生重要的作用。

忠诚顾客计划的设计目的是尽可能保留现有顾客以及增加现有顾客购买本品牌产品的比例。不过，开展忠诚顾客计划的前提是企业必须建立功能强大的数据库，掌握现有顾客的基本资料，否则忠诚顾客计划将因不知对象是谁而无法实施。

实施忠诚顾客计划之前，企业应该尊重现有顾客或潜在顾客的意愿，不应该在没有经过顾客本人同意的情况下，将其列入忠诚顾客计划名单。强制性做法有可能会冒犯现有顾客或潜在顾客，使其对本品牌产生反感，这种结果显然与企业培养忠诚顾客的初衷背道而驰。

实施忠诚顾客计划的关键在于企业能否有效地控制投入成本。比如，航空公司实施忠诚顾客计划时常常利用某航线某班次的空余座位对老顾客进行奖励，但是在航空客流高峰期不提供这种奖励。另外，企业在策划忠诚顾客计划时，应设计好退出策略，以便在实施忠诚顾客计划后无法获利的情况下企业能够安全退出，且不至于引起顾客的反感。

忠诚顾客计划的优点主要是可以稳固现有顾客，并使这部分顾客在较长的一段时间内成为忠诚顾客。对于企业而言，这既可以增加产品的销售量，又可以降低产品的销售成本。开展忠诚顾客计划还可以及时了解现有顾客更为全面详细的信息以及他们未被满足的需要，企业可以根据这些信息及时调整营销传播的相关策略，并为提高市场占有率或提升品牌形象奠定坚实的基础。实施忠诚顾客计划能够在一些特殊情况下化解顾客对企业的不满情绪。比如，当出现飞机晚点、行李被错放到其他航班等情况时，如果航空公司及时根据忠诚顾客计划采取相应的紧急措施，将此种突发事件当作一次与顾客沟通的机会，并竭诚为顾客提供优质的服务，相信大部分顾客以后还是会继续选择该航空公司的航班。

当然，忠诚顾客计划具有一定的局限性，即企业开展忠诚顾客计划之后，很难评估和计算投入的成本与产出的效益之间的比值。比如，飞机晚点时，航空公司通常需要花较高的费用，才能平息乘客因晚点而产生的不满。究竟是投入较多的资金以消除乘客的不满，使乘客今后继续乘坐本公司的航班，还是不花这笔资金，只进行口头道歉而不采取任何实际补偿措施，往往是航空公司要面临的两难选择。

案例12-2

宝马促销活动方案

赣州的汽车产业发展得极为迅速，越来越多的汽车品牌到赣州安营扎寨，面对众多的选择，消费者难免会举棋不定。宝马因为其优异的品质和质量备受消费者青睐，但由于价格比较高，很多消费者望而却步。借助五一节，宝马公司希望通过良好的市场宣传，使更多消费者了解宝马的优点，通过一系列的优惠活动，吸引消费者购买。

一、市场环境分析

（一）宏观营销环境

1. 人口环境

对消费者的分析是营销的基础，是打开产品销路的前提条件，人口的结构对于每一个产品来说，都至关重要。赣州章贡区的人口数为56万人，其人口数量决定了汽车市场的规模和潜在的容量，随着人口的不断增加，汽车市场的需求量也逐渐增多，25~45岁之间的人群为汽车的主要消费群体。

2. 经济环境

赣州市章贡区人均 GDP 为 25 076 元，赣州毗邻广东等沿海发达城市，这些城市为赣州发展带来巨大的机遇。加之近年来赣州在工业和旅游业方面都有了长足的发展，成为江西省第二大经济强市，赣州市居民的生活水平也日渐提高，基本达到了小康以上水平，有能力也有必要备有一辆车。

3. 政治环境

国家以及地方产业政策的支持。汽车产业作为国家重点发展的支柱性产业之一，国家投入大量的人财物，积累了一定的人才和经验，为下一步发展打好基础。

4. 社会环境

(1) 乘用车市场日益高端化的趋势明显，中型轿车以其良好的盈利性和高销量依然是各个汽车企业关注的核心。

(2) 人均生活水平提高，购买汽车日益增多。

(二) 微观营销环境

1. 消费者分析

汽车顾客主要是 25 ~ 45 岁之间的人群，有较稳定的收入，每天上下班需要乘车往返，交际应酬较多，常常参加宴会等社交活动，而这个人群中以商务型男式为核心消费者，这类消费者已有了很好的经济基础，在汽车消费这方面也比较明智，看重性能和品牌，青睐宝马的高质量和好口碑。

2. 竞争者分析

奔驰、大众、保时捷是汽车市场的主要竞争者。另外，丰田、本田等也相继推出新型轿车。他们短期内虽不会对宝马构成威胁，但是也为宝马敲响了警钟。

奔驰是宝马的主要竞争对手。在宝马每个系列的车型中，奔驰基本都有相对应的车型。

奥迪进入中国较早，奥迪的档次高，奥迪在各个级别向宝马发起挑战。

二、SWOT 分析

(一) 优势

(1) 品牌的优势：宝马在消费者心中一直拥有良好的口碑。

(2) 技术优势：引入飞机技术，拥有最好的发动机。

(3) 物流优势：订单、仓储、供应链三方面的优势。

(二) 劣势

(1) 观念上的劣势。

(2) 舒适性欠缺。

(3) 营销策略较为随意。

(4) 离消费者较远，售价较高，宝马的售价在汽车行业处于较高的水平，很多消费者无法接受。

(三) 机会

(1) 赣州经济在发展，汽车市场不断壮大。

(2) 经济的发展使人们更愿意购买高品质汽车。

(四) 威胁

(1) 油价不断提高，很多人由于保养等原因不买车。

(2) 汽车市场竞争日趋激烈，越来越多的汽车品牌地位上升，威胁宝马原有的市场地位。

（3）国产品牌汽车进入市场，价格比宝马有很大优势，性能也在逐步提高。

三、企业营销目标

（1）维护与宝马客户的关系，提高其品牌忠诚度。

（2）扩大对赣州区域市场的影响力，提升产品销量。

（3）建立与潜在客户的良好关系，增加销售团队与客户的接触机会。

（4）增加客户对产品特点、性能和使用成本的了解。

（5）吸引更多消费者的关注，形成对宝马的品牌意识。

四、促销策略

（一）广告传播策略

结合赣州市的媒体分布特点，利用媒介优势和节日期间的氛围，为宝马打造一个专门适合赣州消费群的节日优惠促销活动。通过与各种媒介宣传方式相结合，使核心消费群尽可能多地接收到广告信息。

（二）媒介选择

（1）平面媒介。平面媒介覆盖面十分广阔，接触的消费群也比较多，根据目标消费群的接触媒介习惯与项目启动资金方面的考虑，平面媒介是广告宣传的最佳选择。

报纸具有灵活、及时、本地区市场覆盖率高、容易被公众接受和信任的特点，而且费用较低，可以在报纸的汽车专栏对宝马轿车进行较为全面的宣传。

（2）户外品牌广告。户外品牌广告林立街头巷尾，直接接触受众。

（3）电视广告。地方电视台在赣州地区的收视率还是颇为可观的，而且价格比较合理，通过有效地开展电视广告宣传，可以增加受众接触消息的路径。

（4）通过网上的活动，如微博宣传和官网的宣传，使年轻消费者更大范围地接收到广告信息。

五、具体促销内容与方式

（一）活动名称：五一节促销活动

1. 活动主题："驾宝马，游五一"

2. 活动时间：20××年5月1—3日

3. 活动地点：赣州开发区金潭大道东侧

4. 活动形式：游戏（结合车辆）、文娱表演、有奖问答（结合车辆）

5. 活动目的

（1）通过活动，加强与消费者有效的双向沟通，增加消费者对赣州宝马4S店汽车的信任度和亲近度。

（2）通过结合车辆的游戏和有奖问答，潜移默化地传播宝马汽车的服务理念。

（3）提升宝马在赣州汽车市场上的美誉度。

（二）现场布置

略

（三）活动当日的具体时间安排

略

（四）活动内容

促销惊喜之一：赠送礼品

促销惊喜之二：送交强险

促销惊喜之三：买车送油卡

促销惊喜之四：无息按揭

促销惊喜之五：重奖老客户

促销惊喜之六：包牌销售

（五）具体内容

（1）促销当天，凡是参与互动或者参与有奖问答的，都会收到一份精美礼品。

（2）凡在活动当天购买任意型号宝马的客户，都将享受我们促销活动的全部优惠，我们会免费为您送上交强险。

（3）在活动当天，无论您购买了宝马系列的哪一款车，我们都将为您赠送价值 500 元的油卡，全程为您服务。

（4）活动当天，凡是由老客户带来的新客户，在新客户购车成功后，我们将为老客户提供以下服务（免费保养一次、油卡 200 元、精美礼品一份）。

（5）活动当天，凡是在促销时购买宝马系列车系的任意一款，我们都有包牌销售套餐活动，具体内容如下：

- 享受包牌销售的客户不享受其他活动内容。
- 包牌套餐客户仅限章贡区。

（六）物料准备

略

（七）费用预算

略

（八）注意事项

1. 场地布置和现场执行

- 场地布置活动出现意外倒塌、损坏等情况。

解决方法：首先对布置方案进行周密的推敲，充分考虑现场环境的客观因素，制订合理安全的布置方案，并制订后备方案。严格督促施工安装人员按照方案及施工规程工作，强调细节处理，对存在隐患的环节做到万无一失。安装完毕后，把好质量关，做好活动的验收工作，并定人定时进行检修。

- 场地布置过程中，由于天气原因造成施工中断，从而拖延施工进度的情况。

解决方法：与气象预报部门保持密切联系，了解施工期间的天气状况，提前做好防范措施和转移准备工作。

- 现场执行过程中出现沟通不畅，造成工作混乱的情况。

解决方法：建立完善科学的对讲系统，统一划分与配置对讲频道，要求执行人员熟悉沟通协调的流程，不得越级越部门进行沟通。同时成立现场临时协调部门，专门进行突发紧急事件的沟通与协调工作。

- 现场执行过程中，出现时间把控漏洞，造成现场冷场或活动在规定时间内无法结束等情况。

解决方法：制定周密的活动流程，推敲每个活动细节，强调执行人员严格按照流程工作，强调执行人员的时间观念。并多次进行活动预演，找出问题，及时解决问题。准备备用方案，以应对可能出现的冷场、拖场等情况。

- 现场执行过程中，出现工作混乱，部分活动无人执行等情况。

解决方法：活动执行前进行合理分工，按区域按活动进行明确的工作划分，保证每个环节都有专人负责。预备机动人员，随时替补临时出现空缺的执行岗位。

2. 媒体统筹

- 突发事件发生后，与媒体的接触。

解决方法：明确新闻发言人，积极面对媒体，及时向媒体通报调查情况与后续处理情况，与媒体保持联系，用后续处理方式去弥补先前的负面影响。

- 出现负面报道的情况。

解决方法：统一新闻稿，与媒体进行充分沟通，并及时与媒体上级主管部门进行协调。

3. 演艺活动

- 在演艺活动中，出现演员迟到、误场、缺场等情况。

解决方法：强调演员遵守纪律的意识，避免沟通失误。准备预备演员和节目。

- 在表演过程中，演员造成表演失误等现象。

解决方法：要求演员认真对待节目排练，多次进行预演，随时关注演员的身体状况。

- 在演艺活动中，出现配套设备无法工作等情况。

解决方法：正确地安装和使用配套设备，定人定时检查配套设备的启动系统。由工作态度细心负责的人员来操作设备，预备易损部件和更换工具，随时更换失效部件。

4. 现场音响调节

对音响设备的调试工作必须全面认真，保证在各个位置都不会发生啸叫情况。

（九）活动撤场细则

（1）撤场工作从活动结束开始，到总结工作完毕。

（2）活动负责人布置撤场任务。

（3）活动负责人指挥整个撤场工作的有序进行。

（4）负责组执行人员撤除电脑设备。

（5）物料筹备组拆除、回收活动装饰物料、入库。

（6）客服组对活动涉及资料进行备份和记录。

（7）客服组协调保洁，在撤场结束后进行打扫工作。

（十）活动预期效果

通过此次五一黄金周促销活动，公司维护与赣州客户的关系，提高其品牌忠诚度与知名度；扩大对赣州区域市场尤其是章贡区的影响力，提高产品销量；建立与潜在客户的良好关系，增加销售团队与客户的接触机会；增加客户对产品特点、性能和使用成本的了解；开辟农村新兴汽车市场，带动农村汽车市场的发展。

资料来源：宝马促销活动方案.（2020-04-05）．百度文库.

基本概念

直接营销	销售促进	价格折扣	顾客竞赛
忠诚顾客计划	事件营销	体验营销	

思考题

1. 企业开展直接营销活动需要具备哪些基本要素？
2. 销售促进活动的优势与劣势分别有哪些？

3. 事件营销的本质是什么？事件营销的构成要素有哪些？

4. 体验营销追求的是为顾客提供服务和体验感受，你认为这种营销手段更适合哪些行业的企业？

课后实践

请各小组同学在第 11 章课后实践的基础上，根据本章教学内容的要求针对选定品牌确定具体的营销活动，具体的营销活动包括直接营销活动、销售促进活动、事件营销活动、体验营销活动等。在确定营销活动的过程中，应该根据具体的整合营销传播战略对上述四种营销活动进行选择。

第13章 公共关系与公益活动策划及实施

实施整合营销传播战略的最终目的是通过品牌与目标消费者建立能够给彼此带来利益的互动关系，公共关系是帮助企业实现上述目标的有力沟通工具之一。公共关系是一种培养企业与受众之间良好关系的活动，广义的公共关系又称为一般公共关系。本章内容较多地涉及狭义的公共关系，即营销导向的公共关系。

第1节　公共关系概述

公共关系一词首次出现于1807年美国总统托马斯·杰斐逊的国会演说中。自公共关系诞生以来，每个人由于认识的角度不同，对公共关系内涵的理解也各不相同，出现了许多公共关系定义。公共关系主要是指与组织的信息传播、关系协调和形象管理事务相关的咨询、策划、实施及服务管理职能。在市场营销学中，公关关系是企业获取公众信任的工具之一。由于社会分工越来越细，公关人员的重要性愈加明显，许多院校纷纷设立公共关系课程，培养公关人才。

一、公共关系的基本概念

公共关系自20世纪初诞生后逐渐成为一门独立的学科。对于何为公共关系，至今还没有一个公认的定义。

（一）公共关系的定义

目前，关于公共关系的定义有很多，大致可以分为传播说、管理说、关系说、形象说、咨询说、现象描述说等。从整合营销传播的角度而言，本书更认同日本电通公司提出的关系说，即公共关系是与社会保持良好关系的技术。

公共关系是指一个组织通过各种媒介和传播手段开展的一系列力图改善和强化社会公众对自己的品牌文化、经营思想和价值观念的认知、理解与支持，以塑造和传播组织良好形象的沟通活动。

公共关系首先是一种状态，任何法人或自然人都必然处于某种社会关系和社会舆论之中。法人或自然人所处的公共关系状态大体分为四种情况：理想状态（高知名度和高美誉度）、危机状态（高知名度和低美誉度）、原始状态（低知名度和低美誉度）和安全状态（低知名度和高美誉度）。

公共关系也是一种活动，即以创造良好的公共关系状态为目的的一种信息传播活动。当一个组织自觉地采取各种公共关系手段，意图改善或强化原有的公共关系状态时，它就在从事公共关系活动。公共关系是一个组织长期进行社会交往、沟通信息、塑造形象的活动，它表现为日常的公共关系活动和专项的公共关系活动。

公共关系还肩负关系管理职能，即组织策划和执行公共关系活动之前，必须评估社会公众对组织的基本态度，确保组织向外界传播的信息符合公众的利益，拟定并具体执行公共关系活动方案。

（二）公共关系的构成要素

公共关系是由组织、公众和传播三要素构成的。公共关系的主体是社会组织，客体是社会公众，中介是连接主体与客体的信息传播。这三个要素构成了公共关系的基本范畴，公共关系的理论研究和实际操作都是围绕这三者之间的关系层层展开的（见图13－1）。

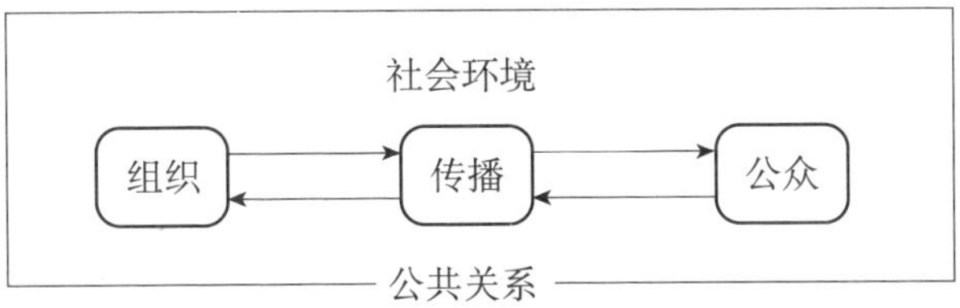

图13－1　公共关系构成要素

1. 组织

组织是公共关系的主体。尽管某些个人，如参与竞选的候选人、国家公务人员和社会名流等，为了某种特殊利益会举办一些公共关系活动，但是他们从事这些活动时并不是以自然人的身份出现，而是以法人的身份出现。同时，任何组织都不可能孤立存在于社会之中，它们必然与所处的社会环境发生关系，并在不间断的相互作用过程中生存与发展。环境始终处于变动状态，其显著特征就是具有较大的不确定性。组织与环境之间始终存在一个无法回避的矛盾，即组织发展目标的确定性与环境变化的不确定性之间的矛盾。正是由于这个矛盾，才出现了组织对公共关系的需求，即组织必须坚持自身发展的目标，借助公共关系，努力使既定目标与不断变化的社会环境相适应。组织虽然不能改变环境，但是可以通过开展公共关系活动尽可能影响或营造环境。

2. 公众

公众是公共关系的客体，也是公共关系活动作用的对象。一个组织在开展公共关系活动之前，必须对本组织将要面对的公众进行科学分类，以便根据不同类型的公众制订有针对性的公共关系活动策划方案，取得较为理想的公关效果。组织与公众之间存在一种相互影响和相互作用的关系，根据公众与组织的所属关系，可以将公众分为内部公众和外部公众两大类别。内部公众主要指组织的员工、股东和员工的家属等，这些人是组织直接面对的距离最近的公众，是组织赖以生存和发展的细胞，也是组织内部公众的主体。外部公众是指内部公众之外的所有与组织相互影响和相互作用的公众，包括消费者公众、传媒公众、社区公众、政府公众等。这类公众与组织的关系虽然没有内部公众那么直接和密切，但是他们和组织之间存在的各种类型的利益关系比内部公众重要得多。因此，组织应该对这类公众做进一步分类，以便有的放矢地开展公共关系活动。

3. 传播

传播是公共关系主体与客体间的中介，组织正是通过传播将自身与公众连接起来并进行沟通的。关于传播的相关理论和知识，本书第3章已经做了较为详细的介绍。

（三）公共关系与其他相关活动的区别

组织策划公共关系活动时常常会借助宣传、广告、市场营销等相关概念和策略开展整合式的信息传播活动，这就使得一些人错误地将宣传、广告和市场营销简单地等同于公共关系，造成认识上的误区。为了正确理解公共关系，需要将公共关系与相关概念进行比较和区分。

1. 公共关系与宣传

关于宣传，有不同的界定。宣传最重要的目的是主动影响广大公众的意见而非传递事实。宣传与沟通存在非常细微的差异，这种差异主要在于宣传的主体常常会站在非中立的立场片面地夸大或掩盖己方支持或反对的事实以影响大众舆论。宣传试图建立不同事物间缺乏逻辑和不直观的关系，并借此唤起公众的强烈情绪。

公共关系与宣传的相似之处仅仅在于两者本质上都属于传播活动，传播的对象都是社会公众。公共关系与宣传的区别在于：

第一，传播方式不同。宣传是一种典型的单向传播，带有明显的强制性和灌输性；宣传的目的有时是隐秘的，并不为公众所知晓；为了追求效果，宣传常常会不择手段地对事实进行夸大和渲染，以激起公众情绪上的反应。公共关系则是一种典型的双向传播，即组织必须基于公众的反馈随时调整传播的信息内容；公共关系传播的信息内容必须建立在尊重事实的基础上，及时准确地向公众传递组织的相关信息，以换取公众对组织的理解和信任；公共关系的目的和动机都是公开透明的，传播的信息内容也基本是真实可信的。

第二，传播目的与内容不同。宣传的目的主要是改变和强化大众的价值理念与精神状态，使人们拥有某种主张或信仰；传播的内容主要是国家执政者认可的方针政策、伦理道德和价值取向。公共关系的目的是塑造组织形象，构建组织与公众之间的良好关系；传播的内容主要是信息交流、协调沟通、决策咨询和危机处理等。

2. 公共关系与广告

从信息传播的角度来看，公共关系与广告都属于信息传播的范畴。两者的相似之处是都以付费的方式向公众传播信息，公共关系面对的是社会公众，广告面对的是消费者。另外，由于公共关系活动常常借助广告开展信息传播活动，因而两者都具有依靠媒介传播信息的特征。公共关系与广告之间还存在其他区别，主要体现在以下方面。

第一，传播目标不同。公共关系的目标是改善或强化公众对组织的好感与信任，没有明显和直接的商业目的；广告的目标则是引起消费者对广告诉求的品牌产品的注意、兴趣，促使其采取购买行为，有明显和直接的商业目的。

第二，传播方式不同。为了吸引目标受众的眼球，广告可以采用比喻、拟人、象征等表现手法，这种传播方式具有强烈的感染力或夸张的创意特征；公共关系的信息内容必须实事求是，这决定了其传播方式只能以新闻传播手段为主，即凭借信息内容的真实性、客观性及内在的新闻价值与社会公众进行沟通。

第三，效果不同。相较而言，广告更追求可以扩大销售并能够量化的直接的商业效果。广告对于企业来说只是生产经营管理的一部分，具有局部性和战术性。公共关系则追求可以使公众对组织产生好感和信任的无法量化的非商业效果。公共关系始终贯彻的是组织的经营思想和价值取向，更具有战略性和全局性。

3. 公共关系与市场营销

从企业实施整合营销传播战略的角度而言，公共关系与市场营销是相互交融、难以区分的。换句话说，公共关系活动几乎是为市场营销活动服务的。正如英国公共关系专家弗兰克·杰夫金斯所说，“销售中的每一个因素都需要公关人员来加强和完善”。公共关系与市场营销之间有许多相似之处。

第一，相同的运作原理。市场营销运作原理研究消费者未被满足的需求，研发和生产能够满足消费者需求的产品，并在最合适的时间、最合适的地点用最合适的价格将产品销售给最合适的对象，其基本思路是面向消费者销售产品。公共关系运作原理研究公众对企业的基本态度，据此将企业的相关信息传递给公众，其基本思路是面向公众宣传企业。因此，两者具有相同的运作原理。

第二，共同的指导思想。公共关系与市场营销都将用户至上、社会效益第一作为开展活动的基本指导思想，或者说，市场营销的经营哲学实际上就是公共关系的指导思想。

第三，相融的推广手段。无论是在传统的市场营销核心理论中，还是在整合营销传播理论中，公共关系都是市场营销的核心内容，这也充分说明了公共关系与市场营销你中有我、我中有你的密切关系。

虽然公共关系与市场营销有诸多相同之处，但两者毕竟分属不同的学科，有一些不同之处，具体表现在以下几个方面。

首先，两者的影响范围不同。市场营销活动仅限于企业的生产流通领域，不超出经济领域，但公共关系活动可以涉及任何组织甚至个人，影响对象包括社会各界的广大公众，远远超出了经济领域。因此，公共关系比市场营销有更为广泛的社会性。

其次，两者的作用目的不同。市场营销的目的是提高产品的销量或市场占有率；公共关系的目的则是树立组织的良好形象，赢得公众对组织的信任，并为组织的长远发展奠定基础。

最后，两者的操作手段不同。市场营销采用的手段是价格、销售、广告、包装、商标、产品设计和渠道等；公共关系采用的手段则是发放资料或举办各种专题活动，如记者招待会、社会赞助、典礼仪式等。

目前，关于应该如何看待市场营销与公共关系之间的关系，有两种不同的观点：一种是在整合营销传播战略中，将公共关系视为战略的执行工具之一；另一种是在企业的品牌构建与传播过程中，将市场营销与公共关系视为并列的关系。这两种理解都有道理。在整合营销传播战略的背景下，营销与传播是合为一体的，很难将它们分开，因此，将公共关系视为整合营销传播战略执行工具之一是没有问题的。在传统的营销理论与实践中，营销与传播是彼此分割的两个部分，因此，将市场营销与公共关系视为并列的关系也是没有问题的。

二、开展公共关系活动的基本模式

公共关系活动又称公共关系实务。组织可以根据需要有选择地使用活动模式，也可以在实践中逐步摸索，创造新的活动模式。根据活动的长期目标和短期目标、政策性目标和具体行动目标，可以将公共关系活动模式分为战略型和战术型两种。

（一）战略型公共关系活动模式

战略型公共关系活动模式是指组织根据自身发展的不同时期和组织与环境之间的冲突状态，为配合组织制定的经营发展战略目标而采取的公共关系活动模式。组织会在不同的发展时期与周围的环境发生矛盾，组织必须主动与周围的环境相互适应、相互协调和相互信任。在组织的不同发展时期，战略型公共关系活动模式可以分为五种。

1. 建设型公共关系活动模式

这是社会组织尤其是企业在初创时期为打开新局面所采用的公共关系活动模式。该活动模式的重点是主动向公众介绍自己，让公众了解自己，以便逐步取得公众对自己的理解和信任。建设型公共关系活动可以采用的手段包括：开业广告、开业庆典、新产品试销、新服务介绍、新产品发布会、免费试用、免费参观、开业折价酬宾、赠送宣传品和主动参加社区活动等。在特殊情况下，组织还可以主动向社会公众介绍情况，举办大型公关活动，以及面向社会各界征集企业广告语、标志设计方案，招聘人才等。

2. 维系型公共关系活动模式

这是组织在稳定发展时期用以强化公众对组织正面的、积极的印象和巩固组织良好形象的公共关系活动模式。其运作方式是通过各种传播渠道持续不断地向社会公众传递组织的各种信息，使公众在不知不觉中成为组织的支持者。该活动模式的特征是针对公众的心理需求开展精心设计的活动，以渐近持久的传播方式潜移默化地对公众产生积极的影响，使组织的形象由浅入深地进入公众的长期记忆，为实现组织的公共关系目标铺平道路。

3. 预防型公共关系活动模式

这是组织为防止意外事件导致公众舆论危机而采取的一种公共关系活动模式。其目的是组织一旦发现有损其声誉和形象的公众舆论，可以及时调整政策和行为，消除公众的疑虑，并将组织与公众之间的不信任关系控制在预期范围之内。该活动模式有三个基本特点：居安思危，防患于未然；洞察一切，见微知著；积极防御，加强引导。

4. 矫正型公共关系活动模式

这是组织在遇到突发事件与重大危机时，为扭转公众对组织形成的消极印象或应对不利局面所开展的应急性公共关系活动。矫正型公共关系活动主要是组织在突发事件发生后采取的补救措施。这些措施的实施通常分三个步骤：第一步，尽快消除或尽量减少突发事件导致的公众对组织形象的质疑；第二步，努力挽回或恢复组织在突发事件发生前的形象；第三步，进一步完善和提高组织在公众心目中的形象。

矫正型公共关系活动的主要形式包括：情况说明会、记者招待会、实施危机处理、发表事实声明、诚恳道歉、补偿、赔偿、事实报道、针对侵权者诉诸法律等。实施该类活动必须有一个明确的思路，具体内容为：

第一，迅速查明突发事件发生的原因和真相，及时制定应对措施，尽快采取行动。关键是反应要快、决策要快、行动更要快。突发事件发生时，组织必须尽可能在最短的时间内阻止舆论进一步扩散。

第二，迅速查清事件的根源。组织处理危机的思路不应是应付公众的抱怨和指责，而是要从各个方面的反馈信息中分析、研究和判断问题的根源。如果问题没有搞清楚，就会不得要领，甚至会顾此失彼造成更大的混乱。

第三，组织经过调查分析，确定问题的出现与组织内部管理有直接或间接的关系时，应该承担责任，及时向公众诚恳道歉，争取公众的谅解，并调整相关管理制度，杜绝此类事件再度发生。

第四，如果竞争对手利用突发事件进行恶意诽谤、侵权并造成组织形象受到损害，组织一方面应该公布事实真相，另一方面可以诉诸法律，寻求法律的公正裁决。

5. 开拓型公共关系活动模式

这又称进攻型公共关系活动模式，是指组织采取主动出击的方法来树立和维护良好的社会形象。这种模式适用于组织与外部环境的冲突已成为不可逆转的事实，且社会舆论和相关条件有利于组织的情况。其运作特点是抓住一切有利时机，利用一切可以利用的政策、舆论、手段等，以主动进攻的姿态开展公关活动。

案例 13－1

特斯拉的危机公关

危机发生后，应如何“转危为机”？特斯拉给我们上了一堂生动的危机公关示范课。

2013 年 10 月 1 日，一辆 Model S 型豪华轿车在美国西雅图南部的公路上发生车祸。事故现场的图片迅速传遍网络，引发一片对 Model S 型轿车的质疑之声。

面对突如其来的危机，特斯拉命其全球公关总监伊丽莎白·贾维斯－辛在事故当天股市收盘之前发表紧急声明。声明首先承认起火的是一辆特斯拉 Model S，同时解释称，这辆车是受到重大撞击之后才起火的，并非自燃。

这位公关总监在声明中强调，由于特斯拉的安全设计，大火仅局限在车头部分，所有迹象都显示火焰没有进入内部驾驶室。事发时，特斯拉的警报系统显示车辆故障，并指引驾驶员靠边停车和安全撤离，避免了人员伤亡。

但是，伊丽莎白·贾维斯–辛的声明没能阻止公司股价下跌。特斯拉股票在接下来的两天里累计下跌达 10%，公司市值被削掉 23 亿美元，并且引发了媒体关于“特斯拉起火”的大量负面报道。

在这种情况下，原本不打算就此事发表意见的特斯拉 CEO 马斯克在事件发生后的第三天公开发表了博文，向公众解释特斯拉轿车起火的前因后果。马斯克首先说明，事故的发生是因为轿车在高速行驶中撞到了路中央的一个从半挂车上掉落的弯曲金属物体，该物体对轿车底部 1/4 英寸厚的电池保护装置施加了高达 25 吨的巨大冲击力，造成了一个直径为 3 英寸的穿孔。他又详细解释了 Model S 型轿车底部有 16 个由防火墙隔离的电池仓结构，火势只会向下方蔓延，不会向上方或者驾驶室蔓延。如果事情发生在传统的燃油车上，大火早已把整辆车烧成灰烬。

马斯克还引用了数据，让公众吃下了一颗定心丸：在美国，平均每 2 000 万行驶里程就会发生一起轿车火灾，至于特斯拉，则是每 1 亿行驶里程才会发生一起火灾。驾驶传统燃油车遭遇火灾的可能性是驾驶特斯拉的 5 倍。

在文章的结尾，马斯克还附上了事故车主与特斯拉副总裁之间的电子邮件记录，驾驶员说：“轿车电池经历了一次‘可控燃烧’，但是互联网上的图片显然夸大了。”

有事故前因后果的详细说明、数据对比以及事件亲历者的“证词”，马斯克的声明马上有了回响。投资者的信心又回来了，当天，特斯拉股价强劲反弹 4.43%，收于 180.98 美元。

那么，特斯拉是如何挽回民众信心的？

其实，特斯拉在事件发生的一开始犯了一个错误。尽管公关总监在24小时内发表了声明，达到了危机处理快速反应的要求，但这个声明还有很多疑点没有说清楚。譬如，特斯拉当时到底撞上了什么物体，这个物体是从哪里来的，驾驶员对这起事故持什么态度，是否有第三方的说法等。福布斯中文网的记者瑞安·麦克就公开表达了不满，认为声明不够详细具体，没有把事情的真相说出来。

好在特斯拉CEO马斯克意识到了问题的严重性，迅速发表了公开声明，详细解释了事情的前因后果，解答了公众关于此次起火事件的所有疑惑，并且让事故的亲历者即驾驶员为特斯拉做了"无罪辩护"，成功挽回了消费者的信心。特斯拉成功"转危为机"，增强了消费者和投资者对特斯拉的信心，使人们相信特斯拉比普通燃油汽车更安全。

特斯拉能"转危为机"有两个关键因素：一是特斯拉成功打造了马斯克的个人形象，马斯克有一众坚定的粉丝，因此，马斯克的解释能让大多数人信服；二是马斯克坦诚地讲述了事情的前因后果，把事实的真相公之于众。

从特斯拉对这次危机事件的处理中，我们能得到一些启示：危机公关其实就是沟通，目的是重新取得大家的信任。取得大家的信任有三个关键因素。一是出面说话的人是大家信任和喜欢的。在危机时刻，一个有影响力的企业领导人的表态往往能起到决定性作用，对企业来说，寻找一个为公众所信任的领导人是非常重要的。二是要坦承，犯了错就要坦白地承认错误。如果没有犯错，涉事主体也要坦白地说明事情的前因后果，以消除大众的疑惑。三是要及时，最好是在事情发生后的24小时内给出合理说法。因为时间长了，消费者心目中形成的负面印象已经定型，解释再多也没有意义了。

资料来源：https://wenku. baidu. com/view/d59e2ac8524de518964b7d6b. html.

（二）战术型公共关系活动模式

如果说战略型公共关系活动模式是针对组织自身发展的不同时期采取的公共关系活动方式，那么战术型公共关系活动模式就是组织根据公共关系的功能和对象采取的公共关系活动方式。不同的公关对象和不同的公共关系发展目标决定了组织需要选择不同的公共关系活动模式。一个战略目标的实现往往需要组织同时运用几种不同的战术手段。常见的战术型公共关系活动模式主要有五种。

1. 传播型公共关系活动模式

这是运用大众传播媒介和内部沟通方法对社会公众及组织内部开展信息传播，以塑造组织形象为目的的公关活动模式。主要利用各种传播媒介和交流方式进行组织内部与外部的传播，使公众充分了解组织、信任组织和支持组织，从而形成有利于组织发展的社会舆论，使组织获得更多的支持者和合作者，达到促进组织发展的目的。根据传播对象的不同，可以将传播型公共关系活动分为对内传播和对外传播两种形式。

对内传播是组织经常开展的公共关系活动，其传播对象主要是组织的内部公众，如员工和股东等。传播的目的是让内部公众能够及时准确地了解与组织有关的各方面信息，如组织的政策、各职能部门目前开展的工作及进展、组织目前面临的困难及采取的行动和措施、外界公众对组织的评价以及外部社会环境的变化对组织产生的影响等，鼓舞员工的士气，取得内部谅解和支持，做到上下一心，增强组织内部的凝聚力，从而形成统一的价值观和企业精神。

对外传播是组织有计划、有目的地针对组织外部公众开展的传播活动，目的是让公众及时了解组织发布的相关信息，并努力形成有利于组织发展的社会舆论，表现形式是公关广告和新闻报道。

2. 交际型公共关系活动模式

这是指组织成员利用个人在业界的影响力，在日常的人际交往中开展公共关系活动。这种模式不借助任何传播媒介，以人际接触为手段与社会公众进行协调沟通，以强化组织在公众心目中的良好形象。交际型公共关系活动可以分为群体性交往和个人交往。群体性交往的主要表现形式是招待会、座谈会、工作午餐会、宴会、茶话会、联谊会、现场参观团队、考察团、团拜和慰问等。个人交往的主要表现形式是单独交谈、上门拜访、祝贺、信件往来、个别参观、定期联络、节庆问候等。

3. 服务型公共关系活动模式

这是指组织以向自己的服务对象提供优质服务为主要手段开展的公共关系活动。对于一个组织尤其是企业而言，要想在公众心目中建立良好的形象，除了传播相关的信息之外，更重要的是提升服务公众的水平。因此，组织应该积极主动地向公众提供实在、优惠、优质的服务，以获得公众对组织的信任与支持。

4. 社会型公共关系活动模式

这是指组织通过承办各种社会性、公益性、赞助性的活动来塑造组织的良好形象。该活动模式的特征是公益性、文化性、量力性和传播性，这意味着该活动模式为参与社会公益事业，不以盈利为目的，注重组织的长远发展。大量的公关实践证明，经过精心策划的社会型公共关系活动往往可以在较长的时间里为提升组织的形象发挥积极的作用，取得的传播效果也比单纯的商业广告更好。

5. 征询型公共关系活动模式

这是指组织以采集社会信息为主的掌握市场发展趋势的公共关系活动模式。其目的是通过信息采集、舆论调查、民意测验等工作，加强组织与公众之间的联系，使组织及时了解和正确判断社会舆论、消费趋势与市场走向，为组织的经营管理决策提供背景信息。

案例 13－2

部分经典成功公关案例

盒马“共享”员工

2020 年，在新冠肺炎疫情的影响下，不少侧重提供线下消费服务的商家无法正常营业，如一些大型连锁餐饮店就面临着员工不能正常上岗、资金紧张、可能发不出工资的窘境。

同样因为新冠肺炎疫情的影响，社区电商兴起，需要大量的人力来配送生鲜蔬果，该行业面临“用工荒”。2020 年 2 月 3 日，阿里巴巴旗下的盒马宣布联合北京多家餐饮企业，合作解决餐饮企业待岗人员的收入问题，缓解餐饮企业的成本压力，以及商超生活消费行业面临的人手不足的挑战。计划施行后，陆续有餐饮、酒店、影院、百货、商场、出租车、汽车租赁等行业的多家企业加入进来，1 800 余人加入盒马，正式上岗。

该“共享”举措为盒马赢得了各界的赞誉，如浙江省总工会认为盒马、京东、苏宁等平台型企业与受疫情影响暂无法营业的餐饮企业达成临时合作，“借用”后者的员工，大大缓解了疫情期间的人力供需矛盾。广州日报评论了疫情期间“共享”员工的广泛尝试，认为这种用工模式能够有效地缓解“潮汐式”用工这一难题。通过“共享”用工，员工可以得到多元化的工作机会，保证收入来源，而企业则可以减轻用工成本压力，可以说实现了双赢。

五菱——“人民需要什么，五菱就造什么”

2020年新冠肺炎疫情暴发，口罩一时间成为紧缺物资。于是，上汽通用五菱于2月开始改造生产线转产医用口罩，并且打出了“人民需要什么，五菱就造什么”的口号。上汽通用五菱生产口罩一事，瞬间在社交媒体发酵，并登上微博热搜榜。

2月15日，央视《新闻联播》报道了《战疫情，中国制造跑出中国速度》，称赞上汽通用五菱仅用了三天时间就完成了10万级无尘车间改造、设备安装调试等一系列工作，并取得了民用防护口罩的研发、生产、销售资质。

从网抑云到网愈云

2020年8月，“网抑云”突然成为网络爆梗，起因是许多网易云评论区的评论被指是假的，或者是编的，引发大众反感情绪。该梗用于嘲讽那些“为赋新词强说愁”的人。

即便大众对这些“伤痛文学”抵触，也不能排除写下那些抑郁评论的人是否真的需要一个倾诉渠道。基于这样的考虑。8月3日，网易云音乐称已推出“云村评论治愈计划”，邀请心理专家、万名心理专业志愿者加入“云村治愈所”，万名乐评达人组成云村乐评团发起乐评征集大赛；同时升级《云村公约》治理虚假内容，规范乐评礼仪，为真正有需要的用户提供专业帮助。

星巴克气氛组

2020年，“气氛组”成为网络流行词，引申为在各种场合活跃气氛、带动气氛的人。

12月下旬，有网友在社交平台上公开询问：“那些在星巴克里拿个笔记本电脑一坐就是一下午的人都是什么职业?”立刻有人回复：“星巴克气氛组。”显然这只是一种调侃。

随后，星巴克官方接梗，还发布了一则招募通知：立即招募官方气氛组30人，招募时间在12月21—27日，顺势做了一波圣诞节营销宣传。“原来星巴克还有气氛组”这一话题发布后24小时阅读量达2.3亿次、讨论2.5万条，迅速引起了广大网友的围观。

公关解读

互联网就像一片瓜田，每天都有新“瓜”——热点诞生，但这“瓜”能不能吃、好不好吃就要考验品牌公关营销能力了。

想抓住热点，首先需要考虑热点与品牌形象和定位的契合度，其次是热点能否很好地融合到自身的产品或服务上。如盒马的“共享”员工、五菱的口罩，就是基于当时的大环境，根据自身的能力开展公关工作，既满足了自身需求如缓解用工荒、开发新的业务线等，又体现了企业的社会责任感，提升了品牌的知名度和美誉度。

网易云面对“网抑云”的调侃并没有迷失方向，而是透过事件的表象看到了本质，选择为抑郁用户提供心理咨询，体现了品牌的人文关怀和社会责任，同时也没有忽视那些稀释云村调性的“噪声”，决心清理，双管齐下，以逐步扭转“网抑云”为“网愈云”。星巴克也没有着急地去撇清与“气氛组”的关系，而是“用魔法打败魔法”，如同始作俑的“段子”一样略带调侃地通过“招聘气氛组”化解了一波负面舆论。既对星巴克“找托”这件事进行了回应，还借势火了一把，大大提升了品牌曝光度。

资料来源：https://baijiahao.baidu.com/s?id=1690184107607614679&wfr=spider&for=pc.

第 2 节　营销导向的公共关系管理

本节涉及狭义的公共关系，即讨论组织与消费者之间的互动关系。这一关系的实质被许多专家称为以营销为导向的公共关系，即营销导向的公共关系。

一、营销导向的公共关系

营销导向的公共关系是 20 世纪 70 年代末脱颖而出的极富生命力的公共关系观念。企业除了继续使用传统的营销手段之外，越来越重视把以提升企业形象和信誉为主要内容的公共关系活动作为现代企业市场营销活动的重要手段。企业形象作为一种极为宝贵的营销资源，已成为营销策略的重要组成部分。

（一）营销导向的公共关系概述

1. 营销导向的公共关系的作用

近年来，随着广告在企业市场营销中所扮演角色的重要性逐渐降低，无论对 B2B 还是对 B2C 而言，营销导向的公共关系都在整合营销传播活动中发挥越来越重要的作用。尽管广告对消费者而言依然是影响他们对品牌产品的态度与行为的直接因素，但是营销导向的公共关系所传播的信息，因出自媒介无偏见的报道而对消费者具有更大的影响力。另外，营销导向的公共关系的信息传播成本要远远低于广告的成本。正是由于更高的可信度和更低的成本，营销导向的公共关系在许多企业的整合营销传播战略中占据日益重要的地位。

2. 营销导向的公共关系与广告

在企业规划营销传播策略的过程中，公共关系或者说营销导向的公共关系应该扮演什么样的角色一直是营销传播专家争论的话题。从传统角度而言，大多数营销传播从业者以及品牌经理更倾向于认为营销导向的公共关系在企业的营销传播活动中难以有效地控制传播效果，因而起到的作用是单一且有限的。艾尔・里斯撰写的《公关第一，广告第二》一书一经出版便在营销传播界引起轩然大波，该书驳斥了当时流行的公共关系在企业的营销传播活动中无足轻重这一观点，认为公共关系及其主要工具新闻宣传是企业营销人员最重要的武器。该书还指出，新产品上市完全可以由营销团队通过策划极富创意且更具客观性的公共关系活动达到营销传播效果，无须借助广告。艾尔・里斯还列举了获得成功的品牌案例，如 eBay、PlayStation、星巴克、美体小铺、奔迈等品牌从未在广告方面投入大笔经费，始终将营销传播的重点放在如何构建品牌的社会声誉与口碑造势等方面。这为营销导向的公共关系在企业的营销传播活动中应扮演重要角色提供了有力的证据。

对于大多数企业而言，其生产的产品要想在不太长的时间里拥有广泛的品牌知名度显然不是一件容易的事情。一般情况下，企业只能通过向目标市场投入不菲的广告费来扩大本品牌产品的市场知名度。当然，企业也可以利用营销导向的公共关系在公众心目中塑造良好的品牌形象以提升产品的美誉度。不过，即便是具有时尚流行特点、得益于营销导向的公共关系而在消费者心目中具有一定辨识度的品牌产品，其免费的公关传播也只能是短暂的而不可能长久。对于企业而言，当新闻传播的价值逐渐减弱以致消失时，构建和传播品牌形象仍然必须依靠广告的策划与创意。因此，营销导向的公共关系确实是极其有效且成本低廉的营销传播工具之一，但不是唯一的。

（二）营销导向的公共关系实施策略

营销导向的公共关系可以进一步分为主动式和被动式两种类型。主动式营销导向的公共关系是企业主动向社会公众传播品牌形象的有效工具，它通常与广告、促销等其他营销传播工具同时使用。由于受到企业营销目标的规范和指引，主动式营销导向的公共关系显得更积极主动，更强调塑造自身品牌形象和引导社会公众认同本品牌。被动式营销导向的公共关系指的是企业在外部环境变化时做出的解决问题式的应对性公共关系行为。被动式营销导向的公共关系更加注重消除外部环境的改变对本企业（品牌）造成的不利影响。

1. 主动式营销导向的公共关系

许多具有一定品牌知名度的企业常常会在向市场推出新产品或产品换代之际选择使用主动式营销导向的公共关系。如果企业在整合营销传播战略中将主动式营销导向的公共关系与其他营销传播工具进行有效融合，无疑将大大提升品牌产品的曝光度、新闻价值及可信度。对于企业而言，提升品牌产品的可信度是主动式营销导向的公共关系传播效果的集中体现。企业投放的广告如果是自卖自夸，消费者就难以对广告信息产生信任，主动式营销导向的公共关系通过第三方媒介发布品牌产品信息，自然更容易使社会公众产生信任感。

主动式营销导向的公共关系的主要工具是新闻传播。以营销为导向的新闻传播的基本目的与企业开展的广告活动类似，都是从两个方面提升品牌产品的价值：第一是举行新闻发布会，通过第三方对品牌产品的传播提高社会公众对品牌产品的认知度和信任度；第二是通过新闻传播的方式努力在社会公众的心目中构建品牌联想，进而提升品牌形象。具体而言，产品发布、企业层面的新闻发布以及专题文章是企业能够广泛运用的新闻传播方式。

2. 被动式营销导向的公共关系

市场环境的变化以及一些企业事先无法控制的意外事件的发生往往会使企业身处险境和备受指责，此时企业不得不借助被动式营销导向的公共关系化解危机或尽可能减少危机给企业造成的损失。

（三）危机管理

国外教材通常把危机管理称为危机沟通管理，原因在于加强信息披露、与公众沟通以及争取公众的谅解和支持是危机管理的基本应对措施。

1. 危机管理的概念

危机管理是指企业为应对各种危机进行的规划决策、动态调整、化解处理及员工培训等活动，其目的是消除或降低危机带来的威胁和损失。通常可将危机管理分为两大部分：危机爆发前的预计、预防管理和危机爆发后的应急善后管理。

危机管理是专门的管理学，它是为应对突发的危机事件、突发的灾难等，尽量使损害降至最低而事先建立的防范、处理体系和应对措施。企业可能会面临与社会大众或顾客有密切关系的后果严重的重大事故，为了应对危机，企业应预先建立防范和处理重大事故的体制和措施，这称为企业的危机管理。

根据美国《危机管理》一书的作者菲克普对《财富》500 强企业董事长和 CEO 所做

的专项调查，80% 的被调查者认为，现代企业面对危机如同人们必然要面对死亡一样，这是不可避免的事情，有 14% 的人承认曾经遇到过严重危机。

普林斯顿大学的诺曼·奥古斯丁教授认为，每一次危机本身既包含失败的根源，也孕育着成功的种子。发现、培育以便收获这个潜在的成功机会就是危机管理的精髓。错误地估计形势并使事态进一步恶化则是不良的危机管理的典型。简而言之，如果处理得当，危机完全可以演变为契机。

2. 著名的危机管理案例

1982 年，7 名芝加哥人在服用泰诺胶囊之后死于氰化物中毒。许多分析人士预测，泰诺经此危机事件的打击必将一蹶不振。有些评论员甚至认为，强生能否继续使用泰诺的品牌经销产品也是一个未知数。但是，强生对此次危机的处理令许多专家一致认为无懈可击、几乎完美。强生没有矢口否认问题的存在，而是在危机出现后的第一时间迅速从零售商的货架上撤下泰诺胶囊，公司的新闻发言人通过电视提醒所有消费者暂时不要服用泰诺胶囊，这充分体现了一个有社会责任感的企业的诚实态度和道德底线。同时，强生还重新设计了防伪密封包装，该做法含蓄地向消费者暗示 7 名芝加哥人的死亡可能另有原因，公司并没有推卸自己的责任，但今后要杜绝类似危机的发生。此外，强生还免费为消费者更换了他们手中的泰诺胶囊产品，这一做法被市场营销专家认为达到了画龙点睛的传播效果。此后不久，泰诺胶囊再次获得了消费者的认可和信任，并重新获得原先的市场份额。

1991 年，两个华盛顿人在服用掺有氰化物的 Sudafed 胶囊之后死亡。Sudafed 胶囊的生产商 Burroughs Wellcome 公司立即从所有零售商的货架上撤下了产品并中止了广告活动，设立了 800 个电话座席随时接受消费者的咨询，还提供了 10 万美元悬赏寻找产品篡改者。Burroughs Wellcome 公司快速有效的危机公关措施使得危机的后果只是 Sudafed 胶囊在市场上的销售额小幅下降。

3. 危机管理应对措施

从上述案例中可以看出，企业无法控制的产品危机和负面新闻传播随时都会引起消费者强烈的负面反应，这会沉重打击企业精心构建的品牌形象。不过，需要强调的一点是，并不是所有的消费者都会被突如其来的关于某品牌产品的负面新闻报道所左右，品牌产品的忠诚消费者更不会如此。事实上，品牌的忠诚消费者在接收到品牌产品的负面信息之后往往不会质疑品牌产品，而是对不利于品牌产品的新闻报道的真实性产生怀疑，这些忠诚消费者在短时间里一般不会迅速对其认可的品牌产品改变态度。相对而言，品牌产品的非忠诚消费者更容易受到负面新闻报道的影响，会对处于危机中的品牌产品改变态度。

许多企业面对突如其来的危机的第一反应往往是不知所措和应对缓慢。有危机管理专家认为企业反应迟缓的主要原因是：当危机到来时，企业管理层的第一反应往往是担心公司或股价，或者管理团队、生产线及他们自己的职位或奖金。至于“消费者现在对我的产品持何种看法”的问题则被抛到九霄云外了（Grabowski，2007）。

据此，我们可以总结出危机管理的一个基本原则，即企业面对突发危机时，管理层必须迅速做出积极的反应并采取应对措施，企业必须正视负面的新闻报道而不能一味否认。企业应立即启动被动式营销导向的公共关系，这样或许还可以降低危机给企业造成的损失。

在互联网时代，任何企业一旦遇上产品设计缺陷或产品制造过程引起的环境污染或其他方面的负面新闻报道，企业良好的品牌形象都有可能在一夜之间化为乌有。

二、口碑传播的影响力及其管理

企业开展整合营销传播的目的之一是通过各种营销传播手段尽可能地影响更多的消费者对品牌产品形成正面的和积极的价值判断，并使他们愿意主动将自己对品牌产品正面的和积极的价值判断通过口碑向周围的人传播，从而实现企业利润最大化。

（一）强弱关系纽带

马克思对人的本质的定义是：人的本质是一切社会关系的总和。每个人都生活在各自的人际关系网络中，这个网络中亲朋好友间的关系纽带有强有弱。正是由于人与人之间的关系网络的存在，关于最新的服装、新开张的酒店、最新上映的电影和刚刚上架的新书等林林总总的产品或服务的信息才得以传播。

据此，可以得出一个基本结论：企业在开展整合营销传播活动的过程中，固然要通过广告媒介向社会公众传播品牌产品的相关信息，但是也要意识到企业品牌产品的相关信息只有在人际关系网络中传播开来并形成互动交流，才会使更多的消费者对品牌产品形成认知和价值判断，使整合营销传播活动更有意义。广告是发布品牌产品信息，人们在各自的关系网络中的口碑传播则使关于品牌产品的信息流动和扩散开来。从事整合营销传播的人员必须善于运用广告与造势的方法，精心策划品牌产品信息传播过程，以使品牌产品信息通过人与人之间的关系网络如滚雪球一般传播给更多的人。

（二）意见领袖在口碑传播中的作用

虽然几乎所有的消费者都会对周围的亲朋好友就自己近期听说或购买的产品或服务表达意见或体验感受，但是这些评价对他人的影响力因人而异。在传播学理论中，意见领袖是两级传播中的重要角色，也是人群中首先或较多接触大众传媒信息并将自己再加工的信息传播给他人的人。同时，意见领袖还具有影响他人态度的能力，他们介入大众传播，加快了信息的传播速度并扩大了影响。在消费者行为理论中，意见领袖特指为他人过滤、解释及提供产品或服务信息的人。意见领袖由于对某种品牌产品保持较长时间的关注而对该产品拥有更多的知识和经验，最重要的是他们以第三方的身份向他人推荐某产品或服务的行为完全没有功利目的，因而他们对于他人对某品牌产品的认知判断甚至是购买决策有较大的影响力。

意见领袖大都性格开朗、外向，愿意积极主动地和他人交换意见并通过与他人分享自己对产品或服务的体验和感受获得一种自我满足。大多数意见领袖会持续努力走在时代的前沿，保持对最新产品或服务的关注，包括对品质、功能、技术、工艺、性价比等相关信息的关注，努力使自己成为某类产品的真正内行，从而使自己在与他人交流意见时可以使用相关数据证明自己对某品牌产品的正面评价的合理性，并提高自己对他人在产品认知或购买决策上的影响力。

（三）防范负面传言

正面的口碑传播是新产品在市场中取得成功的一个非常重要的因素。不利于企业或品牌产品的负面传言会对品牌形象造成灾难性的后果，因为消费者对不利于企业或品牌产品的负面信息更加重视。企业营销人员一旦发现不利于企业或品牌产品的负面传言，必须立即采取行动以尽可能缩小负面传言的影响范围。企业至少应该向消费者承诺，企业会随时随地对消费者的每一项合理投诉持积极的应对态度。生产商可以通过提供详细的保修合约以及处理纠纷的主要步骤和程序等相关信息，向消费者表明自己积极应对的诚恳态度；零售商可以通过店员解决纠纷时的积极态度、向消费者寄送的月结单中加入说明附件来体现自己的积极态度；公司可以向消费者提供免费电话和电子邮件咨询服务，为消费者提供一个便于操作的投诉和意见反馈平台。总之，在出现负面传言时，企业应该努力向消费者表明自己积极应对的诚恳态度，尽可能使负面传言不攻自破，有时候这些举措还可以使企业或品牌产品形成正面的口碑。

三、造势的作用及其管理

有人认为口碑传播是消费者的自发行为，企业在这一过程中只是旁观者，这一看法是非常片面的。正是由于口碑传播在消费者对品牌产品产生认知或购买决策的过程中起着非常重要的作用，许多品牌营销专家认为企业应该积极主动地利用意见领袖的口碑传播来塑造和扩大品牌的影响力，企业的这一主动引导过程被称为造势。

（一）造势的基本概念

造势就是企业在开展整合营销传播活动的过程中，通过营销导向的公共关系、广告、展会营销及网络交流平台鼓励消费者对某品牌产品产生关注、认知和正面评价，进而使其做出购买决策。除了造势之外，还有很多可以表示企业主动引导并借助口碑来传播品牌产品或服务的相关信息的专业术语，如游击式营销、病毒式营销和街头营销等。

造势与流行病的传播原理极为相似。流感病毒之所以能够在短时间里迅速传播扩散，根本原因是现代城市人口具有密度较高且近距离聚集生活的特征。对于包括品牌产品信息在内的这种社会学背景下的病毒式传播，可以用三条简单的定律加以解释——少数定律、黏性因素和背景的力量。

1. 少数定律

少数定律是指企业要想引发一场像流感病毒一样传播的品牌产品造势活动，只需要少数的有丰富的社交活动并对周围的人有相当影响力的意见领袖即可。意见领袖有能力引发“商业流行病”的原因有三个：其一是他们具有广泛的社交圈；其二是他们通过与周围朋友共享信息获得满足感；其三是他们在传播品牌产品相关信息方面天生具有强大的说服力和感染力。总体而言，造势活动能否成功很大程度上取决于企业的营销人员能否找到意见领袖，营销人员需要意见领袖将他们对品牌产品的使用体会和经验与他人分享，并推动周围的亲朋好友成为该品牌产品的消费者，甚至是该品牌产品的倡导者。

在造势活动中，广告当然也能起到一定的作用，但是广告的传播效果绝不可能达到由第三方推动的人与人之间的口碑传播的效果，因为广告的策划者和创意者是企业本身或企业的广告代理公司，这就使得广告没有公信力。人与人之间的口碑传播之所以能够带来病毒式的传播效果，是因为所有引发、参与品牌产品信息传播的意见领袖或其周围的亲朋好友都与品牌产品没有任何利益关系，这在本质上决定了他们所讨论和推荐的品牌产品更具说服力和影响力。

2. 黏性因素

黏性因素是指能够有效吸引人们的关注、非常有趣且令人难忘的、人们愿意积极参与讨论的、与品牌产品有直接关联的信息。这解释了为什么许多民间传闻能够在社会中迅速传播开来，这些信息本身很吸引人，几乎所有接收信息的人自愿将信息传播给亲朋好友。当然，任何信息都必须经过人为的加工和提炼，品牌产品的相关信息更是如此。

这要求营销人员有意识地对品牌产品的相关信息进行加工和提炼，努力使信息具备六个特征——简洁明了、出乎意料、明确具体、真实可信、富于情感、情节动人。一般而言，品牌产品的信息具有的上述特征越多，该信息黏住消费者的可能性就越大。

总体而言，品牌产品的信息能否以人际传播的方式向社会公众传播取决于人们是否愿意谈论和分享该品牌产品的信息。在现实生活中，人们愿意谈论和分享的黏性信息往往具有非商业的特征，大多数商业信息并非那么生动有趣。正是由于营销人员对品牌产品的信息进行巧妙的加工和提炼以及运用广告与病毒式营销，许多平淡无奇的新闻才会引起人们的关注。消费者（意见领袖）通过人际网络向他人传播和分享自己的体会与感受，为企业实施整合营销传播活动奠定了坚实的基础。

3. 背景的力量

从商业造势的角度而言，背景的力量是指某特定品牌产品信息只有在合适的环境、合适的时机下，才有可能以人际传播的方式引发一种“流行病毒”。也就是说，并不是所有经过企业专业人员策划的品牌产品信息都能够借助意见领袖的口碑传播形成病毒式营销，实际上，许多企业难以预测和控制甚至无法解释的因素也在影响并控制人际传播的走向和发散速度。只有在背景适当时，口碑传播才会引发病毒式营销。

（二）造势的前提条件

麦肯锡管理咨询公司针对如何使企业新上市的产品获得正面的口碑效应有一套自己的理论，它将口碑效应称为“自发性需求膨胀”，其基本的实施策略主要有五个前提条件。

1. 设计新颖独特的产品

最有可能引发消费者或意见领袖进行口碑传播的品牌产品大都具有两个基本特征。其一是外观新颖别致、与众不同，或者在功能上创意无限、傲视群雄；其二是首批消费者具有引领时尚的满足感，愿意成为品牌产品的意见领袖并向周围的人分享这种喜悦。并不是所有的品牌产品都能够吸引消费者或意见领袖自发地通过口碑传播达到营销传播的目的。相对而言，消费者更愿意讨论那些在外观设计和功能特征方面有独特个性并能够引领时尚的品牌产品。

2. 选择和培养时尚先锋

每一款新上市的产品或服务都有第一批“吃螃蟹”的消费者，麦肯锡公司将这些消费者称为时尚先锋。对于品牌营销传播管理者而言，其最大的挑战是明确哪一个消费群体最有可能成为本品牌产品的第一批实际使用者，并使这类消费者自觉成为意见领袖，积极影响他人成为本品牌产品的消费者。比如，生产或经营运动鞋的公司往往通过为篮球明星提供最新款篮球鞋来推动新鞋上市。

一般而言，时尚先锋是品牌产品的营销人员精心挑选出来的最有可能对一部新电影、一本新书等新产品或服务产生好感的目标群体。在出版业中，“啦啦队效应”是指向事先精心选择的在图书领域具有较大影响力的意见领袖免费赠送相关书籍，通过这些意见领袖的口碑效应推动图书的销售。对于这种做法，如果用“播种”来形容可谓恰如其分——播种（向意见领袖免费赠送特定品牌产品）、呵护其成长（意见领袖向他人推荐特定品牌产品）、最终收获（高销售额）。比如，日本十几岁的女生在口碑的形成过程中就扮演着非常重要的角色。在日本，人们几乎没有空闲时间养宠物，电子宠物（Tamagotchi）则以一种替代品的形式满足了一些日本人拥有宠物的愿望。该产品的制造商 Bandai 公司预计这一单价为 16 美元的产品的销量将达到 30 万件。在未做任何广告的前提下，仅仅靠少女们及其他消费者的口碑传播，一年多的时间里，该产品在日本的销量就达到了 2 300 万件。之后，Bandai 公司将电子宠物出口到 25 个国家，取得了非常理想的业绩。

3. 制造稀缺性

从人性的角度而言，人们总是对难以得到的东西拥有强烈的期待和占有心理。根据人的这一心理特征，一些公司在新产品上市时故意压低产量或限制销量以营造一种产品稀缺和供不应求的局面。比如，iPhone 手机上市时，苹果公司对其市场销售量是有所限制的，目的就是使那些一时得不到 iPhone 手机的消费者对产品产生更加强烈的期待心理。正是在这种心理的影响下，人们才会不停地讨论 iPhone 手机，从而使得 iPhone 手机在意见领袖的口碑传播下达到十分理想的营销效果。

4. 使用名人效应

无论在什么年代，名人效应下的粉丝经济似乎都是一种不会过时的社会现象。因此，为某最新上市的品牌产品造势的最好方法之一就是邀请名人使用本产品，这可以有效带动名人的粉丝成为本品牌产品的消费者，从而实现企业的营销传播目标。

5. 利用排行榜效应

一些专业媒体、研究机构或调查公司常常定期或不定期发布十大畅销书排行榜、世界 500 强排行榜、全球高校排行榜等各类排行榜。从商业角度而言，这些排行榜的目的是影响或引导消费者的消费行为。对于企业的营销传播活动而言，排行榜无疑是为特定品牌产品造势的有力工具之一，因为对于面对形形色色、难辨真伪的商业信息不知所措的消费者来说，排行榜可以为他们的消费决策提供判断依据。

案例 13-3

2020 年公共关系活动成功案例

一、钉钉“求饶”事件

为了响应教育部延期开学以及停课不停学的号召，钉钉从一个协助在线办公的应用摇身一变“兼职”起了网课平台。钉钉的特点是你看没看直播、你看没看见我消息我都知道，需要多次签到、打卡等，让学生感觉到时刻都在被“监控”，不喜欢被“死盯”的学生们表示很不满。网上有传言低于一星的应用将会被商店下架，于是钉钉的评论区成了学生们的发泄之地，“少侠”们组团去各大应用商店刷一星“好评”（行业通行 5 星打分规则，每位用户的最低评分都是 1 分，无 0 分选项，因此评分低于 1 分不可能实现）。

钉钉评分从 4.7 分一度掉到最低 1.3 分。在此情况之下，2020 年 2 月 16 日晚上 8 点，“钉钉 DingTalk”在以 Z 世代用户为主的哔哩哔哩弹幕网发布了一个名为《钉钉本钉，在线求饶》的视频作品，向对钉钉恶意刷一星的用户求好评。该视频发布后钉钉在应用商店的评分及网络好感度均有所回升。该视频甚至还挤入 b 站当时热门视频 TOP10 榜单。

二、“逗鹅冤”事件

2020 年 6 月 30 日，腾讯起诉老干妈，请求查封、冻结老干妈公司名下 16 240 600 元的财产。随后，老干妈发公告表示和腾讯没有任何商业合作并报案。7 月 1 日，贵阳警方通报，伪造老干妈印章的三人已被逮捕。据悉，三个骗子代表老干妈与腾讯签署《联合市场推广合作协议》，腾讯在QQ飞车手游S联赛推广“老干妈”品牌，推出了手游限定款老干妈礼盒，还发布了1 000多条推广“老干妈”的微博，其间老干妈产品更是频繁出现在赛事直播之中。

随后，腾讯b站动态更新，“中午的辣椒酱突然不香了”，引来支付宝、盒马、金山等一大波友商官号前来围观慰问。网络上开始流传各种消遣腾讯的段子，掀起一波网络狂欢，网络情绪也由此一路攀高。而这种在“鹅厂”（网友对腾讯的昵称）上“撒”老干妈的行为被网友亲切地称为“逗鹅冤”。

腾讯回应被骗，自掏腰包悬赏1 000瓶老干妈寻找线索。老干妈旗舰店上线辣椒酱大客户专属套装。1日晚间，腾讯公关总监分享其晚饭仅辣酱拌饭，腾讯在b站上线自黑视频《我就是那个吃了假辣椒酱的憨憨企鹅》。此外，腾讯QQ还上线了“辣椒酱”表情，不过7月5日，有媒体发现该表情已经被悄悄移除。一通操作之下，腾讯树立了“傻白甜”“憨憨”人设，被赞公关很成功。

三、公关解读

身为互联网巨头，稍有不慎就容易贴上“店大欺客”“仗势欺人”的标签，且很不利于挽回“颜面”。所以，钉钉和腾讯在被群众调侃消遣之时，并没有选择态度强硬的回怼，而是一致选择了向公众示弱，这种角色反差更容易争取到受众的同情分。

当然，公关稿的形式和投放渠道也很重要，b站以“鬼畜”文化闻名，主力用户是喜欢动画、漫画、游戏文化的年轻一代。那么在b站发布官方“鬼畜”视频就不显得突兀了，而且还是对症下药，用目标受众习惯和喜欢的语言完成良好的品牌沟通。

从“钉钉求饶”到“我是憨憨”，钉钉和腾讯不但躺平任嘲，还要自嘲自黑，“只要我自己够黑，别人就黑不了我”的反套路赢得了公众的理解。以卖萌的人格化方式和用户沟通整件事情，用娱乐化的话题传播，用“求饶”消解了学生们的怨气，用“憨憨”化解了被骗的尴尬。

资料来源：https://baijiahao.baidu.com/s?id=1690184107607614679&wfr=spider&for=pc.

第3节　活动赞助与公益赞助

赞助是指企业为实现自己的目标（获得宣传效果或为品牌增值）而向某些活动主办方提供资金支持的一种投资行为。这种投资需要为赞助者带来相应的商业回报。赞助是赞助提供者的一种战略性市场营销投资行为，这意味着活动主办方必须把赞助者当成商业伙伴。大多数赞助商是投资者，它们希望借助活动为其品牌价值带来直接影响（强化认知度和形象），同时增加销售和利润。公共领域的赞助者则希望看到社会营销的效果，如让公众了解水源保护的好处以及酒驾的危害等。

赞助的发展主要与其作用有关：一是企业将自己的品牌名称与具体的活动或公益实践相联系，使企业的品牌传播至少在活动期间具有唯一性，避免大众广告媒介固有的信息混杂；二是赞助活动有助于企业对消费者媒介接触习惯的改变做出恰当的反应；三是赞助活动有助于企业获得利益相关者的认可；四是赞助活动可以提高消费者对品牌的认知度和品牌形象的优化程度；五是企业通过有针对性的赞助可以有效地提升营销效果。

一、活动赞助

活动赞助是企业介入重大的社会活动或整合有效的资源来策划大型活动，以迅速提高企业及其品牌的知名度、美誉度和影响力以及促进产品销售的一种营销方式。简单地说，活动赞助是围绕活动采用的一种营销方式。该营销方式以活动为载体，目的是获得品牌知名度的提升或销量的增长。

（一）活动赞助的意义

活动赞助包括赞助体育比赛、文艺活动、娱乐活动、节庆活动、展会活动等各种名目繁杂的活动。与广告和促销相比，活动赞助在企业的营销传播活动中所占的比重较小，但是近年来企业在活动赞助方面的支出逐渐增加。据估计，全球品牌赞助商用于活动赞助的经费每年约有 400 亿美元，仅北美地区每年就有约 163 亿美元，其中过半的经费用于形式多样的体育赛事（见图 13－2）。活动赞助与广告、促销和公共关系有所区别，它在大多数情况下融合了上述所有的沟通工具元素。

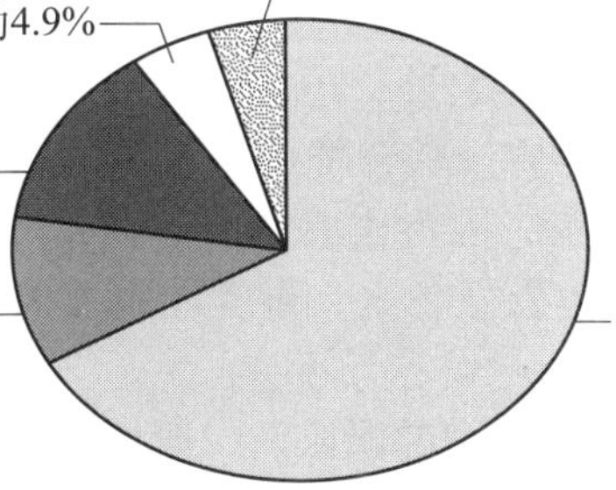

图 13－2　北美地区每年用于活动赞助的支出构成

资料来源：Enright A. Events & Sponsorships. Marketing Fact Book. Marketing News，2008（12）：26.

总体来说，对于赞助企业而言，活动赞助具有三个意义。

（1）提升品牌的影响力。一个好的活动赞助不仅能够吸引消费者的注意力，而且能够传递品牌的核心价值，进而提升品牌的影响力。企业在开展活动赞助的过程中，最关键的是要将品牌核心价值融入活动赞助的主题，让消费者自然而然地受到品牌核心价值的感染并产生情感共鸣，进而提升品牌的影响力。

（2）提升消费者的忠诚度。活动赞助是专为消费者的互动参与打造的活动。企业可以借助消费者对活动的积极参与，引起消费者对赞助品牌的关注，提升品牌的美誉度和消费者的忠诚度。

（3）吸引媒体的关注。活动赞助是近年来十分流行的一种公关传播与市场推广手段，它集新闻效应、广告效应、公共关系、形象传播、客户关系于一体，可为新产品推介、品牌展示创造机会，也可建立品牌识别和品牌定位，是一种能快速提升品牌知名度与美誉度的营销手段。20 世纪 90 年代后期，互联网的飞速发展给活动赞助带来了巨大的契机。通过网络，一个事件或者一个话题可以更轻松地获得传播并引起关注，成功的活动赞助案例开始大量出现。

（二）选择活动赞助的基本原则

企业开展活动赞助的目的在于改善企业与消费者之间的关系，提升品牌的附加价值以及加强企业与中间商的联系。成功的活动赞助要求品牌、活动和消费者之间有较为密切的关联。比如，德芙公司和 Salon Selectives 公司赞助 Sheckys 女生秀活动就是一个非常成功的活动赞助案例。该活动赞助在美国的各大城市巡回举行，共计举办 35 场系列活动。这些活动的目标人群是年收入超过 8 万美元的追求时尚的人士。活动参与者只需花费 10 美元即可看到当红设计师最新设计的时尚展，并得到活动赞助商赠送的免费样品。德芙正是通过赞助这一活动抓住了向参与该活动的目标人群推荐德芙新产品的机会。

开展活动赞助之前，企业必须掌握五个基本原则。

（1）活动赞助必须与品牌形象匹配。企业选择的活动赞助项目必须与自身的品牌产品或品牌文化具有相关性，这种相关性要能够使活动参与者对活动赞助品牌形成一对一的认知与联想，有利于赞助商通过活动达到营销目的。比如，狼爪公司是一家专业户外装备产品生产商，它所赞助的 2017 年国际攀联世界杯攀岩赛（重庆・九龙坡站）、2016 年"仙女山杯"第十四届国际山地户外运动公开赛、2009 年武隆仙女山国际露营音乐节等活动均与该品牌产品的覆盖领域完全重合。活动参与者全部是该品牌产品的目标消费者，这些活动也都是目标消费者之所好。狼爪公司通过赞助这些与自身品牌形象极其匹配的活动取得了十分理想的营销传播效果。

（2）活动赞助应该与目标受众匹配。企业选择的活动赞助项目除了必须与自身的品牌产品或品牌文化具有相关性之外，还应该与品牌产品的目标受众直接相关。沃尔玛超市与 General Mills 汉堡公司曾经联合赞助过美国的钓鱼比赛，起初许多人认为这两家公司动错了脑筋，打错了算盘，因为这项赛事乍看起来与赞助商的产品没有直接关系，直到发现美国有 5 000 万钓鱼爱好者这一事实才恍然大悟，不得不佩服这两家公司真是生财有道。

（3）努力避免受众对赞助商的误认。一般情况下，企业应该尽量避免对竞争品牌赞助过的活动进行赞助。原因是受众大多会因习惯而记住之前的赞助商品牌，会对现在已经更换赞助商的事实熟视无睹，这对赞助商而言十分不利。比如，可口可乐曾经斥资 2.5 亿美元成为继百事可乐之后的美国国家橄榄球联盟（NFL）的五年内指定官方饮料，但是赞助 NFL 几年之后，调查数据让可口可乐公司非常尴尬。有 35% 的受访者能够正确指出可口可乐是 NFL 的赞助商，还有 34% 的受访者错将百事可乐当作 NFL 的赞助商。

（4）努力排除其他赞助商的干扰。与广告传播活动相似，许多重大活动（如奥运会）有众多的品牌积极参与活动赞助，这就使得这些赞助商不得不在同一活动中争夺受众注意力。除非现场活动的参与者或者电视直播的受众注意到赞助商的品牌并将其与赞助活动联系到一起，否则赞助商的品牌会淹没在众多的赞助商品牌之中，使活动赞助失去意义。因此，企业在选择活动赞助项目时，应该尽可能地避开干扰，另辟蹊径，以达到传播效果。比如，宝洁公司经过研究发现，有数以百万计的青年女性是 Bunco 游戏（一种纸牌游戏）的忠实玩家，其中有 1/3 的玩家经常受到胃病的困扰。据此，宝洁公司旗下主治胃溃疡的奥美拉唑主动申请成为世界 Bunco 锦标赛的赞助商，从而享有在该项活动中唱独角戏的赞助特权。

（5）拥有充足的经费。选择活动赞助的企业必须准备充足的经费，因为企业除了需要向被赞助方支付不菲的赞助费之外，还必须通过足够的广告传播、销售网点广告宣传资料、促销活动和新闻传播来支持赞助活动，以实现最终的营销效果。

（三）定制活动

为了避免赞助商的品牌信息被其他赞助商的品牌信息干扰甚至淹没，近年来越来越多的企业开始根据目标消费者的偏好有针对性地策划、发起和开展相关活动，也就是定制活动。

一般而言，企业开展定制活动的原因主要有四点：其一是定制活动更便于企业对活动的过程进行总体控制，可以完全消除非定制活动进行过程中外部（被赞助方）提出的时间要求或其他限制；其二是定制活动可以避免企业与其他赞助商处于同一活动赞助情况下的名称混杂、信息干扰问题；其三是定制活动可以更加精准地针对目标消费者，从而最大限度地提升品牌在目标消费者心目中的形象；其四是定制活动的预算大都比非定制活动的赞助费更低，活动实施的效果比非定制活动更加明显。

不过，任何事物都有两面性，我们不能因为定制活动具有上述优点，就否定和拒绝那些负有盛名和具有威望的传统大型活动。中小型企业由于受资金实力的影响且更加看重当下的营销效果，策划定制活动应该是其明智的选择；大型企业由于资金实力雄厚且更加注重品牌形象的塑造，赞助大型活动应是其不二的选择。总体来说，对于选择赞助传统大型活动还是定制活动，企业要根据自身品牌的特点及营销传播的目标进行衡量和取舍。

（四）埋伏式营销传播策略

现在许多企业开始使用埋伏式营销传播策略来开展营销传播活动。埋伏式营销传播是指企业没有成为某社会团体组织的大型活动（如世界杯）的官方指定赞助商，但通过巧妙策划及媒介运作有意识地向外界传递具有暗示性的信息，使外界以为该企业是大型活动的赞助商之一。比如，2012 年伦敦奥运会结束之后的调查数据显示，有 72% 的受访者能够辨识出维萨公司是该届奥运会的赞助商，有 54% 的受访者认为美国运通公司也是该届奥运会的赞助商，事实上，维萨公司确实为伦敦奥运会赞助了 4 000 万美元，美国运通公司只是在伦敦奥运会期间投放了大量的媒体广告。

在一项与 2008 年北京奥运会有关的调查中，调查者对 10 个城市近 1 600 位消费者进行了调查，要求每一位被调查者列出与奥运会有关的品牌产品。由于许多企业使用了埋伏式营销传播策略，调查结果中品牌排行榜的前 12 个品牌中竟然有 5 个是非奥运会赞助商。仅仅从商业利益角度看，企业如果能恰当地使用埋伏式营销传播策略，无疑会达到非常好的营销传播效果。

当然，也有专家和学者质疑埋伏式营销传播策略是否涉及道德问题。对使用这种策略持肯定态度的人坚持认为，埋伏式营销传播策略只不过是对捉襟见肘的营销传播经费的精打细算和合理使用，事实上这也难以抵消竞争对手利用活动赞助商的身份扩大品牌竞争优势和在消费者心目中的影响力。

（五）活动赞助的效果评估

无论企业选择成为某项活动的官方指定赞助商，还是自己策划定制活动，抑或是伏击成为赞助商的竞争对手，企业都必须对策略实施过程进行监控，以保证实施效果。在大多数情况下，财务指标是关键的评估数据。任何形式的赞助活动只有在有证据证明品牌价值与财务目标已经实现时，才能说赞助活动是正确的。不过，如果通过调查来对活动赞助的效果进行评估，那么活动赞助可能是所有营销传播活动中对品牌价值和财务目标贡献最小的方式。

通常评估一个活动是否成功主要包括三个步骤：一是企业必须事先确定希望通过活动赞助达到的可以量化的营销传播目标；二是在评估效果时，企业应该在开展活动赞助之前有一套基础的指标数据，以便通过活动赞助前后指标数据的对比来判断活动赞助是否成功；三是在活动结束后对相关的变量值（品牌知名度、品牌认知度、品牌联想度、品牌忠诚度等）进行调查，以确定变量值相比开展活动之前的基础数据是否发生了利好变化。

活动赞助效果的评估方法非常简单明了。许多企业最常用的评估方法是数一数有多少人参加了活动，然后用活动赞助的总支出除以参加人数，即可得到效率参数。企业可以利用这一参数与其他活动赞助的人均成本做比较，以判断活动效率的高低。其他常用的评估方法主要包括在活动结束之后查看品牌产品的销售量是否有变化、浏览品牌主页的人数是否有变化，以及计算发放样品或优惠券的数量、监测品牌认知度和品牌美誉度的变化等。

二、公益赞助

公益赞助是所有赞助活动中使用频率相对较低但重要性绝不能被低估的特殊传播方式，它是营销导向的公共关系、促销以及企业慈善活动的融合体。公益赞助主要为某些涉及社会公共利益的活动提供支持，如环境保护与野生动物保护活动等。

（一）公益赞助的基本概念

公益赞助的本质是商业组织通过与非营利组织的联合达成共赢的局面，赞助商借公益赞助来提升自己的品牌形象并增加产品的销售量；非营利组织则通过企业的赞助获得资金的支持，维持正常运作。20世纪80年代早期公益赞助在美国初露端倪，现在世界各地的企业都积极地参与这类活动。

公益赞助是指企业赞助由非营利组织倡导或发起的某项社会公益活动，企业试图借助公益活动产生的良好社会效应来传播和提升品牌形象，从而获得社会公众的关注与好感，达到扩大产品销售的目的。

公益赞助的概念出现于大工业时代以后，这时经济追求成为社会的主流价值取向，人们对经济既向往又回避——向往得到财富，避免别人把钱从自己的兜里“营销”出去。大家一面苦练推销术，一面又拒绝推销。今天看来，极具功利性的营销给人们的交往筑起了一道无形的高墙，与此同时，相对不功利的艺术、文化、体育、教育等成为人们交往中使人放松戒备、袒露心扉的载体，高尚的公益事业也在其中。于是，少数有先见之明的企业通过参加公益赞助来实现自己的营销目标。

无论企业在现实中如何高调传播公益思想、慈善理念，公益赞助的实质依然是以公益为后缀、以营销为前提，归根结底还是为企业的营销服务。那么，公益赞助何以能被社会普遍认可和接受？因为它不像传统营销那样急功近利，而是着眼于品牌形象的构建及对公众利益的尊重和支持，体现出人性和道德关怀。

（二）公益赞助的作用

许多企业之所以愿意为社会组织或慈善团体开展的公益活动提供赞助，是因为它们希望通过公益活动实现企业的营销传播战略目标。具体而言，公益赞助的作用主要体现在四个方面。

（1）提升品牌形象。公益赞助的基础是从事公益活动，开展公益活动的目的是提供人类福利和增加公共利益，包括提供有形的财物或无形的劳务、对他人表达善意、对社会做有意义的贡献等。企业赞助公益活动是指企业以自己的名义，通过提供经费、实物或服务等方式，主办、参与或协办公益活动。

通过这些活动，企业不仅能够增加社会的公共利益，而且能够提升企业的形象。许多大公司在制定营销传播战略时将公益赞助作为一项重要内容来考虑，从这一点来看，关注并积极参与公益事业已经成为企业营销传播战略中一个不可忽视的组成部分和企业塑造自身品牌形象的一项重要举措。

（2）增加经济效益。企业开展公益赞助活动时应该从利人与利己两方面来考虑。企业不仅要回馈社会，也要考虑自身的利益。企业有了利润才能回馈投资人、员工，向政府缴纳税金，利益相关部门也才能从企业得到应得的利益。也就是说，获取利润是企业作为一个组织存在于社会中的理由。企业开展公益赞助活动时不仅要考虑社会效益，也要考虑自身的经济效益，公益赞助能够增加企业的经济效益。

企业需要有可观的利润与良好的公众形象，不能只顾自身利益而忽视社会效益，也不能不顾自身利益而用企业的钱盲目回馈社会。总之，社会公益活动、促销活动都是企业发展中必不可少的活动，两者不能相互替代，企业要根据自身情况找到两者之间的平衡点。

（3）拉近与顾客的关系。企业可根据目标消费者的价值取向与行为特征，有意识地选择社会公益活动进行赞助。这可以加强企业与老顾客的联系，进一步巩固两者间相互认同的良好关系。当企业的产品属于大众快消品时，企业更应该通过赞助有广泛影响力的公益活动来吸引消费者的注意和支持，从而在激烈的市场竞争中占据有利的位置。

与本地企业有所不同，跨国企业要想在当地站稳脚跟，就必须努力跨越民族、文化等方面的界限。积极从事公益赞助往往是跨国企业融入东道国和在当地立足的最有效的举措。因为对于政府、消费者而言，跨国企业对公益活动的赞助能极大地拉近与东道国消费者的距离。

（4）增进社会效益。在早期，跨国企业比较注重经济效益而忽视了社会效益、生态效益；如今跨国企业开始强调社会效益和生态效益，把眼光放得更加长远，试图将正确的理念和价值观传输给社会，以此来积极地影响社会，同时也给自己营造更加广阔的发展空间。

（三）公益赞助的基本原则

公益赞助的基本原则是指企业在选择公益赞助项目时需要遵守的基本准则。在总结国内外公益赞助实践的基础上，本书将公益赞助的基本原则概括为关联性原则、长期性原则与适时性原则。

（1）关联性原则。现任安利全球总裁说：“其实可选择的公益项目非常多，重要的是确定哪些事业可以通过你发生一些变化。我们已经确定在中国的公益事业将以儿童和环保为重点。当时有许多项目可供选择，但是我们认为儿童代表未来，有无限潜力，对他们的点滴帮助可以改变其人生的发展方向，环境更关系到我们每个人的生活质量。”安利的经验透露出公益赞助的关联性原则。关联性原则是指企业选择的公益团体或者公益活动应该与企业的品牌、价值观相符。品牌与价值观是密不可分的，品牌因价值观而有了性格和灵魂。比如，安利在中国确立了“儿童、环保、健康”三大主题，并视其为三大品牌来进行管理，这三大品牌也始终与安利的价值观相关——作为社会的一分子，每个企业都应该承担社会责任、回馈社会。

（2）长期性原则。国外研究认为，公益赞助代表了一项长期的承诺。我国的一项调查显示，如果某企业一直赞助公益事业，有 87.5% 的消费者表示对该企业的行为有更好的评价（马轶红，2007）。总之，企业赞助公益事业应坚持长期性原则。

（3）适时性原则。企业永远摆脱不了逐利的形象，适时的公益赞助活动可以提升企业形象，以满足社会民众对企业的期望。

基本概念

公共关系	战略型公共关系活动模式	战术型公共关系活动模式
营销导向的公共关系	危机管理	口碑传播
造势	活动赞助	定制活动
埋伏式营销传播策略	公益赞助	

思考题

1. 公共关系的构成要素有哪些？
2. 公共关系与宣传、广告及市场营销的区别分别是什么？
3. 企业开展活动赞助的基本原则是什么？
4. 企业实施造势策略之前需要满足哪些前提条件？

课后实践

请各小组同学在第12章课后实践的基础上，根据本章教学内容的要求针对选定品牌确定实施的具体公共关系传播活动，具体包括人际口碑传播活动、活动赞助、定制活动、公益赞助及危机公关活动等，并且根据具体的整合营销传播战略对上述公关活动进行选择。

参考文献

［1］唐·舒尔茨，海蒂·舒尔茨．整合营销传播：创造企业价值的五大关键步骤．何西军，黄鹂，朱彩虹，等译．北京：中国财政经济出版社，2005.

［2］舒尔茨，等．整合行销传播．吴怡国，等译．北京：中国物价出版社，2002.

［3］邓肯．整合营销传播：利用广告和促销建树品牌．周洁如，译．北京：中国财政经济出版社，2004.

［4］辛普．整合营销传播：广告与促销：第 8 版．张红霞，译．北京：北京大学出版社，2013.

［5］卫军英．整合营销传播：理论与实务．北京：首都经济贸易大学出版社，2006.

［6］黄鹂，何西军．整合营销传播：原理与实务．上海：复旦大学出版社，2012.

［7］菲利普·科特勒．营销管理：第 11 版．梅清豪，译．上海：上海人民出版社，2003.

［8］黄迎新．整合营销传播理论：批评与建构．北京：人民出版社，2012.

［9］凯勒．战略品牌管理：第 3 版．卢泰宏，吴水龙，译．北京：中国人民大学出版社，2009.

［10］科恩，德卡罗．销售管理．刘宝成，译．北京：中国人民大学出版社，2010.

［11］程宇宁．品牌策划与管理．北京：中国人民大学出版社，2021.

［12］周安华，苗晋平．公共关系：理论、实务与技巧：第 3 版．北京：中国人民大学出版社，2010.

［13］程宇宁．广告创意：从抽象到具象的形象思维．北京：中国传媒大学出版社，2017.

［14］赛佛林，坦卡德．传播理论：起源、方法与应用：第 5 版．郭镇之，孟颖，赵丽芳，等译．北京：华夏出版社，2000.

［15］陈俊良．广告媒体研究：当代广告媒体的选择依据．北京：中国物价出版社，1997.

［16］朱力．商业环境设计．北京：高等教育出版社，2008.

［17］罗森布洛姆．营销渠道：管理的视野：第 7 版．宋华，等译．北京：中国人民大学出版社，2006.

［18］克洛，巴克．整合营销传播：广告、媒介与促销：第 5 版．谭咏风，胡静，译．上海：格致出版社，2015.

［19］舒尔茨，等．重塑消费者：品牌关系．沈虹，等译．北京：机械工业出版社，2015.

［20］哈伯．差异化行销．黄复华，陈素贞，译．呼和浩特：内蒙古人民出版社，1998.

［21］阿伦斯．当代广告学：第7版．丁俊杰，等译．北京：华夏出版社，2000.

［22］奥吉恩，艾伦，塞梅尼克．广告学：从IMC的视点重新审视现代广告活动．程坪，张树庭，译．北京：机械工业出版社，2002.

［23］彼得斯．重新想象：激荡年代里的卓越商业．向妮，郭新利，译．北京：华夏出版社，2004.

［24］波德里亚．消费社会．刘成富，全志钢，译．南京：南京大学出版社，2008.

［25］麦克卢汉．理解媒介：论人的延伸．何道宽，译．北京：商务印书馆，2000.

［26］巴纳德．理解视觉文化的方法．常宁生，译．北京：商务印书馆，2005.

［27］凯尔纳．媒体文化：介于现代与后现代之间的文化研究、认同性与政治．丁宁，译．北京：商务印书馆，2004.

［28］罗茂初．数据库营销．北京：经济管理出版社，2007.

［29］邓肯．直复营销：互联网、直递邮件及其他媒介．杨志敏，杨建民，译．上海：上海人民出版社，2003.

［30］朱和平．包装设计．长沙：湖南大学出版社，2006.

［31］史习平，马赛，董宇．展示设计．北京：清华大学出版社，2005.

［32］张艳芳．体验营销．成都：西南财经大学出版社，2007.

［33］斯特劳斯，弗罗斯特．网络营销：第5版．时启亮，孙相云，刘芯愈，译．北京：中国人民大学出版社，2010.

［34］克洛，巴克．广告、促销与整合营销传播：第8版．北京：中国人民大学出版社，2021.

图书在版编目（CIP）数据

整合营销传播：品牌传播的策划、创意与管理／程宇宁著．--3版．--北京：中国人民大学出版社，2022.11

普通高等学校应用型教材．市场营销

ISBN 978-7-300-31245-3

Ⅰ.①整… Ⅱ.①程… Ⅲ.①市场营销学-高等学校-教材 Ⅳ.①F713.50

中国版本图书馆CIP数据核字（2022）第220669号

普通高等学校应用型教材·市场营销

整合营销传播

——品牌传播的策划、创意与管理（第3版）

程宇宁　著

Zhenghe Yingxiao Chuanbo——Pinpai Chuanbo de Cehua、Chuangyi yu Guanli

出版发行	中国人民大学出版社		
社　　址	北京中关村大街31号	邮政编码	100080
电　　话	010－62511242（总编室）		010－62511770（质管部）
	010－82501766（邮购部）		010－62514148（门市部）
	010－62515195（发行公司）		010－62515275（盗版举报）
网　　址	http://www.crup.com.cn		
经　　销	新华书店		
印　　刷	北京宏伟双华印刷有限公司	版　　次	2014年7月第1版
开　　本	787 mm×1092 mm　1/16		2022年11月第3版
印　　张	19 插页1	印　　次	2025年6月第4次印刷
字　　数	461 000	定　　价	49.00元

中国人民大学出版社　管理分社

教师教学服务说明

中国人民大学出版社管理分社以出版工商管理和公共管理类精品图书为宗旨。为更好地服务一线教师，我们着力建设了一批数字化、立体化的网络教学资源。教师可以通过以下方式获得免费下载教学资源的权限：

★ 在中国人民大学出版社网站 www.crup.com.cn 进行注册，注册后进入“会员中心”，在左侧点击“我的教师认证”，填写相关信息，提交后等待审核。我们将在一个工作日内为您开通相关资源的下载权限。

★ 如您急需教学资源或需要其他帮助，请加入教师 QQ 群或在工作时间与我们联络。

中国人民大学出版社　管理分社

教师 QQ 群：648333426（工商管理）　114970332（财会）　648117133（公共管理）
教师群仅限教师加入，入群请备注（学校 + 姓名）

联系电话：010-62515735，62515987，62515782，82501048，62514760

电子邮箱：glcbfs@crup.com.cn

通讯地址：北京市海淀区中关村大街甲 59 号文化大厦 1501 室（100872）

管理书社　　人大社财会　　公共管理与政治学悦读坊